BOOK IN BOOK

ITALY COMPLETE MAP

【イタリア語＆グルメガイド付】

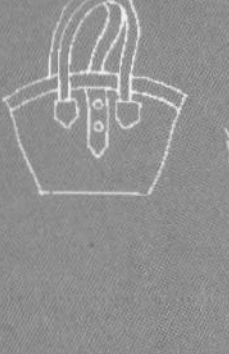

MAP 取り外せて持ち運びに便利！

イタリア歩き方のコツ

初めて行く街では、地図を持っていても迷ってしまうのは当たり前。イタリアの都市は細い路地が入り組んでおり、似たような建物も多いので、特に迷いやすい。万が一迷ったときの豆知識や、知っておくと安心の情報がこちら。

通り名を見る

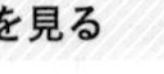

イタリアではすべての通りに名前が付いている。通り名の標識は、通りの角にある建物の2階部分に掛けられていることが多い。目的地の住所探しや、自分がどこにいるかの確認の参考に。

略称いろいろ

地図上や標識での表記では、しばしば単語が省略されていることもある。下記はその一例。

- ▶ V. ………… Via 通り
- ▶ P.za ……… Piazza 広場
- ▶ P.ta ……… Porta 門
- ▶ Staz. …… Stazione 駅
- ▶ V.le …… Viale 大通り
- ▶ P.te …… Ponte 橋
- ▶ Pal. …… Palazzo 宮殿

交通ストライキに注意

イタリアでは頻繁に交通ストライキが行われる。ストライキ中も一部のバスや列車は運行されるが、移動スケジュールに大きな影響が出るため、現地では常に最新情報をチェックして。

ローマ鉄道路線図

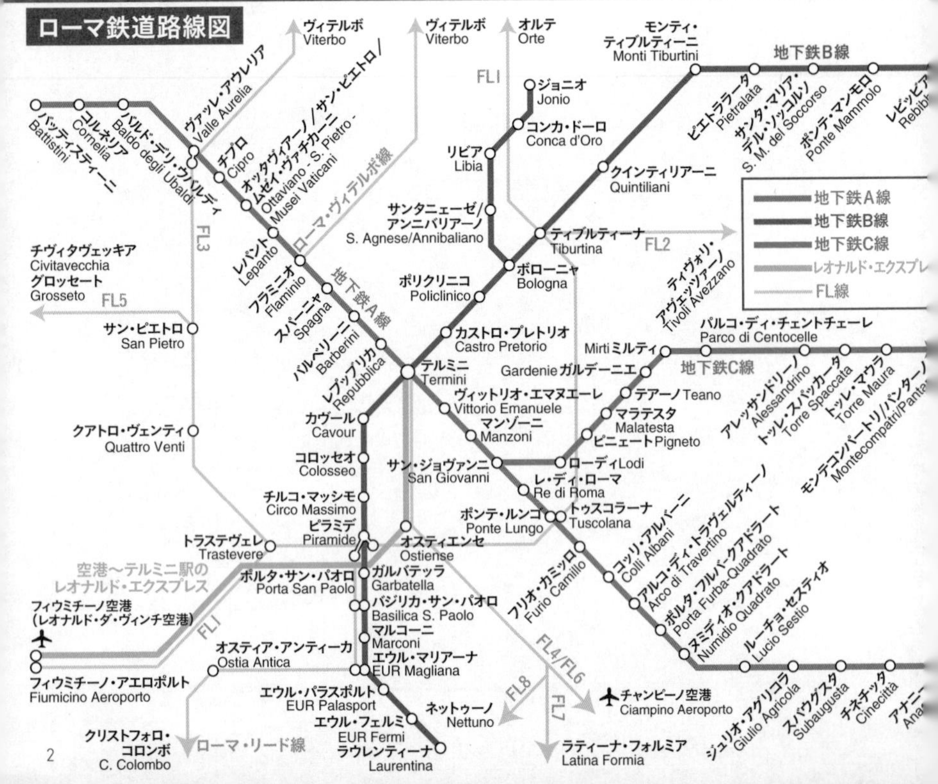

ヴィテルボ Viterbo
ヴィテルボ Viterbo
オルテ Orte
FL1
モンティ・ティブルティーニ Monti Tiburtini
地下鉄B線
ジョニオ Jonio
コンカ・ドーロ Conca d'Oro
リビア Libia
バッティスティーニ Battistini
コルネリア Cornelia
バルド・デリ・ウバルディ Baldo degli Ubaldi
ヴァッレ・アウレリア Valle Aurelia
チプロ Cipro
オッタヴィアーノ／サン・ピエトロ／ムゼイ・ヴァチカーニ Ottaviano - S. Pietro - Musei Vaticani
ローマ・ヴィテルボ線
ピエトララータ Pietralata
サンタ・マリア・デル・ソッコルソ S. M. del Soccorso
ポンテ・マンモロ Ponte Mammolo
レビッビア Rebibbia
クインティリアーニ Quintiliani
サンタニェーゼ／アンニバリアーノ S. Agnese/Annibaliano
ティブルティーナ Tiburtina
FL2
FL3
チヴィタヴェッキア Civitavecchia
グロッセート Grosseto
FL5
レパント Lepanto
フラミニオ Flaminio
地下鉄A線
スパーニャ Spagna
バルベリーニ Barberini
レプッブリカ Repubblica
ポリクリニコ Policlinico
ボローニャ Bologna
ティヴォリ・アヴェッツァーノ Tivoli Avezzano
サン・ピエトロ San Pietro
カストロ・プレトリオ Castro Pretorio
テルミニ Termini
Mirti ミルティ
パルコ・ディ・チェントチェーレ Parco di Centocelle
地下鉄C線
Gardenie ガルデーニエ
テアーノ Teano
ヴィットリオ・エマヌエーレ Vittorio Emanuele
マラテスタ Malatesta
アレッサンドリーノ Alessandrino
トッレ・スパッカータ Torre Spaccata
トッレ・マウラ Torre Maura
モンテコンパートリ／パンターノ Montecompatri/Pantano
カヴール Cavour
マンゾーニ Manzoni
ピニェート Pigneto
クアトロ・ヴェンティ Quattro Venti
コロッセオ Colosseo
サン・ジョヴァンニ San Giovanni
ローディ Lodi
レ・ディ・ローマ Re di Roma
チルコ・マッシモ Circo Massimo
ポンテ・ルンゴ Ponte Lungo
トゥスコラーナ Tuscolana
ピラミデ Piramide
トラステヴェレ Trastevere
オスティエンセ Ostiense
コッリ・アルバーニ Colli Albani
アルコ・ディ・トラヴェルティーノ Arco di Travertino
ポルタ・フルバ・クアドラート Porta Furba-Quadrato
ヌミディオ・クアドラート Numidio Quadrato
ルーチョ・セスティオ Lucio Sestio
空港～テルミニ駅のレオナルド・エクスプレス
ポルタ・サン・パオロ Porta San Paolo
ガルバテッラ Garbatella
フリオ・カミッロ Furio Camillo
フィウミチーノ空港（レオナルド・ダ・ヴィンチ空港）
バジリカ・サン・パオロ Basilica S. Paolo
マルコーニ Marconi
FL1
オスティア・アンティーカ Ostia Antica
エウル・マリアーナ EUR Magliana
FL4/FL6
フィウミチーノ・アエロポルト Fiumicino Aeroporto
エウル・パラスポルト EUR Palasport
FL8
FL7
チャンピーノ空港 Ciampino Aeroporto
ネットゥーノ Nettuno
エウル・フェルミ EUR Fermi
ジュリオ・アグリコラ Giulio Agricola
スバウグスタ Subaugusta
チネチッタ Cinecittà
アナニーナ Anagnina
クリストフォロ・コロンボ C. Colombo
ローマ・リード線
ラウレンティーナ Laurentina
ラティーナ・フォルミア Latina Formia

地下鉄A線
地下鉄B線
地下鉄C線
レオナルド・エクスプレス
FL線

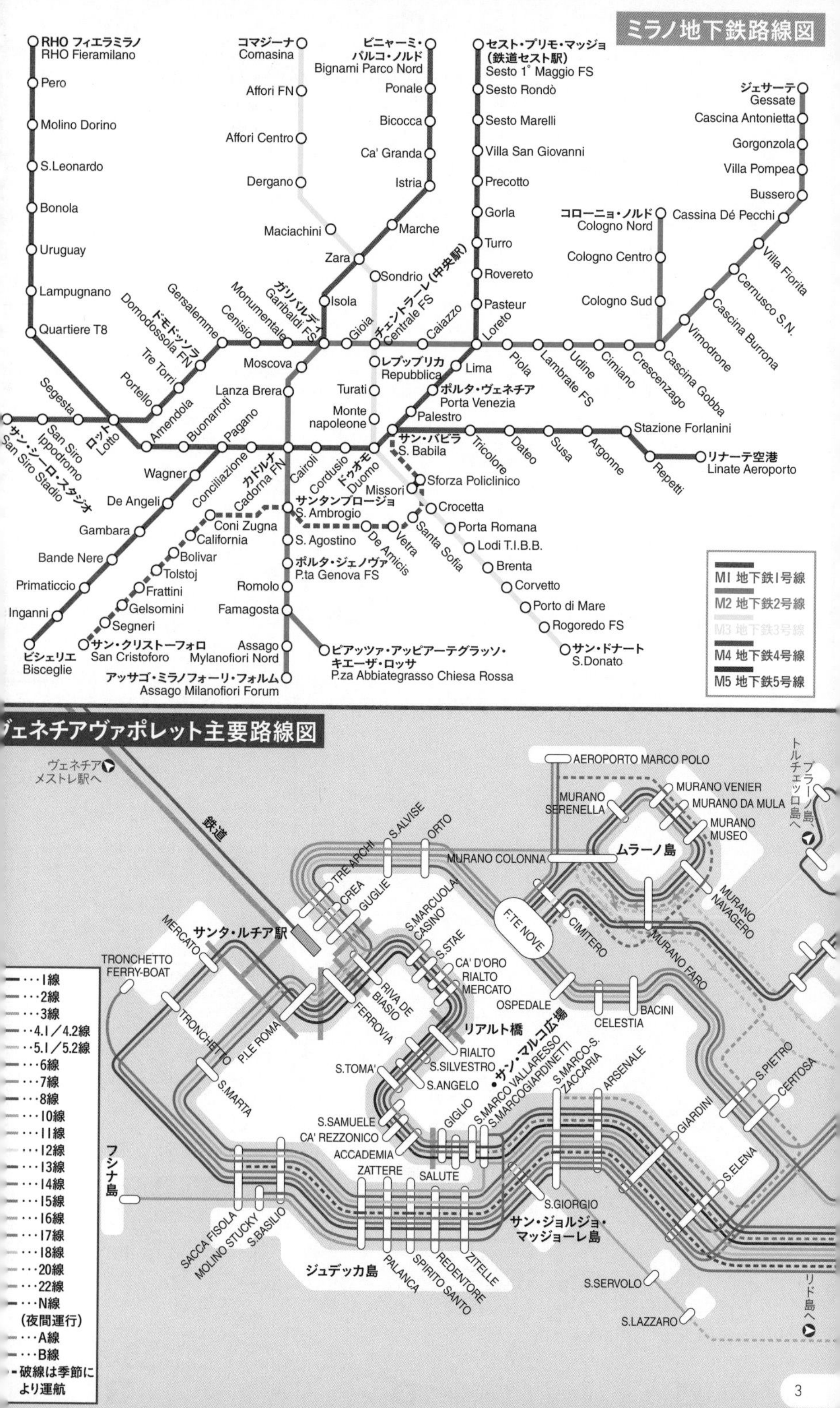
ミラノ地下鉄路線図
RHO フィエラミラノ
RHO Fieramilano
Pero
Molino Dorino
S.Leonardo
Bonola
Uruguay
Lampugnano
Quartiere T8
コマジーナ
Comasina
Affori FN
Affori Centro
Dergano
Maciachini
ビニャーミ・パルコ・ノルド
Bignami Parco Nord
Ponale
Bicocca
Ca' Granda
Istria
Marche
Zara
Sondrio
Isola
セスト・プリモ・マッジョ(鉄道セスト駅)
Sesto 1° Maggio FS
Sesto Rondò
Sesto Marelli
Villa San Giovanni
Precotto
Gorla
Turro
Rovereto
Pasteur
ジェサーテ
Gessate
Cascina Antonietta
Gorgonzola
Villa Pompea
Bussero
Cassina Dé Pecchi
コローニョ・ノルド
Cologno Nord
Cologno Centro
Cologno Sud
Villa Fiorita
Cernusco S.N.
Cascina Burrona
Vimodrone
Cascina Gobba
Crescenzago
Cimiano
Udine
Lambrate FS
Piola
Loreto
Caiazzo
チェントラーレ(中央駅)
Centrale FS
Gioia
ガリバルディ
Garibaldi FS
Monumentale
Cenisio
Gersalemme
ドモドッソラ
Domodossola FN
Tre Torri
Portello
Amendola
Segesta
San Siro Ippodromo
サン・シーロ・スタジオ
San Siro Stadio
ロット
Lotto
Buonarroti
Pagano
Moscova
Lanza Brera
レプッブリカ
Repubblica
Turati
Monte napoleone
Lima
ポルタ・ヴェネチア
Porta Venezia
Palestro
サン・バビラ
S. Babila
Tricolore
Dateo
Susa
Argonne
Stazione Forlanini
Repetti
リナーテ空港
Linate Aeroporto
Wagner
Conciliazione
カドルナ
Cadorna FN
Cairoli
Cordusio
ドゥオモ
Duomo
Missori
Sforza Policlinico
Crocetta
Porta Romana
Lodi T.I.B.B.
Brenta
Corvetto
Porto di Mare
Rogoredo FS
サン・ドナート
S.Donato
サンタンブロージョ
S. Ambrogio
De Amicis
Vetra
Santa Sofia
S. Agostino
ポルタ・ジェノヴァ
P.ta Genova FS
Romolo
Famagosta
Assago
Mylanofiori Nord
アッサゴ・ミラノフォーリ・フォルム
Assago Milanofiori Forum
ピアッツァ・アッピアーテグラッソ・キエーザ・ロッサ
P.za Abbiategrasso Chiesa Rossa
De Angeli
Gambara
Bande Nere
Primaticcio
Inganni
ビシェリエ
Bisceglie
Coni Zugna
California
Bolivar
Tolstoj
Frattini
Gelsomini
Segneri
サン・クリストーフォロ
San Cristoforo
M1 地下鉄1号線
M2 地下鉄2号線
M3 地下鉄3号線
M4 地下鉄4号線
M5 地下鉄5号線
ヴェネチアヴァポレット主要路線図
ヴェネチアメストレ駅へ
鉄道
AEROPORTO MARCO POLO
MURANO SERENELLA
MURANO VENIER
MURANO DA MULA
MURANO MUSEO
ブラーノ島、トルチェッロ島へ
ムラーノ島
MURANO COLONNA
MURANO NAVAGERO
MURANO FARO
CIMITERO
F.TE NOVE
S.ALVISE
ORTO
TRE ARCHI
CREA
GUGLIE
S.MARCUOLA CASINO'
S.STAE
CA' D'ORO
RIALTO MERCATO
OSPEDALE
CELESTIA
BACINI
MERCATO
サンタ・ルチア駅
TRONCHETTO FERRY-BOAT
TRONCHETTO
P.LE ROMA
RIVA DE BIASIO
FERROVIA
リアルト橋
RIALTO
S.SILVESTRO
S.TOMA'
S.ANGELO
●サン・マルコ広場
S.MARCO VALLARESSO
S.MARCOGIARDINETTI
S.MARCO-S. ZACCARIA
ARSENALE
GIARDINI
S.PIETRO
CERTOSA
S.ELENA
S.MARTA
GIGLIO
S.SAMUELE
CA' REZZONICO
ACCADEMIA
ZATTERE
SALUTE
S.GIORGIO
サン・ジョルジョ・マッジョーレ島
フシナ島
SACCA FISOLA
MOLINO STUCKY
S.BASILIO
ジュデッカ島
PALANCA
SPIRITO SANTO
REDENTORE
ZITELLE
S.SERVOLO
S.LAZZARO
リド島へ
…1線
…2線
…3線
…4.1／4.2線
…5.1／5.2線
…6線
…7線
…8線
…10線
…11線
…12線
…13線
…14線
…15線
…16線
…17線
…18線
…20線
…22線
…N線
(夜間運行)
…A線
…B線
破線は季節により運航

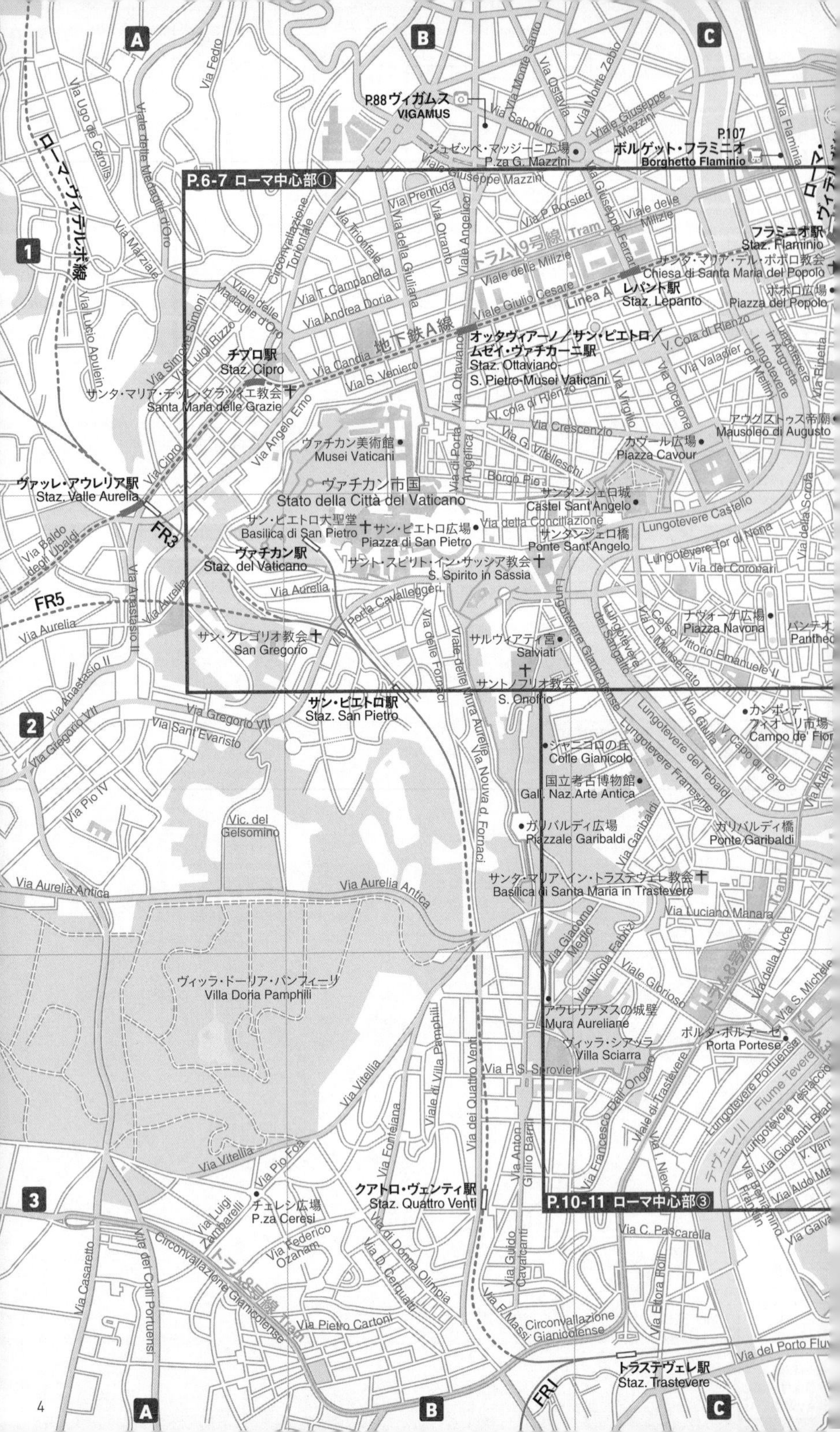

P.88 ヴィガムス VIGAMUS
ジュゼッペ・マッジーニ広場 P.za G. Mazzini
P.107 ボルゲット・フラミニオ Borghetto Flaminio
P.6-7 ローマ中心部①
P.10-11 ローマ中心部③
ローマ・ヴィテルボ線
フラミニオ駅 Staz. Flaminio
サンタ・マリア・デル・ポポロ教会 Chiesa di Santa Maria del Popolo
ポポロ広場 Piazza del Popolo
レパント駅 Staz. Lepanto
オッタヴィアーノ／サン・ピエトロ／ムゼイ・ヴァチカーニ駅 Staz. Ottaviano-S. Pietro-Musei Vaticani
地下鉄A線 Linea A
トラム19号線 Tram
チプロ駅 Staz. Cipro
サンタ・マリア・デッレ・グラツィエ教会 Santa Maria delle Grazie
アウグストゥス帝廟 Mausoleo di Augusto
カヴール広場 Piazza Cavour
ヴァチカン美術館 Musei Vaticani
ヴァチカン市国 Stato della Città del Vaticano
サンタンジェロ城 Castel Sant'Angelo
サン・ピエトロ大聖堂 Basilica di San Pietro
サン・ピエトロ広場 Piazza di San Pietro
サンタンジェロ橋 Ponte Sant'Angelo
ヴァチカン駅 Staz. del Vaticano
サント・スピリト・イン・サッシア教会 S. Spirito in Sassia
ヴァッレ・アウレリア駅 Staz. Valle Aurelia
FR3
FR5
ナヴォーナ広場 Piazza Navona
パンテオ Panthe
サン・グレゴリオ教会 San Gregorio
サルヴィアティ宮 Salviati
サントノフリオ教会 S. Onofrio
サン・ピエトロ駅 Staz. San Pietro
カンポ・デ・フィオーリ市場 Campo de' Fior
ジャニコロの丘 Colle Gianicolo
国立考古博物館 Gall. Naz. Arte Antica
ガリバルディ広場 Piazzale Garibaldi
ガリバルディ橋 Ponte Garibaldi
サンタ・マリア・イン・トラステヴェレ教会 Basilica di Santa Maria in Trastevere
ヴィッラ・ドーリア・パンフィーリ Villa Doria Pamphili
アウレリアヌスの城壁 Mura Aureliane
ポルタ・ポルテーゼ Porta Portese
ヴィッラ・シアッラ Villa Sciarra
テヴェレ川 Fiume Tevere
トラム8号線 Tram
クアトロ・ヴェンティ駅 Staz. Quattro Venti
チェレシ広場 P.za Ceresi
トラステヴェレ駅 Staz. Trastevere
FR1
Via Fedro
Via Ugo de Carolis
Viale delle Medaglie d'Oro
Via Marziale
Via Lucio Apuleio
Via Monte Santo
Via Ostiavia
Via Monte Zebio
Via Sabotino
Viale Giuseppe Mazzini
Via Flaminia
Circonvallazione Trionfale
Via Trionfale
Via Premuda
Via della Giuliana
Via Otranto
Viale Angelico
Via P. Borsieri
Via Giuseppe Ferrari
Viale delle Milizie
Via T. Campanella
Via Andrea Doria
Viale Giulio Cesare
V. Cola di Rienzo
Via Valadier
Lungotevere in Augusta
Lungotevere dei Mellini
Via Ripetta
Via Simone Simoni
Via Luigi Rizzo
Via Candia
Via S. Veniero
Via Ottaviano
Via Cicerone
Via Virgilio
Via Crescenzio
Via Angelo Emo
Via di Porta Angelica
Via G. Vitelleschi
Borgo Pio
Via Cipro
Via della Conciliazione
Lungotevere Castello
Lungotevere Tor di Nona
Via dei Coronari
Via della Scrofa
Via Baldo degli Ubaldi
Via Aurelia
Via Anastasio II
Via di Porta Cavalleggeri
Viale delle Fornaci
Viale delle Mura Aurelie
Lungotevere Gianicolense
Lungotevere dei Sangallo
Via D. Monserrato
Corso Vittorio Emanuele II
Via Giulia
V. Capo di Ferro
Lungotevere dei Tebaldi
Lungotevere Farnesina
Via Gregorio VII
Via Sant'Evaristo
Via Pio IV
Vic. del Gelsomino
Via Nouva d. Fornaci
Via Garibaldi
Via Aurelia Antica
Via Luciano Manara
Via Giacomo Medici
Via Nicola Fabrizi
Viale Glorioso
Via della Luce
Via S. Michele
Via Vitellia
Viale di Villa Pamphili
Via Fonteiana
Via dei Quattro Venti
Via F. S. Sprovieri
Via Anton Giulio Barrili
Via Francesco Dall'Ongaro
Viale di Trastevere
Via I. Nievo
Lungotevere Portuense
Lungotevere Testaccio
Via Giovanni Branca
Via Beniamino Franklin
Via Aldo Manuzio
Via Pio Foa
Via Luigi Zambarelli
Via Federico Ozanam
Via di Donna Olimpia
Via D. Cerquati
Via Guido Cavalcanti
Via C. Pascarella
Via Ettora Rolli
Via Casaretto
Via dei Colli Portuensi
Circonvallazione Gianicolense
Via Pietro Cartoni
Via F. Massi
Via del Porto Fluv

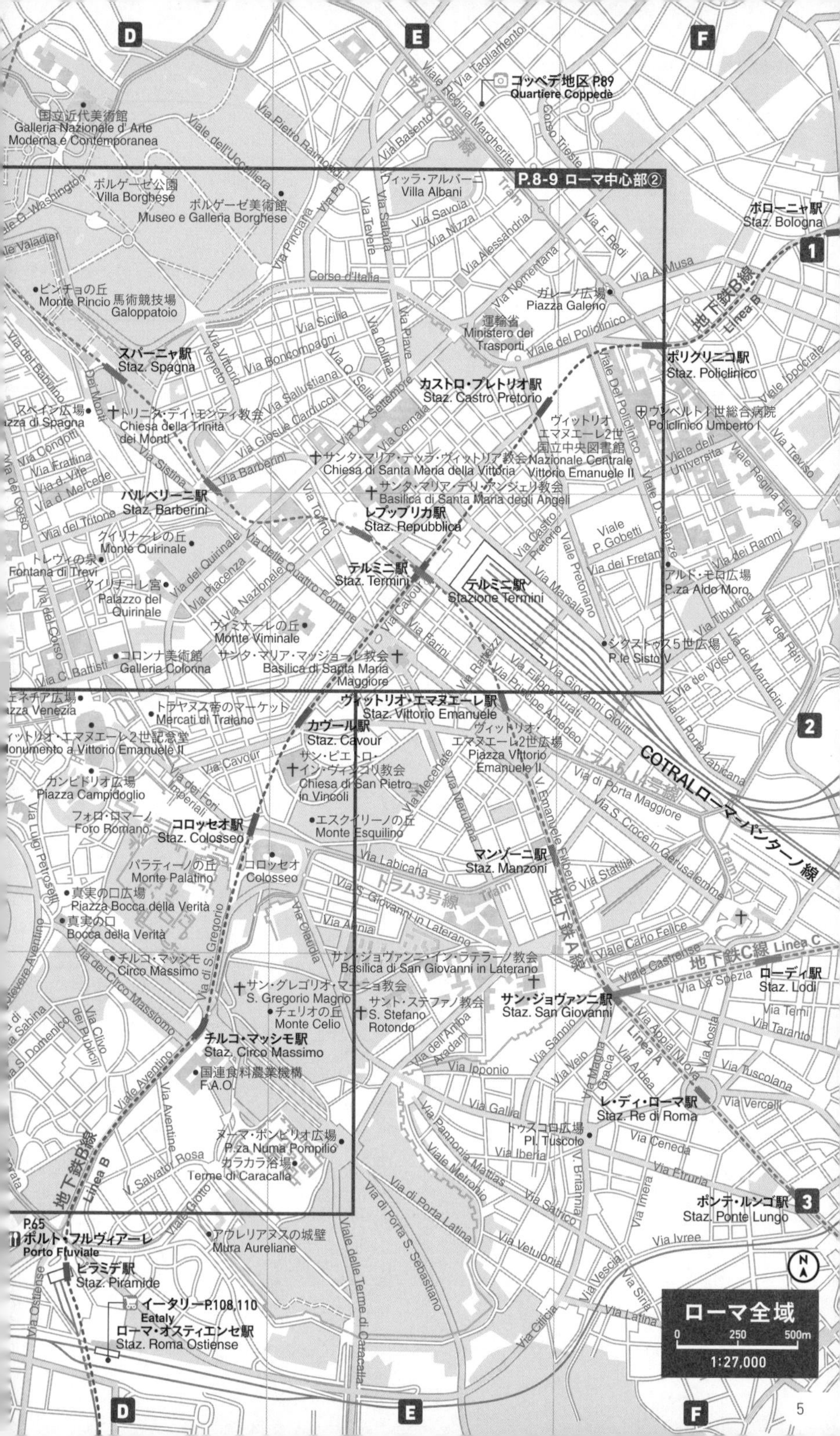
ローマ全域
0 250 500m
1:27,000
P.8-9 ローマ中心部②
コッペデ地区 P.89
Quartiere Coppedè
国立近代美術館
Galleria Nazionale d' Arte Moderna e Contemporanea
ボルゲーゼ公園
Villa Borghese
ボルゲーゼ美術館
Museo e Galleria Borghese
ヴィッラ・アルバーニ
Villa Albani
ボローニャ駅
Staz. Bologna
ピンチョの丘
Monte Pincio
馬術競技場
Galoppatoio
ガレーノ広場
Piazza Galeno
運輸省
Ministero dei Trasporti
地下鉄B線 Linea B
ポリクリニコ駅
Staz. Policlinico
スパーニャ駅
Staz. Spagna
カストロ・プレトリオ駅
Staz. Castro Pretorio
ウンベルト1世総合病院
Policlinico Umberto I
ヴィットリオ・エマヌエーレ2世国立中央図書館
Nazionale Centrale Vittorio Emanuele II
スペイン広場
Piazza di Spagna
トリニタ・デイ・モンティ教会
Chiesa della Trinità dei Monti
サンタ・マリア・デッラ・ヴィットリア教会
Chiesa di Santa Maria della Vittoria
サンタ・マリア・デリ・アンジェリ教会
Basilica di Santa Maria degli Angeli
バルベリーニ駅
Staz. Barberini
レプッブリカ駅
Staz. Repubblica
クイリナーレの丘
Monte Quirinale
トレヴィの泉
Fontana di Trevi
クイリナーレ宮
Palazzo del Quirinale
テルミニ駅
Staz. Termini
テルミニ駅
Stazione Termini
アルド・モロ広場
P.za Aldo Moro
ヴィミナーレの丘
Monte Viminale
コロンナ美術館
Galleria Colonna
サンタ・マリア・マッジョーレ教会
Basilica di Santa Maria Maggiore
シクストゥス5世広場
P.le Sisto V
ヴェネチア広場
Piazza Venezia
トラヤヌス帝のマーケット
Mercati di Traiano
ヴィットリオ・エマヌエーレ駅
Staz. Vittorio Emanuele
ヴィットリオ・エマヌエーレ2世記念堂
Monumento a Vittorio Emanuele II
カヴール駅
Staz. Cavour
ヴィットリオ・エマヌエーレ2世広場
Piazza Vittorio Emanuele II
サン・ピエトロ・イン・ヴィンコリ教会
Chiesa di San Pietro in Vincoli
COTRALローマ-パンターノ線
カンピドリオ広場
Piazza Campidoglio
フォロ・ロマーノ
Foro Romano
コロッセオ駅
Staz. Colosseo
エスクイリーノの丘
Monte Esquilino
パラティーノの丘
Monte Palatino
コロッセオ
Colosseo
マンゾーニ駅
Staz. Manzoni
真実の口広場
Piazza Bocca della Verità
真実の口
Bocca della Verità
トラム3号線
地下鉄A線
チルコ・マッシモ
Circo Massimo
サン・ジョヴァンニ・イン・ラテラーノ教会
Basilica di San Giovanni in Laterano
地下鉄C線 Linea C
ローディ駅
Staz. Lodi
サン・グレゴリオ・マーニョ教会
S. Gregorio Magno
チェリオの丘
Monte Celio
サント・ステファノ教会
S. Stefano Rotondo
サン・ジョヴァンニ駅
Staz. San Giovanni
チルコ・マッシモ駅
Staz. Circo Massimo
国連食料農業機構
F.A.O.
レ・ディ・ローマ駅
Staz. Re di Roma
ヌーマ・ポンピリオ広場
P.za Numa Pompilio
カラカラ浴場
Terme di Caracalla
トゥスコロ広場
Pl. Tuscolo
地下鉄B線 Linea B
ポンテ・ルンゴ駅
Staz. Ponte Lungo
P.65
ポルト・フルヴィアーレ
Porto Fluviale
アウレリアヌスの城壁
Mura Aureliane
ピラミデ駅
Staz. Piramide
イータリー P.108,110
Eataly
ローマ・オスティエンセ駅
Staz. Roma Ostiense

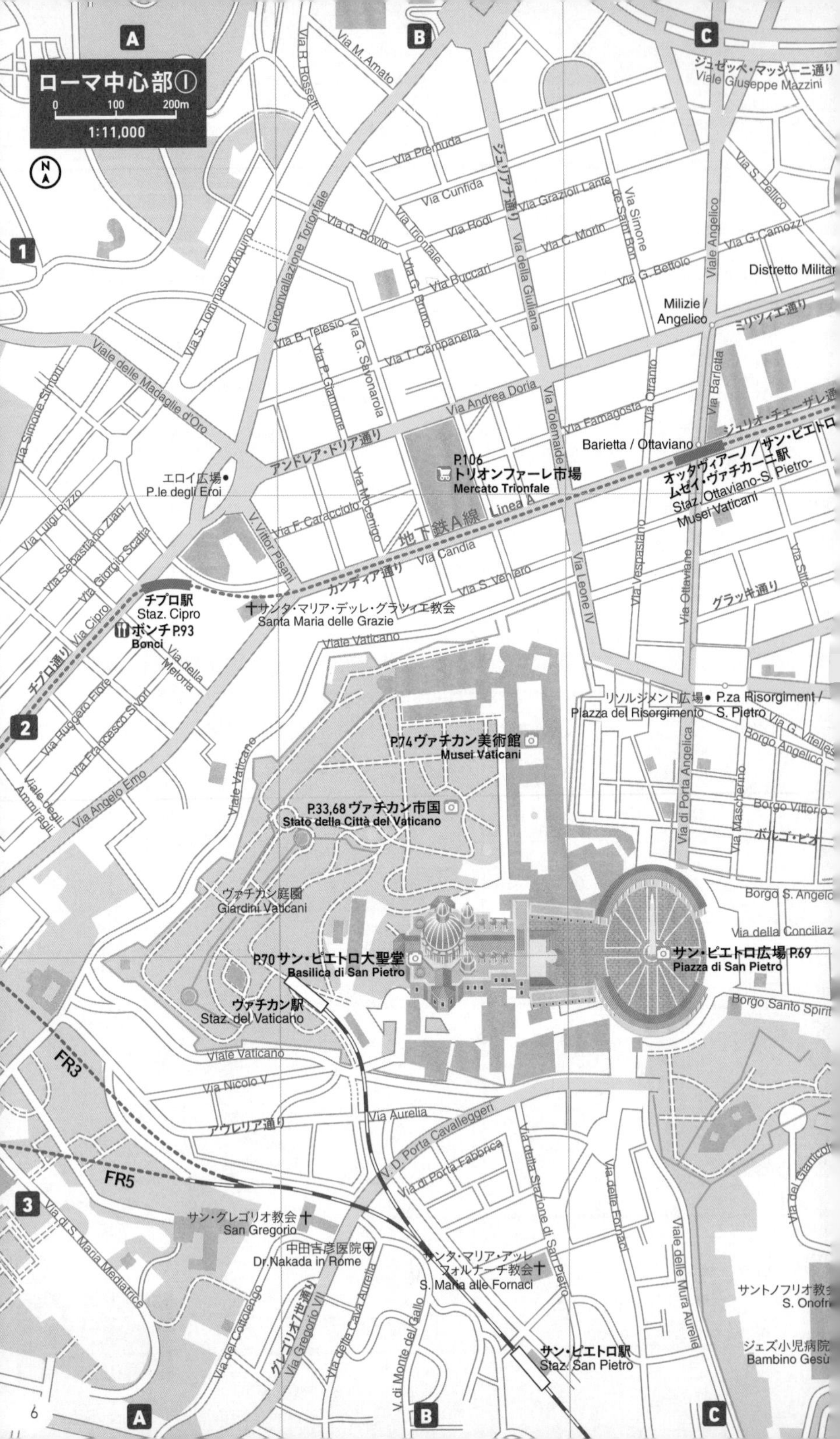

ローマ中心部①
0 100 200m
1:11,000
チプロ駅
Staz. Cipro
ボンチ P.93
Bonci
P.106 トリオンファーレ市場
Mercato Trionfale
オッタヴィアーノ／サン・ピエトロ
ムゼイ・ヴァチカーニ駅
Staz. Ottaviano-S. Pietro-Musei Vaticani
P.74 ヴァチカン美術館
Musei Vaticani
P.33,68 ヴァチカン市国
Stato della Città del Vaticano
ヴァチカン庭園
Giardini Vaticani
P.70 サン・ピエトロ大聖堂
Basilica di San Pietro
サン・ピエトロ広場 P.69
Piazza di San Pietro
ヴァチカン駅
Staz. del Vaticano
サンタ・マリア・デッレ・グラツィエ教会
Santa Maria delle Grazie
リソルジメント広場
P.za Risorgiment / S. Pietro
Piazza del Risorgimento
エロイ広場
P.le degli Eroi
Barietta / Ottaviano
Milizie / Angelico
Distretto Militar
サン・グレゴリオ教会
San Gregorio
中田吉彦医院
Dr.Nakada in Rome
サンタ・マリア・アッレ・フォルナーチ教会
S. Maria alle Fornaci
サン・ピエトロ駅
Staz. San Pietro
サントノフリオ教
S. Onofr
ジェズ小児病院
Bambino Gesù
ジュゼッペ・マッツィーニ通り
Viale Giuseppe Mazzini
ジュリアナ通り
Via della Giuliana
アンドレア・ドリア通り
Via Andrea Doria
地下鉄A線 Linea A
カンディア通り
Via Candia
グラッキ通り
ミリツィエ通り
ジュリオ・チェーザレ通
チプロ通り
Via Cipro
ボルゴ・ピオ
アウレリア通り
Via Aurelia
グレゴリオ7世通り
Via Gregorio VII
Viale Vaticano
Via Nicolo V
V. D. Porta Cavalleggeri
Via di Porta Fabbrica
Via della Stazione di San Pietro
Via delle Fornaci
Viale delle Mura Aurelie
Via del Gianicolo
Via di S. Maria Mediatrice
Via del Cottolengo
Via della Cava Aurelia
V. di Monte del Gallo
Borgo Santo Spirito
Via della Conciliaz
Borgo S. Angelo
Borgo Vittorio
Borgo Angelico
Via G. Vitelleschi
Via di Porta Angelica
Via Mascherino
Via Ottaviano
Via Vespasiano
Via Leone IV
Via Stilo
Via S. Veniero
Via Tolemaide
Via Famagosta
Via Otranto
Via Barletta
Viale Angelico
Via G. Bettolo
Via G. Camozzi
Via S. Pellico
Via Simone de Saint Bon
Via C. Morin
Via Grazioli Lante
Via Cunfida
Via Premuda
Via Rodi
Via Buccari
Via Trionfale
Via G. Bovio
Via G. Bruno
Via T. Campanella
Via G. Savonarola
Via P. Giannone
Via B. Telesio
Via Mocenigo
Via F. Caracciolo
V. Vittor Pisani
Circonvallazione Trionfale
Via S. Tommaso d'Aquino
Via R. Rossellini
Via M. Amato
Viale delle Medaglie d'Oro
Via Simone Simoni
Via Luigi Rizzo
Via Sebastiano Ziani
Via Giorgio Scalia
Via della Meloria
Via Ruggero Fiore
Via Francesco Sivori
Via Angelo Emo
Viale degli Ammiragli
FR3
FR5
A B C
1 2 3

ジュゼッペ・マッジーニ広場
P.za G. Mazzini
ローマ・ヴィテルボ線
フラミニオ駅
Staz. Flaminio
Lepanto
トラム19号線 Tram
トラム2号線 Tram
レパント駅
Staz. Lepanto
地下鉄A線 Linea A
ネンニ橋
Ponte Nenni
Ponte G. Mattaotti
P.le Flaminiu
P.49 サンタ・マリア・デル・ポポロ教会
Chiesa di Santa Maria del Popolo
P.200 ホテル・デ・ルッシー
Hotel de Russie
P.49 ポポロ広場
Piazza del Popolo
P.200 パラッツォ・ダマ・ホテル
Palazzo Dama Hotel
サンタ・マリア・ディ・ミラコリ教会
S. Maria dei Miracoli
サンタ・マリア・ディ・モンサント教会
S. Maria di Montesanto
マルゲリータ橋
Ponte Margherita
リベルタ広場
Piazza Libertà
P.88
プロフォンド・ロッソ・ストア
Profondo Rosso Store
コーラ・ディ・リエンツォ広場
P.za Cola di Rienzo
コーラ・ディ・リエンツォ通り
エツィオ通り
ポンペオ・マーニョ通り
ピオーニ通り
ペウェックス P.110
Pewex
カストローニ P.110
Castroni
ミア P.102
MiA
アウグストゥス帝廟
Mausoleo di Augusto
クレシェンツィオ通り
カヴール広場
Piazza Cavour
カヴール橋
Ponte Cavour
最高裁判所
Palazzo di Giustizia
トリブナーリ広場
Piazza dei Tribunali
ホテル・アトランテ・スター P.200
Hotel Atlante Star
アドリアーノ公園
Parco Adriano
P.51
サンタンジェロ城
Castel Sant'Angelo
観光案内所
テヴェレ川
Fiume Tevere
リペッタ通り
ウンベルトI世橋
Ponte Umberto I
サンタンジェロ橋
Ponte Sant'Angelo
V.エマヌエーレ2世橋
Ponte V. Emanuele II
P.57 ラ・タベルネッタ 48
La Tavernetta 48
P.53 ジェラテリア・デル・テアトロ
Gelateria del Teatro
P.57 キオストロ・デル・ブラマンテ
Chiostro del Bramante
P.94 アルマンド・アル・パンテオン
Armando al Pantheon
P.54 ナヴォーナ広場
Piazza Navona
ロトンダ広場
Piazza della Rotonda
マダーマ宮
Madama
P.58 パンテオン
Pantheon
P.56 サンタ・マリア・ソプラ・ミネルヴァ教会
Basilica di Santa Maria Sopra Minerva
ヴィットリオ・エマヌエーレ2世大通り
P.98 クル・デ・サック
Cul de Sac
P.55 トロンカレッリ
Troncarelli
P.200
マルチス・パレス・ホテル・ローマ
Martis Palace Hotel Rome
イル・フォルナイオ P.101
Il Fornaio
サント・スピリト・イン・サッシア教会
S. Spirito in Sassia
サント・スピリト病院
プリンチペ・アメデオ橋
Ponte Prin. Amedeo
サルヴィアティ宮
Salviati
P.89 犯罪博物館
Museo Criminologico
(2023年現在休館中)
G.マッツィーニ橋
Ponte G. Mazzini
カンポ・デ・フィオーリ市場
Campo de' Fiori
Via Flaminia
Via del Corso
Via del Babuino
Via Cola di Rienzo
Via Crescenzio
Via Tomacelli
Lungotevere Castello
Lungotevere Tor di Nona
Lungotevere Marzio
Lungotevere Prati
Lungotevere dei Mellini
Lungotevere in Augusta
Lungotevere Michelangelo
Lungotevere Arnaldo da Brescia
Lungotevere in Sassia
Lungotevere Gianicolense
Lungotevere del Sangallo
Lungotevere dei Tebaldi
Via Giulia
Corso Vittorio Emanuele II
Via dei Coronari
Via delle Coppelle
Via della Scrofa
Via di Ripetta
Via Fontanella Borghese
Viale Giulio Cesare
Viale delle Milizie
Via Marcantonio Colonna
Via Cicerone
Via Giuseppe Ferrari

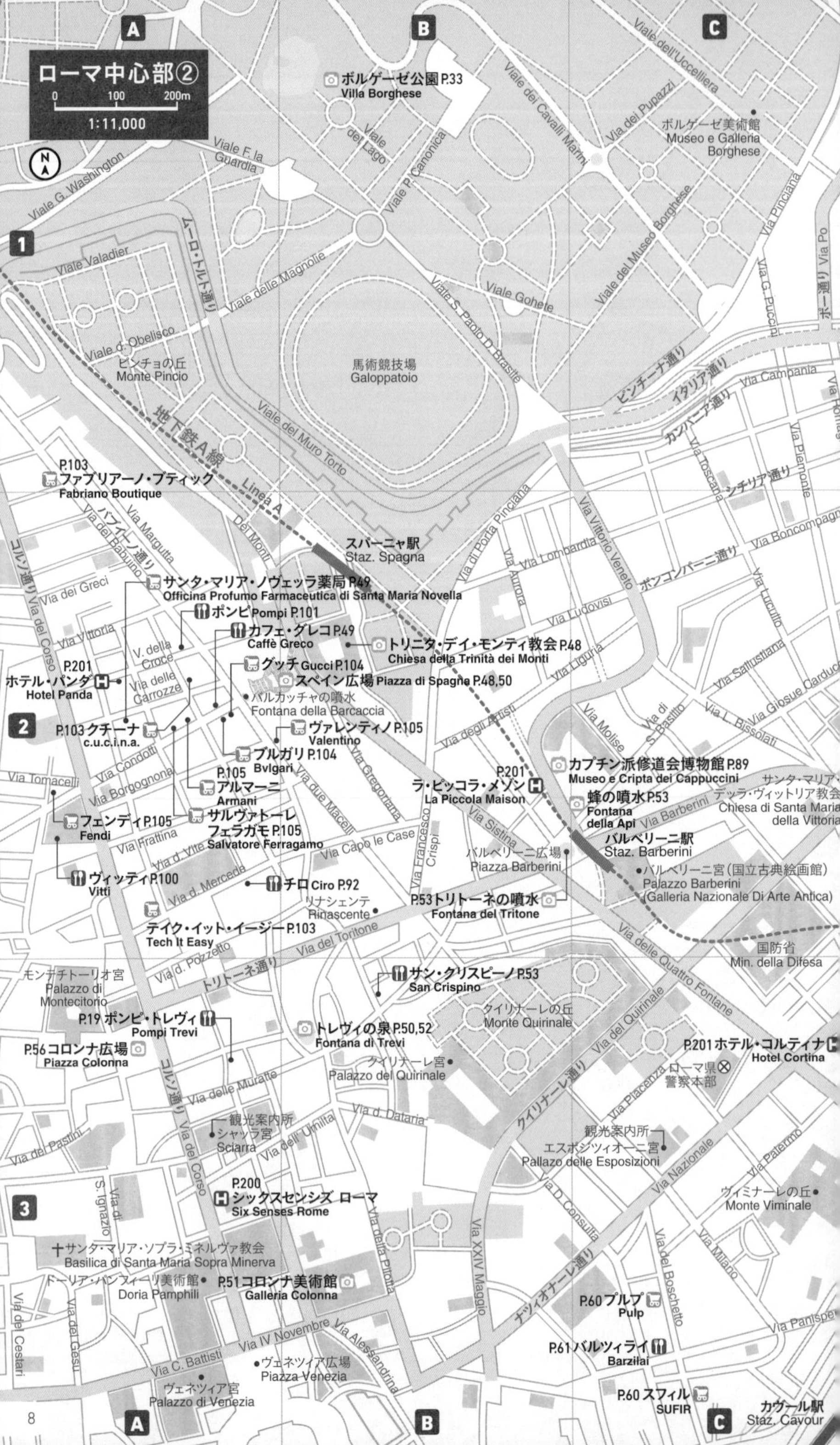
ローマ中心部②
0 100 200m
1:11,000
A
B
C
1
2
3
ボルゲーゼ公園 P.33
Villa Borghese
ボルゲーゼ美術館
Museo e Galleria Borghese
Viale dell'Uccelliera
Via dei Pupazzi
Viale dei Cavalli Marini
Viale del Lago
Viale P. Canonica
Viale F. la Guardia
Viale G. Washington
Viale Valadier
ムーロ・トルト通り
Viale delle Magnolie
Viale Gohete
Viale S. Paolo D. Brasile
Viale del Museo Borghese
Via Pinciana
Via G. Puccini
ポー通り Via Po
Viale d. Obelisco
ピンチョの丘
Monte Pincio
馬術競技場
Galoppatoio
ピンチーナ通り
イタリア通り
Via Campania
カンパニア通り
Viale del Muro Torto
地下鉄A線
Linea A
P.103
ファブリアーノ・ブティック
Fabriano Boutique
Via Toscana
Via Piemonte
シチリア通り
バブイーノ通り
Via del Babuino
Via Margutta
Dei Monti
スパーニャ駅
Staz. Spagna
Via di Porta Pinciana
Via Vittorio Veneto
Via Boncompagni
ボンコンパーニ通り
Via Lombardia
Via Aurora
コルソ通り
Via del Corso
Via dei Greci
サンタ・マリア・ノヴェッラ薬局 P.49
Officina Profumo Farmaceutica di Santa Maria Novella
ポンピ Pompi P.101
Via Vittoria
カフェ・グレコ P.49
Caffè Greco
トリニタ・デイ・モンティ教会 P.48
Chiesa della Trinità dei Monti
Via Ludovisi
Via Lucullo
V. della Croce
P.201
ホテル・パンダ
Hotel Panda
グッチ Gucci P.104
スペイン広場 Piazza di Spagna P.48,50
Via Liguria
Via Sallustiana
Via delle Carrozze
バルカッチャの噴水
Fontana della Barcaccia
Via Giosue Carducci
P.103 クチーナ
c.u.c.i.n.a.
ヴァレンティノ P.105
Valentino
Via degli Artisti
Via Molise
Via di S. Basilio
Via L. Bissolati
Via Condotti
ブルガリ P.104
Bvlgari
Via Gregoriana
カプチン派修道会博物館 P.89
Museo e Cripta dei Cappuccini
P.105
アルマーニ
Armani
P.201
ラ・ピッコラ・メゾン
La Piccola Maison
サンタ・マリア・デッラ・ヴィットリア教会
Chiesa di Santa Maria della Vittoria
Via Tomacelli
Via Borgognona
Via due Macelli
蜂の噴水 P.53
Fontana della Api
Via Barberini
フェンディ P.105
Fendi
サルヴァトーレ フェラガモ P.105
Salvatore Ferragamo
Via Sistina
Via Francesco Crispi
バルベリーニ駅
Staz. Barberini
Via Frattina
Via Capo le Case
バルベリーニ広場
Piazza Barberini
Via d. Vite
バルベリーニ宮(国立古典絵画館)
Palazzo Barberini
(Galleria Nazionale Di Arte Antica)
ヴィッティ P.100
Vitti
Via d. Mercede
チロ Ciro P.92
リナシェンテ
Rinascente
P.53 トリトーネの噴水
Fontana del Tritone
テイク・イット・イージー P.103
Tech It Easy
Via del Tritone
Via delle Quattro Fontane
国防省
Min. della Difesa
Via d. Pozzetto
トリトーネ通り
モンテチトーリオ宮
Palazzo di Montecitorio
サン・クリスピーノ P.53
San Crispino
クイリナーレの丘
Monte Quirinale
P.19 ポンピ・トレヴィ
Pompi Trevi
トレヴィの泉 P.50,52
Fontana di Trevi
Via del Quirinale
P.201 ホテル・コルティナ
Hotel Cortina
P.56 コロンナ広場
Piazza Colonna
クイリナーレ宮
Palazzo del Quirinale
ローマ県警察本部
Via delle Muratte
Via Piacenza
クイリナーレ通り
観光案内所
シャッラ宮
Sciarra
Via dell' Umiltà
Via d. Dataria
観光案内所
エスポジツィオーニ宮
Pallazo delle Esposizioni
Via Nazionale
Via Palermo
Via dei Pastini
P.200
シックスセンシズ ローマ
Six Senses Rome
Via di S. Ignazio
Via D. Consulta
ヴィミナーレの丘
Monte Viminale
サンタ・マリア・ソプラ・ミネルヴァ教会
Basilica di Santa Maria Sopra Minerva
Via della Pilotta
Via XXIV Maggio
Via del Boschetto
Via Milano
ドーリア・パンフィーリ美術館
Doria Pamphili
P.51 コロンナ美術館
Galleria Colonna
ナツィオナーレ通り
P.60 プルプ
Pulp
Via del Cestari
Via del Gesù
Via IV Novembre
Via Alessandrina
Via Panisperna
P.61 バルツィライ
Barzilai
Via C. Battisti
ヴェネツィア広場
Piazza Venezia
ヴェネツィア宮
Palazzo di Venezia
P.60 スフィル
SUFIR
カヴール駅
Staz. Cavour

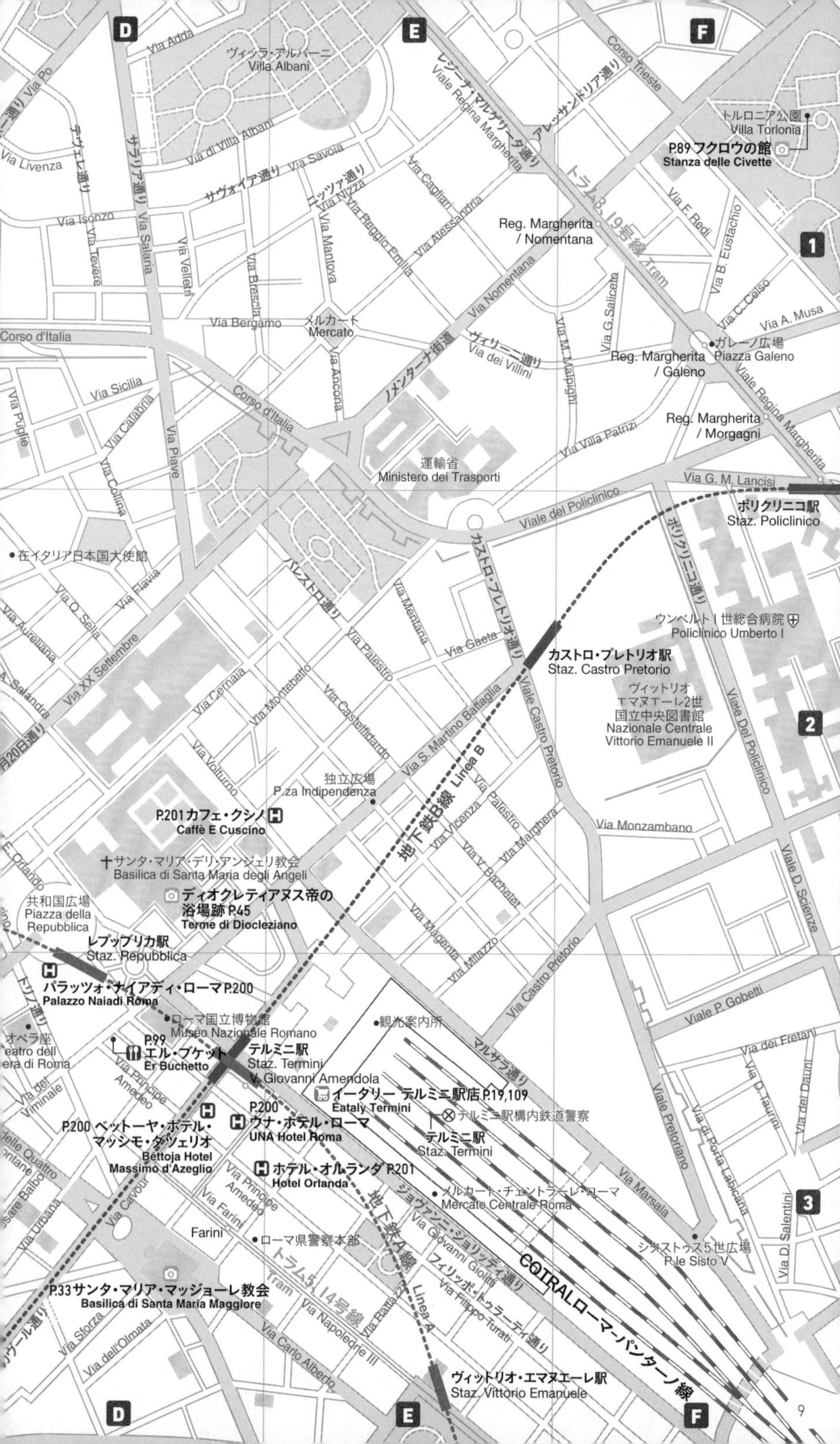
ヴィッラ・アルバーニ
Villa Albani
トルロニア公園
Villa Torlonia
P.89 フクロウの館
Stanza delle Civette
Reg. Margherita / Nomentana
Reg. Margherita / Galeno
ガレーノ広場
Piazza Galeno
Reg. Margherita / Morgagni
メルカート
Mercato
運輸省
Ministero dei Trasporti
ポリクリニコ駅
Staz. Policlinico
在イタリア日本国大使館
ウンベルト I 世総合病院
Policlinico Umberto I
カストロ・プレトリオ駅
Staz. Castro Pretorio
ヴィットリオ・エマヌエーレ2世国立中央図書館
Nazionale Centrale Vittorio Emanuele II
独立広場
P.za Indipendenza
P.201 カフェ・クシノ
Caffè E Cuscino
サンタ・マリア・デリ・アンジェリ教会
Basilica di Santa Maria degli Angeli
ディオクレティアヌス帝の浴場跡 P.45
Terme di Diocleziano
共和国広場
Piazza della Repubblica
レプッブリカ駅
Staz. Repubblica
パラッツォ・ナイアディ・ローマ P.200
Palazzo Naiadi Roma
ローマ国立博物館
Museo Nazionale Romano
観光案内所
P.99 エル・ブケット
Er Buchetto
テルミニ駅
Staz. Termini
V. Giovanni Amendola
イータリー テルミニ駅店 P.19,109
Eataly Termini
テルミニ駅構内鉄道警察
P.200 ウナ・ホテル・ローマ
UNA Hotel Roma
P.200 ベットーヤ・ホテル・マッシモ・ダツェリオ
Bettoja Hotel Massimo d'Azeglio
ホテル・オルランダ P.201
Hotel Orlanda
メルカート・チェントラーレ・ローマ
Mercato Centrale Roma
ローマ県警察本部
Farini
シクストゥス5世広場
P.le Sisto V
P.33 サンタ・マリア・マッジョーレ教会
Basilica di Santa Maria Maggiore
ヴィットリオ・エマヌエーレ駅
Staz. Vittorio Emanuele
COTRALローマ-パンターノ線
地下鉄A線 Linea A
地下鉄B線 Linea B
トラム5,14号線 Tram
トラム3,19号線 Tram
オペラ座
Teatro dell Opera di Roma
Via Po
Via Adda
Via Salaria
サラリア通り
Via Livenza
テヴェレ通り
Via Isonzo
Via Tevere
Via di Villa Albani
Via Savoia
サヴォイア通り
ニッツァ通り
Via Nizza
Via Mantova
Via Reggio Emilia
Via Cagliari
Via Alessandria
Via Nomentana
ノメンターナ街道
Viale Regina Margherita
レジーナ・マルゲリータ通り
アレッサンドリア通り
Corso Trieste
Via F. Redi
Via B. Eustachio
Via C. Celso
Via A. Musa
Via G. Saliceto
Via M. Malpighi
ヴィッリーニ通り
Via dei Villini
Via Villa Patrizi
Via G. M. Lancisi
Viale del Policlinico
ポリクリニコ通り
Via Velletri
Via Brescia
Via Bergamo
Via Ancona
Corso d'Italia
Via Sicilia
Via Calabria
Via Puglie
Via Piave
Via Collina
Via Flavia
Via Q. Sella
Via Aureliana
Via XX Settembre
9月20日通り
Via Cernaia
Via Montebello
Via Castelfidardo
Via Palestro
パレストロ通り
Via Mentana
Via Gaeta
カストロ・プレトリオ通り
Viale Castro Pretorio
Via S. Martino Battaglia
Via Volturno
Via Vicenza
Via Magenta
Via Milazzo
Via Marghera
Via V. Bachelet
Via Monzambano
Viale Del Policlinico
Viale D. Scienze
Viale P. Gobetti
Via Castro Pretorio
マルサラ通り
Via Marsala
Viale Pretoriano
Via di Porta Labicana
Via dei Frentani
Via D. Taurini
Via dei Dauni
Via D. Salentini
トリノ通り
Via del Viminale
Via Principe Amedeo
Via Farini
Via Cavour
Via Urbana
Via Cesare Balbo
Via delle Quattro Fontane
ジョヴァンニ・ジョリッティ通り
Via Giovanni Giolitti
フィリッポ・トゥラーティ通り
Via Filippo Turati
Via Rattazzi
Via Napoleone III
Via Carlo Alberto
Via dell'Olmata
Via Storza
メルラーナ通り
D
E
F
1
2
3

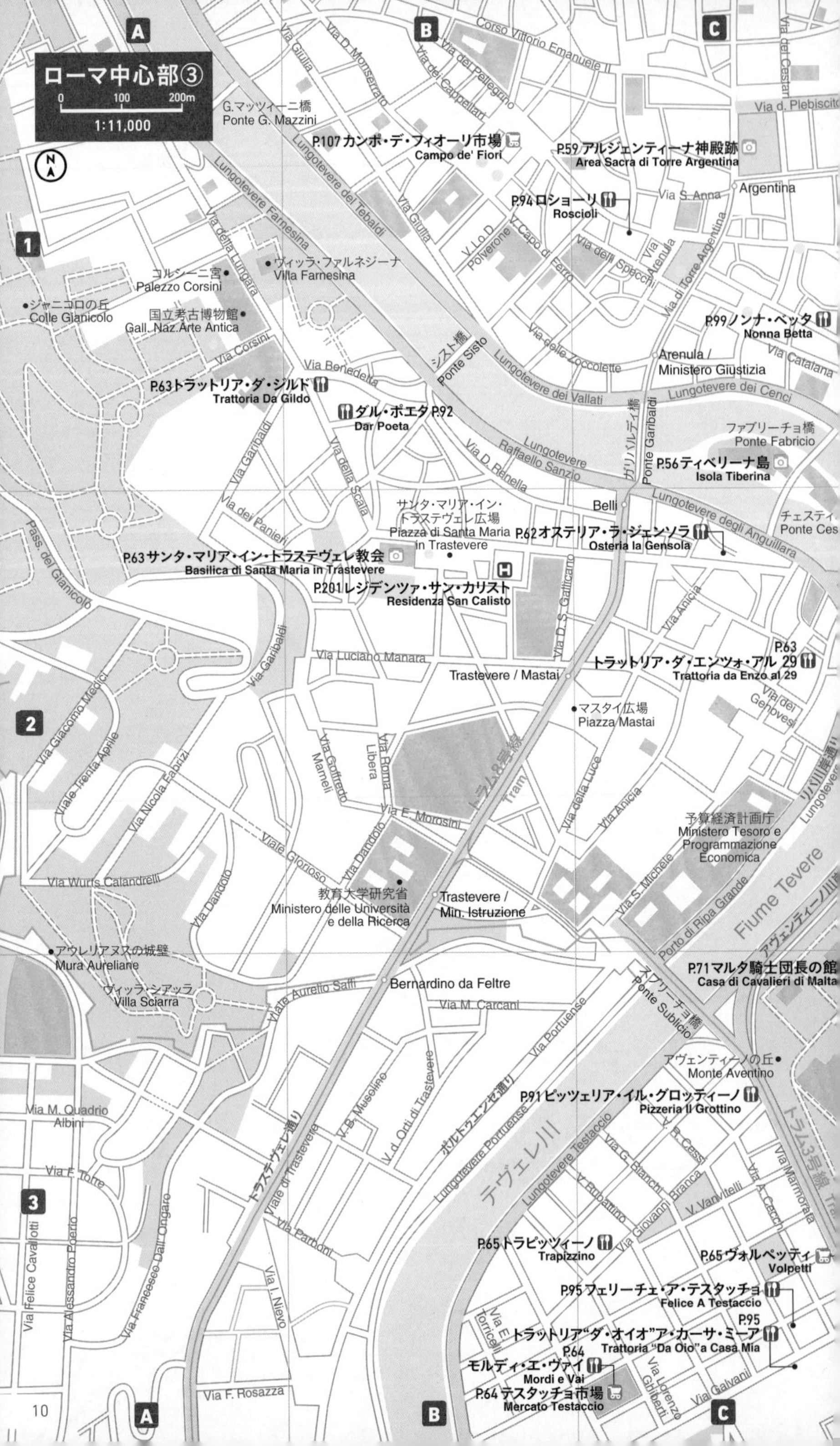

ローマ中心部③
0 100 200m
1:11,000
G.マッツィーニ橋
Ponte G. Mazzini
P.107カンポ・デ・フィオーリ市場
Campo de' Fiori
P.59アルジェンティーナ神殿跡
Area Sacra di Torre Argentina
Argentina
P.94ロショーリ
Roscioli
コルシーニ宮
Palezzo Corsini
ヴィッラ・ファルネジーナ
Villa Farnesina
ジャニコロの丘
Colle Gianicolo
国立考古博物館
Gall. Naz. Arte Antica
P.99ノンナ・ベッタ
Nonna Betta
シスト橋
Ponte Sisto
Arenula / Ministero Giustizia
P.63トラットリア・ダ・ジルド
Trattoria Da Gildo
ダル・ポエタ P.92
Dar Poeta
ファブリーチョ橋
Ponte Fabricio
ガリバルディ橋
Ponte Garibaldi
P.56ティベリーナ島
Isola Tiberina
Belli
サンタ・マリア・イン・トラステヴェレ広場
Piazza di Santa Maria in Trastevere
P.62オステリア・ラ・ジェンソラ
Osteria la Gensola
チェスティ
Ponte Ces
P.63サンタ・マリア・イン・トラステヴェレ教会
Basilica di Santa Maria in Trastevere
P.201レジデンツァ・サン・カリスト
Residenza San Calisto
P.63
トラットリア・ダ・エンツォ・アル 29
Trattoria da Enzo al 29
Trastevere / Mastai
マスタイ広場
Piazza Mastai
トラム8号線
Tram
予算経済計画庁
Ministero Tesoro e Programmazione Economica
Fiume Tevere
教育大学研究省
Ministero delle Università e della Ricerca
Trastevere / Min. Istruzione
アヴェンティーノ川
P.71マルタ騎士団長の館
Casa di Cavalieri di Malta
アウレリアヌスの城壁
Mura Aureliane
ヴィッラ・シアッラ
Villa Sciarra
Bernardino da Feltre
スブリーチョ橋
Ponte Sublicio
アヴェンティーノの丘
Monte Aventino
P.91ピッツェリア・イル・グロッティーノ
Pizzeria Il Grottino
ポルトゥエンセ通り
テヴェレ川
トラステヴェレ通り
トラム3号線
リパ川岸通り
P.65トラピッツィーノ
Trapizzino
P.65ヴォルペッティ
Volpetti
P.95フェリーチェ・ア・テスタッチョ
Felice A Testaccio
P.95
トラットリア"ダ・オイオ"ア・カーサ・ミーア
Trattoria "Da Oio" a Casa Mia
P.64
モルディ・エ・ヴァイ
Mordi e Vai
P.64テスタッチョ市場
Mercato Testaccio
Corso Vittorio Emanuele II
Lungotevere dei Tebaldi
Lungotevere Farnesina
Lungotevere dei Vallati
Lungotevere dei Cenci
Lungotevere degli Anguillara
Lungotevere Raffaello Sanzio
Lungotevere Portuense
Lungotevere Testaccio
Porto di Ripa Grande
Viale di Trastevere
Viale Glorioso
Via Garibaldi
Via della Lungara
Via Luciano Manara
Via Wurts Calandrelli
Via Giacomo Medici
Viale Trenta Aprile
Via Nicola Fabrizi
Via Dandolo
Viale Aurelio Saffi
Via M. Carcani
Via Portuense
Via M. Quadrio Albini
Via E. Torre
Via Felice Cavallotti
Via Alessandro Poerio
Via Francesco Dall'Ongaro
Via I. Nievo
Via F. Rosazza
Via Marmorata
Via Galvani
Pass. del Gianicolo
A
B
C
1
2
3

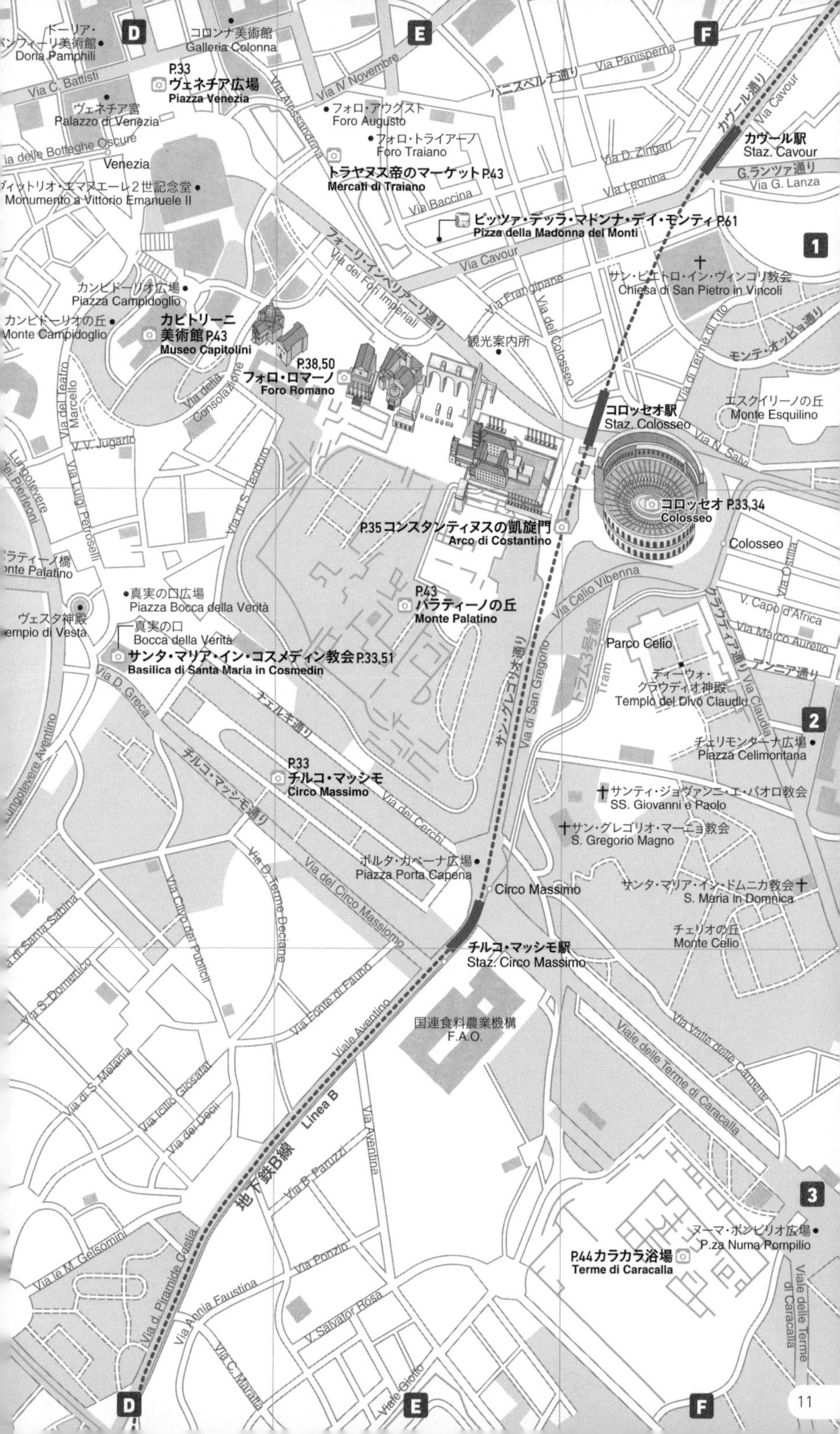
ドーリア・パンフィーリ美術館
Doria Pamphili
コロンナ美術館
Galleria Colonna
P.33 ヴェネチア広場
Piazza Venezia
ヴェネチア宮
Palazzo di Venezia
Venezia
ヴィットリオ・エマヌエーレ2世記念堂
Monumento a Vittorio Emanuele II
フォロ・アウグスト
Foro Augusto
フォロ・トライアーノ
Foro Traiano
トラヤヌス帝のマーケット P.43
Mercati di Traiano
ピッツァ・デッラ・マドンナ・デイ・モンティ P.61
Pizza della Madonna dei Monti
カヴール駅
Staz. Cavour
G.ランツァ通り
Via G. Lanza
カヴール通り
Via Cavour
パニスペルナ通り
Via Panisperna
Via IV Novembre
Via Alessandrina
Via D. Zingari
Via Leonina
Via Baccina
フォーリ・インペリアーリ通り
Via dei Fori Imperiali
サン・ピエトロ・イン・ヴィンコリ教会
Chiesa di San Pietro in Vincoli
カンピドーリオ広場
Piazza Campidoglio
カンピドーリオの丘
Monte Campidoglio
カピトリーニ美術館 P.43
Museo Capitolini
観光案内所
Via Frangipane
Via del Colosseo
Via di Terme di Tito
モンテ・オッピョ通り
P.38,50 フォロ・ロマーノ
Foro Romano
Via della Consolazione
コロッセオ駅
Staz. Colosseo
エスクイリーノの丘
Monte Esquilino
Via N. Salvi
Via del Teatro Marcello
V. Jugario
Lungotevere dei Pierleoni
Via Luigi Petroselli
Via di S. Teodoro
P.35 コンスタンティヌスの凱旋門
Arco di Costantino
コロッセオ P.33,34
Colosseo
Colosseo
Via Ostilia
パラティーノ橋
Ponte Palatino
真実の口広場
Piazza Bocca della Verità
ヴェスタ神殿
Tempio di Vesta
真実の口
Bocca della Verità
P.43 パラティーノの丘
Monte Palatino
サンタ・マリア・イン・コスメディン教会 P.33,51
Basilica di Santa Maria in Cosmedin
Via Celio Vibenna
V. Capo d'Africa
Via Marco Aurelio
クラウディア通り
Via Claudia
アンニア通り
Parco Celio
トラム3号線
Tram
ディーヴォ・クラウディオ神殿
Templo del Divo Claudio
Via D. Greca
チェルキ通り
Via dei Cerchi
サン・グレゴリオ通り
Via di San Gregorio
チェリモンターナ広場
Piazza Celimontana
Lungotevere Aventino
P.33 チルコ・マッシモ
Circo Massimo
チルコ・マッシモ通り
サンティ・ジョヴァンニ・エ・パオロ教会
SS. Giovanni e Paolo
サン・グレゴリオ・マーニョ教会
S. Gregorio Magno
ポルタ・カペーナ広場
Piazza Porta Capena
Circo Massimo
サンタ・マリア・イン・ドムニカ教会
S. Maria in Domnica
Via del Circo Massimo
Via D. Terme Deciane
Via Clivo dei Publicii
Via di Santa Sabina
Via S. Domenico
チェリオの丘
Monte Celio
チルコ・マッシモ駅
Staz. Circo Massimo
Via Fonte di Fauno
Viale Aventino
国連食料農業機構
F.A.O.
Via Valle delle Camene
Viale delle Terme di Caracalla
Via di S. Melania
Via Icilio Giosafat
Via dei Decii
Linea B
地下鉄B線
Via Aventina
Via B. Peruzzi
ヌーマ・ポンピリオ広場
P.za Numa Pompilio
P.44 カラカラ浴場
Terme di Caracalla
Via le M. Gelsomini
Via d. Piramide Cestia
Via Ponzio
Via Annia Faustina
V. Salvator Rosa
Via C. Maratta
Viale Giotto
Viale delle Terme di Caracalla
D
E
F
1
2
3

A
B
C
1
2
3
フィリッポ・ストロッツィ通り
Via Giovanni Milton
バッソ要塞
Fortezza da Basso
ポンテ・アッレ・モッセ通り
Via Pietro Toselli
Via Giuseppe Galliano
Via Benedetto Marcello
ポルテ・ヌオーヴェ通り
Via del Ponte alle Mosse
ベルフィオーレ通り
Via Cittadella
キアッチャイエ通り
Viale Filippo Strozzi
バルバノ通り
V.le Fratelli Rosselli
Via L. Alamanni
P.156
エノテカ・サルメリア・ロンバルディ
Enoteca Salumeria Lombardi
P.156 マルコ
Marco
P.157 ネルボーネ
Nerbone
P.157
ペッシェリア・シュガレッロ
Pescheria Sugarello
議事堂
サンタ・マリア・ノヴェッラ駅
(中央駅)
Stazione S. Maria Novella
(Stazione Centrale)
Via Valfonda
Via Fiume
P.156 中央市場
Mercato Centrale
コムナーレ劇場
Teatro Comunale
P.147
バルディーニ
Baldini
スカラ通り
Via della Scala
Via Il Prato
ヴィットリオ・ヴェネト広場
P.za Vittorio Veneto
P.163
ジュゼッペ・ファナーラGF 89
Giuseppe Fanara GF89
P.169 イル・カントゥッチョ
Il Cantuccio
観光案内所
P.136 メディチ家礼拝堂
Cappelle Medicee
Corso Italia
Via Solferino
P.164 サスキア
Saskia
P.149 トラットリア・アルマンド
Trattoria Armando
P.115 サンタ・マリア・ノヴェッラ教会
Basilica di Santa Maria Novella
P.137 サン・ロレンツォ教会
Basilica di San Lorenzo
ヴィットリア橋
P.te della Vittoria
P.169 バッレリーニ
Ballerini
アルノ川 Fiume Arno
Lungarno Amerigo Vespucci
Borgo Ognissanti
Via Montebello
パラッツオーロ通り
Via Palazzuolo
サンタ・マリア・ノヴェッラ広場
P.za S. Maria Novella
サン・ガエターノ教
S. Gaetano
サンタ・ローザ河岸通り
Lungarno di S. Rosa
V. F. Cavallotti
A. ヴェスプッチ橋
P.te A. Vespucci
オニサンティ教会
Chiesa di Ognissanti
Via de' Fossi
トルナブオーニ通り
Via de' Tornabuoni
ストロッツィ宮
Palazzo Strozzi
サンタ・ローザ堰
Pescaia di S. Rosa
Via Pisana
Borgo S. Frediano
カッライア橋
P.te alla Carraia
レプッブリカ広場
P.za della Repubblica
V.le A. Aleardi
Via d. Monte Oliveto
サン・フレディアーノ門
Porta S. Frediano
サン・フレディアーノ・イン・チェステッロ教会
S. Frediano in Castello
サンタ・トリニタ教会
Basilica di Santa Trinità
Via Porta Rossa
Via G. Zanella
Via dell'Orto
Via del Leone
サルヴァトーレ・フェラガモ美術館
Museo Salvatore Ferragamo
カルミネ広場
P.za del Carmine
Lung. Guicciardini
サンタ・トリニタ橋
P.te S. Trinità
Viale Ariosto
Via Burchiello
サンタ・マリア・デル・カルミネ教会
Chiesa di Santa Maria del Carmine
ポンテ・ヴェッキオ
Ponte Vecchio
サント・スピリト聖堂
Basilica di Santo Spirito
トルクアート・タッソ広場
Piazza Torquato Tasso
P.158
ラ・ソルベッティエラ
La Sorbettiera
V. Mazzetta
Via della Chiesa
サント・スピリト広場
P.za S. Spirito
サンタ・フェリチタ教会
S. Felicità
Via del Campuccio
Via de' Guicciardini
Via di Bellosguardo
Via Villani
トッリジャーニ庭園
Giardino Torrigiani
F. ペトラルカ通り
ピッティ広場
P.za de Pitti
ピッティ宮殿
Palazzo Pitti
サン・フランチェスコ・ディ・パオラ広場
P.za S. Francesco di Paola
Via del Casone
Via de' Serragli
セッラーリ通り
ロマーナ通り
Via Romana
ベルヴェデーレ要塞
Forte Belvedere
Via I. Pindemonte
V.le F. Petrarca
陶磁器博物館 P.139
Museo delle Porcellane
ボボリ庭園 P.139
Giardino di Boboli
Via Ugo Foscolo
ロマーナ門
Porta Romana
ポルタ・ロマーナ広場
P.le di Porta Romana
美術学校
Istituto d'Arte

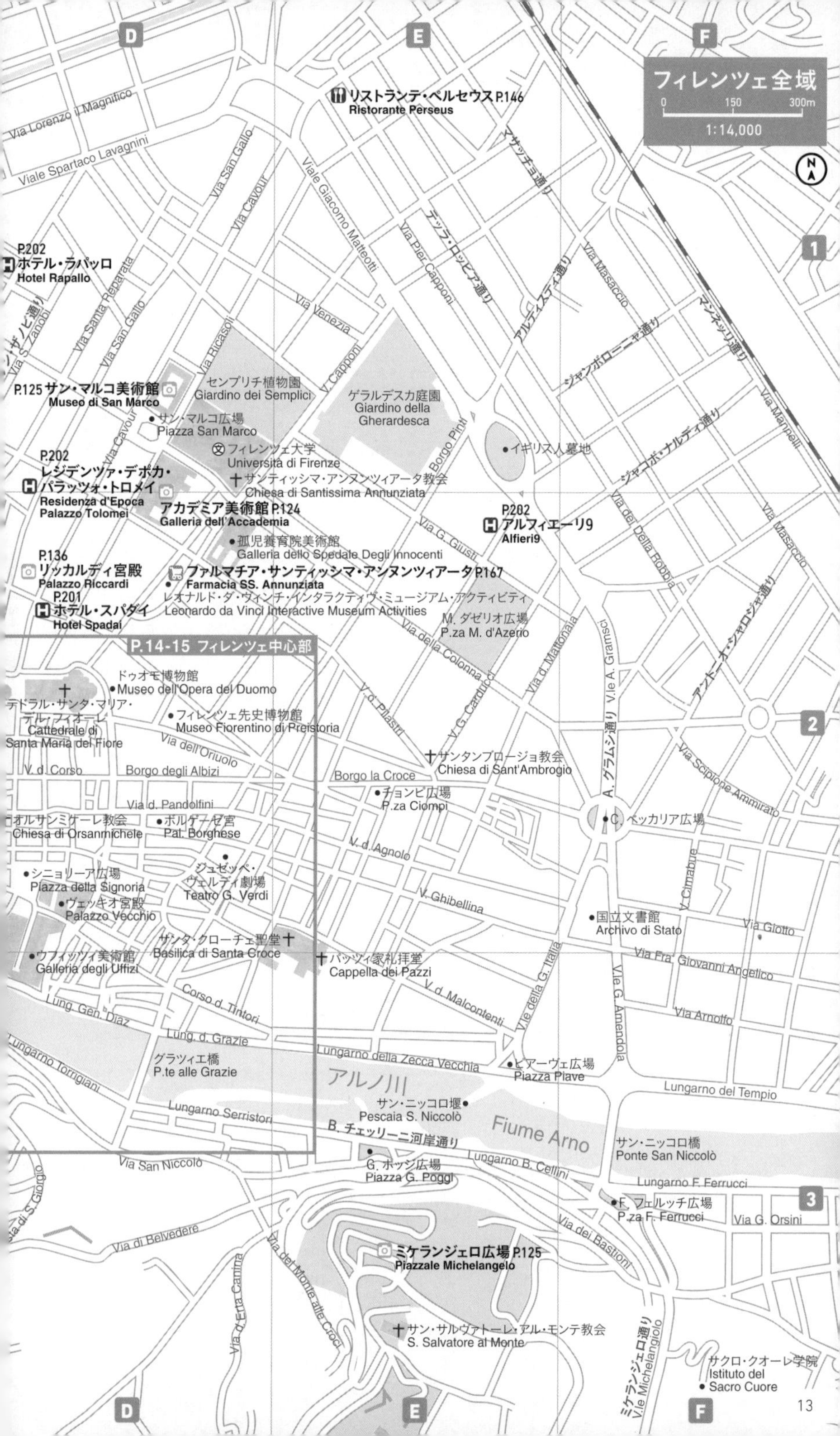
フィレンツェ全域
0 150 300m
1:14,000
リストランテ・ペルセウス P.146
Ristorante Perseus
P.202
ホテル・ラパッロ
Hotel Rapallo
P.125 サン・マルコ美術館
Museo di San Marco
サン・マルコ広場
Piazza San Marco
センプリチ植物園
Giardino dei Semplici
ゲラルデスカ庭園
Giardino della Gherardesca
フィレンツェ大学
Università di Firenze
サンティッシマ・アンヌンツィアータ教会
Chiesa di Santissima Annunziata
P.202
レジデンツァ・デポカ・パラッツォ・トロメイ
Residenza d'Epoca Palazzo Tolomei
アカデミア美術館 P.124
Galleria dell'Accademia
孤児養育院美術館
Galleria dello Spedale Degli Innocenti
P.136
リッカルディ宮殿
Palazzo Riccardi
ファルマチア・サンティッシマ・アンヌンツィアータ P.167
Farmacia SS. Annunziata
レオナルド・ダ・ヴィンチ・インタラクティヴ・ミュージアム・アクティビティ
Leonardo da Vinci Interactive Museum Activities
P.201
ホテル・スパダイ
Hotel Spadai
P.202
アルフィエーリ9
Alfieri9
イギリス人墓地
M. ダゼリオ広場
P.za M. d'Azerio
P.14-15 フィレンツェ中心部
ドゥオモ博物館
Museo dell'Opera del Duomo
カテドラル・サンタ・マリア・デル・フィオーレ
Cattedrale di Santa Maria del Fiore
フィレンツェ先史博物館
Museo Fiorentino di Preistoria
サンタンブロージョ教会
Chiesa di Sant'Ambrogio
チョンピ広場
P.za Ciompi
C. ベッカリア広場
オルサンミケーレ教会
Chiesa di Orsanmichele
ボルゲーゼ宮
Pal. Borghese
ジュゼッペ・ヴェルディ劇場
Teatro G. Verdi
シニョリーア広場
Piazza della Signoria
ヴェッキオ宮殿
Palazzo Vecchio
サンタ・クローチェ聖堂
Basilica di Santa Croce
パッツィ家礼拝堂
Cappella dei Pazzi
ウフィッツィ美術館
Galleria degli Uffizi
国立文書館
Archivio di Stato
グラツィエ橋
P.te alle Grazie
アルノ川
Fiume Arno
ピアーヴェ広場
Piazza Piave
サン・ニッコロ堰
Pescaia S. Niccolò
サン・ニッコロ橋
Ponte San Niccolò
B. チェッリーニ河岸通り
G. ポッジ広場
Piazza G. Poggi
F. フェルッチ広場
P.za F. Ferrucci
ミケランジェロ広場 P.125
Piazzale Michelangelo
サン・サルヴァトーレ・アル・モンテ教会
S. Salvatore al Monte
サクロ・クオーレ学院
Istituto del Sacro Cuore
ミケランジェロ通り
V.le Michelangiolo
A. グラムシ通り
V.le A. Gramsci
マッサッチョ通り
デッラ・ロッビア通り
アルフィエーリ通り
ジャンボローニャ通り
ジャコポ・ナルディ通り
マンネッリ通り
アントーニオ・シャロジャ通り
サン・ザノビ通り
Via Lorenzo il Magnifico
Viale Spartaco Lavagnini
Via San Gallo
Via Cavour
Viale Giacomo Matteotti
Via Pier Capponi
Via Venezia
Via Masaccio
Via Santa Reparata
Via S. Zanobi
Via Ricasoli
V. Capponi
Borgo Pinti
Via Mannelli
Via G. Giusti
Via del Della Robbia
Via della Colonna
Via d. Mattonaia
V. G. Carducci
V. d. Pilastri
Via dell'Oriuolo
V. d. Corso
Borgo degli Albizi
Borgo la Croce
Via d. Pandolfini
V. d. Agnolo
V. Ghibellina
Via Scipione Ammirato
V. Cimabue
Via Giotto
Via Fra' Giovanni Angelico
V. d. Malcontenti
V.le della G. Italia
V.le G. Amendola
Via Arnolfo
Corso d. Tintori
Lung. Gen. Diaz
Lung. d. Grazie
Lungarno Torrigiani
Lungarno della Zecca Vecchia
Lungarno del Tempio
Lungarno Serristori
Lungarno B. Cellini
Lungarno F. Ferrucci
Via San Niccolò
Via G. Orsini
Via dei Bastioni
Via di Belvedere
Via d. S. Giorgio
Via del Monte alle Croci
Via d'Erta Canina
D E F
1 2 3

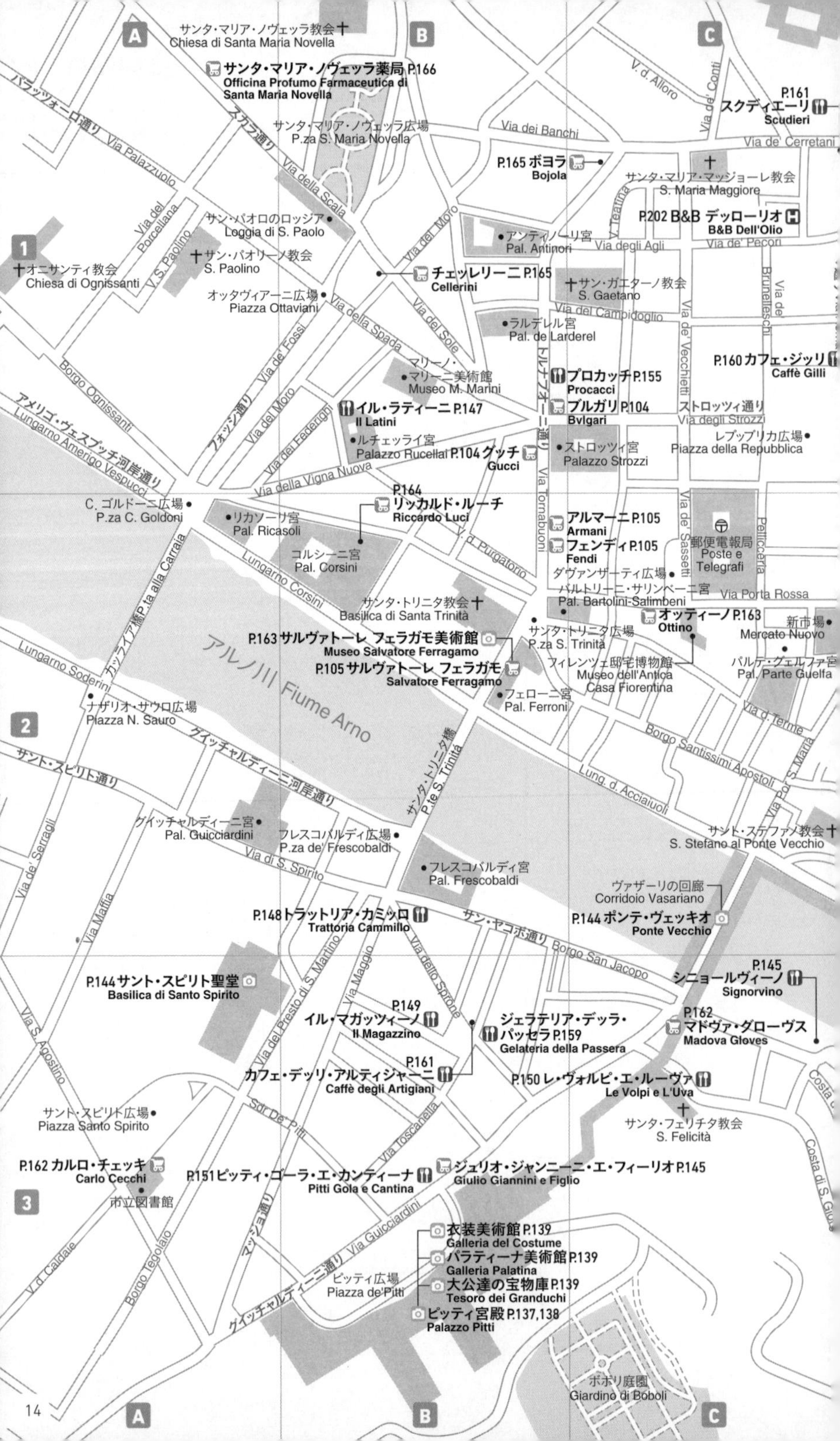
サンタ・マリア・ノヴェッラ教会
Chiesa di Santa Maria Novella
サンタ・マリア・ノヴェッラ薬局 P.166
Officina Profumo Farmaceutica di Santa Maria Novella
サンタ・マリア・ノヴェッラ広場
P.za S. Maria Novella
パラッツォーロ通り Via Palazzuolo
スカラ通り Via della Scala
Via dei Banchi
V. d. Alloro
Via de' Conti
P.161 スクディエーリ
Scudieri
Via de' Cerretani
P.165 ボヨラ
Bojola
サンタ・マリア・マッジョーレ教会
S. Maria Maggiore
P.202 B&B デッローリオ
B&B Dell'Olio
V. Teatina
Via degli Agli
Via de' Pecori
アンティノーリ宮
Pal. Antinori
サン・パオロのロッジア
Loggia di S. Paolo
Via del Porcellana
V. S. Paolino
サン・パオリーノ教会
S. Paolino
オニサンティ教会
Chiesa di Ognissanti
Via del Moro
チェッレリーニ P.165
Cellerini
サン・ガエターノ教会
S. Gaetano
Via del Campidoglio
Via de' Vecchietti
Via de' Brunelleschi
オッタヴィアーニ広場
Piazza Ottaviani
Via della Spada
Via del Sole
ラルデレル宮
Pal. de Larderel
P.160 カフェ・ジッリ
Caffè Gilli
Borgo Ognissanti
Via de' Fossi
マリーノ・マリーニ美術館
Museo M. Marini
プロカッチ P.155
Procacci
ブルガリ P.104
Bvlgari
ストロッツィ通り
Via degli Strozzi
イル・ラティーニ P.147
Il Latini
トルナブオーニ通り
Via del Federighi
フォッシ通り
アメリゴ・ヴェスプッチ河岸通り
Lungarno Amerigo Vespucci
ルチェッライ宮
Palazzo Rucellai
P.104 グッチ
Gucci
ストロッツィ宮
Palazzo Strozzi
レプッブリカ広場
Piazza della Repubblica
Via della Vigna Nuova
C. ゴルドーニ広場
P.za C. Goldoni
P.164 リッカルド・ルーチ
Riccardo Luci
リカソーリ宮
Pal. Ricasoli
Via Tornabuoni
アルマーニ P.105
Armani
フェンディ P.105
Fendi
郵便電報局
Poste e Telegrafi
Via de' Sassetti
Pellicceria
コルシーニ宮
Pal. Corsini
V. d. Purgatorio
ダヴァンザーティ広場
バルトリーニ・サリンベーニ宮
Pal. Bartolini-Salimbeni
Via Porta Rossa
Lungarno Corsini
カッライア橋 P.te alla Carraia
サンタ・トリニタ教会
Basilica di Santa Trinità
オッティーノ P.163
Ottino
新市場
Mercato Nuovo
P.163 サルヴァトーレ フェラガモ美術館
Museo Salvatore Ferragamo
サンタ・トリニタ広場
P.za S. Trinità
P.105 サルヴァトーレ フェラガモ
Salvatore Ferragamo
フィレンツェ邸宅博物館
Museo dell'Antica Casa Fiorentina
パルテ・グェルファ宮
Pal. Parte Guelfa
アルノ川 Fiume Arno
Lungarno Soderini
ナザリオ・サウロ広場
Piazza N. Sauro
フェローニ宮
Pal. Ferroni
Via d. Terme
Borgo Santissimi Apostoli
Via Por S. Maria
グイッチャルディーニ河岸通り
サント・スピリト通り
サンタ・トリニタ橋 P.te S. Trinità
Lung. d. Acciaiuoli
グイッチャルディーニ宮
Pal. Guicciardini
フレスコバルディ広場
P.za de' Frescobaldi
サント・ステファノ教会
S. Stefano al Ponte Vecchio
Via de' Serragli
Via di S. Spirito
フレスコバルディ宮
Pal. Frescobaldi
ヴァザーリの回廊
Corridoio Vasariano
Via Maffia
P.148 トラットリア・カミッロ
Trattoria Cammillo
サン・ヤコポ通り Borgo San Jacopo
P.144 ポンテ・ヴェッキオ
Ponte Vecchio
P.145 シニョールヴィーノ
Signorvino
P.144 サント・スピリト聖堂
Basilica di Santo Spirito
Via del Presto di S. Martino
Via Maggio
Via dello Sprone
P.149 イル・マガッツィーノ
Il Magazzino
ジェラテリア・デッラ・パッセラ P.159
Gelateria della Passera
P.162 マドヴァ・グローヴス
Madova Gloves
Via S. Agostino
P.161 カフェ・デッリ・アルティジャーニ
Caffè degli Artigiani
P.150 レ・ヴォルピ・エ・ルーヴァ
Le Volpi e L'Uva
Costa
Sdr. De' Pitti
サント・スピリト広場
Piazza Santo Spirito
サンタ・フェリチタ教会
S. Felicità
Via Toscanella
Costa di S. Giorgio
P.162 カルロ・チェッキ
Carlo Cecchi
P.151 ピッティ・ゴーラ・エ・カンティーナ
Pitti Gola e Cantina
ジュリオ・ジャンニーニ・エ・フィーリオ P.145
Giulio Giannini e Figlio
市立図書館
マッジョ通り
Via Guicciardini
V. d. Caldaie
Borgo Tegolaio
衣装美術館 P.139
Galleria del Costume
パラティーナ美術館 P.139
Galleria Palatina
大公達の宝物庫 P.139
Tesoro dei Granduchi
ピッティ広場
Piazza de' Pitti
ピッティ宮殿 P.137,138
Palazzo Pitti
グイッチャルディーニ通り
ボボリ庭園
Giardino di Boboli
A
B
C
1
2
3

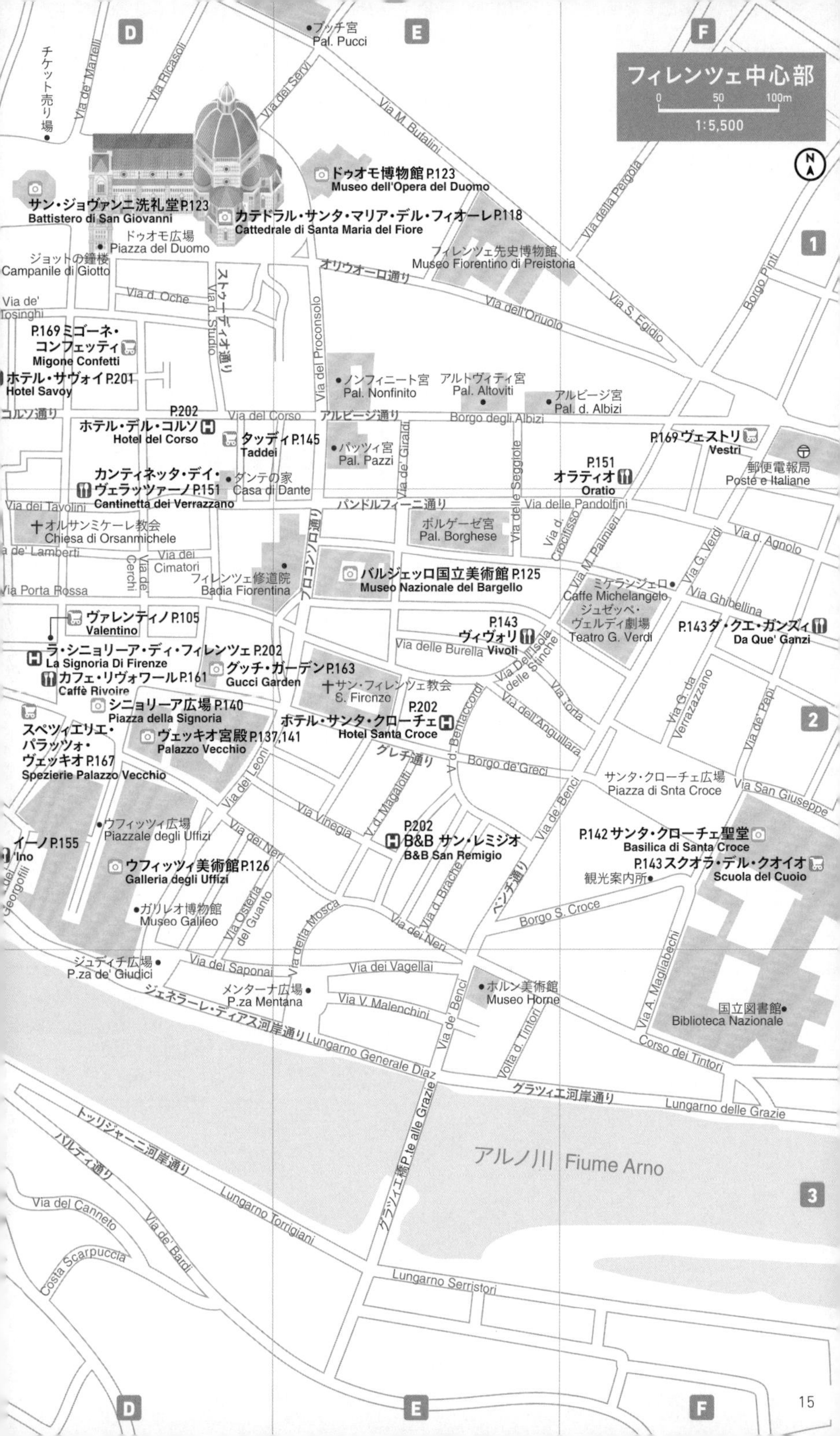
フィレンツェ中心部
0 50 100m
1:5,500
チケット売り場
フッチ宮
Pal. Pucci
ドゥオモ博物館 P.123
Museo dell'Opera del Duomo
サン・ジョヴァンニ洗礼堂 P.123
Battistero di San Giovanni
カテドラル・サンタ・マリア・デル・フィオーレ P.118
Cattedrale di Santa Maria del Fiore
ドゥオモ広場
Piazza del Duomo
ジョットの鐘楼
Campanile di Giotto
フィレンツェ先史博物館
Museo Fiorentino di Preistoria
オリウオーロ通り
Via dell'Oriuolo
ストゥーディオ通り
Via d. Studio
Via d. Oche
Via del Proconsolo
P.169 ミゴーネ・コンフェッティ
Migone Confetti
ホテル・サヴォイ P.201
Hotel Savoy
コルソ通り
ノンフィニート宮
Pal. Nonfinito
アルトヴィティ宮
Pal. Altoviti
アルビージ宮
Pal. d. Albizi
アルビージ通り
Borgo degli Albizi
P.202
ホテル・デル・コルソ
Hotel del Corso
タッディ P.145
Taddei
パッツィ宮
Pal. Pazzi
P.169 ヴェストリ
Vestri
郵便電報局
Poste e Italiane
P.151
オラティオ
Oratio
カンティネッタ・デイ・ヴェラッツァーノ P.151
Cantinetta dei Verrazzano
ダンテの家
Casa di Dante
パンドルフィーニ通り
Via delle Pandolfini
オルサンミケーレ教会
Chiesa di Orsanmichele
ボルゲーゼ宮
Pal. Borghese
プロコンソロ通り
フィレンツェ修道院
Badia Fiorentina
バルジェッロ国立美術館 P.125
Museo Nazionale del Bargello
ミケランジェロ
Caffè Michelangelo
ジュゼッペ・ヴェルディ劇場
Teatro G. Verdi
ヴァレンティノ P.105
Valentino
P.143
ヴィヴォリ
Vivoli
P.143 ダ・クエ・ガンズィ
Da Que' Ganzi
ラ・シニョリーア・ディ・フィレンツェ P.202
La Signoria Di Firenze
グッチ・ガーデン P.163
Gucci Garden
カフェ・リヴォワール P.161
Caffè Rivoire
サン・フィレンツェ教会
S. Firenzo
シニョリーア広場 P.140
Piazza della Signoria
P.202
ホテル・サンタ・クローチェ
Hotel Santa Croce
ヴェッキオ宮殿 P.137,141
Palazzo Vecchio
スペツィエリエ・パラッツォ・ヴェッキオ P.167
Spezierie Palazzo Vecchio
グレチ通り
Borgo de' Greci
サンタ・クローチェ広場
Piazza di Snta Croce
ウフィッツィ広場
Piazzale degli Uffizi
イーノ P.155
'Ino
P.202
B&B サン・レミジオ
B&B San Remigio
P.142 サンタ・クローチェ聖堂
Basilica di Santa Croce
P.143 スクオラ・デル・クオイオ
Scuola del Cuoio
ウフィッツィ美術館 P.126
Galleria degli Uffizi
観光案内所
ガリレオ博物館
Museo Galileo
ベンチ通り
Borgo S. Croce
ジュディチ広場
P.za de' Giudici
メンターナ広場
P.za Mentana
ホルン美術館
Museo Horne
国立図書館
Biblioteca Nazionale
ジェネラーレ・ディアス河岸通り
Lungarno Generale Diaz
Corso dei Tintori
グラツィエ河岸通り
Lungarno delle Grazie
トッリジャーニ河岸通り
バルディ通り
アルノ川 Fiume Arno
グラツィエ橋 P.te alle Grazie
Lungarno Torrigiani
Via del Canneto
Via de' Bardi
Costa Scarpuccia
Lungarno Serristori
D
E
F
1
2
3

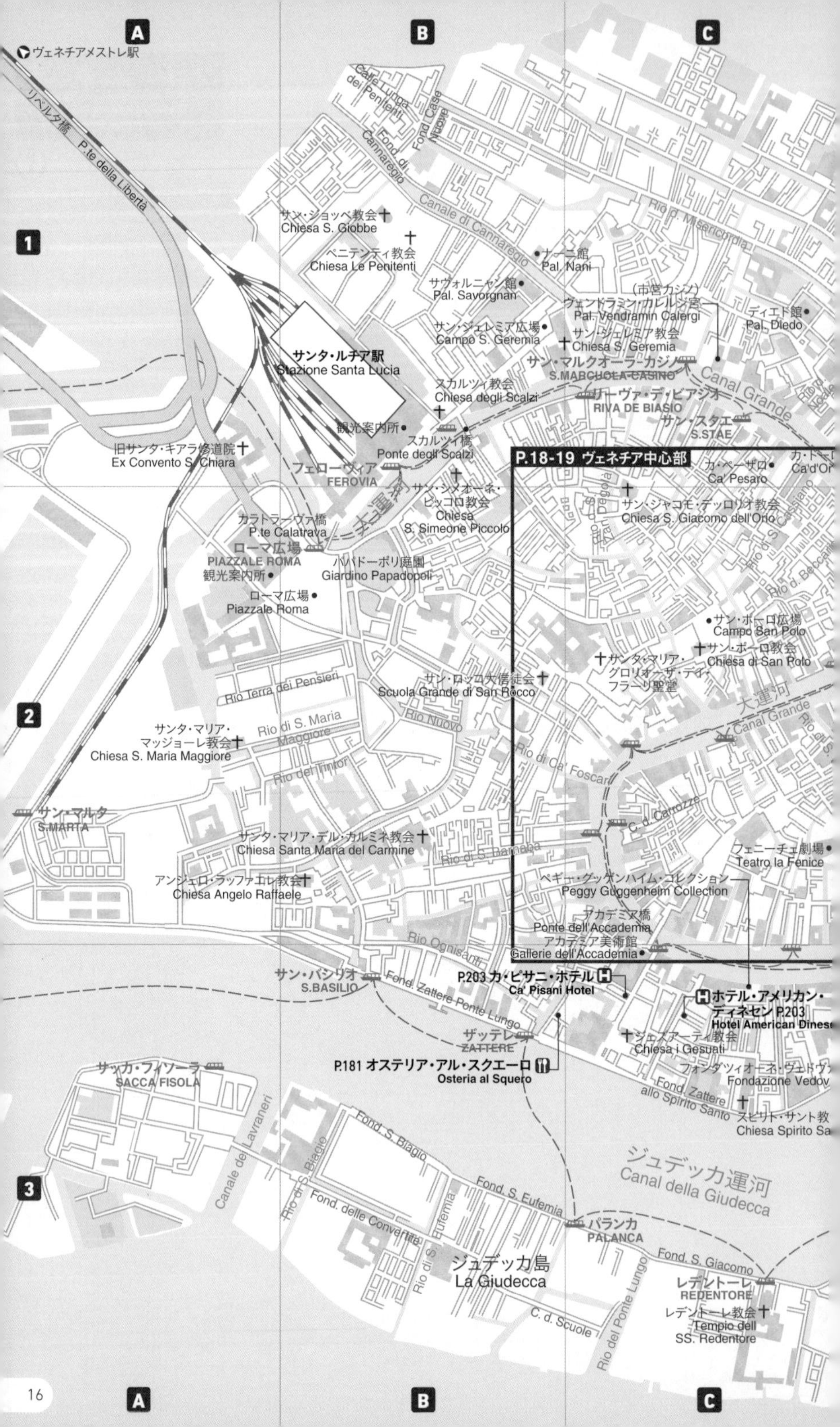

ヴェネチアメストレ駅
リベルタ橋 P.te della Libertà
サン・ジョッベ教会 Chiesa S. Giobbe
ペニテンティ教会 Chiesa Le Penitenti
ナーニ館 Pal. Nani
サヴォルニャン館 Pal. Savorgnan
（市営カジノ）ヴェンドラミン・カレルジ宮 Pal. Vendramin Calergi
ディエド館 Pal. Diedo
サン・ジェレミア広場 Campo S. Geremia
サン・ジェレミア教会 Chiesa S. Geremia
サンタ・ルチア駅 Stazione Santa Lucia
サン・マルクオーラ-カジノ S.MARCUOLA-CASINO
スカルツィ教会 Chiesa degli Scalzi
リーヴァ・デ・ビアジオ RIVA DE BIASIO
サン・スタエ S.STAE
Canal Grande
観光案内所
スカルツィ橋 Ponte degli Scalzi
旧サンタ・キアラ修道院 Ex Convento S. Chiara
フェローヴィア FEROVIA
P.18-19 ヴェネチア中心部
カ・ペーザロ Ca' Pesaro
カ・ドーロ Ca'd'Oro
サン・シメオーネ・ピッコロ教会 Chiesa S. Simeone Piccolo
大運河
カラトラーヴァ橋 P.te Calatrava
サン・ジャコモ・デッロリオ教会 Chiesa S. Giacomo dell'Orio
ローマ広場 PIAZZALE ROMA
パパドーポリ庭園 Giardino Papadopoli
観光案内所
ローマ広場 Piazzale Roma
サン・ポーロ広場 Campo San Polo
サン・ポーロ教会 Chiesa di San Polo
サンタ・マリア・グロリオーザ・デイ・フラーリ聖堂
サン・ロッコ大信徒会 Scuola Grande di San Rocco
Rio Terra dei Pensieri
Rio di S. Maria Maggiore
Rio Nuovo
サンタ・マリア・マッジョーレ教会 Chiesa S. Maria Maggiore
Rio del Tintor
Rio di Ca' Foscari
C. d. Carrozze
サン・マルタ S.MARTA
サンタ・マリア・デル・カルミネ教会 Chiesa Santa Maria del Carmine
Rio di S. Barnaba
フェニーチェ劇場 Teatro la Fenice
アンジェロ・ラッファエレ教会 Chiesa Angelo Raffaele
ペギー・グッゲンハイム・コレクション Peggy Guggenheim Collection
アカデミア橋 Ponte dell'Accademia
アカデミア美術館 Gallerie dell'Accademia
Rio Ognisanti
サン・バシリオ S.BASILIO
Fond. Zattere Ponte Lungo
P.203 カ・ピサニ・ホテル Ca' Pisani Hotel
ホテル・アメリカン・ディネセン P.203 Hotel American Dinesen
ザッテレ ZATTERE
ジェズアーティ教会 Chiesa i Gesuati
P.181 オステリア・アル・スクエーロ Osteria al Squero
サッカ・フィソーラ SACCA FISOLA
フォンダツィオーネ・ヴェドヴァ Fondazione Vedova
Fond. Zattere allo Spirito Santo
スピリト・サント教会 Chiesa Spirito Santo
Canale dei Lavraneri
Fond. S. Biagio
Rio di S. Biagio
ジュデッカ運河 Canal della Giudecca
Fond. S. Eufemia
Fond. delle Convertite
パランカ PALANCA
Fond. S. Giacomo
ジュデッカ島 La Giudecca
Rio di S. Eufemia
レデントーレ REDENTORE
レデントーレ教会 Tempio dell SS. Redentore
C. d. Scuole
Rio del Ponte Lungo
Calle Lunga dei Penitenti
Fond. di Cannaregio
Fond. Case Nuove
Canale di Cannaregio
Rio d. Misericordia
Rio d. Becca...

ヴェネチア全域
0 100 200m
1:14,000
D
E
F
チミテーロ
CIMITERO
サン・ミケーレ島
San Michele
1
ヴァポレット
1番線(各停)
ヴァポレット
2番線(快速)
ミゼリコルディア修道院
Abbazia della Misericordia
イエズス会教会
Chiesa dei Gesuiti
Fondamenta Nove
Rio di S. Caterina
P180
アッラ・ヴェドヴァ
Alla Vedova
Strada Nova
市立病院
Ospedale Civile
Fond. Nove
魚市場 Mercato del Pesce
サンタ・マリア・デイ・ミラーコリ教会
Chiesa di Santa Maria dei Miracoli
Rio dei Mendicanti
Fond. dei Mendicanti
Rio d. Panada
Calle d. Cappuccine
Rio d. S. Giustina
リアルト橋
Ponte di Rialto
サン・フランチェスコ・デッラ・ヴィーニャ教会
Chiesa S. Francesco della Vigna
Rio di S. Francesco d. Vigna
C. Lunga S. M. Formosa
サンタ・マリア・フォルモーザ教会
Chiesa S. Maria Formosa
サン・サルヴァドール教会
Chiesa di S. Salvador
Calle dei Fabbri
サン・ロレンツォ教会
Chiesa di San Lorenzo
Rio d. S. Lorenzo
2
サン・ルカ広場
Campo San Luca
サン・ジョルジョ・デリ スキアヴォーニ信徒会館
Scuola di S. Giorgio d. Schiavoni
レオン・ドーロ
Leon d'Oro
サン・マルコ寺院
Basilica di San Marco
サン・ザッカリーア教会
Chiesa di San Zaccaria
国立造船所
Arsenale
サン・マルコ広場
Piazza San Marco
観光案内所
ため息橋
Ponte Dei Sospiri
ホテル・メトロポーレ P.203
Hotel Metropole
ドゥカーレ宮殿
Palazzo Ducale
サン・モイゼ教会
Chiesa di San Moisè
アルセナーレ
ARSENALE
海洋歴史博物館
Museo Storico Navale
R. S. Biagio
Via G. Garibaldi
Riva dei Sette Martiri
サルーテ
SALUTE
プンタ・デッラ・ドガーナ美術館
Punta della Dogana
ンタ・マリア・デッラ・サルーテ教会
silica di Santa Maria della Salute
サン・ジョルジョ
S.GIORGIO
サン・ジョルジョ・マッジョーレ教会
Chiesa di San Giorgio Maggiore
ジアルディーニ
GIARDINI
サン・ジョルジョ・マッジョーレ島
San Giorgio Maggiore
3
リド島へ
ジテッレ
ZITELLE
ジテッレ教会
Chiesa le Zitelle
Fond. S. Giovanni
ヴェルデ劇場
Teatro Verde

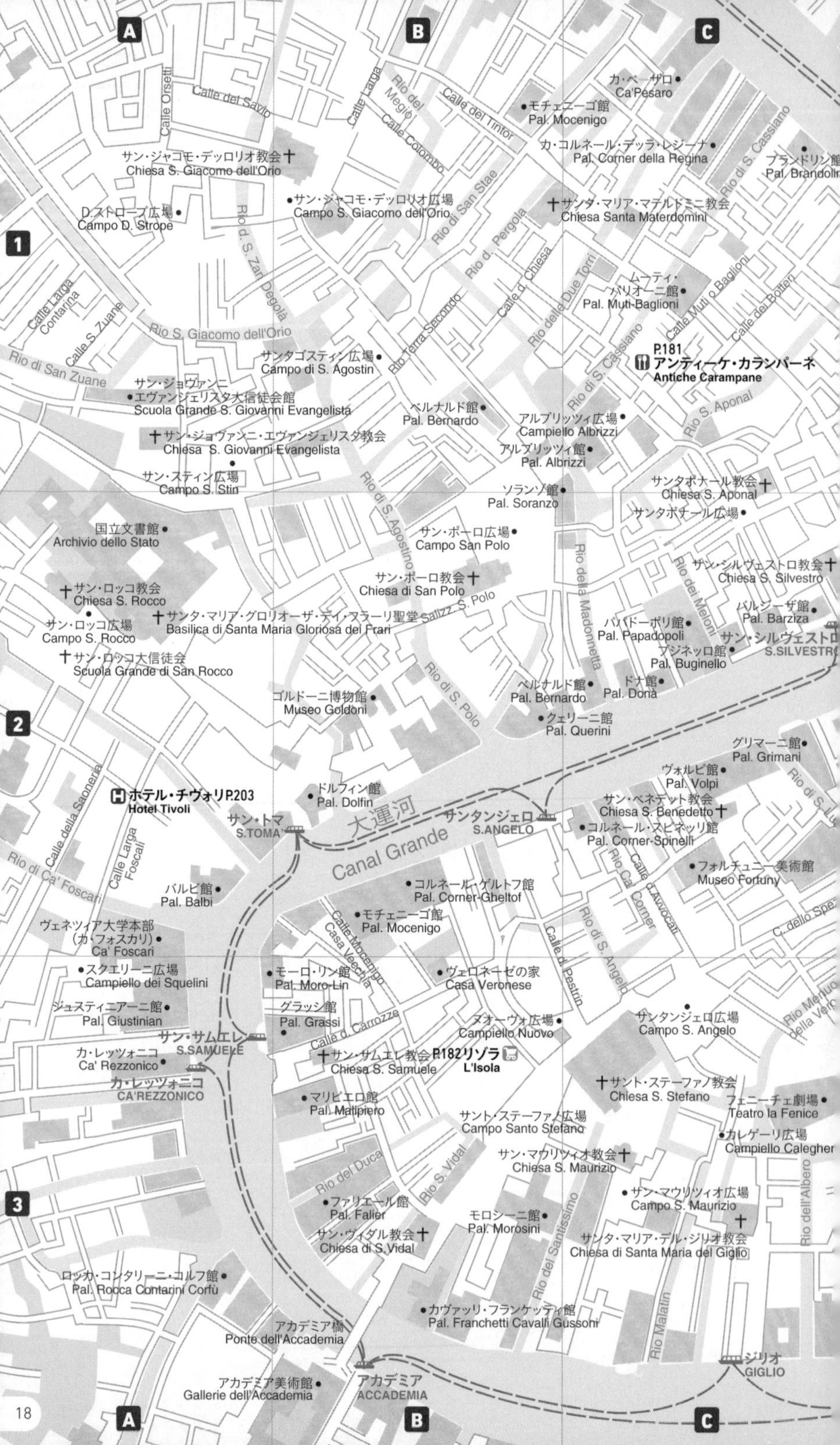
A
B
C
1
2
3
Calle Orsetti
Calle del Savio
Calle Larga
Rio del Megio
Calle Colombo
Calle del Tintor
カ・ペーザロ
Ca'Pesaro
モチェニーゴ館
Pal. Mocenigo
カ・コルネール・デッラ・レジーナ
Pal. Corner della Regina
ブランドリン館
Pal. Brandolin
Rio di S. Cassiano
サン・ジャコモ・デッロリオ教会
Chiesa S. Giacomo dell'Orio
サン・ジャコモ・デッロリオ広場
Campo S. Giacomo dell'Orio
Rio di San Stae
サンタ・マリア・マテルドミニ教会
Chiesa Santa Materdomini
D.ストローブ広場
Campo D. Strope
Rio d. S. Zan Degolà
Rio d. Pergola
Calle d. Chiesa
Rio delle Due Torri
ムーティ・バリオーニ館
Pal. Muti-Baglioni
Calle Muti o Baglioni
Calle dei Botteri
Calle Larga Contarina
Calle S. Zuane
Rio S. Giacomo dell'Orio
Rio Terra Secondo
Rio di S. Cassiano
P.181
アンティーケ・カランパーネ
Antiche Carampane
Rio di San Zuane
サンタゴスティン広場
Campo di S. Agostin
サン・ジョヴァンニ・エヴァンジェリスタ大信徒会館
Scuola Grande S. Giovanni Evangelista
ベルナルド館
Pal. Bernardo
アルブリッツィ広場
Campiello Albrizzi
Rio S. Aponal
サン・ジョヴァンニ・エヴァンジェリスタ教会
Chiesa S. Giovanni Evangelista
アルブリッツィ館
Pal. Albrizzi
サン・スティン広場
Campo S. Stin
Rio di S. Agostino
サンタポナール教会
Chiesa S. Aponal
ソランゾ館
Pal. Soranzo
サンタポナール広場
国立文書館
Archivio dello Stato
サン・ポーロ広場
Campo San Polo
Rio della Madonnetta
Rio dei Meloni
サン・シルヴェストロ教会
Chiesa S. Silvestro
サン・ロッコ教会
Chiesa S. Rocco
サン・ポーロ教会
Chiesa di San Polo
Salizz. S. Polo
バルジーザ館
Pal. Barziza
サン・ロッコ広場
Campo S. Rocco
サンタ・マリア・グロリオーザ・デイ・フラーリ聖堂
Basilica di Santa Maria Gloriosa dei Frari
パパドーポリ館
Pal. Papadopoli
サン・シルヴェストロ
S.SILVESTRO
サン・ロッコ大信徒会
Scuola Grande di San Rocco
ブジネッロ館
Pal. Buginello
Rio di S. Polo
ベルナルド館
Pal. Bernardo
ドナ館
Pal. Donà
ゴルドーニ博物館
Museo Goldoni
クェリーニ館
Pal. Querini
グリマーニ館
Pal. Grimani
ヴォルピ館
Pal. Volpi
Rio di S. Luca
ホテル・チヴォリP.203
Hotel Tivoli
ドルフィン館
Pal. Dolfin
サン・ベネデット教会
Chiesa S. Benedetto
サン・トマ
S.TOMA'
大運河
Canal Grande
サンタンジェロ
S.ANGELO
コルネール・スピネッリ館
Pal. Corner-Spinelli
Calle della Saoneria
Calle Larga Foscari
Rio di Ca' Foscari
Rio Ca' Corner
Calle d. Avvocati
フォルチュニー美術館
Museo Fortuny
バルビ館
Pal. Balbi
コルネール・ゲルトフ館
Pal. Corner-Gheltof
モチェニーゴ館
Pal. Mocenigo
Calle Mocenigo Casa Vecchia
Calle d. Pestrin
Rio di S. Angelo
C. dello Spezier
ヴェネツィア大学本部(カ・フォスカリ)
Ca' Foscari
スクエリーニ広場
Campiello dei Squelini
モーロ・リン館
Pal. Moro-Lin
ヴェロネーゼの家
Casa Veronese
ジュスティニアーニ館
Pal. Giustinian
グラッシ館
Pal. Grassi
Calle d. Carrozze
ヌオーヴォ広場
Campiello Nuovo
サンタンジェロ広場
Campo S. Angelo
Rio Menuo o della Verona
カ・レッツォニコ
Ca' Rezzonico
サン・サムエレ
S.SAMUELE
サン・サムエレ教会
Chiesa S. Samuele
P.182リゾラ
L'Isola
カ・レッツォニコ
CA'REZZONICO
サント・ステーファノ教会
Chiesa S. Stefano
マリピエロ館
Pal. Malipiero
フェニーチェ劇場
Teatro la Fenice
サント・ステーファノ広場
Campo Santo Stefano
カレゲーリ広場
Campiello Calegher
サン・マウリツィオ教会
Chiesa S. Maurizio
Rio del Duca
Rio S. Vidal
Rio dell'Albero
サン・マウリツィオ広場
Campo S. Maurizio
ファリエール館
Pal. Falier
モロシーニ館
Pal. Morosini
サン・ヴィダル教会
Chiesa di S.Vidal
Rio del Santissimo
サンタ・マリア・デル・ジリオ教会
Chiesa di Santa Maria del Giglio
ロッカ・コンタリーニ・コルフ館
Pal. Rocca Contarini Corfù
カヴァッリ・フランケッティ館
Pal. Franchetti Cavalli Gussoni
Rio Malatin
アカデミア橋
Ponte dell'Accademia
ジリオ
GIGLIO
アカデミア美術館
Gallerie dell'Accademia
アカデミア
ACCADEMIA

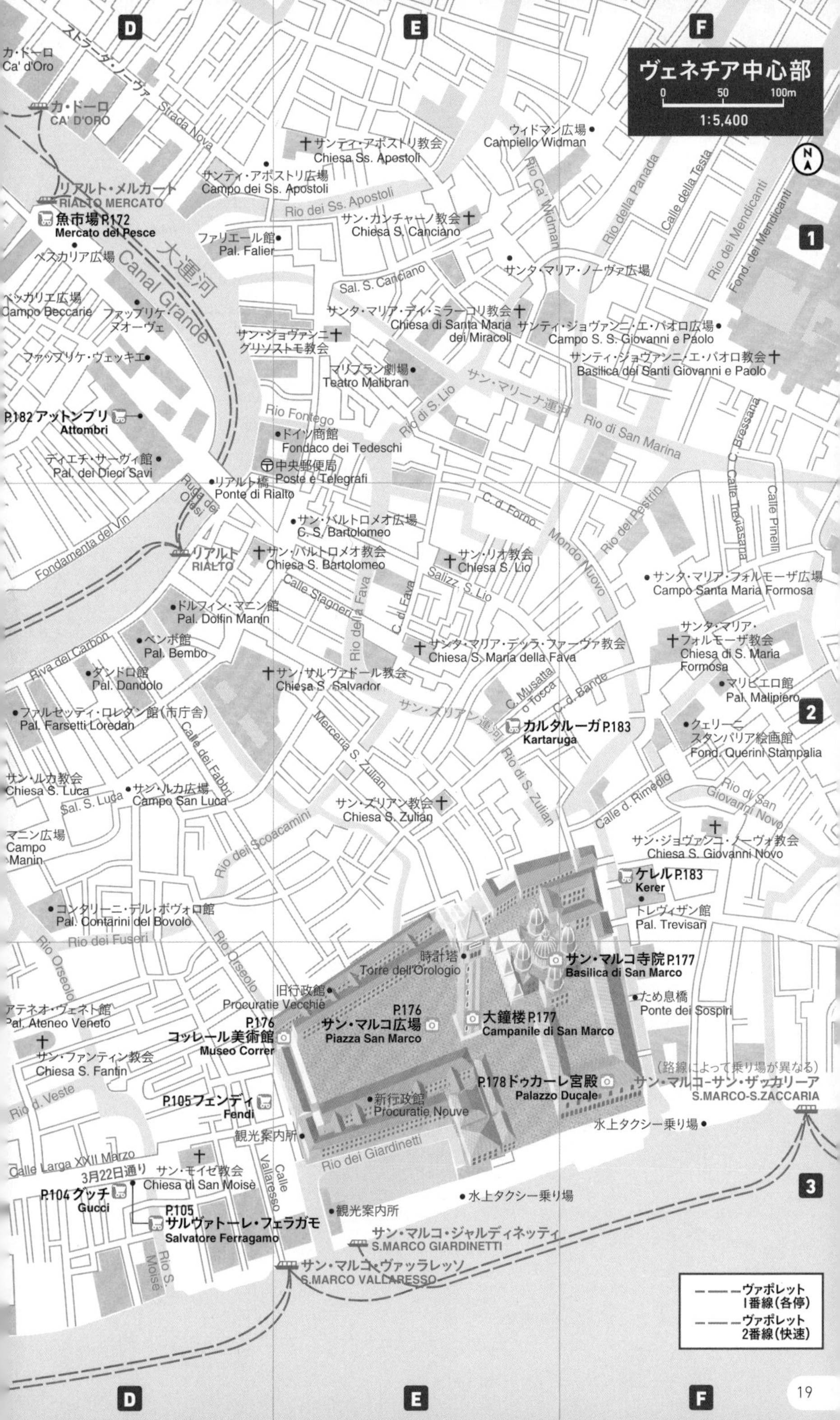
ヴェネチア中心部
0 50 100m
1:5,400
カ・ドーロ Ca' d'Oro
カ・ドーロ CA' D'ORO
ストラーダ・ノーヴァ
Strada Nova
リアルト・メルカート RIALTO MERCATO
魚市場P.172 Mercato del Pesce
ペスカリア広場
ペッカリエ広場 Campo Beccarie
ファッブリケ・ヌオーヴェ
ファッブリケ・ヴェッキエ
大運河 Canal Grande
P.182 アットンブリ Attombri
ディエチ・サーヴィ館 Pal. dei Dieci Savi
リアルト橋 Ponte di Rialto
Ruga dei Orasi
Fondamenta del Vin
リアルト RIALTO
Riva del Carbon
ドルフィン・マニン館 Pal. Dolfin Manin
ベンボ館 Pal. Bembo
ダンドロ館 Pal. Dandolo
ファルセッティ・ロレダン館（市庁舎） Pal. Farsetti Loredan
サン・ルカ教会 Chiesa S. Luca
サン・ルカ広場 Campo San Luca
Sal. S. Luca
マニン広場 Campo Manin
コンタリーニ・デル・ボヴォロ館 Pal. Contarini del Bovolo
Rio dei Fuseri
Rio Orseolo
アテネオ・ヴェネト館 Pal. Ateneo Veneto
サン・ファンティン教会 Chiesa S. Fantin
Rio d. Veste
P.105フェンディ Fendi
Calle Larga XXII Marzo
3月22日通り
サン・モイゼ教会 Chiesa di San Moisè
P.104グッチ Gucci
P.105 サルヴァトーレ・フェラガモ Salvatore Ferragamo
Rio S. Moisè
Calle Vallaresso
観光案内所
サンティ・アポストリ教会 Chiesa Ss. Apostoli
サンティ・アポストリ広場 Campo dei Ss. Apostoli
Rio dei Ss. Apostoli
サン・カンチャーノ教会 Chiesa S. Canciano
ファリエール館 Pal. Falier
Sal. S. Canciano
サンタ・マリア・ディ・ミラーコリ教会 Chiesa di Santa Maria dei Miracoli
サン・ジョヴァンニ・グリソストモ教会
マリブラン劇場 Teatro Malibran
Rio Fontego
ドイツ商館 Fondaco dei Tedeschi
中央郵便局 Poste e Telegrafi
サン・バルトロメオ広場 C. S. Bartolomeo
サン・バルトロメオ教会 Chiesa S. Bartolomeo
Calle Stagneri
Rio della Fava
C. d. Fava
サン・サルヴァドール教会 Chiesa S. Salvador
Calle dei Fabbri
Mercerie S. Zulian
Rio dei Scoacamini
Rio Orseolo
ウィドマン広場 Campiello Widman
Rio Ca' Widman
Rio della Panada
Calle della Testa
Rio dei Mendicanti
Fond. dei Mendicanti
サンタ・マリア・ノーヴァ広場
サンティ・ジョヴァンニ・エ・パオロ広場 Campo S. S. Giovanni e Paolo
サンティ・ジョヴァンニ・エ・パオロ教会 Basilica dei Santi Giovanni e Paolo
サン・マリーナ運河
Rio di San Marina
Rio di S. Lio
C. Bressana
Calle Trevisana
Calle Pinelli
C. d. Forno
Mondo Nuovo
Rio del Pestrin
サン・リオ教会 Chiesa S. Lio
Salizz. S. Lio
サンタ・マリア・フォルモーザ広場 Campo Santa Maria Formosa
サンタ・マリア・デッラ・ファーヴァ教会 Chiesa S. Maria della Fava
サンタ・マリア・フォルモーザ教会 Chiesa di S. Maria Formosa
マリピエロ館 Pal. Malipiero
C. Musatta o Tosca
C. d. Bande
サン・ズリアン運河
カルタルーガP.183 Kartaruga
クェリーニ・スタンパリア絵画館 Fond. Querini Stampalia
Rio di S. Zulian
サン・ズリアン教会 Chiesa S. Zulian
Calle d. Rimedio
Rio di San Giovanni Novo
サン・ジョヴァンニ・ノーヴォ教会 Chiesa S. Giovanni Novo
ケレルP.183 Kerer
トレヴィザン館 Pal. Trevisan
時計塔 Torre dell'Orologio
サン・マルコ寺院P.177 Basilica di San Marco
旧行政館 Procuratie Vecchie
ため息橋 Ponte dei Sospiri
P.176 サン・マルコ広場 Piazza San Marco
大鐘楼P.177 Campanile di San Marco
P.176 コッレール美術館 Museo Correr
P.178ドゥカーレ宮殿 Palazzo Ducale
新行政館 Procuratie Nouve
（路線によって乗り場が異なる）
サン・マルコ-サン・ザッカリーア S.MARCO-S.ZACCARIA
水上タクシー乗り場
Rio dei Giardinetti
サン・マルコ・ジャルディネッティ S.MARCO GIARDINETTI
サン・マルコ・ヴァッラレッソ S.MARCO VALLARESSO
ヴァポレット 1番線（各停）
ヴァポレット 2番線（快速）
D
E
F
1
2
3

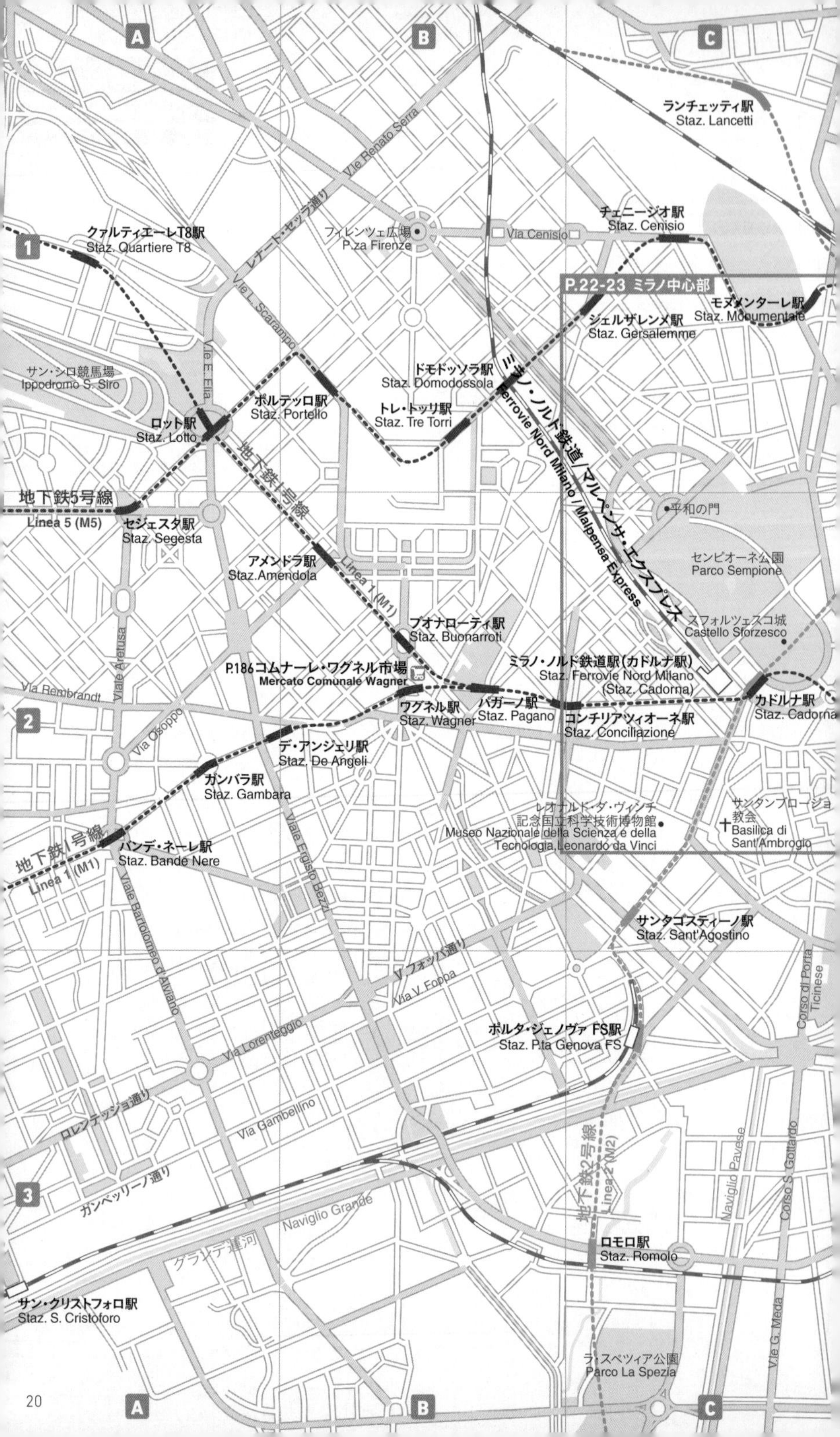
ランチェッティ駅
Staz. Lancetti
V.le Renato Serra
レナート・セッラ通り
フィレンツェ広場
P.za Firenze
Via Cenisio
チェニージオ駅
Staz. Cenisio
クァルティエーレT8駅
Staz. Quartiere T8
P.22-23 ミラノ中心部
モヌメンターレ駅
Staz. Monumentale
ジェルザレンメ駅
Staz. Gersalemme
V.le L. Scarampo
サン・シロ競馬場
Ippodromo S. Siro
V.le E. Elia
ドモドッソラ駅
Staz. Domodossola
ポルテッロ駅
Staz. Portello
トレ・トッリ駅
Staz. Tre Torri
ミラノ・ノルド鉄道/マルペンサ・エクスプレス
Ferrovie Nord Milano / Malpensa Express
ロット駅
Staz. Lotto
地下鉄1号線
平和の門
地下鉄5号線
Linea 5 (M5)
セジェスタ駅
Staz. Segesta
アメンドラ駅
Staz.Amendola
Linea 1 (M1)
センピオーネ公園
Parco Sempione
ブオナローティ駅
Staz. Buonarroti
スフォルツェスコ城
Castello Sforzesco
Viale Aretusa
P.186コムナーレ・ワグネル市場
Mercato Comunale Wagner
ミラノ・ノルド鉄道駅(カドルナ駅)
Staz. Ferrovie Nord Milano
(Staz. Cadorna)
Via Rembrandt
ワグネル駅
Staz. Wagner
パガーノ駅
Staz. Pagano
コンチリアツィオーネ駅
Staz. Conciliazione
カドルナ駅
Staz. Cadorna
Via Osoppo
デ・アンジェリ駅
Staz. De Angeli
ガンバラ駅
Staz. Gambara
レオナルド・ダ・ヴィンチ
記念国立科学技術博物館
Museo Nazionale della Scienza e della
Tecnologia,Leonardo da Vinci
サンタンブロージョ
教会
Basilica di
Sant'Ambrogio
地下鉄1号線
Linea 1 (M1)
バンデ・ネーレ駅
Staz. Bande Nere
Viale Bartolomeo d'Alviano
Viale Ergisio Bezzi
サンタゴスティーノ駅
Staz. Sant'Agostino
V.フォッパ通り
Via V. Foppa
Corso di Porta
Ticinese
ポルタ・ジェノヴァ FS駅
Staz. P.ta Genova FS
Via Lorenteggio
ロレンテッジョ通り
Via Gambellino
地下鉄2号線
Linea 2 (M2)
Naviglio Pavese
Corso S. Gottardo
ガンベッリーノ通り
Naviglio Grande
グランデ運河
ロモロ駅
Staz. Romolo
サン・クリストフォロ駅
Staz. S. Cristoforo
ラ・スペツィア公園
Parco La Spezia
V.le G. Meda
A
B
C
1
2
3

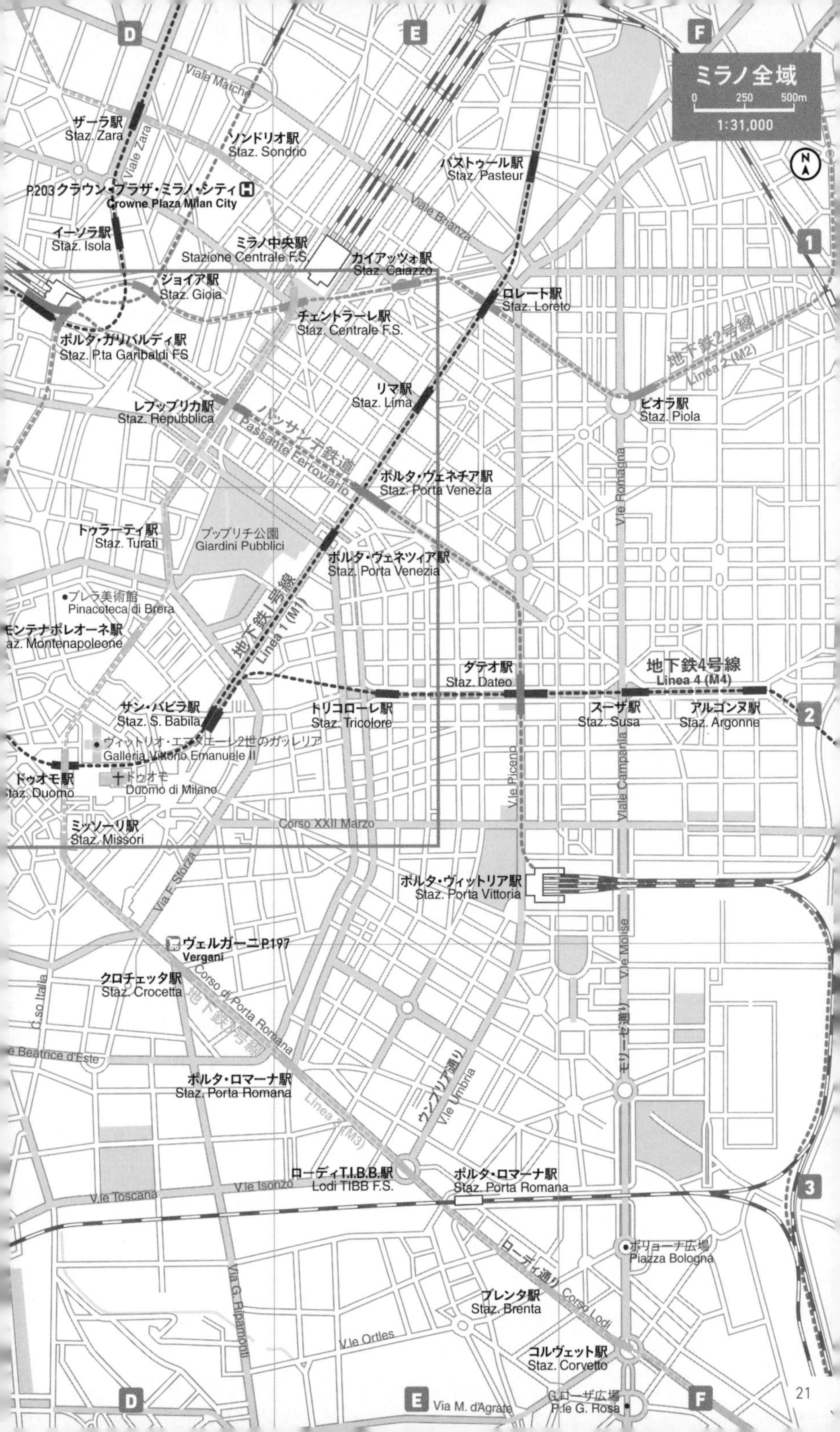
ミラノ全域
0 250 500m
1:31,000
D
E
F
1
2
3
ザーラ駅
Staz. Zara
Viale Zara
Viale Marche
ソンドリオ駅
Staz. Sondrio
パストゥール駅
Staz. Pasteur
P.203 クラウン・プラザ・ミラノ・シティ
Crowne Plaza Milan City
Viale Brianza
イーソラ駅
Staz. Isola
ミラノ中央駅
Stazione Centrale F.S.
カイアッツォ駅
Staz. Caiazzo
ジョイア駅
Staz. Gioia
ロレート駅
Staz. Loreto
チェントラーレ駅
Staz. Centrale F.S.
ポルタ・ガリバルディ駅
Staz. P.ta Garibaldi FS
地下鉄2号線
Linea 2 (M2)
リマ駅
Staz. Lima
ピオラ駅
Staz. Piola
レプッブリカ駅
Staz. Repubblica
パッサンテ鉄道
Passante Ferroviario
ポルタ・ヴェネチア駅
Staz. Porta Venezia
V.le Romagna
トゥラーティ駅
Staz. Turati
プッブリチ公園
Giardini Pubblici
ポルタ・ヴェネツィア駅
Staz. Porta Venezia
ブレラ美術館
Pinacoteca di Brera
モンテナポレオーネ駅
az. Montenapoleone
地下鉄1号線
Linea 1 (M1)
ダテオ駅
Staz. Dateo
地下鉄4号線
Linea 4 (M4)
サン・バビラ駅
Staz. S. Babila
トリコローレ駅
Staz. Tricolore
スーザ駅
Staz. Susa
アルゴンヌ駅
Staz. Argonne
ヴィットリオ・エマヌエーレ2世のガッレリア
Galleria Vittorio Emanuele II
ドゥオモ駅
Staz. Duomo
ドゥオモ
Duomo di Milano
V.le Piceno
Viale Campania
ミッソーリ駅
Staz. Missori
Corso XXII Marzo
ポルタ・ヴィットリア駅
Staz. Porta Vittoria
Via F. Sforza
ヴェルガーニ P.197
Vergani
V.le Molise
クロチェッタ駅
Staz. Crocetta
Corso di Porta Romana
C.so Italia
地下鉄3号線
e Beatrice d'Este
モリーゼ通り
ポルタ・ロマーナ駅
Staz. Porta Romana
ウンブリア通り
V.le Umbria
Linea 3 (M3)
ローディT.I.B.B.駅
Lodi TIBB F.S.
ポルタ・ロマーナ駅
Staz. Porta Romana
V.le Isonzo
V.le Toscana
ボリョーナ広場
Piazza Bologna
ローディ通り
Corso Lodi
Via G. Ripamonti
ブレンタ駅
Staz. Brenta
V.le Ortles
コルヴェット駅
Staz. Corvetto
Via M. d'Agrate
G.ローザ広場
P.le G. Rosa

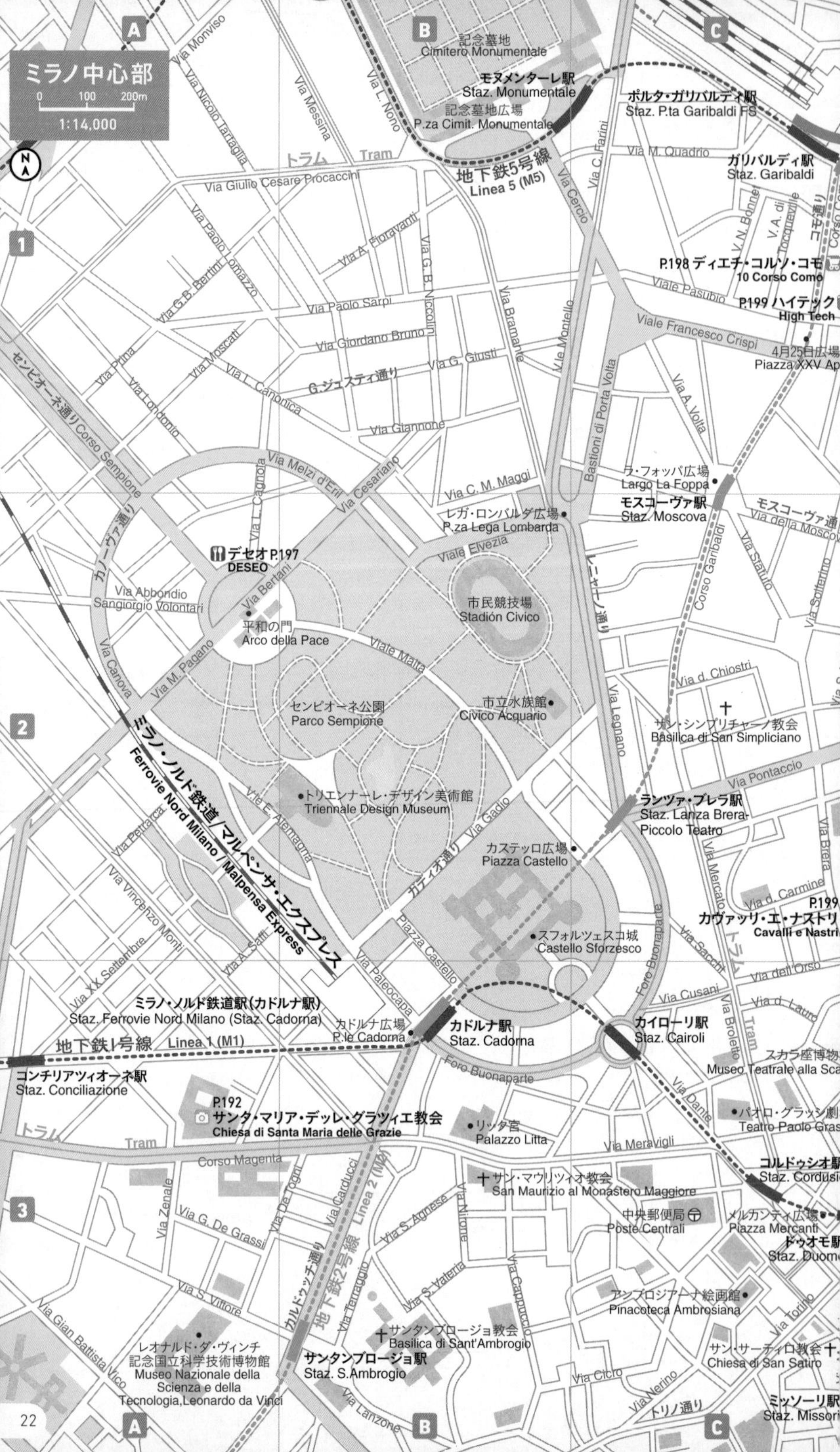

ミラノ中心部
0 100 200m
1:14,000
記念墓地
Cimitero Monumentale
モヌメンターレ駅
Staz. Monumentale
記念墓地広場
P.za Cimit. Monumentale
ポルタ・ガリバルディ駅
Staz. P.ta Garibaldi FS
ガリバルディ駅
Staz. Garibaldi
地下鉄5号線
Linea 5 (M5)
P.198 ディエチ・コルソ・コモ
10 Corso Como
P.199 ハイテック
High Tech
4月25日広場
Piazza XXV Apr
センピオーネ通り Corso Sempione
G.ジュスティ通り
ラ・フォッパ広場
Largo La Foppa
モスコーヴァ駅
Staz. Moscova
モスコーヴァ通り
レガ・ロンバルダ広場
P.za Lega Lombarda
カノーヴァ通り
デセオ P.197
DESEO
市民競技場
Stadion Civico
平和の門
Arco della Pace
センピオーネ公園
Parco Sempione
市立水族館
Civico Acquario
サン・シンプリチャーノ教会
Basilica di San Simpliciano
ミラノ・ノルド鉄道/マルペンサ・エクスプレス
Ferrovie Nord Milano / Malpensa Express
トリエンナーレ・デザイン美術館
Triennale Design Museum
ランツァ・ブレラ駅
Staz. Lanza Brera-Piccolo Teatro
カステッロ広場
Piazza Castello
ガディオ通り
P.199
カヴァッリ・エ・ナストリ
Cavalli e Nastri
スフォルツェスコ城
Castello Sforzesco
ミラノ・ノルド鉄道駅(カドルナ駅)
Staz. Ferrovie Nord Milano (Staz. Cadorna)
カドルナ広場
P.le Cadorna
カドルナ駅
Staz. Cadorna
カイローリ駅
Staz. Cairoli
地下鉄1号線 Linea 1 (M1)
スカラ座博物
Museo Teatrale alla Sca
コンチリアツィオーネ駅
Staz. Conciliazione
P.192
サンタ・マリア・デッレ・グラツィエ教会
Chiesa di Santa Maria delle Grazie
リッタ宮
Palazzo Litta
パオロ・グラッシ劇
Teatro Paolo Gras
トラム Tram
コルドゥシオ駅
Staz. Cordusi
サン・マウリツィオ教会
San Maurizio al Monastero Maggiore
中央郵便局
Poste Centrali
メルカンティ広場
Piazza Mercanti
ドゥオモ駅
Staz. Duom
カルドゥッチ通り
地下鉄2号線 Linea 2 (M2)
アンブロジアーナ絵画館
Pinacoteca Ambrosiana
サンタンブロージョ教会
Basilica di Sant'Ambrogio
サン・サーティロ教会
Chiesa di San Satiro
レオナルド・ダ・ヴィンチ記念国立科学技術博物館
Museo Nazionale della Scienza e della Tecnologia,Leonardo da Vinci
サンタンブロージョ駅
Staz. S.Ambrogio
トリノ通り
ミッソーリ駅
Staz. Missori

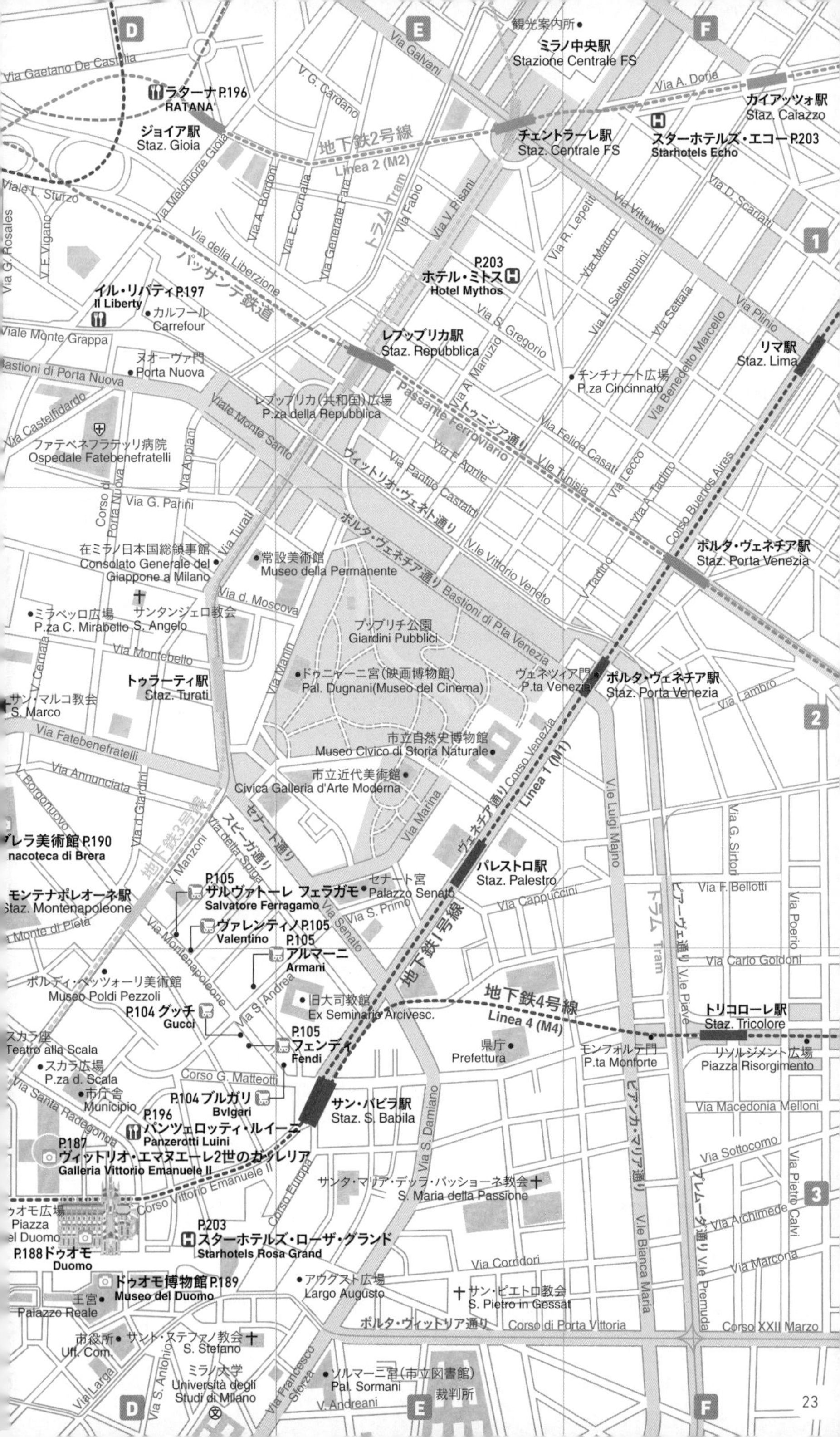

観光案内所
ミラノ中央駅
Stazione Centrale FS
ラターナ P.196
RATANA'
ジョイア駅
Staz. Gioia
チェントラーレ駅
Staz. Centrale FS
カイアッツォ駅
Staz. Caiazzo
スターホテルズ・エコー P.203
Starhotels Echo
地下鉄2号線
Linea 2 (M2)
パッサンテ鉄道
P.203
ホテル・ミトス
Hotel Mythos
イル・リバティ P.197
Il Liberty
カルフール
Carrefour
レプッブリカ駅
Staz. Repubblica
リマ駅
Staz. Lima
ヌオーヴァ門
Porta Nuova
チンチナート広場
P.za Cincinnato
レプッブリカ(共和国)広場
P.za della Repubblica
トゥニジア通り
ファテベネフラテッリ病院
Ospedale Fatebenefratelli
ヴィットリオ・ヴェネト通り
ポルタ・ヴェネチア通り
在ミラノ日本国総領事館
Consolato Generale del Giappone a Milano
常設美術館
Museo della Permanente
ポルタ・ヴェネチア駅
Staz. Porta Venezia
ミラベッロ広場
P.za C. Mirabello
サンタンジェロ教会
S. Angelo
ブッブリチ公園
Giardini Pubblici
ドゥニャーニ宮(映画博物館)
Pal. Dugnani(Museo del Cinema)
ヴェネツィア門
P.ta Venezia
ポルタ・ヴェネチア駅
Staz. Porta Venezia
トゥラーティ駅
Staz. Turati
サン・マルコ教会
S. Marco
市立自然史博物館
Museo Civico di Storia Naturale
市立近代美術館
Civica Galleria d'Arte Moderna
ヴェネチア通り
Linea 1 (M1)
セナート通り
スピーガ通り
地下鉄3号線
ブレラ美術館 P.190
nacoteca di Brera
モンテナポレオーネ駅
Staz. Montenapoleone
P.105
サルヴァトーレ フェラガモ
Salvatore Ferragamo
セナート宮
Palazzo Senato
パレストロ駅
Staz. Palestro
ヴァレンティノ P.105
Valentino
P.105
アルマーニ
Armani
地下鉄1号線
ポルディ・ペッツォーリ美術館
Museo Poldi Pezzoli
P.104 グッチ
Gucci
旧大司教館
Ex Seminario Arcivesc.
地下鉄4号線
Linea 4 (M4)
トリコローレ駅
Staz. Tricolore
スカラ座
Teatro alla Scala
P.105
フェンディ
Fendi
県庁
Prefettura
モンフォルテ門
P.ta Monforte
リソルジメント広場
Piazza Risorgimento
スカラ広場
P.za d. Scala
市庁舎
Municipio
P.104 ブルガリ
Bvlgari
サン・バビラ駅
Staz. S. Babila
ピアンカ・マリア通り
ピアーヴェ通り
トラム
Tram
P.196
パンツェロッティ・ルイーニ
Panzerotti Luini
P.187
ヴィットリオ・エマヌエーレ2世のガッレリア
Galleria Vittorio Emanuele II
サンタ・マリア・デッラ・パッショーネ教会
S. Maria della Passione
プレムーダ通り
ドゥオモ広場
Piazza del Duomo
P.188 ドゥオモ
Duomo
P.203
スターホテルズ・ローザ・グランド
Starhotels Rosa Grand
ドゥオモ博物館 P.189
Museo del Duomo
王宮
Palazzo Reale
アウグスト広場
Largo Augusto
サン・ピエトロ教会
S. Pietro in Gessat
ポルタ・ヴィットリア通り
Corso di Porta Vittoria
Corso XXII Marzo
市役所
Uff. Com.
サント・ステファノ教会
S. Stefano
ミラノ大学
Università degli Studi di Milano
ソルマーニ宮(市立図書館)
Pal. Sormani
裁判所
Via Galvani
Via A. Doria
Via Gaetano De Castillia
V. G. Cardano
Via Melchiorre Gioia
Viale L. Sturzo
Via G. Rosales
V. E. Vigano
Via della Liberazione
Via A. Bordoni
Via E. Cornalia
Via Generale Fara
Via Fabio
Via V. Pisani
Via R. Lepetit
Via Mauro
Via Vitruvio
Via D. Scarlatti
Via L. Settembrini
Via Settala
Via Benedetto Marcello
Via Plinio
Via S. Gregorio
Via A. Manuzio
Viale Monte Grappa
Bastioni di Porta Nuova
Via Castelfidardo
Viale Monte Santo
Passante Ferroviario
Via F. Aprile
Via Panfilo Castaldi
Via Felice Casati
V.le Tunisia
Via Lecco
Via A. Tadino
Corso Buenos Aires
Via Appiani
Corso di Porta Nuova
Via G. Parini
Via Turati
V.le Vittorio Veneto
V. Tadino
Bastioni di P.ta Venezia
Via d. Moscova
Via Cernaia
Via Montebello
Via Manin
Via Lambro
Via Fatebenefratelli
Via Annunciata
V. Borgonuovo
Via d. Giardini
V. Manzoni
Via della Spiga
Via Marina
Corso Venezia
V.le Luigi Majno
Via G. Sirtori
Via F. Bellotti
Via Poerio
Via Monte di Pietà
Via Montenapoleone
Via S. Primo
Via Senato
Via Cappuccini
Via Carlo Goldoni
Via S. Andrea
Corso G. Matteotti
Via Santa Radegonda
Via S. Damiano
Via Macedonia Melloni
Via Sottocomo
Via Pietro Calvi
Corso Vittorio Emanuele II
Corso Europa
Via Archimede
Via Marcona
Via Corridori
V.le Bianca Maria
V.le Premuda
Via Larga
Via S. Antonio
Via Francesco Sforza
V. Andreani

イタリア便利帳 ❶

旅で使える基本会話をマスター
トラベルイタリア語ガイド

あいさつなどの基本的な表現から簡単な会話まで、必ず役立つフレーズをシーン別に紹介。積極的に活用して現地の人とイタリア語でコミュニケーションをとれば旅がもっと楽しくなること間違いなし。指さしとしても使ってみて。

基本編

こんにちは
Buongiorno.
ブォンジョルノ

午後3時くらいから使われる

こんばんは
Buonasera.
ブォナセーラ

やぁ／じゃあね
Ciao.
チャオ

気軽なやりとりに便利

ありがとう
Grazie.
グラッツェ

どういたしまして／どうぞ
Prego.
プレーゴ

ありがとうと言われたら必ず返すようにしよう

さようなら
Arrivederci.
アリヴェデルチ

はい／いいえ
Si.／No.
スィ／ノ

人を呼ぶときに使うのはこっち

すみません
Scusi.
スクーズィ

混雑したところで道をあけてほしいときに

すみません
Permesso.
ペルメッソ

お願いします
Per favore.
ペル ファヴォーレ

分かりません
Non capisco.
ノン カピースコ

えっ、何？
Come?
コーメ？

疑問文のときは語尾を上げて発音しよう

はじめまして
Piacere.
ピアチェーレ

私の名前は○○です
Mi chiamo ○○.
ミ キアーモ ○○

あなたの名前は何ですか？
Come si chiama Lei ?
コメ スィ キァーマ レイ？

私は日本人です
Sono giapponese.
ソーノ ジャッポネーゼ

Sono～で、私は～ですという意味

男性の敬称
Signore
スィニョーレ

未婚女性の敬称
Signorina
スィニョリーナ

既婚女性の敬称
Signora
スィニョーラ

結婚しているかどうか分からないときは「スィニョリーナ」と呼んでおくのが無難

○○していいですか？
Posso ○○?
ポッソ ○○ ？

写真を撮ってもいいですか？
Posso fotografare?
ポッソ フォトグラファーレ？

○○が欲しい
Vorrei ○○.
ヴォッレイ ○○

○○に名詞を入れれば「欲しい」、動詞を入れれば「したい」に

私
Io
イオ

あなた
Lei
レイ

ゆっくり話してくれませんか？
Può parlare lentamente?
プオ パルラーレ レンタメンテ？

イタリア語はよく分かりません
Non capisco bene l'italiano.
ノン カピスコ ベーネ リタリアーノ

英語を話せますか？
Parli inglese?
パルリ イングレーセ？

観光編

○○に行きたいのですが
Vorrei andare a ○○.
ヴォッレイ アンダーレ ア ○○

ここはどこですか？
Dove mi trovo?
ドーヴェ ミ トローヴォ？

大聖堂にはどう行けばいいのですか？
Come posso arrivare al duomo?
コーメ ポッソ アリヴァーレ アル ドゥオーモ？

入場料はいくらですか？
Quanto costa l'ingresso?
クアント コスタ リングレッソ？

WHAT IS

イタリア語発音のコツ

なんとなく発音が難しそう…と思ってしまいがちなイタリア語だけど、実は日本人にとっては発音しやすい。以下のポイントを覚えて、イタリア語読みに挑戦してみよう。

基本はローマ字読み

イタリア語はローマ字読みにならって発音すればほぼOK。一部異なる発音となる子音の組み合わせもあるが、そのまま読めば大体通じる。

アクセントは母音の後ろから2番目

例　Panino…パニーノ
Aperitivo…アペリティーヴォ　など

※アクセント記号がついていない場合

特殊な発音をする子音

ci…チ　chi…キ
gi…ジ　ghi…ギ
gli…リ（gは発音しない）
gnu…ニュ（gは発音しない）

※イタリアではJ、K、W、X、Yのアルファベットは、古いイタリア語か外来語にしか使われない

今日見学できますか？
Posso visitarlo oggi?
ポッソ ヴィズィタルロ オッジ？

何時に開き（閉まり）ますか？
A che ora comincia (finisce)?
ア ケ オーラ コミンチャ（フィニッシェ）？

すばらしい！
Bravo!
ブラーヴォ！

相手を褒める場合に。女性にはBrava!（ブラーヴァ）と

グルメ編

予約が必要ですか？
Devo fare la prenotazione?
デーヴォ ファーレ ラ プレノタッツィオーネ？

今夜8時に予約をしたいのですが
Vorrei prenotare un tavolo per stasera alle 8.
ヴォッレイ プレノターレ ウン ターヴォロ ペル スタセーラ アッレ オット

人数は○人です。
Siamo in ○.
スィアーモ イン ○

ウーノ（1人）
ドゥーエ（2人）
トレ（3人）

予約した山田です
Sono Yamada.
Ho prenotato un tavolo.
ソーノ ヤマダ オ プレノタート ウン ターヴォロ

いま食事できますか？
É aperto adesso?
エ アペルト アデッソ？

おすすめの料理は何ですか？
Quali piatti ci consiglia?
クアーリ ピアッティ チ コンシリア？

それをください
Me lo porti, per favore.
メ ロ ポルティ ペル ファヴォーレ

注文したいときは「スクーズィ」と声をかけて

半人前にできますか？
Può fare metà porzione?
プォ ファーレ メタ ポルツィオーネ？

どうぞ召し上がれ！
Buon appetito!
ブォン アペティート！

繋げると「ブォナペティート」という発音に

おいしい
Buono.
ブゥオノ

クイ（ここ）
リー（そこ）
ラー（あそこ）

ここで食べます
Vorrei mangiare qui.
ヴォッレイ マンジャーレ クイ

持ち帰ります
Lo porto via.
ロ ポルト ヴィア

もう十分です
Basta così, grazie.
バスタ コズィー グラッツェ

何かをお願いしたいときの「ペルファヴォーレ」は万能！

コーヒーをお願いします
Un caffè, per favore.
ウン カッフェ ペル ファヴォーレ

お勘定お願いします
Il conto, per favore.
イル コント ペル ファヴォーレ

ショッピング編

いらっしゃいませ（何かご用はありますか？）
Posso aiutarla?
ポッソ アイウタルラ？

お店に入ったらまずあいさつを！

見ているだけです
Do un' occhiata.
ドゥ ウノッキアータ

手に取るときもひと声かけよう

これを見ていいですか？
Posso vedere questo?
ポッソ ヴェデーレ クエスト？

試着してもいいですか？
Posso provare?
ポッソ プロヴァーレ？

他にはありませんか？
Non avete niente altro?
ノン アヴェーテ ニエンテ アルトロ？

いくらですか？
Quanto costa? ／ Quant'e?
クワント コスタ？／クワンテ？

もう少し小さい（大きい）ものはありますか？
Ne avete uno un po' più piccola (grande)?
ネ アヴェーテ ウノ ウン ポ ピュ ピッコラ（グランデ）？

これをください
Prendo questo.
プレンド クエスト

気に入りません
Non mi piace.
ノン ミ ピアーチェ

カードで支払ってもいいですか？
Posso pagare con la carta di credito?
ポッソ パガーレ コン ラ カルタ ディ クレディト？

イタリアはかつて国が分断されていたため、地方によって発音やイントネーションがかなり異なる。方言も多く存在する。

交通編

最寄りの地下鉄駅はどこですか？
Dov'è la più vicina stazione della metropolitana?
ドーヴェ ラ ピュ ヴィチーナ スタツィオーネ デッラ メトロポリターナ？

バス停はどこですか？
Dov'è la fermata?
ドーヴェ ラ フェルマータ？

主要都市では地下鉄やバスの切符は共通

切符を１枚下さい
Vorrei un biglietto.
ヴォッレイ ウン ビリエット

このバスは◯◯まで行きますか？
Va a ◯◯ questo autobus?
ヴァ ア ◯◯ クエスト アウトブス？

◯◯に着いたら教えてください
Mi sa dire guando siamo a ◯◯.
ミ サ ディーレ グアンド シィアーモ ア ◯◯

タクシーを呼んでいただけませんか？
Può chiamarmi un taxi per favore?
プォ キアマルミ ウン タクシー ペル ファヴォーレ？

(タクシーなどで)この住所までお願いします
A questo indirizzo, per favore.
ア クエスト インディリッツォ ペル ファヴォーレ

あらかじめ行き先の住所を控えておくといいよ

ホテルローマへお願いします
All'Hotel roma, per favore.
アッロテル ローマ ペル ファヴォーレ

ここで降ります
Scendo qui.
シェンド クイ

お釣りは取っておいてください
Tenga il resto.
テンガ イル レスト

サービスに満足したら端数を切り上げて支払うのがスマート

ホテル編

チェックインをお願いします
Check-in, per favore.
チェッキン ペル ファヴォーレ

ホテルのフロントは大体英語も通じる！

チェックアウトをお願いします
Check-out, per favore.
チェッカウト ペル ファヴォーレ

バスタブ付きの部屋をお願いします
Vorrei una camera con vasca da bagno.
ヴォッレイ ウナ カーメラ コン ヴァスカ ダ バーニョ

部屋を変えてもらえませんか？
Potrei cambiare camera?
ポトゥレイ カンビアーレ カァメラ？

部屋のトラブルは早めに伝えよう

お湯が出ないです
Non esce l'acqua calda.
ノン エシェ ラックア カルダ

部屋の電気がつきません
Non si accende la luce della camera.
ノン シ アチェンデ ラ ルーチェ デッラ カァメラ

部屋に鍵を置き忘れました
Ho lasciato la chiave in camera.
オ ラッシャート ラ キアーヴェ イン カァメラ

部屋がとても寒い(暑い)のですが
Fa molto freddo(caldo) in camera.
ファ モルト フレッド(カルド)イン カァメラ

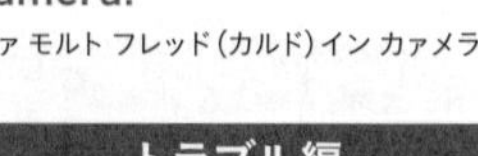

トラブル編

道に迷いました
Mi sono perso.
ミ ソーノ ペルソ

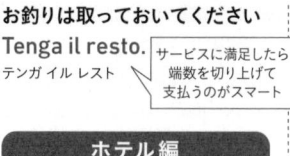

助けて！
Aiuto!
アイウート！

待って！
Aspetta!
アスペッタ！

やめて！
Smettila!
ズメッティラ！

近寄らないで！
Non ti avvicinare!
ノン ティ アッヴィチナーレ！

泥棒！ 捕まえて！
Al ladro! Prendetelo!
アル ラードロ！ プレンデーテロ！

盗まれました
Mi hanno derubato.
ミ アンノ デルバート

警察に電話して！
Chiamate la polizia!
キアマーテ ラ ポリツィア！

この近くに病院はありますか？
C'è un ospedale qui vicino?
チェ ウン オスペダーレ クイ ヴィチーノ？

日本語(英語)を話せる人はいますか？
C'è qualcuno qui che parli giapponese (inglese)?
チェ クアルクーノ クイ ケ パールリ ジャッポネーゼ(イングレーゼ)？

病院に連れて行ってください
Mi può portare in ospedale per favore?
ミ プォ ポルターレ イン オスペダーレ ペル ファヴォーレ？

気分が悪いです
Non mi sento bene.
ノン ミ セント ベーネ

頭が(お腹が)痛いです
Ho mal di testa (stomaco).
オ マル ディ テスタ(ストマーコ)

＼知ってると便利！／

イタリア語単語集

街なかでの観光やショッピングでも使える、ちょっとした単語がこちら。

Numeri 〜数字〜

0	zero（ゼーロ）
1	uno（ウーノ）
2	due（ドゥーエ）
3	tre（トレ）
4	quattro（クアットロ）
5	cinque（チンクエ）
6	sei（セイ）
7	sette（セッテ）
8	otto（オット）
9	nove（ノーヴェ）
10	dieci（ディエチ）
20	venti（ヴェンティ）
30	trenta（トレンタ）
40	quaranta（クアランタ）
50	cinquanta（チンクアンタ）
60	sessanta（セッサンタ）
70	settanta（セッタンタ）
80	ottanta（オッタンタ）
90	novanta（ノヴァンタ）
27	ventisette（ヴェンティセッテ）
45	quarantacinque（クワランタチンクエ）
82	ottantadue（オッタンタドゥーエ）
100	cento（チェント）
200	duecento（ドゥーエチェント）
300	trecento（トレチェント）
1000	mille（ミッレ）
1番目の	primo（プリーモ）
2番目の	secondo（セコンド）
3番目の	terzo（テルツォ）

Colore 〜色〜

白	bianco（ビアンコ）
黄色	giallo（ジァッロ）
オレンジ	arancione（アランチョーネ）
ピンク	rosa（ローザ）
赤	rosso（ロッソ）
水色	celeste（チェレステ）
青	azzurro（アッズッロ）
紫	viola（ヴィオラ）
緑	verde（ヴェルデ）
茶	marrone（マッローネ）
グレー	grigio（グリージョ）
黒	nero（ネーロ）

Stagione 〜季節〜

春	primavera（プリマヴェーラ）
夏	estate（エスターテ）
秋	autunno（アウトゥンノ）
冬	inverno（インヴェルノ）

Il mese 〜月〜

1月	gennaio（ジェンナイオ）
2月	febbraio（フェッブライオ）
3月	marzo（マルツォ）
4月	aprile（アプリーレ）
5月	maggio（マッジオ）
6月	giugno（ジューニョ）
7月	luglio（ルッリオ）
8月	agosto（アゴスト）
9月	settembre（セッテンブレ）
10月	ottobre（オットーブレ）
11月	novembre（ノヴェンブレ）
12月	dicembre（ディチェンブレ）

Il giorno della settimana 〜曜日〜

月曜	lunedì（ルネディ）
火曜	martedì（マルテディ）
水曜	mercoledì（メルコレディ）
木曜	giovedì（ジョヴェディ）
金曜	venerdì（ヴェネルディ）
土曜	sabato（サーバト）
日曜	domenica（ドメーニカ）

クレッシェンド、ダ・カーポといった音楽用語はイタリア語に由来。ルネサンス期にクラシック音楽が発達したことによる。

イタリア便利帳 ❷

さあ、注文は
何にする？

食べるべきイタリア料理はこれ！
グルメカタログ

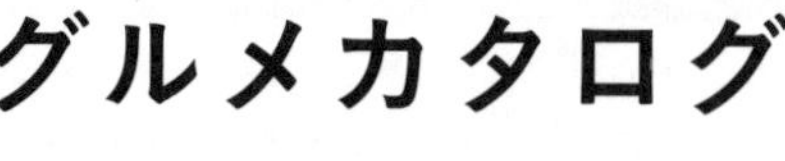

メニュー選びの
参考にしてね

美食の国イタリアでの最大の楽しみはやはりグルメ。
ピッツァからパスタ、デザートまで、本場ならではの美食を味わい尽くして！

ピッツァ

— Pizza —

生地が薄くパリパリした食感のローマタイプと、ふっくら厚めの生地のナポリタイプがある。値段も手頃で小腹が空いたときにちょうどいい。

マルゲリータ
Margherita

ピッツァの定番。トマトソースにモッツァレラチーズ、バジルをトッピング。

ナポレターナ
Napoletana

トマトソースにモッツァレラチーズとアンチョビを使用。シンプルな味わい。

クアットロ・フォルマッジ
Quattro Formaggi

モッツァレラやゴルゴンゾーラなど、4種類の異なるチーズをのせたピッツァ。

カルツォーネ
Calzone

三日月形に折りたたんで焼き上げたピッツァ。中の具材は野菜や肉などさまざま。

ピッツァ・アル・タッリオ
Pizza al taglio

通称切り売りピッツァ。すでにカットされた状態で売っている店も多い。

前菜

— Antipasto —

サラダやチーズ、生ハムの盛り合わせなど。メインの前に食べる軽い料理。その土地の特産品がメニューに並ぶことが多い。

アフェッタート・ミスト
Affettato misto

薄くスライスしたハムやサラミの盛り合わせ。チーズやサラダが添えられることも。

カプレーゼ
Caprese

トマトとモッツァレラチーズを使ったサラダ。イタリア南部のカプリ島発祥。

クロスティーニ
Crostini

スライスしたパンの上に、レバーパテやハムなどをのせた料理。前菜の定番。

カルチョーフィ・アッラ・ロマーナ
Carciofi alla Romana

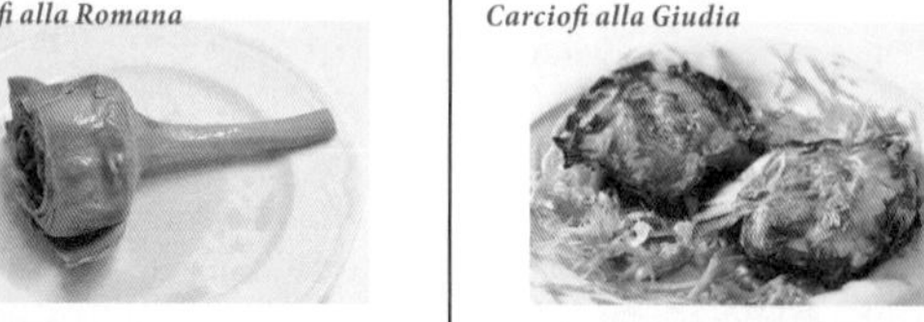

詰め物をしたカルチョーフィをオイルで煮たもの。ローマでよく食べられる。

カルチョーフィ・アッラ・ジュディーア
Carciofi alla Giudia

ユダヤ風カルチョーフィ。アーティーチョークをオリーブオイルで素揚げしたもの。

■メニューの構成

メニューは大きく分けて、前菜、プリモ、セコンド、ドルチェの4つに分類される。必ずしも各品目から1品ずつ注文する必要はなく、プリモとドルチェだけ、前菜とセコンド、といった注文もOK。

Antipasto〈前菜〉
Primo Piatto〈第一の皿〉
Secondo Piatto〈第二の皿〉
Dolce〈ドルチェ〉

イタリア語の調理名

■**fritto**（フリット）…揚げた ■**lesso**（レッソ）…茹でた
■**stracotto**（ストラコット）…煮込んだ
■**griglia/alla griglia**（グリッリャ アッラ グリッリャ）…グリルした
■**umido**（ウーミド）…蒸した、煮た
■**affumicato**（アッフミカート）…くんせい ■**marinato**（マリナート）…マリネ

第一の皿

— Primo Piatto —

本来はメインの前に食べるものとされたが、この1品だけでもだいぶお腹が満たされる。パスタやリゾットなど炭水化物系が多い。

カルボナーラ
Carbonara

パンチェッタ、卵、チーズを使ったソース。仕上げに黒コショウをかけたパスタ。

アマトリチャーナ
Amatriciana

トマトベースにグアンチャーレを使用。仕上げにチーズをたっぷり加える。

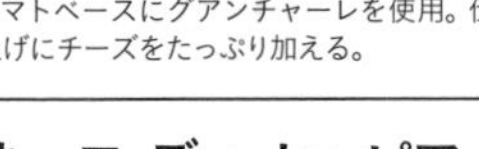

カーチョ・エ・ペペ
Cacio e pepe

ペコリーノ・ロマーノチーズに黒コショウを加えたシンプルなパスタ。塩味が強め。

グリーチャ
Gricia

アマトリチャーナの原型。グアンチャーレの濃厚な脂の風味を味わえる。

ネーロ・ディ・セッピア
Nero di Seppia

ヴェネト州名物のイカスミパスタ。トマトソースをベースにイカスミを加えている。

ニョッキ
Gnocchi

小麦粉にジャガイモやカボチャを混ぜて小さく丸めた、パスタの一種。もちもち食感。

ラザニア
Lasagna

板状のパスタの間に挽き肉やチーズなどの具材を挟んで焼き上げたもの。

パッパ・アル・ポモドーロ
Pappa al Pomodoro

トスカーナの伝統的な郷土料理。硬くなったパンをトマトで煮込んだパン粥。

リボリータ
Ribollita

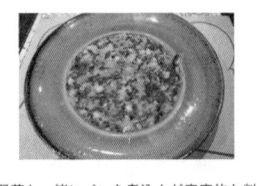

野菜と一緒にパンを煮込んだ家庭的な料理。インゲン豆や黒キャベツ等も入る。

リゾット・アッラ・ミラネーゼ
Risotto alla Milanese

煮込んだ米をサフランで色付け。チーズやバターを使用したまろやかな味。

ラヴィオリ
Ravioli

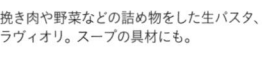

挽き肉や野菜などの詰め物をした生パスタ、ラヴィオリ。スープの具材にも。

グアンチャーレは豚頬肉の塩漬け、パンチェッタは豚バラ肉の塩漬け。互いに代用することが可能だが、グアンチャーレは脂分強め。

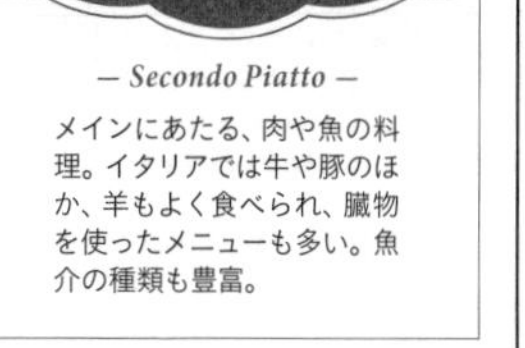

第二の皿

— Secondo Piatto —

メインにあたる、肉や魚の料理。イタリアでは牛や豚のほか、羊もよく食べられ、臓物を使ったメニューも多い。魚介の種類も豊富。

ビステッカ・アッラ・フィオレンティーナ

Bistecca alla Fiorentina

フィレンツェ名物の牛のTボーンステーキ。塩コショウの味付けでシンプルに。

アッバッキオ・スコッタディート

Abbacchio Scottadito

骨付きの仔羊肉を炭火で焼いたもの。好みでレモンをかけて。ローマでよく食べられる。

コーダ・アッラ・ヴァッチナーラ

Coda alla Vaccinara

牛テールの煮込み。セロリやトマトなどの野菜と一緒にとろとろになるまで煮込む。

ポルペッテ

Polpette

昔ながらの肉団子。煮込んでメインとして食べるほか、パニーノの具にすることも。

フリット・ミスト・ディ・マーレ

Fritto misto di mare

魚介のフライの盛り合わせ。イカやタコ、貝、エビなどを使用。ヴェネチアの名物。

トリッパ

Trippa

トリッパ（牛の第二胃袋）をトマトやセロリ、ニンニクなどと一緒に煮込んだもの。

コトレッタ・アッラ・ミラネーゼ

Cotoletta alla Milanese

ミラノ風カツレツ。仔牛肉にパン粉を付け、フライパンでサクッと揚げる。

オッソブーコ

Ossobuco

仔牛の骨付きすね肉の煮込み。リゾットと一緒に出てくることが多い。

ドルチェ

— Dolce —

食後、エスプレッソを飲みながらドルチェを味わうのがイタリア風。定番から地方の郷土菓子まで種類も豊富。全体的に甘さは強めの傾向。

ティラミス

Tiramisù

エスプレッソを染み込ませた生地にマスカルポーネクリームを重ねたデザート。

ジェラート

Gelato

イタリア名物の氷菓。「凍った」という意味で、空気を含ませて作るため口溶けがいい。

パンナコッタ

Pannacotta

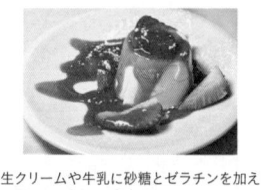

生クリームや牛乳に砂糖とゼラチンを加えて固めた、冷たいデザート。

トルタ・ディ・リコッタ

Torta di ricotta

脂肪分の少ないリコッタチーズを使ったタルト。しっとりとした食感。

カントゥッチ

Cantucci

アーモンドを使った焼き菓子。ヴィンサントというワインに浸して食べると美味。

飲みもの

— *Bevande* —

独特のカフェ文化が発達したイタリアではコーヒーのレベルも高い。味と香りが凝縮され、深い風味が特徴的。本場のコーヒーをぜひ味わって。

アルコールは→P.152

エスプレッソ

Espresso

圧縮抽出されており苦みが強め。砂糖を入れ、2、3口でくいっと飲むのが定番。

カプチーノ

Cappuccino

エスプレッソに、同量の泡立てたミルクを加えたもの。朝食時に飲むことが多い。

チョコラータ

Cioccolata

ホットチョコレート。冬季のメニューとして人気。リキュールが入ったものもある。

テ

Tè

ティーバッグで提供されることが多い。レモンはリモーネ、ミルクはラッテ。

アクア

Acqua

Frizzanteか Gassataと書かれている水はガス入り。Natulareはガスなし。

＼ これで完璧！ ／

イタリア語食材名一覧

Verdura ～野菜～

Pomodoro　ポモドーロ	トマト
Spinaci　スピナチ	ほうれん草
Patate　パターテ	ジャガイモ
Peperone　ペペローネ	ピーマン
Melanzane　メランザーネ	ナス
Cavolo　カーヴォロ	キャベツ
Funghi　フンギ	キノコ
Cipolla　チポッラ	玉ネギ
Carote　カローテ	ニンジン
Aglio　アッリオ	ニンニク
Fiori di Zucca フィオーリ・ディ・ズッカ	カボチャの花（ズッキーニの花を指すこともある）
Carciofi　カルチョーフィ	アーティチョーク

Frutta ～果物～

Arancia　アランチャ	オレンジ
Pompelmo　ポンペルモ	グレープフルーツ
Albicocca　アルビコッカ	あんず
Fragola　フラーゴラ	イチゴ
Pera　ペーラ	洋なし
Mela　メーラ	リンゴ
Pesca　ペスカ	桃
Uva　ウーヴァ	ブドウ
Fichi　フィーキ	イチジク

Carne ～肉～

Manzo　マンツォ	牛肉
Maiale　マイアーレ	豚肉
Pollo　ポッロ	鶏肉
Agnello　アニェッロ	仔羊肉
Abbacchio　アッバッキオ	仔羊肉
Cinghiale　チンギアーレ	イノシシ
Fegato　フェーガト	レバー

Pesce ～魚～

Tonno　トンノ	マグロ
Pesce Spada ペッシェ・スパーダ	メカジキ
Sogliola　ソッリオーラ	ヒラメ
Spigola　スピーゴラ	スズキ
Trota　トロータ	マス
Calamaro　カラマーロ	ヤリイカ
Granchio　グランキオ	カニ
Ostrica　オストリカ	カキ

その他

Sale　サーレ	塩
Zucchero　ズッケロ	砂糖
Pepe　ペペ	コショウ
Olio　オリオ	オイル
Aceto　アチェート	ビネガー
Uova　ウォーヴァ	卵
Formaggio　フォルマッジォ	チーズ

イタリアでは硬水が一般的。水の硬度はDurezzaで表され、数値が高いほど硬い。

旅が最高のハレになる

イタリア

ITALY

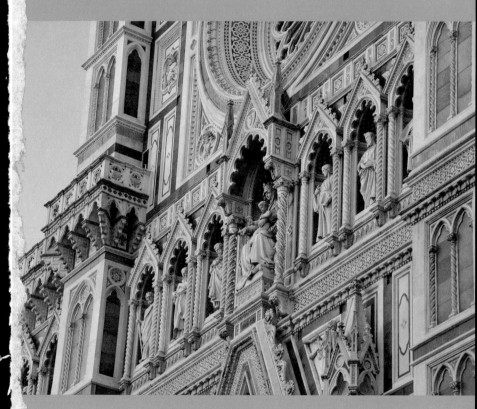

本書をご利用になる前に

【データの見方】

- 住所
- 電話番号
- 営 営業時間、開館・開場時間（オープンからクローズ
- 開 までを表記しています。ラストオーダーや入館締め切り時間は異なります。店の都合により閉店が早くなることもあります）
- 休 定休日
- 料 大人の入場料、施設利用料
- 交 交通手段や拠点となる場所からの所要時間
- URL ウェブサイトアドレス
- 日本語OK 日本語可能スタッフがいる場合に表記。いつも可能スタッフがいるとは限らないのでご注意ください
- 日本語メニュー有 日本語表記されたメニューがある場合に表記
- ▶MAP 別冊地図でどこに記されているか表記

【ご注意】

本書に掲載したデータは2023年12月～2024年1月現在のものです。内容が変更される場合がありますので、事前にご確認ください。祝日や年末年始の場合は、営業時間や休み等の紹介内容が大きく異なる場合がありますのでご注意ください。本書に掲載された内容による損害等は弊社では補償しかねますので、あらかじめご了承ください。

CONTENTS

イタリアでしたい114のこと

☑ やったことにchec

BEST PLAN

ROMA

SIGHTSEEING

GOURMET

SHOPPING

FIRENZE

SIGHTSEEING

GOURMET

SHOPPING

VENEZIA

SIGHTSEEING

GOURMET

SHOPPING

MILANO

SIGHTSEEING

GOURMET

SHOPPING

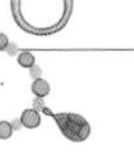

STAY

イタリアのハレ旅へようこそ!

SIGHTSEEING

見る

歴史的な遺跡や建造物が多く残る遺跡都市、ローマ。一大帝国を築き上げた古代ローマの栄華を感じよう。

Roma

街なかに佇む古代遺跡

フォロ・ロマーノ

かつて政治や文化の中心として栄えた広場。その姿は今や荒れ果ててしまったものの、古代ローマ帝国の力がいかに偉大であったかをうかがい知ることができるだろう。

→P.38

Firenze

一点一点異なる仕上がりのマーブル模様

ジュリオ・ジャンニーニ・エ・フィーリオ

手作業で作られる繊細なマーブル模様は、まさに職人技。ぜひ手に取って、その質感を確かめてみて。

→P.145

SHOPPING

買う

職人の街フィレンツェでは、代々伝わる伝統工芸品の制作風景を見学したり、体験したりすることも可能。

旅は素敵な非日常（＝ハレ）。そんなハレの日が最高になる114のことをご紹介！
歴史と文化に彩られた街並みや、巨匠たちが残した珠玉のアートなど、見どころ満載のイタリア。
明るい太陽に育まれた絶品グルメや、カラフルで洗練されたデザインの宝庫でもある。
定番の過ごし方から思いがけない楽しみ方まで、あなたの"ぴったり"がきっとみつかる。
活気に満ちた街へ繰り出せば、見渡す空はどこまでも快晴！

GOURMET 食べる

代々マンマから受け継がれる味を大切にするイタリア人。ピッツァにパスタ、パニーノほか、各都市に伝わる郷土料理も必食。

パリッパリのローマピッツァを

ピッツェリア・イル・グロッティーノ

生地が薄めのローマタイプの絶品ピッツァが味わえる店。とろけるチーズとトマトソースの黄金の組み合わせは、一生の旅の思い出に。

→P.91

RIDE 乗る

外国のメトロやトラムは乗るだけでもドキドキ。運河の街ヴェネチアでは、ゴンドラや水上バスでの移動も楽しみ。

運河に囲まれた街

ヴェネチア

公共の交通手段として、ヴァポレットと呼ばれる水上バスが運航。手軽に乗ることができ、水上から眺める街並みは港町の風情たっぷり。

→P.172

どこで何ができるの？
夢を叶えるエリアをリサーチ

地中海に面した長靴形の半島、イタリア。
それぞれの都市の位置関係やアクセス手段を押さえて、効率的な周遊計画を立てたい。

古代ローマ時代の遺跡と街が一体化

❶ ローマ Roma → P.29

イタリアの首都。コロッセオやフォロ・ロマーノといった古代ローマ帝国時代の建造物が街なかに点在する、一大観光都市。

1闘技場として使われたコロッセオ　2パラティーノの丘から見下ろしたフォロ・ロマーノ　3世界最小の独立国、ヴァチカン市国はローマ市内に

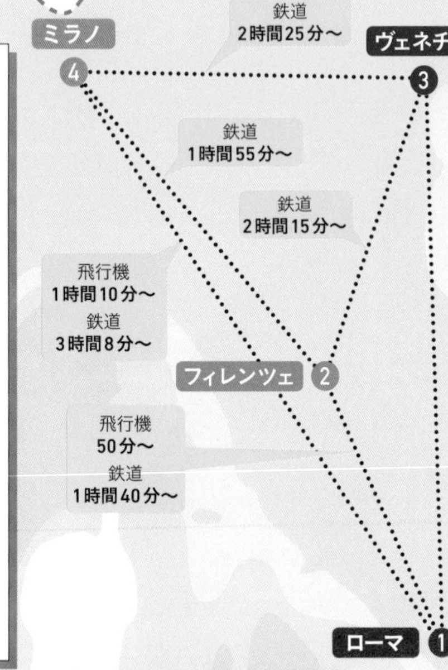

イタリア共和国
Repubblica Italiana

サルデーニャ島
Sardegna

シチリア島に次ぎ2番目に大きい島。海の透明度が高く、高級リゾート地として名高い

イタリアを代表する数々の芸術家を育てた街

❷ フィレンツェ Firenze → P.113

メディチ家の庇護のもと、ルネサンス期に繁栄した。街のシンボル、ドゥオモをはじめとする建築物のほか、美術作品も充実。職人雑貨の買い物も楽しみ。

1アルノ川に架かるポンテ・ヴェッキオ　2ドゥオモのクーポラからは街を一望できる　3アカデミア美術館にあるミケランジェロ作のダビデ像のオリジナル

知っ得 イタリアの基礎知識

日本から	14時間45分～(ローマ)	主な交通手段	地下鉄、バス、タクシー、トラム
時差	－7～8時間	お酒&タバコ	16歳以上
ビザ	90日間以内の観光は不要	トイレ	水洗
言語	イタリア語		

ゴンドラが行き交う美しい水の都

❸ ヴェネチア Venezia

→ P.171

細い運河が迷路のように入り組んだ、世界でも珍しい街並み。中世はヴェネチア共和国として栄華を極めた。新鮮な海鮮グルメも街の名物。

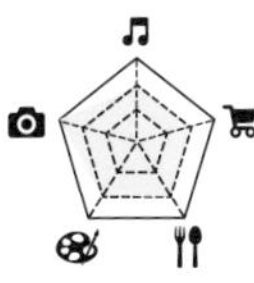

1かつては貴族の乗り物であったゴンドラ 2聖マルコの遺骸が納められているサン・マルコ寺院 3特産のヴェネチアンガラスをおみやげに

飛行機
1時間5分～
鉄道
3時間59分～

戦後ファッションの街として発展

❹ ミラノ Milano

→ P.185

北イタリア最大の都市。第二次世界大戦で街は大破するも、経済の中心地として見事に復興を遂げた。ミラノ生まれの高級ブランドも多い。

1レオナルド・ダ・ヴィンチの名作『最後の晩餐』は必ず見ておきたい 2最先端のショップやレストランが揃う。物価は少々高め

ナポリピッツァの発祥の街、ナポリ。青の洞窟やポンペイ遺跡へ行く際の拠点となる

ナポリ
Napoli

地中海最大の島、シチリア島。美しい海と温暖な気候で、イタリア人のバカンス地の定番

シチリア島
Sicilia

タウン別バロメータ

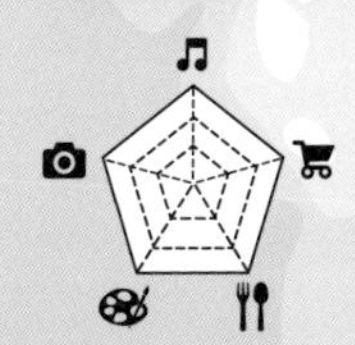

- 遊ぶ
- 買う
- 食べる
- アート
- 観光する

主要4都市間の移動はほぼ鉄道でまかなえる。イタリア南部や島への移動は飛行機の利用を。格安航空会社も多く就航している。

ベストな時間にベストなコト
24時間ハッピー計画

イタリアに来たからには、欲張って24時間めいっぱい楽しみたい。
ここでは、観光＆アート・グルメ・ショッピングのジャンル別に、
各スポットのベストタイムをご紹介。
朝から夜までバッチリな計画を立てて、ハッピーな旅行を！

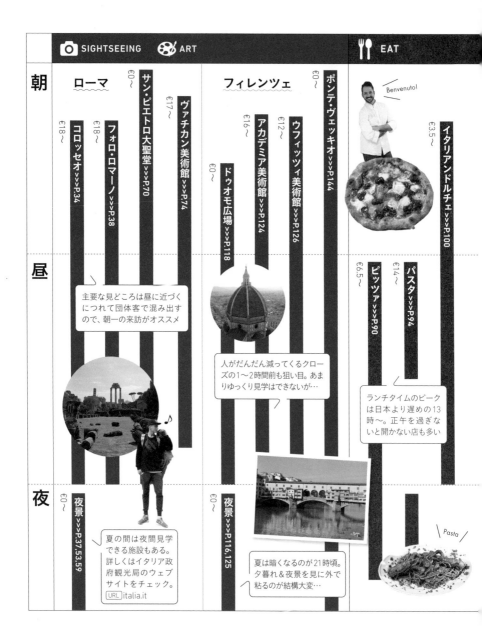

SIGHTSEEING　ART　EAT

朝　昼　夜

ローマ

- サン・ピエトロ大聖堂 >>>P.70　€0～
- ヴァチカン美術館 >>>P.74　€17～
- フォロ・ロマーノ >>>P.38　€18～
- コロッセオ >>>P.34　€18～
- 夜景 >>>P.37,53,59　€0～

主要な見どころは昼に近づくにつれて団体客で混み出すので、朝一の来訪がオススメ

夏の間は夜間見学できる施設もある。詳しくはイタリア政府観光局のウェブサイトをチェック。
URL italia.it

フィレンツェ

- ポンテ・ヴェッキオ >>>P.144　€0～
- ウフィッツィ美術館 >>>P.126　€12～
- アカデミア美術館 >>>P.124　€16～
- ドゥオモ広場 >>>P.118　€0～
- 夜景 >>>P.116,125　€0～

人がだんだん減ってくるクローズの1～2時間前も狙い目。あまりゆっくり見学はできないが…

夏は暗くなるのが21時頃。夕暮れ＆夜景を見に外で粘るのが結構大変…

EAT

Benvenuto!

- イタリアンドルチェ >>>P.100　€3.5～
- パスタ >>>P.94　€14～
- ピッツァ >>>P.90　€6.5～

ランチタイムのピークは日本より遅めの13時～。正午を過ぎないと開かない店も多い

Pasta

祝祭日・主要イベント年間スケジュール（イベントは2024年7月〜2025年6月の開催予定日を記載）

7月		1月	1日 元日　6日 エピファニア（公現祭）
8月	15日 聖母被昇天祭　**下旬 国際映画祭【ヴェネチア】★**	2月	**15日〜3月4日 カーニバル【ヴェネチア】★** **下旬 ミラノコレクション【ミラノ】★**
9月	**下旬 ミラノコレクション【ミラノ】★**	3月	
10月		4月	**20〜21日 イースター（復活祭）★**　25日 聖マルコの日【ヴェネチア】 25日 解放記念日
11月	1日 万聖節 21日 聖母マリア宗教祭【ヴェネチア】	5月	1日 メーデー
12月	7日 聖アンブロージョの日【ミラノ】　8日 聖母受胎祭 25日 クリスマス　26日 聖ステファノの日	6月	2日 共和国記念日　24日 聖ヨハネの日【フィレンツェ】 29日 聖ペテロと聖パウロの日【ローマ】

カーニバル時期のヴェネチアは早めにホテル予約を

イタリアでは各都市に守護聖人がいて、その都市だけ祭日となる

イタリアではパスクアとも。キリストの復活を祝う日

※★印のイベント、祝祭日は年によって変動。元日、イースター、クリスマスは多くの観光施設や店が休業、または営業時間を短縮。

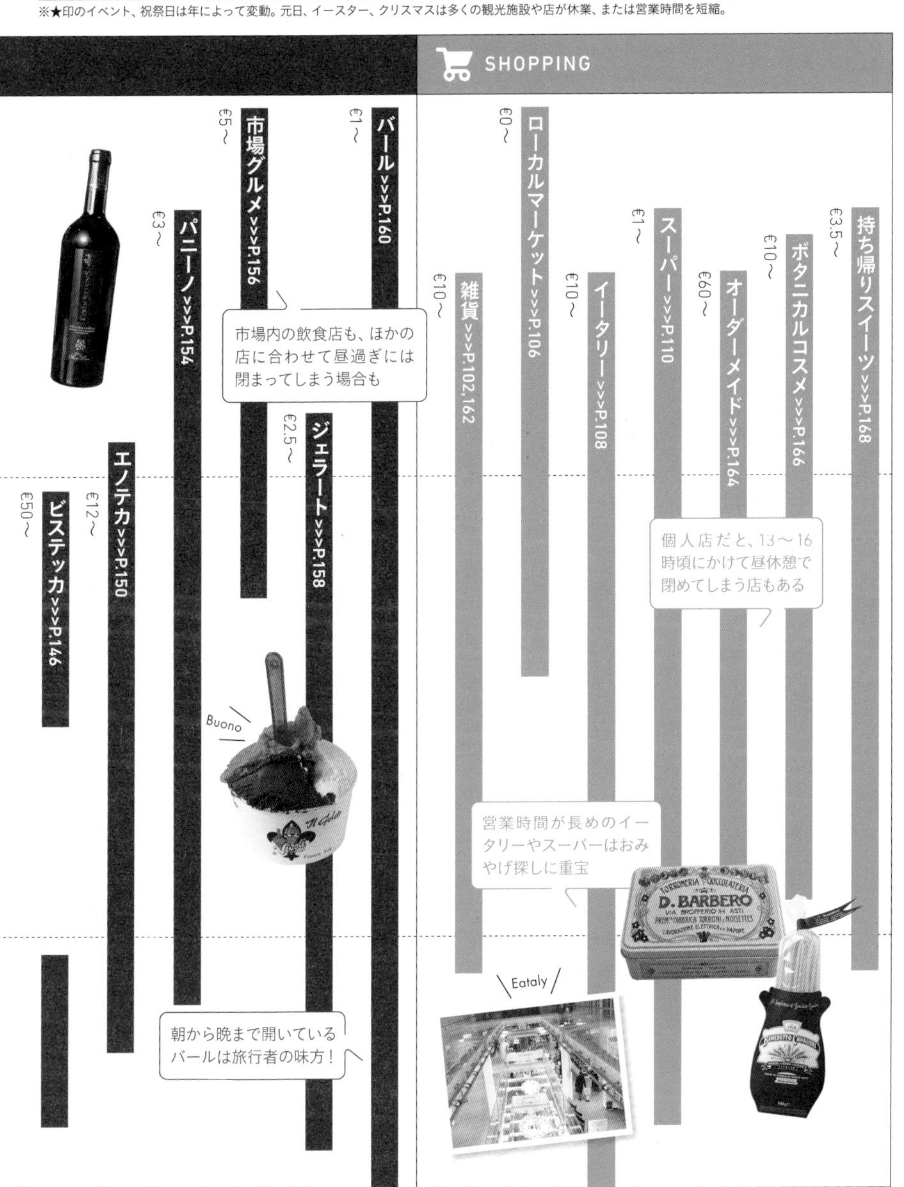

7泊9日の王道モデルコースで

イタリアを200%楽しむ

都市ごとに全く違う顔を見せる国、イタリア。4都市を効率よく回れるモデルプランをご紹介！

1日目

PM 20:30頃
ローマ・フィウミチーノ空港到着

レオナルド・エクスプレス約30分

22:00頃 ローマ テルミニ駅

やっと到着！ まずはホテルへ

日本からの直行便がローマに到着するのは現地時間の夜。初日は滞在先付近を散策するくらいにとどめよう。

2日目

AM
8:30 コロッセオ
→P.34

徒歩約5分

10:00頃
フォロ・ロマーノ／パラティーノの丘
→P.38

徒歩約10分

PM
13:30頃
アルマンド・アル・パンテオン
→P.94

徒歩約10分

15:00頃
トレヴィの泉→P.52

徒歩約30分

18:00頃
ピッツェリア・イル・グロッティーノ
→P.91

徒歩約20分

20:00頃
イータリー
→P.108

古代遺跡が残るローマ街歩き

ローマ1日目は観光の定番コロッセオとフォロ・ロマーノへ。徒歩での移動がメインなので歩きやすい靴で。

SIGHTSEEING

朝イチでコロッセオへ

人気のコロッセオは事前予約がマスト。古代ローマ人の文化に思いを馳せて、じっくり見学しよう。

SIGHTSEEING

フォロ・ロマーノの遺跡をさんぽ

かつての皇帝たちが建設した神殿跡が残るフォロ・ロマーノ。ローマ建国の地であるパラティーノの丘にも足をのばそう。

LUNCH

ローマ名物のパスタで腹ごしらえ

ランチは、ローマの伝統料理アマトリチャーナ。人気店に行くなら事前の予約が確実。

真実の口があるサンタ・マリア・イン・コスメディン教会にも立ち寄ろう♪

SIGHTSEEING

トレヴィの泉で願い事

コインを投げて泉の中に入ると願いが叶うという言い伝えがあるトレヴィの泉。途中、ジェラートを食べてひと休み。

DINNER

ローマピッツァ＆ビールでお腹いっぱいに

Margherita

薄く焼いた生地が特徴のローマピッツァ。イタリアンビールとの相性も最高！

SHOPPING

イータリーでイタリア食材チェック

4階建ての巨大食材デパート、イータリーは食材みやげの宝庫。

ローマグルメ&イタリアアートをあますところなく

3日目は見どころいっぱいのヴァチカン市国を観光。早めに起きて、時間をなるべく多めにとりたい。フィレンツェ行きの電車の時間に合わせて行動計画を立てよう。

BREAKFAST

テスタッチョで絶品パニーノの朝ごはん

Panino

ローマ人の暮らしが垣間見えるテスタッチョ市場でショッピング&朝食を。市場内中央に軽食スタンドがある。

SIGHTSEEING

カトリックの聖地ヴァチカン市国探訪

世界最小の国、ヴァチカン市国へ。キリスト教にまつわる美術品を多数収蔵している。

LUNCH

ローマ料理×ワインで遅めのランチ

1500種類近くのワインを扱うクル・デ・サックでランチタイム。ローマ料理もここで食べ納め。

POINT

ヴァチカン市国内の見どころは常に混雑しているため、見学時間には余裕を持とう。美術館見学はネットで事前予約をしておくと並ばずに済む。

3日目

AM 8:00頃 テスタッチョ市場 →P.64

徒歩・バス 約30分

9:30頃 ヴァチカン市国
- サン・ピエトロ広場 →P.69
- サン・ピエトロ大聖堂 →P.70
- ヴァチカン美術館 →P.74

徒歩約30分

PM 15:00 クル・デ・サック →P.98

徒歩・地下鉄 約30分

18:00 テルミニ駅

鉄道 約1時間40分

20:00頃 フィレンツェ サンタ・マリア・ノヴェッラ駅

フィレンツェのマストスポットとトスカーナの美食を制覇

見どころがコンパクトにまとまっているので移動は徒歩でOK。トスカーナ料理を味わいつつ、街歩きを楽しもう。

SIGHTSEEING

空いている午前中に名所を攻略

ドゥオモは朝一番で入場口に並ぼう。クーポラに上る場合は事前予約が必要。

SHOPPING

マーブル紙に革小物 職人雑貨をハント

職人文化を今に伝える雑貨をショッピング。マーブル紙や革小物など専門店があちこちに。

LUNCH

宮殿前のエノテカでほろ酔いワインランチ

ポンテ・ヴェッキオを渡ったら、広大なピッティ宮殿の前にテラス席を置くお洒落な一軒で乾杯。

SIGHTSEEING

宮殿内の庭園&美術館をめぐる

豪華な宮殿内にルネサンス名画や豪商のコレクションが。庭園でまったりお散歩も。

DINNER

素材を活かしたトスカーナ料理にボーノ!

豆や野菜といった地元食材を豪快に調理するのが特徴。モツやウサギ、イノシシなどの肉も。

4日目

AM 10:00頃 ドゥオモ広場 →P.118

徒歩約10分

PM 12:00頃 ジュリオ・ジャンニーニ・エ・フィーリオ →P.145

徒歩約3分

15:00頃 ピッティ宮殿 →P.138

途中でランチも

徒歩約5分

19:00頃 トラットリア・カミッロ →P.148

ローマのテルミニ駅など、主要駅では荷物の預かり所を完備。出し入れの際、窓口で並ぶこともあるため時間には余裕を。

5日目

AM 8:30頃
ウフィッツィ美術館
→P.126

徒歩3分

PM 12:00頃
イーノ→P.155

徒歩約10分

14:00頃 サンタ・マリア・ノヴェッラ薬局→P.166

徒歩・バス 約40分

16:00頃 ミケランジェロ広場→P.125

徒歩・バス 約30分

17:00頃 中央市場
→P.156

徒歩7分

18:30頃 サンタ・マリア・ノヴェッラ駅

鉄道 約2時間15分

21:00頃 ヴェネチア サンタ・ルチア駅

ルネサンスを体感 芸術の都をぶらり

本場のルネサンス美術とボタニカルコスメを1日で網羅。グルメはちょっとずつ好きなものを♪

SIGHTSEEING

ウフィッツィ美術館で名画鑑賞

比較的スムーズに見られるのはやはりオープン直後。ボッティチェリ作『春』や『ヴィーナス誕生』などは必見。

LUNCH

トスカーナ食材をパニーノで味わう

パンはもちろん、チーズやハム、ソースもトスカーナ産食材にこだわった絶品パニーノでお腹いっぱいに！

POINT
美術館鑑賞は事前にネット予約するか、フィレンツェ・カードの利用がおすすめ。→P.126

DINNER

市場のフードコートで早めの晩ごはん

中央市場2階のフードコートは深夜まで営業。テイクアウトして電車の中で食べるのもいい。

SHOPPING

修道院コスメを自分用とおみやげに

日本でも話題のコスメは現地購入が割安。歴史を感じられる実店舗で、品揃えにも満足。

SIGHTSEEING

ミケランジェロ広場から街を一望

フィレンツェの眺望スポットといえばココ。気持ちいい風に吹かれて記念写真をパチリ。

Bella vista

6日目

AM 9:30頃
サン・マルコ広場
→P.176

徒歩10分

11:30頃
リゾラ→P.182

徒歩5分

PM 12:30頃
ゴンドラ→P.174

徒歩5分

15:00頃 ドゥカーレ宮殿→P.178

徒歩20分

18:30頃 アッラ・ヴェドヴァ→P.180

水の都ヴェネチアで 景色とシーフードを堪能

運河に囲まれたヴェネチアは、歩いているだけでも楽しめる街。ゴンドラでの観光に、新鮮な魚介を味わうのも忘れずに！

SIGHTSEEING

見どころ集まるサン・マルコ広場へ

街の中心として栄えたサン・マルコ広場には、サン・マルコ寺院やコッレール美術館などの名所が集まっている。大鐘楼からの眺めも見事。

SHOPPING

マストバイはヴェネチアングラス

世界でも有数のガラス生産地として有名なヴェネチア。色や柄もたくさんある中からお気に入りを見つけよう。

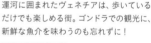

SIGHTSEEING

ゴンドラに乗って運河を周遊

30分の王道コースで運河からの眺めを楽しんで。ゴンドラを堪能したあとはバーカロで軽くランチ。

ゆっくり進みます

SIGHTSEEING

ドゥカーレ宮殿で共和国時代の栄華に浸る

共和国時代、総督の邸宅として使われた建物。中でも世界最大の油絵と言われるティントレットの『天国』は一見の価値あり。

新鮮魚介でヴェネチアを締めくくり

近海で捕れた魚介をふんだんに使ったシーフード料理が定番。プロセッコと合わせて召し上がれ！

DINNER

ファッションとアートの街ミラノを1日で満喫

朝ヴェネチアから移動するため、滞在時間は短め。見どころは街の中心に集まっているので、うまく回れば1日でも十分！

LUNCH

おしゃれレストランでミラノ料理を味わう

ミラノの郷土料理をモダンにアレンジしたラターナでは、ミラノ風リゾットと、牛すね肉を煮込んだオッソブーコを。

SIGHTSEEING

ミラノの誇る世界遺産『最後の晩餐』を鑑賞

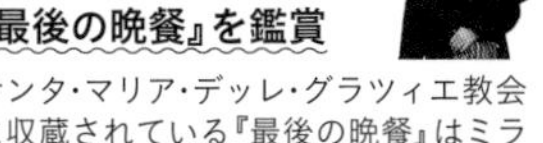

サンタ・マリア・デッレ・グラツィエ教会に収蔵されている『最後の晩餐』はミラノに訪れたなら必ず見ておきたいもの。

POINT

『最後の晩餐』は完全予約制。約3カ月前から予約できるがすぐ完売してしまうため、早めに予約するか現地旅行会社に手配してもらうのが確実。→P.192

SIGHTSEEING

ドゥオモから眺めるミラノの街並みに感動

ドゥオモは建物の美しさもさることながら、屋上テラスからの眺めも見事。

SIGHTSEEING

ブレラ美術館で名画をじっくり

イタリアを代表する名画が多く収集された美術館。ラファエロやベッリーニの名作も。

世界的なモードの中心地であるミラノはショッピングスポットも充実。最新ブランドアイテムも見つかるかも？

SHOPPING

ミラノのハイセンスショップでファッションチェック

7日目

AM

9:30頃 ヴェネチア サンタ・ルチア駅

鉄道 約2時間25分

PM

12:00頃 ミラノ中央駅

途中でランチも

徒歩・地下鉄 約20分

14:00頃 サンタ・マリア・デッレ・グラツィエ教会 →P.192

徒歩・地下鉄 約10分

15:00頃 ドゥオモ →P.188

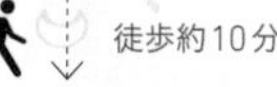

徒歩約10分

16:30頃 ブレラ美術館 →P.190

徒歩約15分

19:00頃 ディエチ・コルソ・コモ →P.198

経由便に乗って日本へ帰国

ミラノからローマやヨーロッパ主要都市経由で日本へ。早めに空港へ移動し、空港内でのグルメやショッピングも楽しみたい。

8日目

AM **11:00頃 ミラノ中央駅**

鉄道約1時間

PM **12:00頃 ミラノ・マルペンサまたはリナーテ空港**

ほかにも！ モデルプラン

\ 主要2都市を最短で /

3泊5日プラン

日本から直行便でローマへ。ローマを1日、フィレンツェを1日で回る弾丸プラン。

1日目	羽田発の直行便で同日の夜にローマ着
2日目	終日ローマ観光
3日目	早朝ローマからフィレンツェへ移動し、終日フィレンツェ観光
4・5日目	フィレンツェ発の乗り継ぎ便で翌日の昼に日本到着

\ 4都市を最短で /

5泊7日プラン

ローマ発着の日本への直行便をうまく活用。各都市1泊ずつの滞在でイタリア4都市を最短で網羅。

1日目	羽田発の直行便で同日の夜にローマ着
2日目	終日ローマ観光
3日目	早朝ローマからフィレンツェへ移動し、終日フィレンツェ観光
4日目	早朝フィレンツェからヴェネチアへ移動し、終日ヴェネチア観光
5日目	早朝ヴェネチアからミラノへ移動し、終日ミラノ観光
6・7日目	ミラノ発の経由便で翌日の昼に羽田到着

イタリアのハイシーズン

4〜10月が観光のハイシーズン。11〜3月（クリスマス、カーニバルを除く）はオフシーズンとなり、宿泊料金も下がるところが多い。8月はバカンスシーズンで、都市部の店は長期休みをとることが多いので避けたほうがいい。

サマータイムと日照時間

3月の最終日曜〜10月の最終日曜はサマータイム実施期間。4月頃からだんだんと日が沈むのが遅くなり、真夏は21時頃になっても外が明るい。

美術館などをゆっくり見て回りたいのであればオフシーズンの11〜2月の観光がおすすめ。入場料が割安になる施設もある。

これがあったら便利&スマート

ハレ旅のお供を準備する

7泊9日用のスーツケース

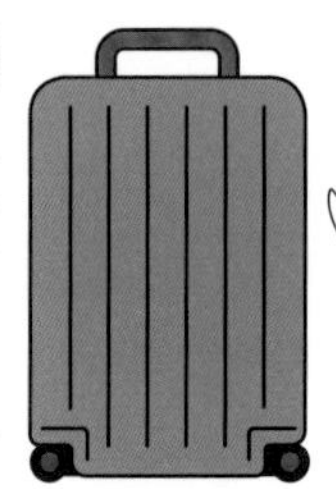

ぎゅうぎゅう詰めで出発したら、現地で購入したおみやげが入り切らない…なんてことも。衣類や下着は使い古しを持っていき、使用後に捨てるという手もあり。

USEFUL ITEMS

高級ホテルであればアメニティも充実しているが、中級以下のホテルだと、あっても簡素。日本から使い慣れたものを持参しよう。

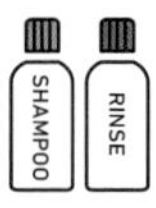

シャンプー&リンス

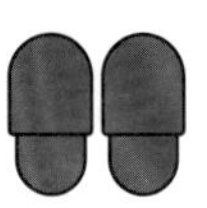

スリッパ

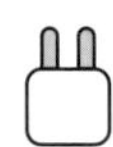

歯みがきセット

化粧品

Cタイプのプラグ

ウェットティッシュ

上着

エコバッグ

日焼け止め

FASHION

イタリアも日本同様に四季があり、気温は東京より少し低め。夏場でも朝晩は冷えるので上着を忘れずに。冬は防寒対策をしっかり。石畳の道が多いのでヒールのある靴は避けよう。

4 SEASONS コーデNAVI

春 日によって気温差が激しいので、重ね着して温度調節しやすい服装を。

夏 日本より湿度が低いので日陰に入れば涼しい。紫外線対策はマスト。

秋 日中は暖かいが夜はかなり冷えるため、上着は必ず用意して。

冬 北部のミラノやヴェネチアは日本よりも寒い。防寒対策を。

ローマの気温・降水量

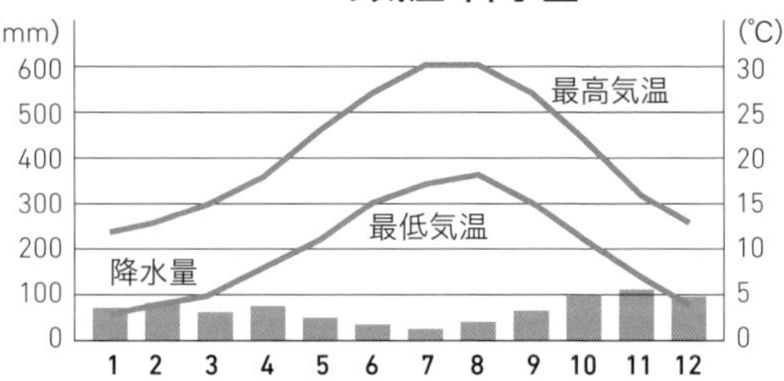

年間を通して観光を楽しめるが、気候的に過ごしやすいのは4～6月、9・10月頃。夏場は日照時間も長く日差しも強いので、長時間の外歩きはきつい。サングラスや帽子の用意を忘れずに。

出発日が決まったら、さっそく旅の準備をスタート！
現地で困ることのないよう、持っていくものはしっかりここで確認しよう。
荷造りするときには、機内持ち込み用バッグとスーツケースへの割り振りも上手に行いたい。

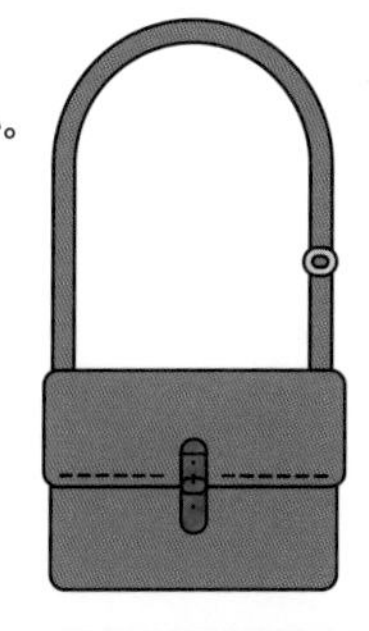

現地で使うサブバッグ

サブバッグにはパスポートや貴重品、ガイドブックなどを入れよう。スリやひったくりが多いので、口が閉じるショルダータイプのバッグがおすすめ。

MONEY

現金の持ち歩きは最低限に。1カ所にまとめず分散して持てばもし盗難に遭っても被害を抑えられる。カードの番号も控えておこう。

財布
落としたときに備えて、財布以外の場所にも少額入れておくと安心。

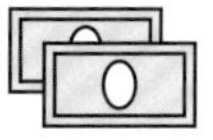

現金
多額の現金を持ち歩くのは危険。支払いはなるべくカード払いで済ませたい。

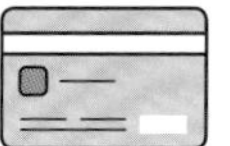

クレジットカード
IC付きカードが普及しているので出発前にPIN（暗証番号）の確認を。万が一紛失した際も、カード発行会社に連絡し、停止手続きが行えるので安心。

7泊9日の平均予算　約50万円

個人手配か旅行会社のツアーに参加するか、出発場所や時期によっても異なる。webで割引料金を探せば節約することも可能。

◎ **事前の出費**（1名分）

航空券…15万〜30万円（往復）
ホテル…2万〜5万円（1泊）

◎ **現地の出費**（1名分）

レストラン…3000円（ランチ1回）・買い物…1万円（1日）
観光…800〜3000円（1カ所）・交通費…1000円（1日）

ホテルにあるモノ・ないモノ

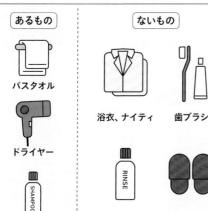

あるもの

バスタオル
ドライヤー
シャンプー

ないもの

浴衣、ナイティ
歯ブラシ
リンス
スリッパ

...etc.

パスポートや航空券、旅行保険証の控えなどのマストアイテムほか、旅を快適に過ごすためのアイテムも持ち歩こう。

パスポート
海外で最も重要な身分証明書。観光地でオーディオガイドを借りる際にデポジットとして預けることも。

eチケット控え
出発前にプリントしておこう。コピーして2部持っておくと安心。

雨具
季節の変わり目は突然の雨が降ることもあるので、折り畳みの傘を持ち歩くのがベター。

サングラス
日差しが強い夏場の必需品。屋外の見どころ観光や街歩きの際にも重宝する。

ハレ旅

カメラ

イタリアの電圧は220V。スマートフォンやデジカメの充電器に「100-240V」という記載があれば、変圧器なしで使用可能。

これがあればハレ旅の証し！
お宝戦利品を披露

FOODS 見たことがないパスタにも出合えるかも

□ ITEM 01 パスタ

イタリアの国民食なだけあって、種類も豊富！　粉の生産地や製法にこだわった本格派から、おみやげ用にかわいくパッケージングされたものまでいろいろ。

価格帯：€1.5～

この店へGO!

イータリー→P.108
ペウェックス→P.110

FOODS 安くて種類も豊富

□ ITEM 02 ワイン

世界でナンバー1のワイン生産量を誇るイタリア。国内の至る所にワインの産地があり、その土地の食材や郷土料理と一緒に味わうのがベスト。

価格帯：€10～

この店へGO!

イータリー→P.108
カストローニ→P.110

FOODS せっかく買うなら質のいいものを

□ ITEM 05 オリーブオイル

サラダやパスタの仕上げに欠かせないオリーブオイル。スーパーでも買えるが、市場の専門店に行けばテイスティングさせてもらえることも。料理好きな方へのおみやげに。

価格帯：€8～

この店へGO!

イータリー→P.108
ペウェックス→P.110

COSME 実は歴史あるイタリア発コスメ

□ ITEM 06 修道院コスメ

修道院の庭で育てたハーブを使って、医務用として薬や軟膏を手作りしていたのが起源。€10程度で買える香り豊かな石けんやリップクリームはおみやげにも活躍。

価格帯：€10～

この店へGO!

サンタ・マリア・ノヴェッラ薬局→P.49,166
スペツィエリエ・パラッツォ・ヴェッキオ→P.167

GOODS 料理するのが楽しみに♪

□ ITEM 09 キッチン雑貨

ユニークなキッチン雑貨は、値段も手頃で実用的。キッチン雑貨の専門店もあちこちに。パスタやピッツァ、コーヒーにまつわるグッズが多いのもさすがイタリア！

価格帯：€11～

この店へGO!

テイク・イット・イージー→P.103
クチーナ→P.103

GOODS お気に入り名画のアイテムを探して

□ ITEM 10 ミュージアムグッズ

古代ギリシャからルネサンスと、イタリアは名作絵画や傑作彫刻の宝庫。ミュージアムショップに並ぶ、名作をデザインした小物をさりげなく日常に取り入れて。

価格帯：€12～

この店へGO!

ウフィッツィ美術館→P.126
ブレラ美術館→P.190

GOODS 繊細な銀細工は一生もの

□ ITEM 13 銀細工

特にフィレンツェは職人文化が自慢の街。中心部には小さな革、紙、金工などの工房が息づき、訪れて買い物できるところも多い。製造元卸値だから価格も手頃！

価格帯：€10～

この店へGO!

カルロ・チェッキ→P.162

GOODS 色も柄もバリエーション豊か

□ ITEM 14 紙製品

イタリアっ子はメモ帳やノートが大好き。スーパーや文具店などにはキュートなアイテムが目白押し。フィレンツェ自慢のマーブル紙は1枚ずつ職人の手作り。

価格帯：€10～

この店へGO!

ジュリオ・ジャンニーニ・エ・フィーリオ→P.145

美食大国イタリアでは、おみやげもグルメにちなんだものが充実。
定番のパスタから、スイーツに調味料までバラエティ豊か。
ほかにも、各都市自慢の職人雑貨やブランドアイテムは自分用のおみやげにぴったり。
買い集めた戦利品を、トランクにめいっぱい詰め込んで帰国しよう！

SWEETS イタリアのお菓子といったらこれ

☐ ITEM 03 ビスコッティ

トスカーナ地方ではカントゥッチと呼ばれる、ガリッとした食感が大人好みの焼き菓子。浸して食べる用のお酒・ヴィンサントも小ビンで一緒に。

価格帯：€4〜

この店へGO!

カストローニ→P.110
イル・カントゥッチョ→P.169

SWEETS 味もパッケージも高クオリティ

☐ ITEM 04 チョコレート

イタリア人のチョコ愛を日本へ直送。その街で評判のチョコラテリアを覗いて、箱に好きなものを詰めてもらったり、イタリアらしい包装をジャケ買いしたり。

価格帯：€3.9〜

この店へGO!

ヴェストリ→P.169
バッレリーニ→P.169

JEWELRY ここでしか買えない一品を見つけて

☐ ITEM 07 アクセサリー

どの都市にもオリジナルブランドのアクセサリーショップや個性的なセレクトショップがある。イタリアらしい洗練されたデザインのものがおすすめ。

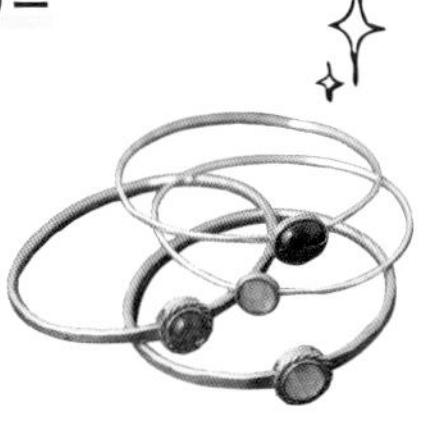

価格帯：€50〜

この店へGO!

アットンブリ→P.182
ディエチ・コルソ・コモ→P.198

GOODS ヴェネチアが誇る手工芸品

☐ ITEM 08 ヴェネチアングラス

ヴェネチアのムラーノ島で作られるガラス製品は、透明度が高く質がいいと評判。デザイン自慢のおしゃれなグラスや、上品な色合いのアクセサリーが狙い目。

価格帯：€80〜

この店へGO!

リゾラ→P.182
アットンブリ→P.182

GOODS 世界に一つだけのオリジナルアイテム

☐ ITEM 11 オーダーメイド品

仕立て文化が発達し小物からシャツ、スーツ、靴まで何でもオーダー可能。気軽に挑戦するならセミオーダー。イニシャルの刻印などにも気軽に応じてくれる。

価格帯：€60〜

この店へGO!

チェッレリーニ→P.165

GOODS 使うのがもったいない！？

☐ ITEM 12 ステーショナリー

古くから続く手工芸品店が多いイタリアではステーショナリーグッズも充実。デザインもさることながら、使い心地にもこだわったアイテムは自分用にも欲しい一品。

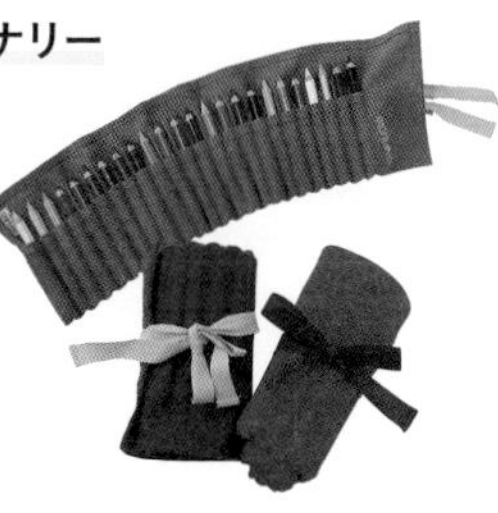

価格帯：€5〜

この店へGO!

ファブリアーノ・ブティック→P.103
テイク・イット・イージー→P.103

GOODS 使い込むほどに味が出る

☐ ITEM 15 革小物

革の産地が多く、なめしや染色の技術もピカイチのイタリアン・レザー。フィレンツェは革製品の職人が多く、上質で縫製のしっかりした鞄や靴、手袋などが手に入る。

価格帯：€69〜

この店へGO!

マドヴァ・グローヴス→P.162

GOODS さすがはファッション最先端の国

☐ ITEM 16 ブランドアイテム

ファッションの街ミラノをはじめ、各都市の目抜き通りに行けばそこかしこにイタリア発のブランドショップが。アウトレット店やセール期間を狙うのも手。

価格帯：€155〜

この店へGO!

ディエチ・コルソ・コモ→P.198

ワインなどの瓶モノを持ち帰る際は、衣類を緩衝材代わりに使うといい。大きめのジップ袋に入れておくとなお安心。

ハレ旅 ITALY

HARETABI NEWSPAPER

近年のオーバーツーリズム化が加速する中でスムーズな観光が楽しめる情報や、話題のスポットをご紹介。出発前にチェックしよう！

SIGHTSEEING 人気観光スポットは事前予約が必須！

コロッセオは1カ月前から予約ができる

チケットはオンライン予約が主流

2〜3カ月前からオンライン予約できることが多い。夏休みなどのシーズンは早めに売り切れる。オンライン予約時はチケット代と別途€1〜3程度の予約手数料が発生するので、こちらも注意しよう。

\早い者勝ち！/ 予約マストな都市別観光スポット

ローマ

コロッセオ＆フォロ・ロマーノ >>>P.34・38
URL www.coopculture.it/

ヴァチカン美術館 >>>P.74
URL tickets.museivaticani.va/home

パンテオン >>>P.58
URL www.cultura.gov.it/luogo/pantheon

ヴェネチア

サン・マルコ寺院 >>>P.177
URL www.basilicasanmarco.it/?lang=en

フィレンツェ

ドゥオモ >>>P.118
URL www.duomo.firenze.it/it/home

ウフィッツィ美術館 >>>P.126
URL www.uffizi.it/en/tickets

アカデミア美術館 >>>P.124
URL www.b-ticket.com/b-ticket/uffizi/

ミラノ

ドゥオモ >>>P.188
URL www.duomomilano.it/en/

サンタ・マリア・デッレ・グラツィエ教会 >>>P.192
URL cenacolovinciano.vivaticket.it/

予約が取れない時は

現地ツアーサイトから予約

公式サイトとは別で専用の予約枠が確保されているほか、専用入り口からスムーズに入場可能。公式サイトよりは割高。

特別パスを利用しよう

対象エリアの観光施設に無料、または割引で入場できるフリーパスを活用。ローマ・パス、フィレンツェ・カードが主流。

TOWN 2024年からヴェネチアで入島税が導入！

オーバーツーリズム緩和を目指して

2024年4月25日からヴェネチアに入島する14歳以上の日帰り観光客に対して、試験的に入島税€5を徴収することが決定。試験期間は年間約30日間を目安に、主に8月などのハイシーズンに導入する予定だ。試験の結果を踏まえ今後の方針が決定する。

ロマンチックな雰囲気漂う夜のヴェネチア

SPOT トレヴィの泉近くのティラミスの有名店、ポンピに注目！

観光ついでに甘いティラミスを楽しもう

イタリア旅行での楽しみの一つ、おいしいドルチェを堪能すること。近年は日本でマリトッツォがブームになったりと、底知れない魅力が満載。2023年にはテルミニ駅内にも開店した、本場のティラミスが味わえる人気店、ポンピをご紹介！

本店は、ローマのレ・ディ・ローマ駅近くにある

2018.10 OPEN

ポンピ・トレヴィ

Pompi Trevi

ティラミスで有名なポンピ（→P.101）の系列店がトレヴィの泉近くに開店。スパーニャ店はテイクアウト専門だが、こちらの店ではカフェスペースが充実。

Via Santa Maria in Via 17
☎ 06-678-0002 営 10:00～21:00（金～日曜は～22:00）
休無休 交A線バルベリーニ駅から徒歩10分 英語OK
スペイン広場周辺 ▶MAP 別P.8 A-3

€5

マスカルポーネとイチゴの甘みが◎

€5

ココア風味のクラシックティラミス

SPOT ローマのテルミニ駅にイータリー新店舗が登場！

イタリア全土から集結した食材をゲット

日本でも人気を誇るイータリーは、イタリア中の上質な食材が手に入る高級スーパー。観光の拠点となるテルミニ駅構内についにオープン！ グルメやお土産探しを楽しもう。

イータリー テルミニ駅店

Eataly Termini

2階はパニーノやドルチェなどが楽しめるバール、ピッツァやパスタなどを提供するレストランがある。1階はイータリーの店舗がある。

>>>P.109

電光掲示板が見える、2階のテラス席

ちょっとした待ち時間を快適に過ごそう

2023.11 OPEN

SIGHTSEEING 2024年のイタリア文化首都は「ペーザロ」に決定！

音楽分野でユネスコ認定を受けた都市

イタリアでは毎年文化首都を選定。2024年は音楽家ロッシーニの生誕地として有名なマルケ州北部ペーザロに決定。8月には文化首都を記念して特別なオペラ作品が上演される。

ペーザロを代表する観光地ポデスタ宮殿。Photo by iStock

SIGHTSEEING 25年に一度！ローマで「聖年」が開催される！

世界中のカトリック教徒がローマに集結

25年に一度、カトリック教会が開催する聖年。ローマの4大聖堂で「聖年の扉」が開放され、巡礼者に特別な赦しが与えられるとされている。次は2025年の予定。

聖年の扉が開くサン・ピエトロ大聖堂

HOW TO イタリアの事件簿BEST5

マナーやルールを知らずに、恥ずかしい思いはしたくない！　イタリアで知っておきたいポイントをシチュエーション別に紹介。くれぐれもこんな「事件」は回避しよう。

イタリアの事件簿 No.1

トイレ

日本とは微妙に様式が異なるイタリアのトイレ。事前に知っておけば戸惑わなくて済む、ポイントはこちら！

事件ファイル　トイレに行ったら便器が2つある！?

トイレに入ろうとしたら便器が2つ並んでいる。片方は便座が付いている日本でもよく見かける一般的な便器。もう片方は便器に蛇口だけ付いたもの。一体これは何に使われるものなの？

解決！

便器の隣にあるのはお尻や足を洗う用のビデ

イタリアでは水を節約するため、足やお尻が汚れたときはシャワーやバスタブを使わずにビデに水をためて（場合によっては蛇口から直接）汚れた場所を洗い流すという習慣がある。ビデ用のタオルが近くにかけられていることが多い。手洗いの洗濯おけ代わりに使用することもある。

こんなときどうする？

便座がない！

公衆トイレのみならず、カフェやバールのトイレでもよく見かける光景。女性用、男性用にかかわらず便座が付いていない。お尻が便器に付かないよう、中腰で用を足すのが主流。

手洗いの水が出せない！

蛇口はあるのにハンドル部分が見当たらず、水の出し方が分からないというケース。よく見ると床にレバーがあり、それを踏めば水が出てくる。赤はお湯、青は水。

街なかで入りたくなったら

観光地周辺でも公衆トイレは少ない。急にトイレに入りたくなった場合はカフェやバールでトイレを借りよう。コーヒー1杯でもいいので、何かしら注文して利用するのがマナー。

トイレットペーパー、流していいんだよね？

基本は紙を流してOKだが、まれに下水管が細く詰まりやすいため、流してはいけないトイレもある。トイレの脇に大きなゴミ箱が置いてある際は、紙は流さずゴミ箱に捨てるのが無難。

MANNER

ほかにも覚えておきたいイタリアのマナー

服装　露出の多い服装に注意

教会など宗教関連の施設では、ショートパンツやキャミソール、タンクトップといった露出の多い服装だと入場を断られることもある。

撮影　美術館内はフラッシュ厳禁

美術館や博物館は内部撮影可能な場所が多いものの、フラッシュは作品を傷める恐れがあるため、禁止されているところがほとんど。

タバコ　喫煙は屋外のみ

公共の場所やレストランやホテルといった建物内は禁煙。屋外については喫煙OKだが、近くに人がいたら避けるのがベター。

交通　エスカレーターは左側を空けて

駅や空港のエスカレーターでは右側に立つのがルール。左側は先を急ぐ人用に空けておこう。

ホテル

ホテルでもマナーやルールを守ってスマートに利用したいもの。事前に知っておけば役立つ知識をチェック。

事件ファイル

泊まる予定のホテルが見つからない！

出発前にホテルの予約を済ませて地図で場所も確認したのに、いざ着いてみたらホテルの建物はおろか看板さえ見つからないというトラブル。場所はあっているはずなのになぜ？

解決！

建物内にホテルがある場合も

近年増えているのが、建物のワンフロアを宿泊施設として営業している業態。通りに面した大きな建物に重厚な扉が付いており、扉の脇にインターホン付きのプレートが設けられている。ボタンを押せば扉の鍵を開けてくれるので、中に入ってチェックインしよう。

知っておきたいホテルの知識

ホテルの料金の目安

イタリアのホテルは星の数でランク分けされているが、その基準は結構あいまいで同じ星の数でもホテルによって設備にも金額にもかなりの差がある。下記は大体の目安までに。星の数が多いからと安心せず、選ぶ際は施設概要や口コミにもしっかり目を通すのがマスト。

星の数	宿泊料金の目安	施設規模
★ 1～2つ ★★	€80～150	・泊まるのに最低限の設備とサービスはそろっている。 ・朝食はパンとコーヒーだけなど、質素。 ・エアコンがないホテルも。
★★★ 3～4つ ★★★★	€100～300	・多くの人が快適に過ごせるレベルの設備（エアコン、専用バスルーム、冷蔵庫、セーフティボックスなど）とサービスが整っている。 ・朝食はブッフェ形式のところが多い。果物やハム、チーズなども並ぶ。
5つ ★★★★★	€300～	・部屋の内装、設備も豪華。 ・レストランやカフェを併設。 ・バスタブ付きの部屋もある。

日本と異なる階数表記

日本では1階、2階と数えるが、欧州では日本の1階を0階（GF、グランドフロアと表記することも）、日本では2階にあたるフロアを1階として数える。イタリアでは階数表記はPianoと書かれる。

3階	2階	1階	地下1階
Piano 2	Piano 1	Piano 0 または T	Piano -1

デポジットに注意

ホテルによってはチェックイン時に、デポジットの支払いやクレジットカードの読み取りが必要となる場合がある。チェックアウト時に返してもらえるものの、ホテル予約時の条件記載は必ず読んでおくこと。

宿泊税は別払い

イタリアの法律ではホテルのランクや泊数、滞在都市に応じた額の宿泊税が設定されており、支払うのが義務となっている。チェックアウトの際に宿泊料金とは別に支払いを求められる。

チップは基本不要

ほとんどのホテルでは宿泊料金にサービス料が含まれているため通常不要。ポーターに荷物を運んでもらったり（荷物1点につき€1が目安）、何か特別なことをしてもらったりしたときはチップを渡すのがスマート。

使用済みタオルは床へ

使い終わったタオル類はバスルームの床に置いておく。椅子やラック、ハンガーなどにかけていると交換不要と見なされ、新しいタオルを用意してもらえないこともあるので注意。

シンプルなホテルの朝食

イタリア式朝食は、コーヒーに甘いパン（コルネット）の組み合わせが定番。ホテルのランクが高くなるにつれてハムやチーズ、卵料理やサラダ、果物等、品数が増えていく。

バスルームに垂れ下がっているひもは換気扇のスイッチではなく非常用ブザー。よほどのことがない限り引っ張らないように。

イタリアの事件簿
No.3
カフェ&レストラン

独自のカフェ文化が発達したイタリアでは利用方法も少し特殊。うまく使いこなして素敵なカフェタイムを！

事件ファイル バールでの注文方法が分からない！

本場のバールでコーヒーを飲もうと意気込んで来てみたものの、注文の仕組みがいまいちよく分からないというトラブル。お客さんによって注文の仕方も違うし、一体何が正しいの!?

解決！ 利用する場所によって注文方法が異なる

バールやカフェでは、カウンターで立ち飲みするか、テーブル席を利用するかによって注文方法が異なる。テーブル席利用のほうが料金は高めに設定されているので、サッと飲む程度ならカウンター利用がおすすめ。それぞれの注文方法と使い方は以下の通りだ。

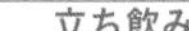
立ち飲み

カウンターで直接注文し、飲み終わったあとにレジで注文した内容を申告して支払う方法と、先にレジで注文して会計を済ませてからレシートをカウンターで渡す方法とがある。

テーブル席

入店時に店員にテーブル席を利用したい旨を伝えると、空いている席に案内してくれる。メニューの注文や会計は一般的なレストランと同じ流れ。

GOURMET
飲食店の種類

ミシュランの星が付くような高級店ではドレスコードがマスト

気軽に入りやすいオステリアは庶民の味方。ドレスコードも特に気にしなくてOK

バールやエノテカではアペリティーヴォを行う店も

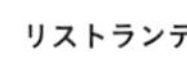
高級 ↕ 手軽

リストランテ
シックな高級レストランからカジュアル店まで。予算は1人€40～

トラットリア
リストランテよりもカジュアルなイタリア式レストラン

オステリア
トラットリアよりも大衆向け。気軽に飲みに立ち寄る人も

エノテカ
ワインバー。ワインの種類は多いが、食事メニューの種類は少なめ

ピッツェリア
ピッツァの専門店。ほか揚げ物やパスタなどを出すお店もある

バーカロ
ヴェネチア発祥の立ち飲み居酒屋

バール／カフェ
気軽に入れるイタリア特有のカフェ。コーヒーや軽食を提供

レストランに行く前に

注文のマナー

イタリアのレストランではミネラルウォーターかそのほかの飲み物の注文が必須。また、注文は前菜＋1品など、後続するメニューが一つ以上あるのがベター。レストランは時間と空間を買う贅沢な場所という認識なので、時間を気にしたり、大声で喋って雰囲気を乱したりという言動は失礼にあたる。デザートやコーヒーの注文は食後でOK。

パンが勝手に出てくる！

テーブルに運ばれてくるパンの入ったトレイは、コペルトといって、席料を兼ねたお通し的なもの。手を付けなくても料金は発生。メニューの隅にコペルトの有無や金額の記載あり。

ドレスコードはある？

予約必須のような高級レストランであればドレスコードはマストだが、全体的にゆるい。短パンにビーチサンダルといった格好はさすがに失礼だが、清潔でこぎれいな服装であればOKというところがほとんど。

事件ファイル お店に入ったら店員さんが冷たい…

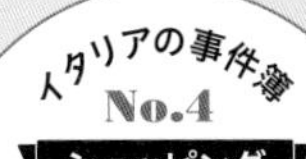

イタリアの事件簿 No.4

ショッピング

ショッピングも旅先での楽しみのひとつ。現地の買い物事情を勉強して、スマートに戦利品を手に入れよう。

買い物をするためにお店に入って、商品を広げたり羽織ったりしたあとにレジへ。買わなかったわけではないのに、なぜかお店の人が冷ややかな対応。何か嫌われるようなことをした？

解決！

入店するときは必ずあいさつを

ブランドショップやブティック、デパートなどではお店のスタッフへのあいさつなしに商品を勝手に触ったり広げたりするのは御法度。入店時のあいさつは必須マナーだ。スーパーや安売りショップなどは別だが、商品を手に取る前に一度声をかけて許可を取るのがベスト。

カード払いが一般的

カードの普及率が高く、カードでの支払いが主流。航空券の支払いなどで、気づかないうちに限度額に達してしまうこともあるので、複数枚持ち歩くと安心。

事件ファイル 道路を渡りたいのに横断歩道がない

イタリアの事件簿 No.5

交通

交通量の多いイタリアの都市。移動時間はなるべく短くしたいものの、下手に焦ると事故やトラブルの原因に。

目的のお店は道路のすぐ向こうにあるのに、横断歩道がなくて渡ることができない。車の流れはなかなか途切れないし、遠回りして横断歩道のあるところまで行かなきゃいけない？

解決！

タイミングを見計らって渡ろう

横断歩道のない道路では、車の流れが途切れた一瞬のタイミングを見計らって早足で渡るのがイタリア式。とはいえどもなかなか度胸がいるものなので、慣れないうちは現地の人が渡るタイミングに合わせて一緒に横断するようにするといい。

切符の刻印を忘れずに！

バスやトラムの乗車時、切符を持っていても刻印をしていないと罰金を科せられてしまう。混んでいてすぐに刻印できなかったといった言い訳は通用しないので乗車したらすぐに刻印を！

イタリアでは信号がある横断歩道でも、車が来なければ渡ってもOKという考え方。信号を守る人のほうが少ない。

BEST PLAN 06

行きたい場所はどこ？ イタリア世界遺産リスト

ローマとその周辺

01 ヴィッラ・アドリアーナ（ティヴォリ）
Villa Adriana (Tivoli)

ローマの東部に位置する街ティヴォリ。ローマ帝国時代の皇帝ハドリアヌス帝が建てた広大な別荘の跡などの古典建築群。

登録年 1999年 所在地 ティヴォリ

02 ティヴォリのエステ家別荘
Villa d'Este, Tivoli

修道院として使われた建物が、16世紀にイタリアの有力貴族・エステ家の別荘として改築された。庭園内にある噴水も見事。

登録年 2001年 所在地 ティヴォリ

03 ヴァチカン市国
La citta' del Vaticano

ローマ市内に位置する世界最小の独立国、ヴァチカン市国。カトリックにまつわる美術品や建築物が密集している。▶P.68

登録年 1984年 所在地 ヴァチカン市国（ローマ市内）

04 ローマ歴史地区・教皇領とサン・パオロ・フオーリ・レ・ムーラ大聖堂
Centro storico di Roma, le Proprieta della Santa Sede che godono dei diritti di extraterritorialita, e San Paolo Fuori le Mura

紀元前753年のローマ建国以降巨大な帝国への発展を遂げ、多くの富と民が集まった地。古代の遺跡群が数多く残る。▶P.30

登録年 1980・1990年 所在地 ローマ市内

05 チェルヴェテリとタルクィニアのエトルリア古墳（ネクロポリ）
Necropoli etrusche di Cerveteri e Tarquinia

古代ローマ時代以前から文明を持つ、エトルリア人が残した古墳群。6000の古墳のうち、鮮やかな壁画で飾られたものもある。

登録年 2004年 所在地 チェルヴェテリ、タルクィニア

フィレンツェと中部

06 モデナの大聖堂、トッレ・チヴィカ、グランデ広場
Modena: Cattedrale, Torre Civica e Piazza Grande

グランデ広場に立つモデナ聖堂と、聖堂に付随する美しい鐘楼。12世紀初期のロマネスク建築を代表する傑作。

登録年 1997年 所在地 モデナ

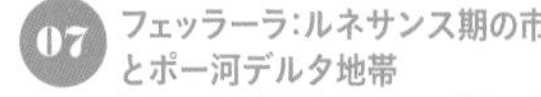

07 フェッラーラ：ルネサンス期の市街とポー河デルタ地帯
Ferrara: citta' del Rinascimento e il delta del Po

エステ家統治時代に栄えたフェッラーラ。14世紀後半に造られた城や市庁舎を含む美しい街並みが、世界遺産に登録されている。

登録年 1995・1999年 所在地 フェッラーラ

08 ラヴェンナの初期キリスト教建築物群
Monumenti paleocristiani di Ravenna

5～6世紀にかけて建造された教会や霊廟などの8つの建物。内部はキリスト教を題材にした美しいモザイク画で彩られている。

登録年 1996年 所在地 ラヴェンナ

09 ピサのドゥオモ広場
Piazza del Duomo, Pisa

ガリレオ・ガリレイの故郷でもあるピサ。緑が美しいドゥオモ広場はピサの斜塔や大聖堂ほか中世の建物が並ぶ。

登録年 1987年 所在地 ピサ市内

10 フィレンツェ歴史地区
Centro storico di Firenze

15～16世紀にかけて、メディチ家統治のもと飛躍的な繁栄を遂げたフィレンツェの街。まるで街全体が美術館のよう。▶P.114

登録年 1982年 所在地 フィレンツェ市内

11 メディチ家の館と庭園
Ville e Giardini Medicei

フィレンツェ一帯を支配したメディチ家にゆかりのある12の館と2つの庭園が文化遺産として登録されている。郊外にも点在。▶P.134

登録年 2013年 所在地 フィレンツェほか

12 サン・ジミニャーノ歴史地区
Centro storico di San Gimignano

この地に住む支配階級の家々によって建てられた72の塔。現在はそのうち14が残る。塔は住居として使われ、富と権力の象徴でもあった。

登録年 1990年 所在地 サン・ジミニャーノ

13 シエナ歴史地区
Centro storico di Siena

13世紀、西ヨーロッパ最大の金融街として栄えたシエナ。歴史的、文化的にも価値の高い中世のゴシック建築が残る。

登録年 1995年 所在地 シエナ

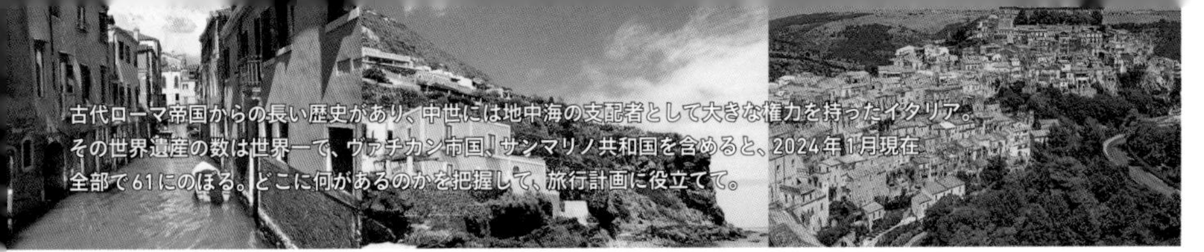

古代ローマ帝国からの長い歴史があり、中世には地中海の支配者として大きな権力を持ったイタリア。その世界遺産の数は世界一で、ヴァチカン市国、サンマリノ共和国を含めると、2024年1月現在全部で61にのぼる。どこに何があるのかを把握して、旅行計画に役立てて。

14 ピエンツァ市街の歴史地区
Centro storico della citta di Pienza

ローマ法王ピウス2世の出身地。法王はこの地を理想の街造りの舞台とし、聖堂をはじめとする数々の建築物を残した。

登録年 **1996年** 所在地 **ピエンツァ**

© Agenzia turismo Chianciano Terme - Valdichiana

15 ウルビーノ歴史地区
Centro storico di Urbino

小都市ながらも芸術文化の中心として、ヨーロッパ各地から芸術家や学者が集まった街。ルネサンス期の建築物が見られる。

登録年 **1998年** 所在地 **ウルビーノ**

16 アッシジ:フランチェスコ聖堂と関連修道施設群
Assisi, la Basilica di San Francesco e altri siti Francescani

キリスト教信者の巡礼地で、サン・フランチェスコ大聖堂をはじめとする教会や関連施設が立ち並ぶ。大聖堂内には重要な壁画も。

登録年 **2000年** 所在地 **アッシジ**

© Fototeca ENIT　photo by Vito Arcomano

17 ヴァル・ドルチャ
Val d'Orcia

トスカーナ州に位置するオルチャ渓谷という土地の名称。なだらかな丘陵に牧歌的な自然風景が広がる。周辺の街も美しい景観。

登録年 **2004年** 所在地 **ヴァル・ドルチャ一帯**

© Fototeca ENIT　photo by Vito Arcomano

18 サンマリノ歴史地区とティターノ山
Centro Storico di San Marino e il Monte Titano

イタリア国内にある独立国家、サンマリノ共和国。ティターノ山上に位置し、首都サンマリノには中世の街並みが残る。

登録年 **2008年** 所在地 **サンマリノ共和国**

19 カルパティア山脈と欧州各地のブナ原生林
Faggete vetuste dei Carpazi e di altre regioni d'Europa

中央・東ヨーロッパにまたがる山脈。すでに自然遺産として登録されていたが、2017年にイタリアを含む9ヵ国が追加登録。

登録年 **2017年** 所在地 **サッソ・フラティーノ自然保護区ほか**

©Nevio Agostini

20 ヨーロッパの大温泉保養都市群
The Great Spa Towns of Europe

18世紀初頭から発展した欧州7か国11の温泉保養地が選ばれており、イタリアはトスカーナ州のモンテカティーニ・テルメが登録。

登録年 **2021年** 所在地 **ピストイア**

21 ボローニャのポルチコ群
The Porticoes of Bologna

ポルチコとは建物1階部分に設けられた屋根付きの柱廊のこと。ボローニャにはポルチコが連続する歴史的な街並みが広がる。

登録年 **2021年** 所在地 **ボローニャ**

22 アペニン山脈北部の蒸発岩カルスト
Evaporitic Karst and Caves of Northern Apennines

アペニン山脈の北部、エミリア=ロマーニャ州一帯にはカルスト台地が広がり、900以上の鍾乳洞が集中している。

登録年 **2023年** 所在地 **エミリア=ロマーニャ**

ミラノと北西部

23 サヴォイア王家の王宮群
Residenze Sabaude

かつてのヨーロッパ一帯を支配していたサヴォイア王家。その権力と富を象徴するような華麗な建物群。宮殿や庭園内は見学可能。

登録年 **1997年** 所在地 **トリノとその周辺**

24 レオナルド・ダ・ヴィンチの「最後の晩餐」があるサンタ・マリア・デッレ・グラツィエ教会とドメニコ会修道院
La Chiesa ed il Convento Domenicano di Santa Maria delle Grazie con "La Cena" di Leonardo da Vinci

聖書の一場面を描いた、レオナルド・ダ・ヴィンチ作の『最後の晩餐』を所蔵。長期にわたる修復を経て、現在に至る。▶P.192

登録年 **1980年** 所在地 **ミラノ市内**

25 クレスピ・ダッダ
Crespi d'Adda

産業革命期、企業家クレスピが自社工場で働く労働者のために、住居や公共施設を建てて企業村とした一帯。工場は現在閉鎖されている。

登録年 **1995年** 所在地 **カプリアーテ・サン・ジェルヴァシオ**

26 ヴァル・カモニカの岩絵群
Arte rupestre della Valcamonica

カモニカ渓谷一帯の岩石に、先史時代約8000年間に刻まれた線刻画。農耕や戦いなど14万点以上の絵柄が確認されている。

登録年 **1979年** 所在地 **カモニカ渓谷一帯**

27 ポルトヴェーネレ、チンクエテッレと小島群(パルマリア島、ティーノ島、ティネット島)
Portovenere, Cinque Terre e Isole (Palmaria, Tino e Tinetto)

小さな港に色鮮やかな建物が並ぶ街ポルトヴェーネレと、海岸沿いに位置する5つの村。海岸と周囲の風景の美しい共存が見られる。

登録年 **1997年** 所在地 **ポルトヴェーネレほか**

28 ピエモンテとロンバルディアのサクリ・モンティ
Sacri Monti del Piemonte e della Lombardia

「聖なる山」を意味するサクリ・モンティ。キリスト教信者の巡礼のために数多くの礼拝堂や聖堂が山に建てられた。参拝地は9ヵ所に点在。

登録年 **2003年** 所在地 **イタリア北部**

ピサの斜塔は今もなお傾き続けている。崩壊しないように、これまで数回工事が行われた。

ミラノと北西部

29 ピエモンテの葡萄畑の景観：ランゲ・ロエロ・モンフェッラート
I paesaggi vitivinicoli del Piemonte: Langhe-Roero e Monferrato

ワインの名産地として名高いピエモンテ。見事な景観を持つ5つのワイン産地に、ブドウ栽培技術の発展なども遺産に含まれる。

登録年 2014年 **所在地** ピエモンテ州

© Ente Turismo Alba Bra Langhe Roero

30 ジェノヴァ：レ・ストラーデ・ヌオーヴェとパラッツィ・デイ・ロッリ
Genova Le Strade Nuove e i Palazzi dei Rolli

海洋貿易で富を成した街ジェノヴァで、外国から訪れた賓客をもてなすために建てられた迎賓館や邸宅群。またその建物が並ぶ通り。

登録年 2006年 **所在地** ジェノヴァ

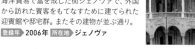

31 マントヴァとサッビオネータ
Mantova e Sabbioneta

ロンバルディア州に位置する2つの街。時の支配者ゴンザーガ家によってルネサンス都市計画が行われ、宮殿や聖堂が建てられた。

登録年 2008年 **所在地** ロンバルディア州

© Fototeca ENIT　photo by Vito Arcomano

32 レーティッシュ鉄道アルブラ線・ベルニナ線と周辺の景観
La Ferrovia Retica nel paesaggio dell'Albula e della Bernina

ティラーノの街とスイスのサン・モリッツを結ぶ。車窓から名峰や氷河などの絶景を楽しめるスイスの山岳鉄道。

登録年 2008年 **所在地** ロンバルディア州北部

33 サン・ジョルジョ山
Monte San Giorgio

スイスとの国境にまたがるピラミッドのような形の山、サン・ジョルジョ山。貴重な魚類化石が発掘されたことから世界遺産に。

登録年 2003・2010年 **所在地** サン・ジョルジョ山麓

34 アルプス山脈周辺の先史時代の杭上住居群
Siti palafitticoli preistorici dell'arco alpino

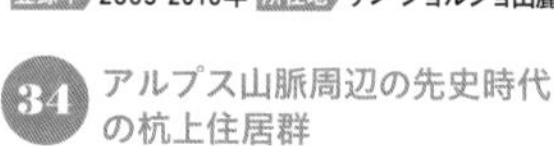

周辺のヨーロッパ諸国との共同登録で、アルプス山脈周辺に造られた杭上住居跡が保存されている。イタリアには19カ所。

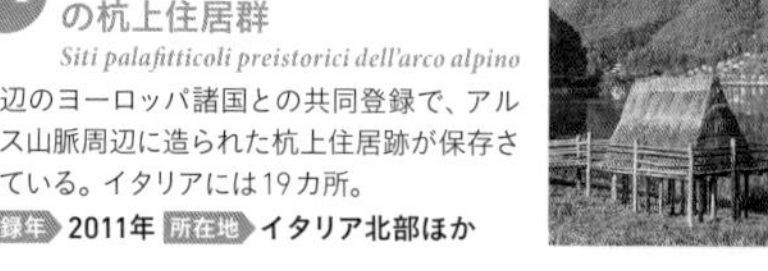

登録年 2011年 **所在地** イタリア北部ほか

35 16-17世紀ヴェネチア共和国建造の軍事防御設備
Opere di difesa veneziane tra il XVI ed XVII secolo: Stato di Terra – Stato di Mare occidentale

イタリア、クロアチア、モンテネグロにある、ヴェネチア軍によって造られた軍事要塞設備。イタリアでは3つの街が登録された。

登録年 2017年 **所在地** ベルガモほか

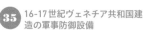

©VisitBergamo

36 20世紀の工業都市イヴレア
Ivrea, industrial city of the 20th century

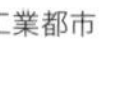

大規模工場と公共施設、住宅をユニットとして設計された工業都市イヴレア。1930～60年代の建築群が残されている。

登録年 2018年 **所在地** イヴレア

ヴェネチアと北東部

37 イタリアのロンゴバルド族：権勢の足跡（568-774年）
I Longobardi in Italia. I luoghi del potere (568-774 dC)

6～8世紀にかけてイタリア半島で発展したロンゴバルド族の足跡が残る要塞や、教会などの建物。7地域に点在する。

登録年 2011年 **所在地** チヴィダーレ・デル・フリウリほか

Claudio Stocco/Shutterstock.com

38 ヴェローナ市
Citta` di Verona

街全体が世界遺産。古代ローマ時代の円形闘技場や教会群などが残る。『ロミオとジュリエット』の舞台としても有名。

登録年 2000年 **所在地** ヴェローナ市内

39 ヴィチェンツァ市街とヴェネト地方のパッラーディオ様式の邸宅群
Citta' di Vicenza e le ville del Palladio in Veneto

ヴェネチア共和国の統治下で繁栄したヴィチェンツァ。優雅な景観をもたらす、古典的ローマ様式の建物が並ぶ。

登録年 1994・1996年 **所在地** ヴィチェンツァ

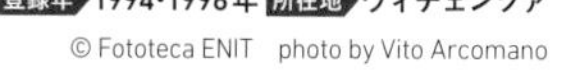

© Fototeca ENIT　photo by Vito Arcomano

40 パドヴァの植物園（オルト・ボタニコ）
L'Orto botanico di Padova

ヴェネト州にある世界最古の植物園。1545年に造られ、現在も大学付属の植物園として研究に利用されている。総敷地面積は2.19ha。

登録年 1997年 **所在地** パドヴァ

Flancesca Sciarra/Shutterstock.com

41 ヴェネチアとその潟
Venezia e la sua Laguna

強大な海運共和国として華やかな発展を遂げたヴェネチアの街。118の島からなり、迷路のような運河がめぐらされている。▶P.172

登録年 1987年 **所在地** ヴェネチア市内

42 アクイレイアの遺跡地域と総大司教座聖堂のバジリカ
Zona Archeologica e Basilica Patriarcale di Aquileia

5世紀、他民族の侵略によって破壊されたアクイレイアの都市跡。当時のバジリカやモザイク画などを見ることができる。

登録年 1998年 **所在地** アクイレイア

© APT Friuli Venezia Giulia

43 ドロミーティ
Le Dolomiti

北イタリアの山群を指す。9地域が世界遺産に指定されているが、周辺エリアからもその美しい山景を望むことができる。

登録年 2009年 **所在地** ドロミーティ

© Fototeca ENIT　photo by Gino Cianci

44 コネリアーノ、ヴァルドッビアーデネのプロセッコ丘陵地
Le Colline del Prosecco di Conegliano e Valdobbiadene

ヴェネチアの北側一帯は発泡ワイン「プロセッコ」の一大産地。険しい丘の斜面にブドウ畑が広がる独特の景観が見られる。

登録年 2019年 **所在地** トレヴィーゾ

45 14世紀パドヴァのフレスコ画
Padua's fourteenth-century fresco cycles

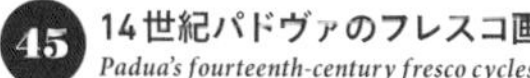

スクロヴェーニ礼拝堂をはじめとする8施設に残された、14世紀のフレスコ画群。ジョット作『東方三博士の礼拝』など。

登録年 2021年 **所在地** パドヴァ

ナポリと南部

46 カゼルタの18世紀の王宮と公園、ヴァンヴィテッリの水道橋とサン・レウチョ邸宅群

Reggia di Caserta, il Parco, l'acquedotto Vanvitelli e il Complesso di San Leucio

18世紀当時のナポリ王が建設した王宮。1200もの部屋がある巨大な建物で、滝や噴水群を配した庭園を併設。水道橋が必見。

登録年 1997年 所在地 カゼルタ

47 ナポリ歴史地区

Centro storico di Napoli

フランスやスペインの属国となった歴史もあり、異文化を取り込んだ独自の芸術文化が発達。城や劇場など貴重な建造物が多く残る。

登録年 1995年 所在地 ナポリ市内

48 ポンペイ、エルコラーノトッレ・アヌンツィアータの遺跡地域

Aree archeologiche di Pompei, Ercolano e Torre Annunziata

79年のヴェスヴィオ山の噴火によって街全体が地中に埋まってしまった都市、ポンペイの遺跡。古代ローマ時代の生活の跡が残る。

登録年 1997年 所在地 ポンペイほか

© Fototeca ENIT photo by Gino Cianci

49 パエストゥムとヴェリア遺跡を含むチレント・ディアノ渓谷国立公園とパドゥーラのカルトゥジオ修道院

Parco Nazionale del Cilento e Vallo di Diano con i siti archeologici di Paestum e Velia e la Certosa di Padula

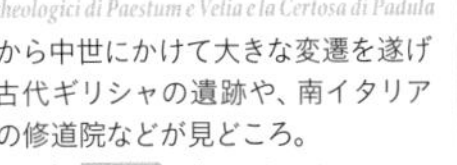

先史時代から中世にかけて大きな変遷を遂げた地域。古代ギリシャの遺跡や、南イタリア最大規模の修道院などが見どころ。

登録年 1998年 所在地 パエストゥム

50 アマルフィ海岸

Costiera Amalfitana

イタリア南部のソレント半島南岸に位置し、美しい海岸線を擁する一帯。避暑地、景勝地として名高い一大リゾート都市。

登録年 1997年 所在地 アマルフィの街を含む海岸一帯

EugeniaSt / Shutterstock.com

51 カステル・デル・モンテ

Castel del Monte

当時南イタリアを支配していた、神聖ローマ帝国皇帝のフリードリヒ2世が建てた八角形構造の城。城の真ん中は庭になっている。

登録年 1996年 所在地 アンドリア市郊外

52 アルベロベッロのトゥルッリ

Trulli di Alberobello

白い漆喰を塗った壁にとんがり屋根をのせたこの地方特有の建物、トゥルッリが立ち並ぶ光景が見られる。

登録年 1996年 所在地 アルベロベッロ

53 マテーラの洞窟住居

I Sassi di Matera

岩場の斜面を掘って穴の中に居住する洞窟住居の遺跡が現存。人が住むようになったのは旧石器時代にさかのぼると言われる。

登録年 1993年 所在地 マテーラ

© APT Basilicata

サルデーニャ島・シチリア島

54 スー・ヌラージ・ディ・バルーミニ

Su Nuraxi di Barumini

先住民族によって造られた要塞構造の建物。ヌラーゲと呼ばれる巨石を積み上げた建物群で、塔や集落跡も残されている。

登録年 1997年 所在地 バルーミニ

© Fototeca ENIT

55 ヴィッラ・ロマーナ・デル・カサーレ

Villa Romana del Casale

3〜4世紀にこの土地を所有していた大貴族によって建てられた別荘の跡。部屋の床を埋め尽くすモザイク画が見られる。

登録年 1997年 所在地 ピアッツァ・アルメリーナ

lapas77/Shutterstock.com

56 エオリエ諸島

Isole Eolie

活火山を保有する島や、手つかずの自然が残る島など、個性豊かな7つの火山島からなる諸島。地質学研究も行われている。

登録年 2000年 所在地 エオリエ諸島

57 アグリジェントの遺跡地域

Area Archeologica di Agrigento

古代ギリシャの植民地として栄えたアグリジェント。ドーリア式神殿をはじめ、20近くの神殿や遺跡跡が残されている。

登録年 1997年 所在地 アグリジェント

58 ヴァル・ディ・ノートの後期バロック様式の街々

Citta` Barocche del Val di Noto

1693年の地震により一帯の街は全壊するものの、都市計画によって再建を果たす。後期バロック様式の8つの街による構成。

登録年 2002年 所在地 シチリア島南東部

59 シラクーサとパンタリカ岩壁墓地遺跡

Siracusa e le necropoli rupestre di Pantalica

紀元前13〜7世紀にかけて岩肌に彫られた500以上の墓。シチリア島の歴史を残すシラクーサの街と合わせて登録されている。

登録年 2005年 所在地 シラクーサとその近郊

60 エトナ山

Monte Etna

地中海の島の中で最も高い標高を誇る。頂上付近には数々のクレーターが見られ、噴火活動の研究の場としても珍重されている。

登録年 2013年 所在地 シチリア島カターニア近郊

61 アラブ・ノルマン様式のパレルモと、チェファル、モンレアーレの大聖堂

Palermo arabo-normanna e le cattedrali di Cefalu` e Monreale

西洋文化とイスラム・ビザンティン文化の異なる様式が融合された9つの建築物。大聖堂ほか橋や教会などが登録されている。

登録年 2015年 所在地 シチリア州

Andreas Zerndl/Shutterstock.com

各世界遺産への詳しいアクセス情報などはイタリア政府観光局のウェブサイトに掲載されているので参考に。URL italia.it

❶ヴァチカン美術館のチケットは事前予約がベター。当日券購入の列を回避できる(P.75) ❷天井の絵をずっと見上げる体勢が続くと気持ち悪くなってしまうことも。こまめに休憩をとりながら鑑賞を ❸コインを投げると願いが叶うという言い伝えが。願い事の内容は投げる枚数によって違うよ(P.52)

ROMA

Roma
ローマ

歴史と宗教が融合する イタリア随一の観光都市

イタリア中部に位置するラツィオ州の州都で、イタリアの首都でもある。ローマ帝国時代には一大文明を築き上げ、その当時の遺跡が今も街なかに残されている。世界最小の国・ヴァチカン市国も市内にあり、カトリックの中心としても発展を遂げた。世界中から観光客が集まる都市なだけあって飲食店もショップも充実しており、名所を観光しながらグルメやショッピングも楽しめる。

州名
ラツィオ州

人口
約276万人

面積
約1287㎢

ナヴォーナ広場周辺
Piazza Navona

繊細な彫刻が施された噴水が立ち並び、屋外にいながら美術鑑賞が楽しめるナヴォーナ広場。多神教の神殿として使われたパンテオンにも足を運んで。

→P.56

カンポ・デ・フィオーリ市場 →P.107

ナヴォーナ広場 →P.54

ヴァチカン市国周辺
Stato della Città del Vaticano

ローマ教皇が統治する世界最小の独立国家。カトリックの聖地として、多くの巡礼者や観光客が集まる地。貴重な宗教絵画を多数収蔵するヴァチカン美術館は必見。

サン・ピエトロ広場 →P.69

サン・ピエトロ大聖堂 →P.70

トラステヴェレ周辺
Trastevere

テヴェレ川の西側一帯に広がるローマの下町的エリア。レベルの高い飲食店がひしめき合う、屈指のグルメスポットでもある。

→P.62

テスタッチョ周辺
Testaccio

ヴォルペッティ →P.65

テスタッチョ市場の改装に伴い、おしゃれな飲食店が急増中。イータリーをはじめ、食材みやげを探すのにもおすすめのエリア。

→P.64

スペイン広場周辺
Piazza di Spagna

映画『ローマの休日』の舞台でおなじみのスペイン階段がアイコン。トレヴィの泉ではぜひローマへの再訪祈願を。老舗ショップやブランド店も多く、ショッピングも充実。

gumbao/Shutterstock.com

トレヴィの泉 →P.52

スペイン広場 →P.48

ローマ・パスが便利!

2日以上滞在するのであればローマ・パスの利用がおすすめ。空港や駅構内の観光案内所や対象の観光施設で購入でき、使用期間内は市内交通が乗り放題、該当の美術館、博物館のうち1施設が無料、2施設目以降は割引となる(3日間用は2施設が無料、3施設目以降割引)。2日間用は€32、3日間用は€52。

URL www.romapass.it

\ Questo ! /

使える主な施設

コロッセオ-フォロ・ロマーノ-パラティーノの丘(共通券)、サンタンジェロ城、ボルゲーゼ美術館、バルベリーニ宮、カピトリーニ美術館など

テルミニ駅周辺
Stazione Termini

各都市を繋ぐ高速鉄道や、空港間のバス、鉄道が発着するターミナル駅。周辺にはスーパーや手頃な価格のホテルが多いが、治安には要注意。

モンティ地区周辺
Monti

\ Affettazione /

セレクトショップや古着屋、おしゃれなレストランやバーが密集する、ローマの若者に人気のスポット。深夜までにぎやか。

→P.60

コロッセオ周辺
Colosseo

ローマ帝国の象徴・コロッセオに、かつて政治と宗教の中心であったフォロ・ロマーノ、建国の地・パラティーノの丘が隣接。街なかに突如として現れる遺跡群の風景はローマならでは。

フォロ・ロマーノ →P.38

コロッセオ →P.34

スリやひったくり、置き引きといった軽犯罪が多いローマ。満員の乗り物や人混みは極力避けるようにして。

予約ベター

所要 3時間

ローマの見どころをバスで周遊
パノラミック・オープン・ツアーで楽して観光

見どころが広範囲に点在するローマでは、限られた時間で効率よく回るのがなかなか大変。観光用のオープンバスを活用して、行きたいところをあちこち回ろう！

バスの上から眺めるローマの街並みは格別！

Incredibile!（インクレディビーレ）（信じられない）

通常目にしている景色よりも目線が高くなるため、遺跡や建造物をより間近に感じられる。ローマの定番、コロッセオもこの大迫力！

バスから眺めるローマの街並み

パノラミック・オープン・ツアー

Panoramic Open Tour

主要観光地の周辺にバス停が設置されており、期限内であれば好きな場所で何回でも乗り降りできる市内周遊型の観光バス。9:00〜18:30頃（日によって時間短縮あり）の運行、約2時間でコースを一周する。

・Green Line Tours グリーン・ライン・ツアーズ
㊕デイリーチケット€24
催行内容など詳細はウェブサイトを参照
URL www.greenlinetours.com

その他のツアー

・クラシカル・ローマ ㊕€39〜
所要約3時間。トレヴィの泉、パンテオンなどを回り、サン・ピエトロ広場へ。

・ヴァチカン美術館（午後） ㊕€65〜
所要約3時間。宿泊ホテルでピックアップ後、ヴァチカン市国へ。ガイドと共に美術館内部を見学。

ツアー会社ごとに車体のデザインが異なる。大きく入った「GLT」のロゴが目印

ツアーコース

HOW TO

パノラミック・オープン・ツアーの楽しみ方

ローマ市内のオープンバスは数社が運行しており、コース内容や金額が少しずつ異なる。催行概要を事前に確認してからチケットを購入しよう。

1 チケットを買う

チケットは街なかのタバッキや売店のほか、バス停にいるスタッフから直接買うことができる。ネットで事前購入しておくと若干安くなる場合も。

2 バスに乗る

チケット購入後はどこのバス停からでも乗車可能。ネット予約の場合はバウチャーを印刷して持っていき、乗車時にチケットに引き換えてもらう。

3 アイテムを活用

グリーン・ライン・ツアーズではマップ入りのパンフレットとオーディオガイド用のイヤホンをもらえる。オーディオガイドは日本語にも対応。

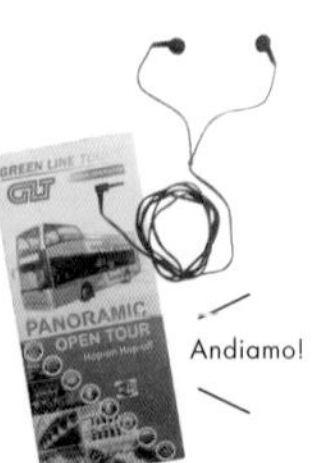

カメラの準備をお忘れなく！

テルミニ駅前から出発

乗車時にバウチャーをチケットに引き換えたらツアーの始まり！　景色を楽しむなら2階席へ。

教会前にはオベリスクが立っている

聖母マリアのお告げの地に立つ教会

サンタ・マリア・マッジョーレ教会

Basilica di Santa Maria Maggiore

「真夏に雪が降った場所に教会を建てよ」という聖母マリアのお告げどおり、4世紀の夏に雪が降った場所に建てられた。現在見られる建物は5世紀に再建されたもの。

🏠 Piazza di Santa Maria Maggiore ☎ 06-6988-6800 ㊐ 7:00～19:00 ㊡ 無休 ㊎ 無料 ㊋ テルミニ駅から徒歩約8分

モンティ地区周辺 ▶MAP 別P.9 D-3

ここで途中下車

教会内のモザイク画は5世紀作の初期キリスト教時代のもの。旧約聖書にまつわる36の場面が描かれている。

【🕒 所要20分】

高さなんと48m！

街なかに現れる巨大闘技場跡

コロッセオ

Colosseo

紀元前72年に建設。古代ローマ時代に使用された円形闘技場。5万人が収容できたといい、イタリアでも最大規模。

→P.34

夜間のライトアップも一見の価値あり

映画『ベン・ハー』のロケ地としても有名

丘の合間に位置する楕円形の広場

チルコ・マッシモ

Circo Massimo

長さ約620m、幅約200mの戦車の競技場として使われた巨大な広場。特に遺跡類は残されておらず、現在は跡地が広がるのみ。バスの上から眺めよう。

🏠 Via del Circo Massimo ㊐ 見学自由 ㊋ B線チルコ・マッシモ駅から徒歩約2分

コロッセオ周辺 ▶MAP 別P.11 D・E-2

交通と観光の中心地となる

ヴェネチア広場

Piazza Venezia

イタリア統一と首都ローマの誕生を記念した、ヴィットリオ・エマヌエーレ2世記念堂がそびえる広場。

🏠 Piazza Venezia ㊐ 見学自由 ㊋ B線コロッセオ駅から徒歩約12分

コロッセオ周辺 ▶MAP 別P.11 D-1

記念堂はイタリア統一を祝して1911年に建てられた

2階建てバスからの眺めが気持ちいい！

ここで途中下車

映画『ローマの休日』で有名な真実の口があるサンタ・マリア・イン・コスメディン教会もバス停から徒歩圏内。

【🕒 所要20分】 →P.51

じっくり鑑賞するのであれば途中下車して

バロック時代の巨匠たちが建築した壮麗な外観

カトリックの総本山

ヴァチカン市国

Stato della Città del Vaticano

ローマ市内にある世界最小の国、ヴァチカン市国。その象徴であるサン・ピエトロ大聖堂のクーポラをバスの上から望むことができる。

→P.68

ローマ市民の憩いの場

ボルゲーセ公園

Villa Borghese

シピオーネ・ボルゲーゼ枢機卿によって1605年に造営された緑豊かな公園。散策やボート遊びが楽しめるほか、バロック彫刻の傑作を収蔵するボルゲーゼ美術館など、アートスポットも点在。

🏠 Villa Borghese ☎06-6710-9312 ㊐ 日の出から日没まで ㊡ 無休 ㊎ 無料 ㊋ スペイン広場から徒歩約10分

スペイン広場周辺 ▶MAP 別P.8 B-1

医学の神アスクレピオスの神殿

園内にあるイオニア式の神殿
alebri78 – stock.adobe.com

Goal!

テルミニ駅で下車

市内を一周し、スタート地点へ。ここで降りるのはもちろん、バスに乗り続けて別の停留所で降りるのもあり。

同じ会社のバスでも車体の種類はさまざま。屋根なしのタイプもあるが雨天時は自動的に天幕が掛かるので安心。

予約必須
所要
1時間

世界遺産 古代ローマの娯楽の象徴

コロッセオでしたい3のこと

Divertimento

地下鉄コロッセオ駅の目の前に現れる巨大な円形闘技場は、古代ローマ帝国のシンボル。剣闘士同士の戦いや猛獣によるショーなど熾烈な戦いが繰り広げられた闘技場跡で、当時の迫力を体感しよう。

01 まずは外観をぐるっと一周

高さ48m、周囲527m、長径188mという巨大な規模を誇るコロッセオ。半壊しているものの、柱の様式やアーチはそのままに残されている。まずは外観を一周して、外側からコロッセオの構造や特徴を知ろう。

コロッセオ早分かり

Q 誰が建てたの？

A 暴君として名高い5代目皇帝ネロのあと、帝位についたヴェスパシアヌス帝によって70年頃に着工。80年に息子のティトゥス帝によって完成された。

Q どうやって建てたの？

A コロッセオの建設に使われた奴隷は約4万人。人力のクレーンを稼働し、資材には素焼きレンガのほか、ローマンコンクリートを使用した。

WHAT IS Colosseo コロッセオ

政治の一環として与えられた娯楽の場

内乱で荒れ果てていた当時のローマ。皇帝は民衆の人気を高めて政治的権力を保つため、娯楽施設の一環として建設。剣闘士同士や猛獣を相手にした血生臭い殺し合いに観衆は熱狂したという。

Piazza del Colosseo ☎ 06-3996-7700
開 9:00～19:15（冬期は～16:30。季節により変動あり） 休 無休 料 €18（フォロ・ロマーノ、パラティーノの丘との共通券、24時間有効） 交 B線コロッセオ駅から徒歩約1分

コロッセオ周辺 ▶MAP 別P.11 F-1～2

3つの異なる柱の様式

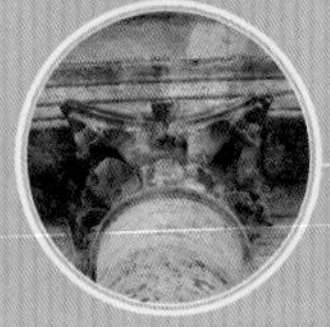

【3F】コリント式

植物をモチーフにした技巧的な彫刻が施されているのが特徴。紀元前4世紀時代以降に用いられた様式。

【2F】イオニア式

優雅で軽快な印象を与える渦巻き模様の彫刻。イオニア地方で誕生、紀元前5～4世紀時代に多く用いられた。

【1F】ドーリア式

頭柱に飾りがなく、シンプルながらも荘厳で重厚な印象。紀元前6～5世紀にドーリア人がもたらした様式とされる。

アンティーコ Antico（古い）

高さ48m

最上階は下段と異なりアーチがなくレンガ積みの造り

COLOSSEO

約5万人を収容した巨大な円形闘技場

各アーチには1体ずつ彫像が置かれていたらしい

HOW TO めぐり方

じっくり見ても1時間半あれば全体を回れる。シーズン中は混雑するので時間に余裕を持って計画を立てるようにして。

入場

1 チケットを買う

入場は日時指定の予約制。人数制限があるので早めにネットで購入しておこう。予約枠に空きがある場合は当日券の購入も可能(現金不可)。チケット売り場はコロッセオ西側とフォロ・ロマーノの2カ所(→P.39)がある。ローマ・パス利用の場合も事前予約が必要(予約料€2)。

<公式予約サイト> URL www.coopculture.it

2 入場する

予約完了時にメールで送られてくるチケットを出力して持参しよう(画面表示も可)。指定時間の30分前には入り口の列に並び、係員にチケットを提示して入場する。本人確認のためパスポートなどの身分証明書が必要。

オーディオガイド付きチケットもある

見学

1 上階からコロッセオの全景を望む

見学順路に従って階段を上り、まずはコロッセオ内部全体を望める上階へ。見学可能範囲は工事状況によって変動するので案内表示を確認。

2 地上階からアリーナを間近に見る

上階を半周するとブックショップの手前に下りの階段がある。地上階ではアリーナと、その下の地下牢をより間近に見ることができる。

退場 地上階の南側が出口となっている。オーディオガイドを借りた場合は手前のブックショップで返却を。

※左記は2023年10月取材時の見学可能ルート。工事によりルート、入場可能エリアについては変更の可能性あり。

<Colosseo Map> ★…… 撮影スポット

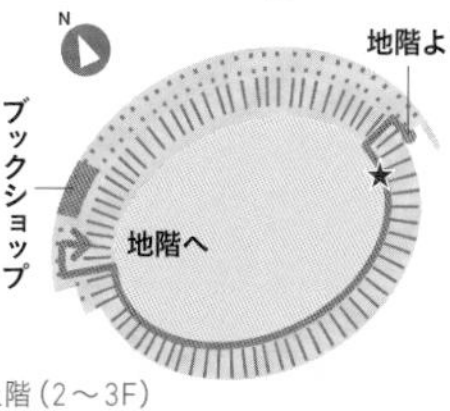

上階(2〜3F)　地上階(1F)

入り口に彫られたローマ数字

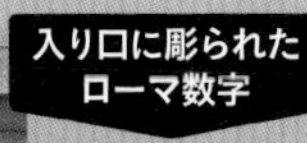

観客用の出入り口は約80カ所。各入り口にはローマ数字の番号が彫られており、入場券によって入り口が振り分けられていたという。

半壊している理由

闘技場としての使用が禁止されたあとは、ほかの建築物の資材に使用するため、石切り場として多くの大理石が持ち出された。

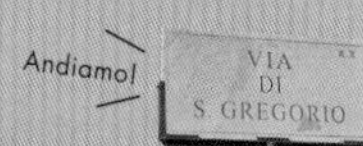

当時は日よけの天蓋が張られていた

外壁の穴は漆喰が剥がされた跡

古い建造物から剥ぎ取った装飾を再利用

ここにも足をのばして!

コンスタンティヌスの偉業を称える

コンスタンティヌスの凱旋門

Arco di Costantino

パリのエトワール凱旋門のモデルにも

コンスタンティヌス帝がマクセンティウス帝との戦いの勝利記念に建設。高さ21m、幅25.7mでローマ市内で最も大きい凱旋門とされる。

🏠 Via di San Gregorio　開 見学自由
交 B線コロッセオ駅から徒歩約2分
コロッセオ周辺 ▶MAP 別P.11 E・F-2

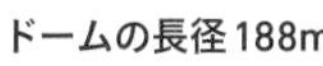

ドームの長径188m

02 内部を探検して古代ローマ時代にタイムトリップ！

コロッセオの上階からは、観客席からアリーナ下の地下牢までを一望することができる。各ポイントが何に使われていたのか想像しながら、じっくり探検してみよう。

【観客席】

観客席は階ごとに身分・階級が分けられていた。アリーナに近い席から元老院階級、騎士階級、庶民階級となり、市民権を持たない者には立ち見席があてがわれた。

身分のほか性別によっても厳しく分けられた

【入場門】

当時は門が置かれ、ここから剣闘士が入場した。自分が死ぬ可能性を感じながら、どんな思いでこの場所に立ったのだろうか。

Mamma mia!（なんてことだ）

壮絶な殺し合いが行われた命をかけた戦いの舞台

闘技の内容は時間帯によって異なり、野獣狩り、罪人の公開処刑、剣闘士同士の闘いと続いた

【地下の檻】

アリーナの地下は迷路のように仕切られており、倉庫のほか猛獣の檻や奴隷土牢として使用された。当時は人力のリフトによって、アリーナ間との猛獣や道具の運搬を行っていたとのこと。

猛獣の飼育はここで行われていた

【アリーナ】

ラテン語で砂という意味のアレーナに由来する。闘技場の舞台のことで、床板は取り外し可能。試合で血が流される度に新しい砂がまかれた。現在見られるアリーナの板は修復されたもの。

アリーナにはガイドツアーでのみ入場できる

Shopping

ブックショップでおみやげチェック

上階と地階それぞれにブックショップがあり、コロッセオやフォロ・ロマーノにちなんだおみやげ、書籍等を販売。

上階のほうがショップの規模は大きめ

剣闘士グッズもいろいろ！

€19

€19

絵本から専門書まで充実の品揃え

多くの処刑が行われたことから、現在は死刑廃止運動のイベント会場として使われることも

【皇帝の席】
十字架が立つ上のあたりが皇帝席となっており、剣闘士たちは試合の前に皇帝や貴族の前であいさつをするのがしきたりだった。

十字架はあとから立てられたもの

03 コロッセオの幻想的なライトアップに感動

Scoperta!

日が暮れると一帯がライトアップされ、昼間とは全く違う表情に。コロッセオ付近には建物も少ないため、アーチがくっきりと浮かび上がる。夏期は曜日限定で夜間入場可能（要ツアー参加）。

夜景の撮影スポットとしても人気

凱旋門もライトアップ！

Cosa?

もっと詳しく！ コロッセオにまつわるキーワード

【パンとサーカス】
当時の皇帝たちは市民へ無料で食糧を配給したり、見せ物などの娯楽を提供したりすることで、市民からの政治的な支持と人気を得ようとした。これらの背景により、ローマ市民が政治に無関心な状態であることを、古代ローマ時代の風刺詩人ユウェナリスが詩の中で「パンとサーカス」と表現した。

【落成式典】
コロッセオが完成した80年、その完成を祝した落成式典が100日間にわたって行われた。競技場内に水を溜めて船を浮かべて海戦の真似をする模擬海戦ほか、猛獣や剣闘士による殺し合いが行われ、この期間だけでも9000頭もの猛獣と2000人近くの剣闘士が亡くなったと言われている。

【剣闘士の運命】
剣闘士は奴隷や捕虜、死刑囚から選ばれることが多かったが、中には賞金ほしさに自ら志願する者もいたという。対戦相手はくじびきで決められ、どちらかが戦闘不能になるまで試合は続けられる。負けた剣闘士の生死は観客と皇帝にゆだねられ、親指を立てた場合は生存を、下に向けられた場合は死を意味した。勝ち続けて名誉を得た一部の剣闘士は英雄となって引退し、自由の身になることができたという一説も。

助かった!?

死刑…

コロッセオ早分かり年表

年代	出来事
70年	ヴェスパシアヌス帝により、市民を懐柔する娯楽施設としてコロッセオの建設が始められる。
80年	皇帝・ティトゥスの治世時に隣接するティトゥス浴場と共に完成。完成に際し、100日間の落成式典が行われる。
5世紀	西ローマ皇帝のホノリウス帝がコロッセオを閉鎖。
7世紀	各地で続けられていた剣闘試合も公式に禁止され、闘技場文化は完全に消滅。
15世紀以降	採石場とされ、他の建築物へ石材が流用される。
18世紀半ば	ベネディクトゥス14世によりコロッセオの保存活動開始。
19世紀	重要な遺跡として本格的な保存工事が始められる。

ヴァチカン市国に立つサン・ピエトロ大聖堂にも、コロッセオから持ち出された大理石が使用されている。

予約不要
所要
2時間

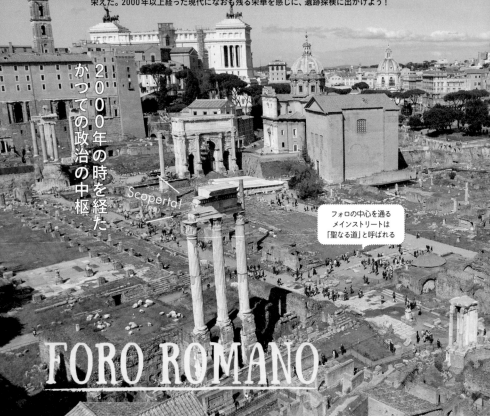

世界遺産 古代ローマ帝国発展の中心地

フォロ・ロマーノでしたい4のこと

ローマを代表する古代遺跡、フォロ・ロマーノ。ローマ帝国時代には、政治や文化、宗教の中心地として栄えた。2000年以上経った現代になおも残る栄華を感じに、遺跡探検に出かけよう！

2000年の時を経たかつての政治の中枢

Scoperta!（発見）

フォロの中心を通るメインストリートは「聖なる道」と呼ばれる

FORO ROMANO

フォロ・ロマーノ早分かり

Q どんな建物があるの？

A 国会議事堂として使われた元老院や、他部族との戦争での勝利を記念して建てられた凱旋門、神々を奉る神殿など、さまざまな建物跡が残されている。

Q 「フォロ・ロマーノ」の意味は？

A それぞれラテン語で、フォロは「広場」、ロマーノは「ローマ市民の」という意味を持つ。

01 フォロ・ロマーノの壮大なスケールを体感

東西約300m、南北約100mという壮大なスケールを誇るフォロ・ロマーノ。まずは思うままに遺跡内を歩いて、その迫力を間近に感じよう。

奥に見えるのはコロッセオ

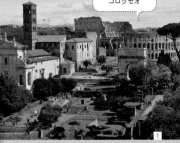

とても2000年前のものとは思えない建築技術の高さ

1 パラティーノの丘からの眺め。フォロ・ロマーノの全体を一望できるスポットだ　2 地震や度重なる蛮族の侵入によって破壊された歴史を持つ。現在も修復活動が行われている

WHAT IS

Foro Romano

フォロ・ロマーノ

ローマの歴史を語る遺跡群

紀元前10世紀頃、この一帯には7つの丘があり、各丘にそれぞれ集落が形成されていた。紀元前753年にパラティーノの丘にローマが建国され、その麓に広場として整備されたのがフォロ・ロマーノの始まり。やがてローマの中心地として、また首都としての機能を果たしていった。

Via dei Fori Imperiali ☎ 06-3996-7700 ㊐ 9:00～19:15(冬期は～16:30。季節により変動あり) ㊡ 無休 ㊕ €18(コロッセオとパラティーノの丘との共通券、24時間有効) ㊋ B線コロッセオ駅から徒歩約5分

コロッセオ周辺 ▶MAP 別P.11 D～E-1

2

HOW TO めぐり方

フォロ・ロマーノとパラティーノの丘、コロッセオは隣接しており、繋げての観光がおすすめ。パラティーノの丘はかなり歩くので動きやすい服装で挑もう。

1 チケットは共通

フォロ・ロマーノのチケットはコロッセオ、パラティーノの丘と共通。購入方法はコロッセオ(→P.35)を参照。フォロ・ロマーノとパラティーノの丘の入場には時間指定はなく、コロッセオの予約当日であれば、先にフォロ・ロマーノやパラティーノの丘に入ることもできる。チケットの有効期間は最初に利用した時から24時間で、同じ施設に2度入ることはできない。

2 ベストな入り口から遺跡内へ

出入り口がそれぞれ一方のみとなった場所もあり、少々ややこしい。回る順番にもよるが、フォロ・ロマーノから入るならフォーリ・インペリアーリ通りの入り口、パラティーノの丘から入るならサン・グレゴリオ通りの入り口から入るとスムーズ。

注意! 持ち物＆服装

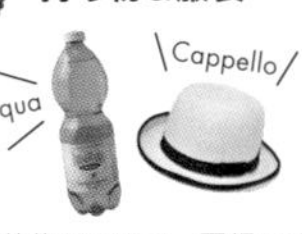

屋外施設のため、夏場は炎天下をひたすら歩き続けることとなる。日よけとなる帽子やサングラス、水分補給用の飲み物の持参を。

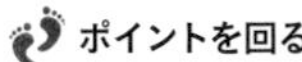

ポイントを回る

各ポイントに案内板があり、英語の解説を読むことができる。フォロ・ロマーノ内には順路を示す標識もあるので、参考にしながら歩こう。

退場

入り口と同じく出口も何カ所かあり、どこから出てもOK。出口には回転式ゲートが設置されている。見学後のチケットは取っておこう。

効率よく回るには？

朝イチでコロッセオに入場し、その足でパラティーノの丘、フォロ・ロマーノを回るのが移動ロスも少なくおすすめ。オープンから時間が経つにつれて人が増えるので、ゆったり見たい場所を1番目にするといい。

Venite a vedere!

もっと詳しく! フォロ・ロマーノにまつわるキーワード

【ローマ帝国】

ローマの建国は紀元前753年にさかのぼり、貴族から選ばれた王による政治「王政時代」、民会で選ばれた代表者が政治を行う「共和政時代」、皇帝による「帝政時代」の3つに分けられ、ローマ帝国とは主に帝政時代の頃を指す。

【五賢帝】

1世紀末から2世紀後期に在位した、ネルヴァ、トラヤヌス、ハドリアヌス、アントニヌス＝ピウス、マルクス＝アウレリウスの5人の皇帝。皇帝ネロによる悪政でローマは内乱に陥るものの、ネルヴァの治世を皮切りに持ち直し、「パックス・ロマーナ」と呼ばれる安定した時代が続いた。

02 フォロ・ロマーノを1時間でぐるり！

フォロ・ロマーノ内には大小さまざまな遺跡が存在。あらかじめ知っておかないと気づかずに通り過ぎてしまう…なんてことも。どこに何があるのかを把握して、限られた時間内で見学しよう。

※工事により出入り口の場所、見学可能施設は変更の可能性あり

じっくり見学コース【所要1時間】

フォーリ・インペリアーリ通りの出入り口から入場し、ぐるっと一周してそのまま退場。1時間で主要な見どころを回る。

Start!

フォーリ・インペリアーリ通り
▼
❶ エミリアのバジリカ
▼
❷ 元老院（クーリア）
▼
❸ セプティミウス・セヴェルスの凱旋門
▼
❹ サトゥルヌスの神殿
▼
❺ フォカスの円柱
▼
❻ ユリウスのバジリカ
▼
❼ カストルとポルックスの神殿
▼
❽ カエサルの神殿
▼
❾ ヴェスタの神殿
▼
⓾ ヴェスタの巫女の家
▼
⓫ ティトゥスの凱旋門
▼
⓬ マクセンティウスのバジリカ
▼
⓭ ロムルスの神殿
▼
⓮ アントニヌスとファウスティーナの神殿
▼

Goal!

フォーリ・インペリアーリ通り

中に入らなくても絶景写真が撮れる！

フォロ・ロマーノ周辺は高台になっているため、外側から遺跡を見下ろす形で全体を眺めることができる。おすすめはカンピドーリオ広場にある市庁舎脇と、フォーリ・インペリアーリ通り沿いのテラス。街歩きがてら、絶景撮影に挑戦してみてはいかが？

市庁舎の両脇が展望テラスになっている

❶ 商業と司法活動が行われた場
エミリアのバジリカ
Basilica Emilia

紀元前2世紀の終わり頃に貴族のエミリア一族が建設したことから、この名が付けられた。その後火災に遭い、現存するのはアウグストゥス帝が再建したもの。

バジリカとは公会堂のこと

5世紀初めに西ゴート族の侵入により破壊された

❷ 国会議事堂の役割をした
元老院（クーリア）
Curia

共和政時代の中枢として、元老院が政治の決定を行う場に使われた。初代の元老院はもう少し後方にあったが炎上したため、カエサルが現在の場所に再建した。

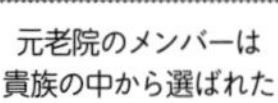

元老院のメンバーは貴族の中から選ばれた

現在見られるのは20世紀に復元されたもの

❸ 3人の栄光を称えた凱旋門

セプティミウス・セヴェルスの凱旋門

Arco di Settimio Severo

古代ローマと遊牧国家・パルティアの間で起きた戦争の勝利を祝して203年に造られた。皇帝セプティミウス・セヴェルスとカラカラ、ゲタの2人の息子の活躍が称えられている。

北西端に位置する大理石製の凱旋門

弟のゲタは兄に暗殺されてしまう

❹ フォロ・ロマーノのシンボル的存在

サトゥルヌスの神殿

Tempio di Saturno

現在は神殿の入り口部分のみが残る

農耕の神、サトゥルヌスを祀る神殿として建設された。8本のイオニア式円柱と円柱を繋ぐ上枠のみが残されており、現存する円柱は紀元前42年に改築されたもの。

❺

皇帝フォカスに捧げられた円柱

フォカスの円柱

Colonna di Foca

602～610年に在位した東ローマ帝国皇帝のフォカス帝を記念して建てられた柱。立方体の台石の上に立ち、柱の頂上にはフォカス帝の銅像が設置されていた。

縦溝が彫られた
コリント式の柱

×Keyword

古代ローマ時代の宗教観

キリスト教が周知される前の古代ローマでは、身の回りにたくさんの神々がいるとされる「多神教」が崇拝されていた。「すべての神々の神殿」という意味を持つパンテオンも、多神教を代表する建築物である。

パンテオン →P.58

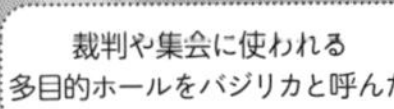

裁判や集会に使われる
多目的ホールをバジリカと呼んだ

❻ かつてバジリカがあった跡

ユリウスのバジリカ

Basilica Giulia

サトゥルヌスの神殿の向かいに広がる廃墟。紀元前54年にカエサルが着工、アウグストゥス帝の時代に完成した。バジリカは主に政治活動に使用された。

現在残されているのは床の部分のみ

❼ 3本のコリント式円柱

カストルとポルックスの神殿

Tempio di Castore e Polluce

紀元前5世紀レーギルス湖畔の戦いで、ローマ軍を勝利に導いたカストルとポルクスという二人の戦士に捧げる神殿として建てられた。現在残る柱は2代目ティベリウス帝が改築したもの。

ユリウスのバジリカの横に立つ

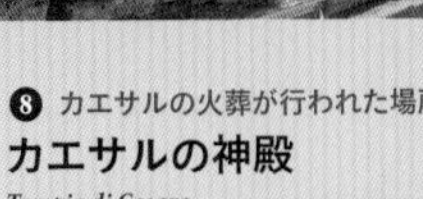

❽ カエサルの火葬が行われた場所

カエサルの神殿

Tempio di Cesare

紀元前44年、暗殺されたカエサルが火葬された場所。その15年後にカエサルの養子、アウグストゥス帝が神殿を建設した。神殿跡にあるレンガの土台はかつての大神官の宮殿跡。

カエサルが火葬されたのは暗殺された5日後

カエサルは何をした人？

正式名はガイウス・ユリウス・カエサル。紀元前59年にコンスルに選出されたあと、ポンペイウス、クラッススと共に三頭政治を結成。一時は元老院への対抗勢力となったものの、やがて崩壊、ローマ内戦後に暗殺されてしまう。

NEXT →

カエサルは「ジュリアス・シーザー」と呼ばれることも。7月をジュライと呼ぶのは、カエサルがこの月に生まれたことにちなんでいる。

+Keyword

巫女は6〜10歳の候補者から選ばれました

ヴェスタの巫女とは？

多神教時代の古代ローマで火床と家庭を守る神とされていた、女神ヴェスタ。女神に仕える者として、またその象徴である聖なる火を守る者として、数人の巫女が神殿に常駐していた。巫女は世襲家から選ばれ、任期は30年。

❾ 女神ヴェスタを祀る

ヴェスタの神殿

Tempio di Vesta

4人の巫女(後に6人)が常駐し、女神ヴェスタの象徴「聖なる火」を守っていたという。現在は一部の壁と柱が残るのみだが、その姿からはかつての壮麗な神殿の様子が目に浮かぶよう。

聖なる火は394年まで灯し続けられた

半円形をした白い大理石の建物

❿ 巫女たちが住んだ家

ヴェスタの巫女の家

Casa delle Vestali

蛮族によって像の首は切り落とされてしまった

ヴェスタに仕える巫女は任期中、処女を守らねばならなかった

ヴェスタ神殿の斜め後ろに位置する廃墟。台所や浴室などの設備を持つ長方形の大きな建物で、庭には巫女の姿を模した石像が立ち並んでいる。像は3世紀後期〜4世紀中頃のもの。

⓫ 聖なる道の終点に立つ

ティトゥスの凱旋門

Arco di Tito

Attenzione qui!

81年に建造されたローマ最古の凱旋門

フォロ・ロマーノの東端に位置する凱旋門。71年に起こったユダヤ人との戦争でティトゥス帝が勝利した記念に造られたもの。建設者は次帝のドミティアヌス。パリのエトワール凱旋門のモデルとなった。

繊細な彫刻が施されている

⓬ 3つのアーチからなる建物

マクセンティウスのバジリカ

Basilica di Massenzio

コンスタンティヌスのバジリカとも

格間などの高度な建築技術が用いられた

306〜312年にかけて在位したマクセンティウス帝によって着工されたバジリカ。完成させたのは次帝のコンスタンティヌス。幅65m、奥行き100mを誇り、会議場として使われた。

⓭ 亡き息子に捧げる神殿

ロムルスの神殿

Tempio di Romolo

皇帝マクセンティウスが、14歳の若さで亡くなった息子ウァレリウス・ロムルスを追悼するために建てた神殿。その数年後に彼自身も戦で亡くなったため未完成のままである。

S.U.P.E.R.チケットで内部見学可能(入場制限あり)

高さ17mのコリント式柱が残る

⓮ 亡き妻のために建てられた

アントニヌスとファウスティーナの神殿

Tempio di Antonino e Faustina

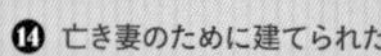

15代皇帝のアントニヌス・ピウス帝が、皇后ファウスティーナの死を悼んで建設。次帝によって彼自身も死後この神殿に葬られた。

神殿が建つ前は古墳があったとされる

+Keyword

共和政とは

元老院、コンスル(執政官)、民会によって成立した政治。当初は貴族が中心となる政治であったが、力をつけた平民による身分闘争を経て、平民の権利が拡張されるように。他都市と比べてもローマは政治や法律が発達していた。

03 パラティーノの丘から フォロ・ロマーノを一望

フォロ・ロマーノの南に位置する丘はパラティーノの丘と呼ばれ、遺跡が点在するほか、フォロ・ロマーノの全景を望める展望ポイントでもある。展望テラスを目指して散策してみよう。

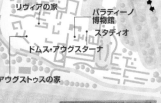

ファルネジアーニ庭園
リヴィアの家
パラティーノ博物館
スタディオ
ドムス・アウグスターナ
アウグストゥスの家

テラスからの眺め

丘の標高は50mほど

庭園周辺のテラスはフォロ・ロマーノを見下ろせるベストスポット

晴れた日の景色は最高！

皇帝たちの宮殿跡が残る

パラティーノの丘
Monte Palatino

紀元前13世紀頃から人類が住み着いていたとされる、歴史ある丘。歴代の皇帝が暮らした公館跡が残るほか、16世紀に造られたヨーロッパ初の植物園など、見どころも満載。

🏠 Via di San Gregorio 30 ☎ 06-3996-7700 開 フォロ・ロマーノと同じ 休 無休 料 €18（コロッセオとフォロ・ロマーノとの共通券、24時間有効） 交 B線コロッセオ駅から徒歩約7分
コロッセオ周辺
▶MAP 別P.11 E-2

丘で発掘された品々を展示

パラティーノ博物館
Museo Palatino

旧石器時代や青銅器時代を含む、この地に人が住み始めた頃の出土品が展示されている。ローマ人のルーツを知れる興味深い内容。共通券で入場できる。トイレを併設しているので、ひと休みに立ち寄るのもいい。

貴重な土器や彫刻の展示もある

ラテン人が集落を築いたとされる

2層の柱廊に囲まれている

長径120mの馬の飼育場

スタディオ
Stadio

ドムス・アウグスターナの隣にあり、競技場もしくは、ドミティアヌス帝専用の馬の飼育場として使われた場所だと考えられている。

ドミティアヌス帝の私邸跡

ドムス・アウグスターナ
Domus Augustana

11代ローマ皇帝ドミティアヌスが建造した巨大な私邸の跡。4世紀頃までの歴代皇帝も、拡張や建て替えをしてこの土地に住んでいたとされている。

邸の構造はまだ明らかにされていない

04 フォロ・ロマーノの周辺スポットへぶらり

フォロ・ロマーノの周辺にはほかにも見るべきスポットがたくさんある。時間と体力に余裕があれば、こちらにも足を運んでみよう。

世界初のマーケット

トラヤヌス帝のマーケット
Mercati di Traiano

フォーリ・インペリアーリ博物館を併設

五賢帝の一人として知られるトラヤヌス帝が建設した巨大マーケット。市民に食糧や物資を配給する場所として利用された。

🏠 Via IV Novembre 94 ☎ 06-0608 開 9:30〜19:30（12月24日と31日は〜14:00） 休 無休 料 €13（企画展により異なる） 交 B線コロッセオ駅から徒歩約10分
コロッセオ周辺
▶MAP 別P.11 E-1

日が暮れるとライトアップされる

マルクス・アウレリウス帝の騎馬像が鎮座

Ciao!

丘の上に立つ美術館

カピトリーニ美術館
Museo Capitolini

1471年に創設された世界最古の美術館。3つの美術館を総称し、古代ローマの彫像やヨーロッパの絵画を収蔵。ローマ建国の伝説にちなんだ『カピトリーノの雌狼』は必見。

🏠 Piazza Campidoglio ☎ 06-0608 開 9:30〜19:30 休 無休 料 €16（特別展は別途） 交 B線コロッセオ駅から徒歩約13分
コロッセオ周辺 ▶MAP 別P.11 D-1

コロッセオほか、イタリア国内の遺跡、博物館、美術館では夏の間、曜日限定で夜間入場可能となる日がある。

予約不要

所要 1時間

世界遺産 古代ローマ人の入浴文化に触れる

カラカラ浴場でしたい3のこと

マンガ『テルマエ・ロマエ』で有名となった、古代ローマ人の入浴文化。ローマ市内でも最大の規模と壮麗さを誇るカラカラ浴場で、ローマ人の入浴文化に触れてみよう。

Ciao! Tutti!

01 中に入って浴場跡を探検

外壁を抜けて庭園を進んでいくと、石造りの巨大な浴場跡が現れる。内部を散策することができ、当時使われていた浴場跡の様子がそのままに残されている。

中央には列柱回廊が広がる

名前らしき文字が彫られた跡も残る

ボードゲームの台として使われた石板

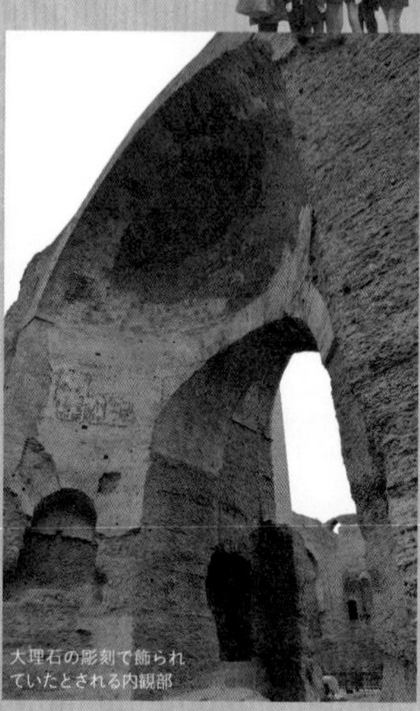

大理石の彫刻で飾られていたとされる内観部

WHAT IS

Terme di Caracalla

カラカラ浴場

巨大浴場施設の跡がそのままに

カラカラ帝が5年の歳月をかけて、216年に完成させた巨大浴場施設。総面積約16万㎡の広大な敷地に、運動場や庭園まで兼ね備えており、入浴のほか人々の交流の場としての役割も果たした。

Viale delle Terme di Caracalla 52
☎06-3996-7700 ㊋9:00～19:15(冬期は～16:30。季節により変動あり) ㊡月曜 ㊕€8(予約は＋€2) ㊌B線チルコ・マッシモ駅から徒歩約5分

市街南部 ▶MAP 別P.11 F-3

インクレディビーレ
Incredibile!
(信じられない)

ローマの人々に愛されたテルマエと呼ばれる公衆浴場

夏のバカンスシーズンには野外オペラの会場になる

TERME DI CARACALLA

弟ゲタを暗殺して帝位を得たカラカラは民衆からの人気が低く、人気取りの政策の一環として浴場建設に踏み切った

02 古代ローマ時代の入浴文化を想像

独特の仕組みを持つ古代ローマ時代の公共浴場、テルマエ。それぞれの施設がどのように使われていたのか、ひとつずつたどっていってみよう。

最高で約1600人を収容できたという巨大な規模！
Andiamo!
浴場の下には地下道がめぐらされており、ボイラーによって湯温を維持していた
重しを使用した筋力トレーニングや格闘技など、エクササイズの内容もさまざま
温度の異なるお風呂を行ったり来たりするんだ
脱いだ衣服の保管や、マッサージ、タオルの使用には追加料金が発生
アカを落とす前に砂をまぶすのがポイントです

❶ **庭園**
入浴の前後に散策を楽しめるよう造られた。周囲は柱廊で囲まれている。

❷ **貯水槽**
水道技術も発達しており、引いてきた水を貯める貯水槽のような設備も備えた。

❸ **スタジアム**
観客席付きの楕円形のスタジアムではスポーツやイベントが行われた。

❹ **図書館**
娯楽施設も充実。そのほか劇場や談話室、食事を提供する店もあったと言われる。

❺ **カルダリウム**
最も温度の高い浴室。高温の湯に浸かることで解毒作用があるとされていた。

❻ **サウナ**
香油を塗ってからサウナで汗をかき、ヘラで汚れをかき落としてから入浴した。

❼ **ジム**
エクササイズを行い、入浴前に汗を流すのが一般的であった。

❽ **脱衣場**
衣服はここで脱ぐ。男女別に分かれており、手伝い用の奴隷がおかれた。

❾ **プール**
当時はあまり泳ぐという文化がなく、水浴びをしてリラックスするのに使用。

❿ **フリギダリウム**
熱い風呂から出たあとに入る水風呂がある部屋。身体を冷やすのに利用。

⓫ **テピダリウム**
蒸気で暖められた浴室。入浴前に準備をする部屋として使われていた。

⓬ **エントランス**
入り口は左右に2カ所。それぞれ脱衣室が隣接し、男女別に分かれていた。

03 浴場跡に残るモザイクアートに感動！

浴場跡には色とりどりのモザイクアートが残されている。発達した入浴設備を擁するだけでなく、モザイクアートや彫刻装飾も施された、美しい浴場であったことが想像できる。

Che Bella!

ジムとして使われていたエリアの床。1cm角にも満たない細かなタイルがびっちりと敷き詰められている

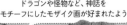

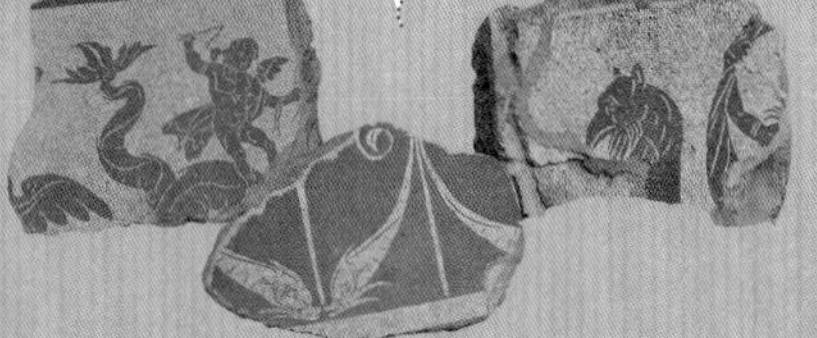

ドラゴンや怪物など、神話をモチーフにしたモザイク画が好まれたよう

ローマのお風呂文化をもっと知りたい！

古代ローマの浴場設計技師が、現代日本の銭湯にタイムスリップ。古代ローマ時代の入浴風景も忠実に再現されている。

「テルマエ・ロマエ　通常盤」 DVD発売中
¥3800＋税　発売元:フジテレビジョン　販売元:東宝

ここにも浴場！

テルミニ駅すぐの浴場

ディオクレティアヌス帝の浴場跡

Terme di Diocleziano

ディオクレティアヌス帝の命によって造られた浴場。一度に3000人ほど収容できたと言われる。現在は博物館として、紀元前～7世紀にかけての発掘品を収蔵。

Viale Enrico de Nicola 79　☎06-3996-7700
㊊9:30～19:00　㊡無休　㊋€12(マッシモ宮、アルテンプス宮、バルビ納骨堂と共通)　㊛テルミニ駅から徒歩約3分

テルミニ駅周辺

▶MAP 別P.9 D-2

改修工事により当時の浴場跡はほぼ残っていない

カラカラ帝の本名はアウレリウス・アントニヌス帝。背を高く見せようと「カラカラ」という外衣を着ていたためこのあだ名で呼ばれた。

朝から晩まで 古代ローマ人の生活

建国から東西分裂まで約1000年続いた巨大帝国

もともとは小さな都市国家のひとつでしかなかったローマ。しかし建国から約800年という歳月を経て、地中海一帯を支配する巨大な大帝国へと発展を遂げた。なぜローマがここまで栄えることができたのだろうか。理由はいくつかあるものの、国の周りが海と山に囲まれており外敵から領土を守りやすい地形であったこと、テヴェレ川に面しているおかげで海上交通の中心となったことに加え、ローマ人持ち前の知恵と勤勉さが、国の発展に大きく寄与したのではと言われている。

しかし国の発展に伴って生活が豊かになり、奴隷に頼る生活が一般化すると、人々はだんだんと働くことを怠り、娯楽に興じるようになってしまう。その後キリスト教の普及や蛮族の侵入等によって国は求心力を失い、395年には東西分裂。ローマ帝国は滅亡の一途をたどる。

豊かでありながらも、はかなく過ぎ去ってしまった「人類史上最も豊かな時代」と呼ばれたトラヤヌス帝の統治下時代。約1900年前、その時代の一日の暮らしを追ってみよう。

これがローマSTYLE

トガ
現代におけるスーツのようなもの。直径6mほどの半円形の布をトゥニカの上から巻き付けて着用
トゥニカ
麻や羊毛でできたチュニック。トゥニカの上にさらに衣類を重ねる
靴
ショートブーツのように足全体を覆うものから、サンダルのように甲があいたもの、革紐を編んだものなど
下着
麻でできた腰巻き「スブリガークルム」。この布で股を覆い、腰で結んでいた
ヘアスタイル
髪用の染色剤がすでに存在し、金髪や赤毛に染めることも可能。かつらや付け毛も人気
メイク
アイラインには煤やイカ墨などを、口紅や頬紅には鉱石や赤鉄鉱の粉末を使用
下着
布地、または柔らかい革素材でできた「ストロピウム」と呼ばれるブラジャーを着用
ストラ
トゥニカと異なるのは着用時に2本の紐を使用すること。ウエストとバストの下を締めることでバストのふくらみを強調

ローマ人の一日

朝6時 一日の始まり

日の出と共に活動を始める。まず家に仕える奴隷が目を覚まし、寝室で眠る主人を起こす。起きた主人は壁に造られた小さな祭壇に祈りを捧げる。祀られているのは家族の守護神であるラール神と、愛と美の女神メルクリウスとウェヌス。祈りは悪運から家庭を守る重要な儀式とされていた。

朝8時 古代ローマ風朝食

当時のローマでは朝食は「イエンタークルム」と呼ばれ、フォカッチャ（平たいパン）に蜂蜜、牛乳というメニューが定番。

朝8時30分 食後のハミガキ

虫歯と口臭予防として食後に歯を磨くのが習慣。アンモニア成分が歯を白くするとして、尿で作られた歯磨き粉も好んで使用されていたとか…。

学校はあったの？

学校という教育専門の施設はなかったものの、柱廊下や商店の跡などを利用し、読み書き計算などの野外授業が行われていた。初等教育を終えると働き始めるのが一般的だったが、裕福な家や上流階級の子どもは教育を受けることが出世に繋がるとされていたため、さらに高等教育を受けることができた。

午前10時 働き手を仕入れに奴隷市場へ

市場のように混雑した広場の一角。ここは奴隷商人と、奴隷を仕入れにきた人々との交渉が行われる取引の場だ。商品となる奴隷たちはそれぞれ自分の特徴を書いた札を首から下げ、台の上に展示されるように並んでいる。

首から下げられた札
「ヌビア出身、手先が器用」「読み書き可能、右足が不自由」など、出身地や特技、欠点などが書かれていた

ローマの奴隷制度

ローマ人の暮らしに欠かせないのが奴隷の存在。多くの奴隷を所有することは富の象徴ともされており、個人の家にはたいてい5〜12人の奴隷が働いていた。使用人の一人となるのか、性の相手をさせられるのか、農地で死ぬまで酷使されるのか、彼らの人生はすべて主人次第だった。

昼の12時 公衆トイレで用を足す

自宅にトイレがあるというのは上流階級のみ。一般の人々は街なかの公衆トイレを主に利用。使用料を払って中に入ると、穴が開いた木製の台があり、人々は穴の上に腰かけて用を足す。仕切りやついたては一切なく、ある種の「社交場」としても機能していた。

便座
排泄物は台の下を通る運河によって流され、汚水は最終的にテヴェレ川に排出された
海綿スポンジ
松明のような棒の先に海綿を付け、トイレットペーパー代わりとして股を拭くのに使用

午後1時 ポピーナで軽くランチ

古代ローマでの酒場や食堂を指す「ポピーナ」。昼食は軽めに済ますのが一般的で、こういった飲食店に入り、ワインを飲みながらフォカッチャや豆類、オリーブ、チーズなどをつまむのが定番。さながら現代のバールのよう。

午後2時 公共浴場でひと汗流す

ローマには公共浴場がいくつもあり、特に規模が大きいのがトラヤヌス浴場。浴槽だけでなく、巨大プールや運動場、図書館といった娯楽施設まで設けられていた。使用範囲や時間帯を設定することで、男女別に入れるような工夫も。

ローマ流アカスリ
体にオイルを塗って汗をかいたあと、全身に砂をかけてからアカスリベラで汚れをこそげ落とす

午後3時 コロッセオで闘いを見物

ローマ人の最大の娯楽はコロッセオ観戦。コロッセオで行われる催しは、罪人の公開処刑、猛獣狩り、剣闘士同士の闘いと、大きく3つに分かれる。中でも一番熱狂するのが剣闘士同士の闘い。入場は無料で、毎回多くの観客が集まった。

当時の物価

古代ローマでは貨幣文化が発達しており、金貨、銀貨、青銅貨、銅貨と、数種類の貨幣が使われた。右記は当時の主な物価。

- ワイン1ℓ…約200円
- パン1kg…約100円
- 公共浴場の入浴料…約50円
- トゥニカ1着…約3000円
- 奴隷1人…24万〜50万円

午後5時 一日の終わりは宴会でシメ！

ローマ人の9割は粗末な夕飯を食べていたが、一部の富裕層は頻繁に宴会を開催。宴会はサロンとしての要素が強く、豪華なごちそうを来客に振る舞い、自らの富をアピールする場でもあったのだ。

テーブルマナー
台の上に寝そべり、左手の肘をつき、右の手で食べるのがマナー。これこそが上品な作法とされた
宴会のメニュー
特にごちそうとされたのが、カキやウニ、フラミンゴの肉、フォアグラなど。スパイスも好んで使用された

宴会では酔いつぶれるまでワインを飲み、そのまま寝てしまうことも。奴隷が寝室に運んでくれるので安心。何から何まで奴隷頼みだったのだ。

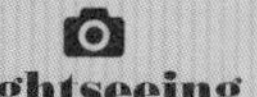

気分はオードリー・ヘプバーン!?
スペイン広場でしたい5のこと

映画『ローマの休日』のロケ地としても有名なスペイン広場。スペイン階段に教会、ブランドショップと見どころもいろいろ。観光と買い物を一度に楽しもう。

WHAT IS
Piazza di Spagna
スペイン広場

ローマを代表する観光の中心地

広場のメインとなるスペイン階段は哲学者でもあるフランチェスコ・デ・サンクティスによる設計で、1725年に完成。近くにスペイン大使館があったことからこの名前で呼ばれるようになった。

Piazza di Spagna
開 見学自由
交 A線スパーニャ駅から徒歩約1分
スペイン広場周辺
▶MAP 別P.8 A-2

PIAZZA DI SPAGNA

壮麗な大階段はローマのシンボル

Bello!(美しい)

ベルニーニの父、ピエトロ・ベルニーニ作の「バルカッチャの噴水」

映画『ローマの休日』のロケ地としても有名なスポット

Vogel/Shutterstock.com

01 スペイン階段から街を見下ろす

頂上まで135段あるスペイン階段の上からはローマの街並みを一望することができる。階段の正面にのびるのはブランドショップが軒を連ねるコンドッティ通り。

特に日が沈む時間帯の眺めが見事

「沈みかけた舟」を意味するバルカッチャの噴水

注意!
噴水周辺での飲食は禁止!

食べたいけどガマン…

バルカッチャの噴水やトレヴィの泉をはじめ、ローマ市内の約40ヵ所の噴水とその周辺での飲食・座り込みは禁止されている。違反した場合は€40～240の罰金が発生。

Ciao!

02 階段上に立つ教会で心を清める

階段を上がって景色を楽しんだあとは、トリニタ・デイ・モンティ教会を見学しよう。内部の装飾も必見だ。

フランス語のミサが毎日行われている

ローマでは珍しいゴシック様式の教会

広場の上にたたずむ教会
トリニタ・デイ・モンティ教会
Chiesa della Trinità dei Monti

フランス式の左右対称の塔を擁する教会。1502年にフランス王ルイ12世がフランス人のための教会として建設。16世紀末に完成した。

Piazza della Trinità dei Monti 3 ☎ 06-679-4179 開 10:15～19:45(水曜は12:00～、日曜は9:00～19:30) 休 無休 料 無料 交 A線スパーニャ駅から徒歩約4分
スペイン広場周辺
▶MAP 別P.8 B-2

03 老舗カフェでスイーツ＆コーヒーを堪能

スペイン階段周辺にもカフェやバールは数多くあるものの、せっかくならば雰囲気のいいお店でのんびりお茶してみてはいかが。

カプチーノ€12、チーズケーキ€14、コルネット・オ・ブリオッシュ€5.5。これらはテーブル席で注文したときの金額。立ち飲みの場合は料金が安く設定されている

フルーツやクリームを使った色とりどりのケーキのほか、焼き菓子やショコラも扱う

レトロカフェで優雅に過ごす

カフェ・グレコ

Caffè Greco

1760年に創業した歴史あるカフェ。ローマに現存するカフェの中では最も古い。入って手前側が立ち飲み用のバーカウンター、奥にはクラシックなサロンが続いている。

🏠 Via dei Condotti 86 ☎ 06-679-1700 営 9:00〜21:00 休 無休 料 立ち飲み€5〜、テーブル€12.5〜 交 A線スパーニャ駅から徒歩約3分 英語OK

スペイン広場周辺 ▶MAP 別P.8 A-2

04 イタリア発コスメをお買い物

観光ついでにイタリアらしいおみやげを探すのなら、フィレンツェ発のボタニカルコスメブランド、サンタ・マリア・ノヴェッラ薬局がおすすめ。

日本語版のパンフレットも常備しているので安心

ハスの爽やかな香りのフレグランス、コロニーア

€125

石けんはパッケージもおしゃれなのでおみやげにも重宝

フィレンツェ生まれのコスメブランド

サンタ・マリア・ノヴェッラ薬局

Officina Profumo Farmaceutica di Santa Maria Novella

世界最古の薬局としても知られるサンタ・マリア・ノヴェッラ薬局のローマ支店。伝統のレシピで製造された高品質のコスメが揃う。

🏠 Via delle Carrozze 87 ☎ 06-678-0734 営 10:00〜19:30 休 無休 交 A線スパーニャ駅から徒歩約6分 英語OK 日本語パンフレット有

スペイン広場周辺 ▶MAP 別P.8 A-2

05 ポポロ広場へ足をのばす

スペイン階段からバブイーノ通りを北に10分ほど歩くと、3つの教会に囲まれたポポロ広場に出る。巨大なオベリスクもあり、こちらもあわせて訪れたい広場。

広場の中心には高さ36mのオベリスクがそびえる

交通の要所として活躍した地

ポポロ広場

Piazza del Popolo

1820年に完成した楕円型の広場。サンタ・マリア・デル・ポポロ教会とサンタ・マリア・ディ・モンサント教会、サンタ・マリア・ディ・ミラコリ教会の3つの教会が広場に面している。

🏠 Piazza del Popolo 開 見学自由 交 A線フラミニオ駅から徒歩約3分

スペイン広場周辺 ▶MAP 別P.7 F-1

映画『天使と悪魔』の舞台にも使用された

オベリスクを守る4体のライオン像にも注目して

教会内にはカラヴァッジョの作品が収蔵されている

多数の美術品を所蔵する

サンタ・マリア・デル・ポポロ教会

Chiesa di Santa Maria del Popolo

広場から見てポポロ門の右手前に位置。皇帝ネロの亡霊をしずめるために建てられたという伝説もある。イタリアを代表する芸術家の作品を多数展示。

🏠 Piazza del Popolo 12 ☎ 06-4567-5909 開 8:30〜12:30、16:00〜18:00(日曜は16:00〜18:00のみ) 休 無休 料 無料 交 A線フラミニオ駅から徒歩約3分

スペイン広場周辺 ▶MAP 別P.7 F-1

サンタ・マリア・ディ・モンサント教会とサンタ・マリア・ディ・ミラコリ教会は見た目が似ていることから「双子教会」と呼ばれている。

Sightseeing

ストーリーでたどる
ローマの休日ロケ地めぐり

公開から70年以上経つ今も、不朽の名作として知られる映画『ローマの休日』。ローマ市内にはロケ地として使われたスポットがあちこちに。当時の街並みが残るローマをぶらり散策してみよう。

Scene 1

分刻みのスケジュールにうんざり！
アン王女の脱走

Story

国務としてローマを訪れたアン王女。あまりの激務に嫌気がさし、ヒステリーを起こしたあげくに宮殿を脱走。一人、夜のローマへ。

バルベリーニ宮

映画内ではローマ駐在大使館として、舞踏会会場兼、王女の滞在先として登場。現在は国立古典絵画館として使用
▶ MAP 別P.8 C-2
lornet/Shutterstock.com

Scene 2

出会った女の子は王女様!?
特ダネのチャンス

Story

歩いているうちに眠くなってしまい、フォロ・ロマーノ前のベンチに横たわるアン。偶然通りかかった新聞記者のジョーは、彼女を放っておくわけにもいかず、しぶしぶ連れて帰る。翌日、出社したジョーは彼女の正体に気づく。

フォロ・ロマーノ

撮影当時にあった石垣は、修復工事によって取り除かれてしまった →P.38

Scene 3

念願の自由
街なかでの偶然の再会…？

Story

目を覚ましたアンは、せっかく手に入れたつかの間の自由を満喫しようと、ローマの街へ。王女の特ダネでひと儲けしようと企むジョーは、偶然の再会を装って彼女に声をかける。

トレヴィの泉

アン王女が髪を切ったヘアサロンはトレヴィの泉近くにあるという設定 →P.52

スペイン階段

残念ながら現在スペイン階段周辺は食べ歩き禁止 →P.48

Buona Petito!

Andiamo!

WHAT IS

Roman Holiday
ローマの休日

身分を隠した王女と新聞記者との、1日限りの切ない恋愛を描いた作品。全編ローマでロケが行われ、1953年にアメリカで公開後、世界中で大ヒット。オードリー・ヘプバーンの初主演作品。

『ローマの休日』
発売元:NBCユニバーサル・エンターテイメント
価格:4K Ultra HD+ブルーレイ 6589円(税込)
発売中©1953, 2023 Paramount Pictures.

+Episode
オードリー・ヘプバーンのその後

当時無名であったオードリーはこの作品でアカデミー主演女優賞を受賞。その後数々の映画や舞台に出演し、大人気女優となった。

Scene 4
ヴェスパに乗って 2人で回るローマの名所

\Benissimo!/

Story

スクープ用の写真を撮るために同僚のカメラマンにも声をかけ、市内散策へと王女を誘うジョー。ローマの名所を2人で回る。

+Episode
このシーンはアドリブ?

撮影時、慣れない映画撮影で緊張気味だったオードリー・ヘプバーンの緊張をほぐそうと、グレゴリー・ペックが考えたアドリブ。作戦は大成功!

真実の口

口の中に手を入れて噛み切られたふりをするジョにアンが絶叫

\Pantheon/

教皇ハドリアヌス1世が増設
サンタ・マリア・イン・コスメディン教会
Basilica di Santa Maria in Cosmedin

7層の美しい鐘楼を備える教会。ギリシャ人教徒のために増設が行われた。牧神ファウヌスの顔が彫られた「真実の口」は柱廊右手側にある。

Piazza Bocca della Verità 18
☎ 06-6787-759 開 9:30～18:00(冬期は～17:00) 休 無休 料 寄付 交 B線チルコ・マッシモ駅から徒歩約10分

コロッセオ周辺
▶MAP 別P.11 D-2

Scene 5
船上パーティーで まさかの大乱闘

Story

サンタンジェロ城下で行われる船上パーティーへ向かった2人。王女を捜す諜報部員に見つかり、大乱闘の後テヴェレ川へダイブ。

いつの間にか2人の間には恋心が生まれていた

サンタンジェロ城

テヴェレ川沿いに立つ城塞
サンタンジェロ城
Castel Sant'Angelo

五賢帝の一人、ハドリアヌス帝が自らの霊廟にするために建設した建物。要塞や刑務所として使われた歴史も。現在は博物館として公開。

Lungotevere Castello 50 ☎ 06-6819-111 開 9:00～19:30 休 月曜 料 €15(特別展は別途) 交 A線レパント駅から徒歩約13分

ヴァチカン市国周辺
▶MAP 別P.7 D～E-2

Scene 6
記者会見で見つめ合う2人 そして永遠の別れ

Story

宮殿へ戻ったアンは記者会見を行う。記者として現れたジョーは、アンと固い握手を交わし、無言で別れを告げるのであった。

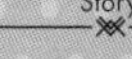

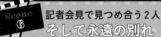

貴重なイタリア絵画を収蔵する宮殿
コロンナ美術館
Galleria Colonna

ローマの貴族、コロンナ家の宮殿として15世紀に建造された。撮影に使われたのは大広間に繋がる「勝利の柱の部屋」。ガイドツアーも催行。

Via della Pilotta 17 ☎ 06-6784-350 開 土曜の9:30～13:15 休 日～金曜 料 €15～ 交 A線バルベリーニ駅から徒歩約14分

スペイン広場周辺
▶MAP 別P.8 B-3

撮影が行われた1952年の夏は記録的な猛暑。暑さのほか、交通整備やパパラッチへの対応など、なかなか大変だったという。

Sightseeing

願いが叶う伝説の泉!?

トレヴィの泉でしたい4のこと

ローマ市内でも一、二を争う美しさを誇るトレヴィの泉。噴水の水しぶきや繊細な彫刻は、時間を忘れて眺めていたくなるほど。コインを投げて願い事をするのも忘れずに。

WHAT IS

Fontana di Trevi

トレヴィの泉

水をたたえる人々の憩いの場

古代ローマ時代に皇帝アウグストゥス帝が造らせたもの。ヴィルゴ水道の終点としての役割をし、その後場所の移動や改造を経て、1762年に完成したと言われる。

Piazza di Trevi
㊒見学自由
㊇A線バルベリーニ駅から徒歩約8分
スペイン広場周辺
▶MAP 別P.8 B-3

Stupenda!（ストゥペンダ）（うっとり）

水の青と白い彫刻の見事なコントラスト

投げ込まれたコインはローマ市によってちゃんと回収されます

FONTANA DI TREVI

01 泉を見下ろす彫像たちの正体を知る

コンベンションホールとしても使われているポーリ宮殿の壁一面が、泉の噴水と一体化している。古代ローマ時代の神話やギリシャ神話に登場する神々をモチーフにした彫刻が見事。

Ciao!

【ネプチューン】
ローマ神話に登場する、河川や湖を司る海神。貝殻の馬車に乗って進む様が彫られている。

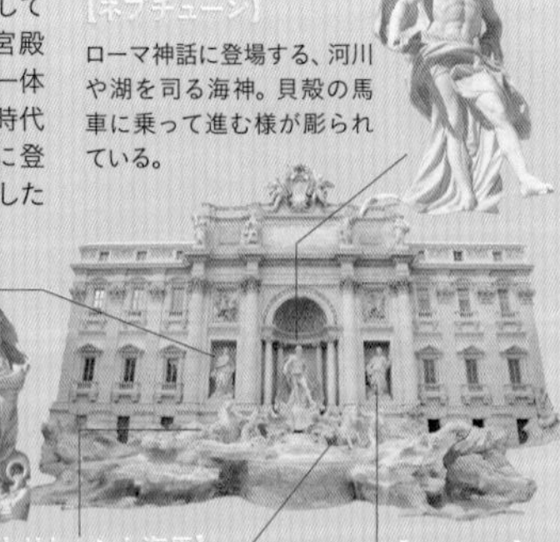

【ケレース】
大地の豊穣や穀物の収穫を司る豊穣神、地母神とされている。よく見ると手元には収穫された農作物が。

【トリトーンと海馬】
ギリシャ神話に登場する、海神ポセイドンの息子とされる海神。口元にはホラ貝を持っており、半馬半魚の海馬を操ろうとしている。

【サルース】
健康と繁栄を司る女神。盃を手にしており、薬学のシンボルでもある蛇を携えているのが特徴。

02 コインを投げて泉に願い事!

トレヴィの泉には、願いを込めてコインを投げるとそれが叶うという言い伝えがある。ローマへの再訪を願ってコインを投げてみて。

❶ コインの枚数を決める

投げるコインの枚数によって願い事が異なる。1枚はローマへの再訪、2枚は好きな人と一生一緒にいられる、3枚は嫌いな人と別れられる、という内容。

コインはユーロじゃなくてもOK!

また ローマに 来られますように♪

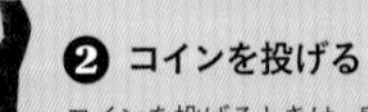

❷ コインを投げる

コインを投げるときは、泉を背にして肩ごしに。願いを込めてえいっと投げれば必ず泉の中に入るので、願い事もおそらく叶うはず!?

03 人気のジェラート店でひと休み

トレヴィの泉周辺はイタリア名物ジェラートのお店の激戦区！数ある人気店の中でもおすすめの2店舗がこちら。おいしいジェラートを食べて、旅の疲れを癒やして。

旬の素材をジェラートで堪能

サン・クリスピーノ

San Crispino

カップは5サイズあって、€2.7〜10

ローマ市内に数店舗ある老舗ジェラテリア。自然素材を使用したジェラートで、フレーバーは常時20種類前後。店内にはおすすめの組み合わせが書かれたカードが置かれている。

🏠 Via della Panetteria 42
☎ 06-8922-5101 営 11:00〜翌0:30 休 無休 交 トレヴィの泉から徒歩約3分
スペイン広場周辺 ▶MAP 別P.8 B-3

メレンゲタイプのジェラートと、ザバイオーネというカスタード風味のフレーバー

Meringa al Caramello × Zabaione €3.5

Buona Petito!

Tiramisù × Puro €3.5

イタリアンドルチェの定番ティラミスとチョコレートの組み合わせ。生クリームのトッピングは無料

素材からこだわる実力派ジェラート

ジェラテリア・デル・テアトロ

Gelateria del Teatro

オーナーパティシエによるオリジナルレシピのジェラートが評判。食材の旬や産地にもこだわり、季節によりフレーバーが異なる。イートインスペースも広め。

🏠 Via dei Coronari 65 ☎ 06-4547-4880 営 10:00〜23:30（冬期は〜22:30）休 無休 交 ナヴォーナ広場から徒歩約6分
ナヴォーナ広場周辺 ▶MAP 別P.7 E-3

ジェラート以外のスイーツメニューもいろいろ

04 ロマンチックな夜景を見に行く

夜になると泉の彫刻がライトで照らされ、とってもロマンチック。夕食時になると観光客も少なくなるので、彫刻をゆっくり見るならこのタイミングがおすすめ。

ローマ市内屈指の夜景スポット

ローマ市内の噴水をめぐる

古くから水道設備が発達していたローマでは、街なかに噴水がたくさん。見事な彫刻も施された、近隣の噴水スポットを紹介。

ホラ貝から水が噴き出る

トリトーネの噴水

Fontana del Tritone

バルベリーニ広場に立つ海神トリトーネの噴水はベルニーニ作。貝殻の上に乗ったトリトーネが吹くホラ貝から水が出ている。

🏠 Piazza Barberini 開 見学自由 交 A線バルベリーニ駅から徒歩約1分
スペイン広場周辺 ▶MAP 別P.8 B-2

擬人化された4つの大河

四大河の噴水

Fontana dei Quattro Fiumi

ナイル川、ガンジス川、ドナウ川、ラプラタ川の世界の4大河を擬人化した彫刻がオベリスクを囲んでいる。ベルニーニの作品。

→P.55

3匹の蜂を探して

蜂の噴水

Fontana della Api

ヴェネト通りに位置する、3匹の蜂がデザインされた噴水。ベルニーニ作で、3匹の蜂はバルベリーニ家の紋章を意味している。

🏠 Via Vittorio Veneto 開 見学自由
交 A線バルベリーニ駅から徒歩約1分
スペイン広場周辺 ▶MAP 別P.8 C-2

雄々しいネプチューンの像

ネプチューンの噴水

Fontana del Nettuno

ナヴォーナ広場の北側にある噴水。海神ネプチューンが怪物を退治している勇ましい姿が彫られている。

→P.55

イルカと戦うムーア人

ムーア人の噴水

Fontaine du Maure

ナヴォーナ広場の南側にある噴水。アフリカ北西部に住むムーア人の顔に似ていることからこの名前が付いた。

→P.55

トレヴィの泉周辺はローマを代表する観光地なだけあって、日中は人だかりが激しい。スリや置き引きにはくれぐれも気をつけて。

Sightseeing

まるで野外博物館！

ナヴォーナ広場でしたい3のこと

ローマで最も美しい広場と称されるナヴォーナ広場。マストな見どころは芸術性の高い彫刻が施された3つの噴水。広場を散策しながら美術鑑賞も楽しもう。

頂点には鳩の紋章が置かれている

01 そびえ立つオベリスクの謎に迫る

ナヴォーナ広場の中心に立つ巨大なオベリスク。ローマにあるオベリスクのほとんどはエジプト侵略の際に持ってこられたものだが、これはヒエログリフが逆向きに彫られたローマで造られたもの。一度は崩れて廃墟に埋もれていたが、17世紀に再建された。

高さ17m

広場の中心にそびえるバロック彫刻の傑作

割れた破片を繋げて修復した跡がある

Close Up!

ヒエログリフが彫られているが、よくよく見ると…

PIAZZA NAVONA

Incredibile!（インクレディビーレ）（信じられない）

ナヴォーナ広場 早分かり

Q 誰が造ったの？

A 1世紀に皇帝ドミティアヌス帝が競技場として造らせたものが元。細長い形状や石が敷かれているあたりに競技場としての名残がある。

Q 何に使われたの？

A 古代ローマ時代は主に戦車競技に使用された。一面に水を張り、水浴やボート遊びに利用されたほか、市場が開かれたことも。現在はカフェやバールに囲まれ、ローマ市民の憩いの場となっている。

Piazza Navona
開 見学自由
交 A線スパーニャ駅から徒歩約20分
ナヴォーナ広場周辺
▶MAP 別P.7 F-3

WHAT IS Obelisco オベリスク

エジプトから持ち込まれた巨大な石柱

古代エジプトで造られたモニュメントの一種。世界に現存する30本のオベリスクのうち13本がローマにあり、多くは古代ローマ時代に戦利品として持ち帰られたものだ。ヒエログリフが彫られていなかったり、逆向きに彫られていたりするものはローマで造られた模造品。

Andiamo!

02 3つの噴水を飾る彫像の細かさにびっくり

ナヴォーナ広場のシンボル、3つの噴水はいずれも名芸術家によって造られた見事な彫刻が施されている。ただ見るだけでなく、彫刻の背景もあわせて知っておくと楽しみも倍に。

Grande!

ムーア人(北西アフリカのイスラム教徒)に似ていることから、この呼び名が付いたのだとか

【ムーア人の噴水】

ムーア人の彫像を中心に4体のトリトーン像が並ぶ。オリジナルは修復のため1874年に市内のボルゲーゼ公園に移動されており、広場にあるのはレプリカ。

2011年にハンマーで破壊されるという事件があったが修復されて元通り

【ネプチューンの噴水】

16世紀の博学者デッラ・ポルタ作。同じテーマの噴水はボローニャやベルリンなど世界中で造られているが、タコが怪物として造られているものは珍しい。

Ciao!

タコに勇敢に立ち向かう、海神ネプチューンの像が中央に立つ

ローマ神話に登場する神々がモチーフ

1575年にイルカとトリトーン像が完成。ベルニーニの設計による人の像が1653年に加えられた

もともとは水盤のみだったが、広場の景観のバランスを整えるため彫像が付け加えられたという

ギリシャ神話に登場する海神、トリトーン。海の荒れを鎮めるためのホラ貝を持っている

馬のように見えるが、よく見ると下半身は魚。半馬半魚のヒッポカムポス

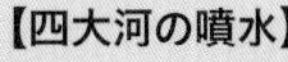

【四大河の噴水】

バロック時代を代表する彫刻家、ベルニーニの最高傑作のひとつと言われている。世界の4大河を擬人化した雄々しい4対の像がオベリスクを囲む構成。

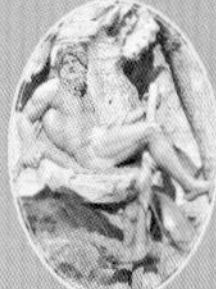

【ガンジス】

蛇を従える舟のオールを手にしている。4体の像のうち、最も立派な顔立ち。

【ドナウ】

四大河のうちローマに一番近いことから、右手の先がローマ法王の盾型の紋章に触れている。

【ナイル】

頭にかけられた布は、ナイル川の水源が分からないことを意味すると言われている。横にあるヤシの木の彫刻も、エジプトにちなんだものという説がある。

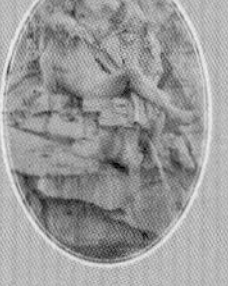

【ラプラタ】

「教会が崩れてくる!」とのけぞるような構図が、ベルニーニと教会の設計者ボッロミーニの不仲を表しているという小話がある。

03 自分用に欲しい! 質のいいおみやげ探し

散策後は広場周辺のショップで買い物。ローマでもここにしかない、評判のいい老舗の帽子屋さんで、自分用のおみやげを手に入れて。

帽子のオーダーや修理も受けてますよ
€120

商品のラインナップは時期により異なる

センスのいい服飾雑貨が揃う

トロンカレッリ

Troncarelli

1857年創業の老舗帽子屋。イタリア製の帽子のほか、イギリス製のものなど高品質な帽子が揃う。靴下や傘といった雑貨も扱う。

夏場に大活躍、通気性のいい麦わら帽子

Via della Cuccagna 15 ☎06-687-9320 営10:00〜13:30、14:30〜19:30 休日曜、夏期休業あり 交ナヴォーナ広場から徒歩約1分 英語OK

ナヴォーナ広場周辺

▶MAP 別P.7 F-3

オベリスクの奥に立つサンタニェーゼ・イン・アゴーネ教会は1672年に造られたもの。殉教者聖アグネスを祀る教会。

古都ローマの雰囲気あふれる石畳の街並み

ナヴォーナ広場周辺

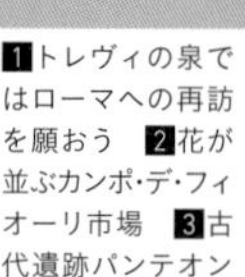

Piazza Navona

【行き方】

バス テルミニ駅発の64番バスで約10分、サンタンドレア・デッラ・ヴァッレ教会前下車。もしくは70番のバスで約15分、Senatoで下車。地下鉄駅からのアクセスはよくない。

ぐるっと回って
3時間

エリア紹介

ナヴォーナ広場はローマ市街の北西に位置。周辺にはトレヴィの泉、パンテオンといった見どころも点在しており、ローマらしい雰囲気を感じながら街歩きを楽しめるエリア。

広場や観光名所に面している店は、観光客向けで値段設定も比較的高めのところが多い。1本路地に入れば、地元の人しか知らないような穴場店に遭遇できることも。道が入り組んで迷いやすいため、通り名を確認しながら歩くといい。

Benvenuta!

1トレヴィの泉ではローマへの再訪を願おう 2花が並ぶカンポ・デ・フィオーリ市場 3古代遺跡パンテオン

01 広場周辺のランドマークをおさんぽ

王道の見どころのほかにも、気になるランドマークがあちこちに。街歩きしつつ、探索してみて。

marcovarro/Shutterstock.com

両岸に橋が架けられており、島を行き来することができる

テヴェレ川に浮かぶ中州

A ティベリーナ島

Isola Tiberina

全長270m、幅最大67mの緑豊かな小島。かつては神殿があった地だが、現在は病院がある。地元住民の憩いの場。

🏠Isola Tiberina 開見学自由 交ナヴォーナ広場から徒歩約15分
トラステヴェレ周辺 ▶MAP 別P.10 C-1～2

政治の中心地となった広場

B コロンナ広場

Piazza Colonna

コルソ通りに面した長方形の広場で、マルクス・アウレリウスの記念柱が目印。接するキージ宮はイタリア行政府として使われている。

🏠Piazza Colonna 開見学自由 交ナヴォーナ広場から徒歩約10分
ナヴォーナ広場周辺 ▶MAP 別P.8 A-3

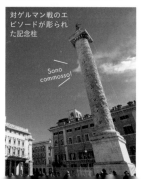

対ゲルマン戦のエピソードが彫られた記念柱

Sono commosso!

三廊式ラテン十字形。入口にはバラ窓がある

ゴシック様式の内部構造

C サンタ・マリア・ソプラ・ミネルヴァ教会

Basilica di Santa Maria Sopra Minerva

パンテオン脇に位置する教会。外観はシンプルだが、内部はミケランジェロやベルニーニの作品も展示され、さながら美術館のよう。

🏠Piazza della Minerva 42 ☎333-746-8785 開11:00～13:00、15:00～19:00。ミサの時間を除く 休無休 料無料 交ナヴォーナ広場から徒歩約7分
ナヴォーナ広場周辺 ▶MAP 別P.7 F-3

🅰イタリア統一を記念して建てられたヴィットリオ・エマヌエーレ2世記念堂 🅱イタリア発の最新ブランドをチェックするならコルソ通りへ 🅲手頃なエノテカから高級レストランまで飲食店の選択肢も豊富

02 甘いものを食べて小休憩

街歩きの休憩にぴったり、個性的なスイーツ＆雰囲気が楽しめるのがこちら。ひと休みして元気をチャージ!

1400年代築の修道院をリノベーション

Ⓓ キオストロ・デル・ブラマンテ

Chiostro del Bramante

修道院に併設されたカフェ。回廊に備えられたテーブルで食事をすることができる。自家製ケーキのほか、パスタといった軽食も提供。随時アート関連の企画展を開催している。

🏠Arco della Pace 5 ☎06-6880-9035 営10:00～19:30（土・日曜は～20:30）休無休 交ナヴォーナ広場から徒歩約2分 英語OK

ナヴォーナ広場周辺

▶MAP 別P.7 E-3

コルネットや焼き菓子は各€2～と値段も手頃

回廊のテラス席ほかゆったりくつろげる店内席もある

ビタミンたっぷりのフルーツジュースに栗のジャム入り自家製チーズケーキ

03 隠れ家レストランでローマ料理ディナー

入り組んだ路地が多い迷路のようなエリア。ちょっと奥に入ればそこには隠れ家的レストランが。

見た目も味も洗練された

Ⓔ ラ・タベルネッタ 48

La Tavernetta 48

ローマ料理に独自のモダンアレンジを加え、スタイリッシュな盛り付けで提供。パスタは15種ほどで€14～25、魚介を使ったメニューも豊富。

€7

スライスしたパンにトマトや生ハムをのせた、ローマの伝統的な前菜ブルスケッタの盛り合わせ

🏠Via degli Spagnoli 48 ☎06-6819-2591 営12:00～15:00、19:00～23:00 休無休 料ランチ・ディナー各€30～（要予約）交ナヴォーナ広場から徒歩約7分 英語OK

ナヴォーナ広場周辺

▶MAP 別P.7 F-3

板状のパスタでラグーソースを挟み、チーズをかけて焼き上げたラザニアも定番

テヴェレ川沿いには夏の間限定で、夜になると飲食店や露店などの屋台が並ぶ。

予約不要
所要 30分

古代ローマ建築の代表

パンテオンでしたい5のこと

ローマの街なかに突如現れるパンテオン。2000年以上の歴史を持つ、貴重な建造物だ。かつて多くの神々が祀られた神殿で、古代ローマ人の宗教観に触れてみよう。

WHAT IS Pantheon パンテオン

ミケランジェロが称賛した神殿

建設されたのは紀元前27年頃。当時のローマは多神教で、さまざまなローマの神を祀る万神殿として利用。火事で焼失してしまうものの、120年頃に再建。609年以降はキリスト教会聖堂として使われた。

01 まずは外観をぐるっと一周

Andiamo!

ロトンダ（円堂）の上部に直径43.2mのコンクリートのドームが付けられた、石造りの巨大な建物。まずは外をぐるっと回って、外壁と全体像、パンテオン前に立つオベリスクを眺めよう。

かつてエジプトから運ばれて、イシス神殿の近くに立てられていたが、1711年にこの場所に移された

壁の厚さは約6m。上部には軽量な素材を使用

パンテオン早分かり

Q 誰が建てたの？

A 初代ローマ皇帝のアウグストゥスの側近であるマルクス・ウィプサニウス・アグリッパによって建造。一説によるとアウグストゥスを奉るために造られたが市民からの反発が強く、用途を神殿に変更したという話。後に火事で焼失し、ローマ皇帝ハドリアヌスによって約10年の期間をかけて再建された。

Q 「パンテオン」の意味は？

A ギリシャ語で「あらゆる神々を祀る神殿」を意味する。古代ローマ時代、文化・宗教的な面で当時先進国であったギリシャから大きな影響を受けていたことを表している。

Scoperta!（スコペルタ）（発見）

PANTHEON

多神教時代の名残をとどめる荘厳な建築物

ドームの直径43.2m

高さ43.2m

太さ4.5mの円柱が16本並んでいる

Piazza della Rotonda
☎ 06-6830-0230
開 9:00～19:00
休 無休　料 €5
交 ナヴォーナ広場から徒歩約4分
ナヴォーナ広場周辺
▶MAP 別P.7 F-3

Fontana

Ciao!

02 パンテオンの見逃せないポイントチェック

国の功労者を祀る記念堂としても利用されているパンテオン。主な美術品や偉人の墓などは壁沿いに収蔵・展示されているため、人の流れに沿って入り口右側から順に見て行こう。

ラファエロのお墓の上の聖母子像はロレンツォ・ロッティによって作られた

【主祭壇】

【ラファエロの墓】

【ヴィットリオ・エマヌエーレ2世の墓】

【受胎告知】

入って正面、突き当たりは主祭壇となっている。イタリア統一の功労者ヴィットリオ・エマヌエーレ2世の墓は入り口向かって右手側。石の聖母像が目印のラファエロの墓は左側にある

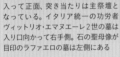

Grande!

03 天井に開いた巨大な穴を見上げる

パンテオンの一番の特徴は天井の中央に開いた直径8.92mの巨大な穴。目を意味する「オキュラス」と呼ばれ、まだ電気がない時代、光源の役割として開けられた。

円形窓から差し込む光は日時計としても活躍

格間（ごうま）と呼ばれる壁のくぼみは、ドームの重みを軽減するためのもの

04 パンテオンの夜の顔を見に行く

日が暮れるとパンテオンがうっすらライトアップされる。オベリスクや噴水も光に彩られ、広場全体が幻想的な雰囲気に。

周辺の飲食店にも明かりが灯り、夜になってもにぎやか

ラテン語で「ルキウスの息子、マルクス・アグリッパが3度目のコンスルのときに建造」という意味が彫られている。コンスルは古代ローマ共和政期の最高職のこと

05 神殿跡×ネコ!? 癒やしスポットへ

神殿跡に入れるのはネコだけなんだな

パンテオンから南に歩くとアルジェンティーナ神殿跡に出る。見た目は普通の遺跡だが、変わったスポットとして観光客に人気。

街なかに忽然と現れる神殿跡

猫がくつろぐ街なかの遺跡

アルジェンティーナ神殿跡

Area Sacra di Torre Argentina

古代ローマの共和政時代の建物の遺跡跡。カエサルが暗殺された場所として有名。野良猫の保護施設を兼ねており、神殿内を闊歩する猫の姿を見ることができる。

Largo di Torre Argentina
㊡見学自由　㊢ナヴォーナ広場から徒歩7分
ナヴォーナ広場周辺 ▶MAP 別P.10 C-1

37歳の若さで死去したラファエロ。生前から、亡くなったあとはパンテオンに葬られることを希望しており、死後それは叶えられた。

若者でにぎわうローマのおしゃれスポット

モンティ地区周辺

Monti

【行き方】

地下鉄 B線カヴール駅の利用が便利。コロッセオからも徒歩圏内なので、コロッセオを見学→ショッピング→アペリティーヴォという回り方もおすすめ。

ぐるっと回って 3時間

エリア紹介

坂道が多く、水はけが悪いことからあまり好んで住まれるエリアではなかったが、19世紀以降の都市計画によって街並みが一変。現在ではおしゃれなレストランやバー、古着屋にセレクトショップなどが集まるローマ市内でも屈指のファッションスポットとなった。

テルミニ駅からも徒歩圏内で大通りからも近く、比較的治安もいい。手頃な価格のホテルも多いため、滞在の拠点にするのもおすすめだ。

1 ウィンドウショッピングも旅の楽しみ 2 噴水前はいつもにぎやか 3 食事の前の軽い一杯を飲みに立ち寄る客も多い

01 個性派ショップでコーディネート買い

個性的なショップがひしめき合うモンティ地区で全身コーデ＆アクセサリーを探しに。

タック入りのロングシャツにサルエル風パンツ、ネックレスに革のポシェット A

シフォン素材のロングスカートにトップス、小物を合わせたモノトーンコーデ A

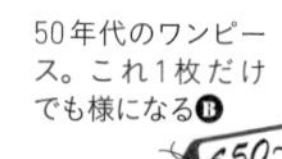

50年代のワンピース。これ1枚だけでも様になる B

オリジナルデザインのアイテム

A スフィル

SUFIR

洋服はすべて自社ブランドのもの。生地の素材感を活かしたデザインが特徴。イタリア製スカーフはおみやげにも。

Via del Boschetto 96
☎380-893-9956
営10:30～20:00
休無休 交B線カヴール駅から徒歩約5分
英語OK
モンティ地区周辺
▶MAP 別P.8 C-3

おしゃれなショップが並ぶストリートに佇む

質のいいヴィンテージグッズが充実

B プルプ

Pulp

ミラノやフィレンツェで買い付けたヴィンテージアイテムを扱うショップ。リーズナブルな価格帯。

Via del Boschetto 15A ☎06-485-511
営10:00～19:30
休日曜 交B線カヴール駅から徒歩約5分
英語OK
モンティ地区周辺
▶MAP 別P.8 C-3

ガラス越しに店内が見えて、気軽に入りやすい雰囲気

Molto carina

4 レトロな柄が印象的なプルプのワンピース 5 カップルで買い物を楽しむ姿も 6 アンティークの家具や照明などを扱うショップもちらほら

お気に入りアイテムを探してみてね

02 路地裏のバーでアペリティーヴォ！

夕飯前の軽い一杯＆おつまみは、地元の若者たちでにぎわうおしゃれなバーへ。

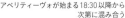

アペリティーヴォが始まる18:30以降から次第に混み合う

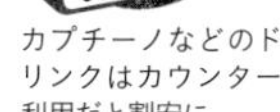

€3

カプチーノなどのドリンクはカウンター利用だと割安に

€8

イタリア産リキュール「アペロール」を使用したカクテル、スプリッツ

料理も高レベルの隠れ家ワインバー

C バルツィライ

Barzilai

ランチはマンマによる家庭料理が味わえるビストロ、夜はお酒に合わせるおつまみメニューを提供。アペリティーヴォは18:30〜19:30頃。

Via Panisperna 44　☎06-487-4979　営9:00〜翌2:00（日曜は18:00〜0:00）　休無休　料ランチ・ディナー€13〜　交B線カヴール駅から徒歩約5分　英語OK

モンティ地区周辺 ▶MAP 別P.8 C-3

03 ローマっ子に人気の裏路地のピッツェリアへ

おしゃれなモンティ地区の裏路地にはピッツェリアなどの飲食店もたくさん。本場の味を楽しもう。

こだわりの食材をのせて焼き上げた切り売りピッツァ

€11.50/kg

モルタデッラハムとチーズ、ピスタチオのピッツァ

€2.5

ラグートマトソースを使用したチーズ入りライスコロッケ

トッピングの種類豊富！
切り売りピッツァはココで

D ピッツァ・デッラ・マドンナ・デイ・モンティ

Pizza della Madonna dei Monti

切り売りピッツァの人気店。具材はこだわりのオーガニック食材を使用。購入したピッツァは隣接する同経営のリストランテでも食べられる。

Via della Madonna dei Monti 110
☎06-6941-3112 営11:00〜23:30
休無休 英語OK

モンティ地区周辺 ▶MAP 別P.11 E-1

ほとんどの個人店ではクレジットカード支払いが可能。市場内の店でも使用できる店舗はあるが、まだまだ少なめ。

地元客から愛される飲食店がひしめき合うエリア

トラステヴェレ周辺

Trastevere

【行き方】

バス テルミニ駅からはバスH番に乗り約15分、Belliにて下車。トラム停留所はあるが郊外行きのため利用価値は低い。シスト橋を起点にしよう。

ぐるっと回って 2時間

エリア紹介

ローマ市街を流れるテヴェレ川、その「川の向こう側」という意味を持つ。石畳が多く、迷路のように路地が入り組んでおりレトロな建物が多く見られる、ローマの下町エリアだ。

これといった見どころは少ないものの、地元民からも人気が高い飲食店が集まるグルメスポットとして注目されている。特に週末は深夜まで多くの人でにぎわう。手頃な価格のゲストハウスやホテルが多いが、中心部へのアクセスは少々悪い。

1レストランほかピッツェリアなど飲食店のジャンルも豊富 2ナヴォーナ広場周辺とトラステヴェレを繋ぐシスト橋

3

ハッピーアワーはお得に飲めるチャンス

01 下町の人気店でちょっと贅沢ランチ

数ある飲食店の中で、地元客・観光客を問わず、評価が高いお店で優雅なランチタイムを。

切りたての生ハムもぜひ

魚料理とワインが充実

A オステリア・ラ・ジェンソラ

Osteria la Gensola

ローマでは珍しい、シーフード料理がメインの店。新鮮なマグロやタイなどの魚介をふんだんに使用した、食べごたえのあるメニューが好評。魚介のメインは常時10種類前後。

Total €38

エビとナス、スモークモッツァレラが入ったリングイネパスタ（手前）€16と、カジキマグロのロール焼き（奥）€22

木の温もりあふれる店内。3つのフロアに分かれており、全90席ほど

Piazza della Gensola 15 ☎06-5816-312 営12:30～15:00、19:30～23:00 休無休 料ランチ・ディナー€30～（要予約） 交シスト橋から徒歩約6分 英語OK

トラステヴェレ周辺 ▶MAP 別 P.10 C-2

こちらもオススメ

€27

マトウダイの切り身とジャガイモ、トマト、オリーブをソテーした一品

3古い建物の外壁に緑が映える 4教会前の広場はいつも人が集まっている 5人気レストランに行く際は予約必須 6暗くなるにつれて飲み歩く人でにぎやかに

熱いうちに食べてね！

気どらないローマ料理を味わえる店

B トラットリア・ダ・エンツォ・アル29
Trattoria da Enzo al 29

こぢんまりとした家庭的なトラットリア。ローマの伝統料理をそのままに味わえる。自家製のデザートも絶品。

Via dei Vascellari 29 ☎06-581-2260 営12:10～15:00、19:00～23:00 休無休 料ランチ・ディナー各€35～ 交シスト橋から徒歩約10分 英語OK

トラステヴェレ周辺

▶MAP 別P.10 C-2

Total €37

骨付き仔牛肉のグリル（手前）€21には、お好みでレモン汁をかけて。日替わりの前菜（奥）€16。この日はパンのサラダ

€16 こちらもオススメ

ローマ風の肉団子、ポルペッテ。家庭でもよく作られる、定番のメニュー

Total €24

セモリナ粉を使用したコイン形のニョッキ（手前）€10.5、アーティチョークのフライ（右奥）€9、ローマ風アーティチョーク€7（左奥）

居心地のいい一軒家トラットリア

C トラットリア・ダ・ジルド
Trattoria Da Gildo

上品かつフレンドリーなサービスが居心地のいいトラットリア。旬の食材によってメニューは頻繁に変わる。

Via della Scala 31A ☎06-580-0733 営12:00～15:30、19:00～23:30 休木曜 料ランチ・ディナー各€30～（ディナーは要予約） 交シスト橋から徒歩約2分 英語OK

トラステヴェレ周辺

▶MAP 別P.10 B-1

こちらもオススメ €7

イタリアの定番デザート、ティラミス。軽めのクリームを合わせたオーソドックスなタイプ

旬のおいしい食材でレシピを考えてるの

02 教会を飾る黄金のモザイク画に感激

エリアのランドマーク的存在。教会内の黄金モザイク画も一見の価値あり。

ローマ最古の教会と言われる

D サンタ・マリア・イン・トラステヴェレ教会
Basilica di Santa Maria in Trastevere

3世紀頃に建てられ、その後12世紀に入ってから再建され現在の姿となる。正面ファサード上部のモザイク画にも注目したい。

Piazza di Santa Maria in Trastevere ☎06-581-4802 開7:30～21:00（金曜は9:00～、ミサの時間を除く） 休無休 料無料 交シスト橋から徒歩約5分

トラステヴェレ周辺

▶MAP 別P.10 B-2

イタリア人のディナータイムは遅め。21時頃から店が混みはじめ、食事を終えるのは深夜近くになることも。

かつての食肉処理場がグルメスポットに変貌

テスタッチョ周辺

Testaccio

【行き方】

地下鉄 B線ピラミデ駅が起点となる。駅から徒歩10分圏内で、大体の目的地に足を運ぶことができるだろう。そのまま北上してトラステヴェレ周辺(→P.62)へ行くのもいい。

ぐるっと回って 3時間

エリア紹介

ラテン語で「陶片の山」を意味するテスタッチョという地名は、古代、食材の輸送途中で割れたアンフォラ(陶器の一種)の破片が積まれ、人工的な丘が形成されていたことに由来。

かつては労働階級の人が多く暮らしていたことや、食肉処理場があったことから、観光目的で訪れるような場所ではなかったものの、昨今はテスタッチョ市場の改装や、飲食店が増えたことにより、おしゃれなグルメスポットへと進化を遂げた。

1 色とりどりの青果が並ぶテスタッチョ市場 2 市場では衣類や靴の販売も 3 ストリートアートも必見だ

gabriele gelsl/Shutterstock.com

01 テスタッチョ市場でショッピング&グルメを満喫

旅の楽しみのひとつ、市場めぐり。テスタッチョ市場では食品はもちろんイートインも充実！

市場の中央には飲食スペースがあり、座って食べることができる

歴史ある青空市場が2012年に今の場所へ移転。市場内にはトイレも完備

食品から服飾品までジャンル豊富

Ⓐ テスタッチョ市場

Mercato Testaccio

白を基調としたスッキリとした明るい造りで、食材店や服飾店などがボックスごとに並んでいる。グルメなエリアだけにイートインのレベルも高い。

Via Lorenzo Ghiberti ☎なし 営7:00～15:30頃(店舗により異なる) 休日曜(店舗により異なる) 交B線ピラミデ駅から徒歩約15分

テスタッチョ周辺 ▶MAP 別P.10 C-3

ワインショップも多い。店頭で注文し飲むことも可能

食前酒に冷たいプロセッコはいかが？

€6

柔らかく煮込んだ若い雌牛の肉(スコットーナ)のパニーノ

€6

ポルペッテ(ローマ風肉団子)にたっぷりのトマトソースをあわせた一品

スコットーナがうちの名物だよ！

何度も食べたくなる絶品パニーノ

モルディ・エ・ヴァイ

Mordi e Vai

トリッパやスコットーナなどローマの下町料理をパニーノに挟んで提供。具の種類は日替わりで、16種類前後が並ぶ。惣菜としても購入可。

テスタッチョ市場内Box N.15 ☎339-134-3344 営10:00～14:30(土曜は～15:00) 休日曜 料€3.5～

4 ヴォルペッティではチーズやハムの量り売りも充実 5 ひょうたん型のチーズ、スカモルツァはパニーノの具材にもよく使われる 6 手軽に食べられるローマの新グルメ、トラピッツィーノ

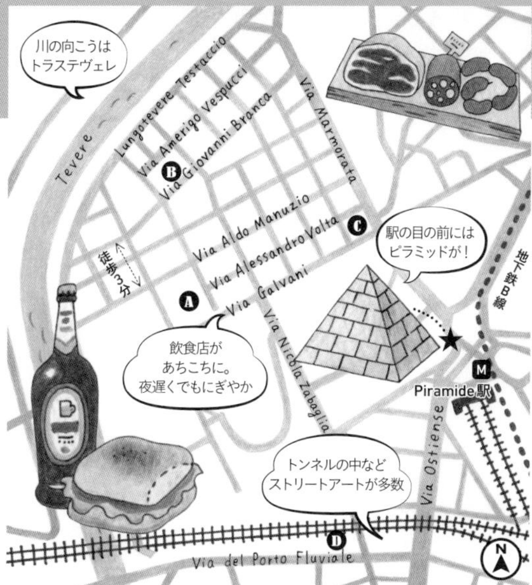

02 テイクアウトグルメで小腹を満たす

なるべく食費を抑えたい…、というときに重宝するのがテイクアウトグルメ。特におすすめはここ。

ナスと挽き肉のトマトソース煮込みが入った、パルミジャーナ・ディ・メランツァーネ

ローマの新名物ファストフード

B トラピッツィーノ

Trapizzino

四角く焼いたピッツァ生地を三角に切り、ポケット部分に具材を詰めたローマ発のファストフード。肉や野菜の煮込みなど約6種が並ぶ。

🏠Via Giovanni Branca 88 ☎06-4341-9624 営12:00～翌1:00 休無休 料€5～ 交B線ピラミデ駅から徒歩約10分 英語OK テスタッチョ周辺
▶MAP 別P.10 C-3

03 こだわりの食材店でおみやげチェック

グルメなおみやげを買うのであれば、やはり食材の専門店へ。納得のいくアイテムが見つかるはず。

ローカル御用達の食材店

C ヴォルペッティ

Volpetti

1973年オープンの老舗の高級食材店。イタリア全土から集めた質のいい食材が並ぶ。試食して味を確かめられるのもうれしい。

熟成もののチーズの種類も多い

🏠Via Marmorata 47 ☎06-574-2352 営10:00～15:00、17:00～21:00 休日曜 交B線ピラミデ駅から徒歩約6分 英語OK
テスタッチョ周辺 ▶MAP 別P.10 C-3

04 複合型レストランバールで軽く一杯

何を食べようか迷ったときに助かるのが、ローマでも話題の新形態レストラン。

35種以上のランチメニューが並ぶブッフェは平日€11、土・日曜は€23

金～日曜の夜は混み合うので予約がベター

具材が異なる3種類のミニバーガーセット。フルヴィアーレ・オリジナルビールと一緒に頼みたい

おつまみの種類もたくさんあるよ!

気分によって使い分けできる

D ポルト・フルヴィアーレ

Porto Fluviale

倉庫として使われていた細長い建物を改装。バールやレストラン、ピッツェリアなどさまざまな業態の飲食店がひと続きになったユニークな造り。チケッティ(おつまみ)は1品€3.5～。

🏠Via del Porto Fluviale 22 ☎06-574-3199 営10:30～翌2:00 休無休 交B線ピラミデ駅から徒歩約6分 英語OK
テスタッチョ周辺 ▶MAP 別P.5 D-3

ピラミデ駅前のピラミッドはガイウス・ケスティウスの墓として紀元前1世紀末に造られたもの。

出来事でたどる イタリアの歴史

古代ローマ帝国の誕生から近代の共和国化まで

ローマ帝国時代の古代遺跡に、長い歳月をかけて造り上げられた巨大な教会群、ルネサンス時代の芸術家によって生み出された美術品の数々。多くの歴史的、文化的遺産を有するイタリア共和国。今でこそひとつの国として成立しているものの、ほんの150年ほど前まではそれぞれの都市が独立し、分断された状態であった。

ローマ帝国崩壊後、周辺の他民族や諸外国からの侵略・支配を受け、その度に新たな小都市国家が形成された。常にどこかで権力争いがおこり、土地や財産をめぐっての対立が絶えない時代が長く続いた。

現在イタリアの主要な観光地となっているフィレンツェ、ヴェネチアや、ミラノも小都市国家として歩んだ歴史が長く、それぞれに独自の文化を発展させた。街ごとに建築方法や美術、料理や生活様式などに違いが見られるのはそのせいである。

ローマ建国からイタリア共和国の成立まで、とても一緒くたにして語り切れるような単純なものではないが、大まかな歴史の変遷をたどることで、観光の知識として役立ててほしい。

古代ローマ帝国の繁栄と成立

紀元前

ローマ建国の伝説

軍神マルスとレア・シルヴィアの間に生まれた双子のロムルス、レムス。この双子は生まれた直後に捨てられてしまい、雌狼によって育てられる。2人は成長し、ロムルスが支配者になった紀元前753年、この年がローマ建国の年とされている。

ロムルスとレムスの双子の銅像

時代と共に移り変わる政治

古代ローマの政治制度は、大きく「王政」、「共和政」、「帝政」の3つに分けられる。

王政時代
紀元前753～510年のローマ建国初期において行われた、貴族から選出された王による政治。7人の王が統治したと言われ、王は元老院による補佐を受けた。紀元前509年、暴君タルクイニウスの追放によって、王政は終末を迎えた。

共和政時代
民会で選ばれた2人の執政官(コンスル)が王に代わって国を統治。執政官の承認は元老院によって行われたが、元老院を選ぶ権利が貴族・騎士階級に独占されていたことにより、平民が権利を主張。紀元前494年に護民官制度ができたことにより、市民にも実質上の参政権が与えられることとなった。

AD1～3世紀

帝政時代
大国カルタゴとの衝突によりポエニ戦争が勃発。ローマは勝利し、軍事力を背景にした政治家が力を持つようになる。エジプト統治を狙った戦で勝利を収めたオクタヴィアヌスが皇帝アウグストゥスとなり、帝政が始まる。「パックス・ロマーナ」と呼ばれる平和な時代が約200年続いた。

この頃のキリスト教

帝政時代のローマでは皇帝そのものが神として崇拝されており、異教とみなされたキリスト教は迫害を受けていた。313年、コンスタンティヌス1世によりミラノ勅令が出され、晴れて公認されることに。

AD4世紀

ローマ統一と東西分裂

395年、皇帝テオドシウス1世は死の間際、帝国を東西に分けて2人の兄弟に分割統治させようとするも失敗。476年に西ローマ帝国は滅亡。東ローマ帝国はコンスタンティノポリス(現在のイスタンブール)に首都を移し、ビザンツ帝国として続いたものの1453年にはオスマン帝国によって滅ぼされた。

小都市国家の乱立とルネサンス

AD5～13世紀

分裂期のイタリア

ゲルマン人の侵攻によって滅ぼされた西ローマ帝国。その後、東ゴート族やビザンツ帝国はじめ、他のヨーロッパ国からも度々介入を受けることにより、政権は複雑に入り交じる。

蛮族の侵攻によって荒れ果てたフォロ・ロマーノ

北イタリア
773年、イタリアを領土としていたランゴバルド王国に、フランク王カルロ・マーニョが侵攻。その後フランク王国が北イタリアを支配下に収める。962年、イタリア王国とドイツ王国が併合し「神聖ローマ帝国」が成立。

中部イタリア
756年、ランゴバルド王国に勝利したフランク国王ピピンがローマ教皇に土地の一部を寄進。ローマ教皇領が成立し、ローマ教皇によって一帯が支配された。この出来事は教会の世俗化にも繋がった。

南イタリア
当初ビザンツ帝国によって支配されていたが、9世紀以降はイスラーム勢力の支配下に。その後ゲルマン人の一部、ノルマン人が地中海に進出し、南イタリアとシチリア島に「両シチリア王国」を建国する。

ヴェネチア共和国の台頭

7世紀末から約1000年にわたって、ヴェネチアを本拠地とした共和国。他国からの侵略も阻み、独立を維持。海洋貿易で富を成し15世紀にはアドリア海を支配するも、18世紀以降衰退をたどる。

共和国時代の名残が残るドゥカーレ宮殿

AD14世紀

メディチ家によるルネサンスの開花

ルネサンスは「再生」「復活」を意味し、ギリシャやローマといった古典古代の文明を復興しようという活動。フィレンツェのメディチ家をはじめ各都市の権力者がパトロンとなり、芸術家を育てた。

ボッティチェリの作品『春』

イタリア統一から近代まで

AD14～19世紀

イタリア戦争

15～16世紀にわたって勃発したイタリア戦争。神聖ローマ帝国を支配していたハプスブルク家と、フランスを支配していたヴァロワ家による、イタリアをめぐる争い。イタリア半島の大部分が外国によって支配された時代でもある。

ナポレオン侵攻は大きな影響を与えた

オーストリアによる支配とイタリア統一戦争

18世紀、当時オーストリアによって支配されていた北イタリアにナポレオンが遠征。オーストリア軍を破り、諸都市を解放。市民の間で統一国家を目指す運動が強まり、イタリア統一戦争を経て1861年にイタリア王国が成立。

ローマにあるヴィットリオ・エマヌエーレ2世記念堂

AD20～21世紀

第一次世界大戦

19世紀末、列国による植民地争いが激化。イタリアはドイツ、オーストリアと三国同盟を組んでいたものの、敵対するフランスやロシアとも協定を結び、第一次世界大戦時には中立を宣言。結局三国協商側に参戦、アメリカ軍と共にオーストリア軍を追い詰め停戦を迎える。

ファシズムと第二次世界大戦

第一次世界大戦後、選挙制度が変わりイタリア社会党が第一党となる。そんな中ムッソリーニが反社会主義を掲げ、1921年にはファシスト党を組織。ドイツと提携を強め第二次世界大戦に参加するも、独裁に対する反発によりムッソリーニが失脚。無条件降伏を行う。

王政廃止と共和国の成立

第二次世界大戦後の1946年、国民投票によって王政が廃止、「イタリア共和国」となる。海外領土はすべて放棄し、連合国との講和も成立させたことにより国際社会への復帰を遂げた。

この三色旗が使われるようになったのは1946年から

ユリウス・カエサル（英名ジュリアス・シーザー）は、トランプのダイヤのキングのモデルになっている。

Sightseeing

世界遺産 カトリックの聖地

ヴァチカン市国へいざ入国！

世界最小の国、ヴァチカン市国。キリスト教の偉大さを物語る建築物や、歴代の芸術家が生み出した多くの美術品を擁している。世界中のカトリック信者が憧れる聖なる地へ、足を踏み入れてみよう。

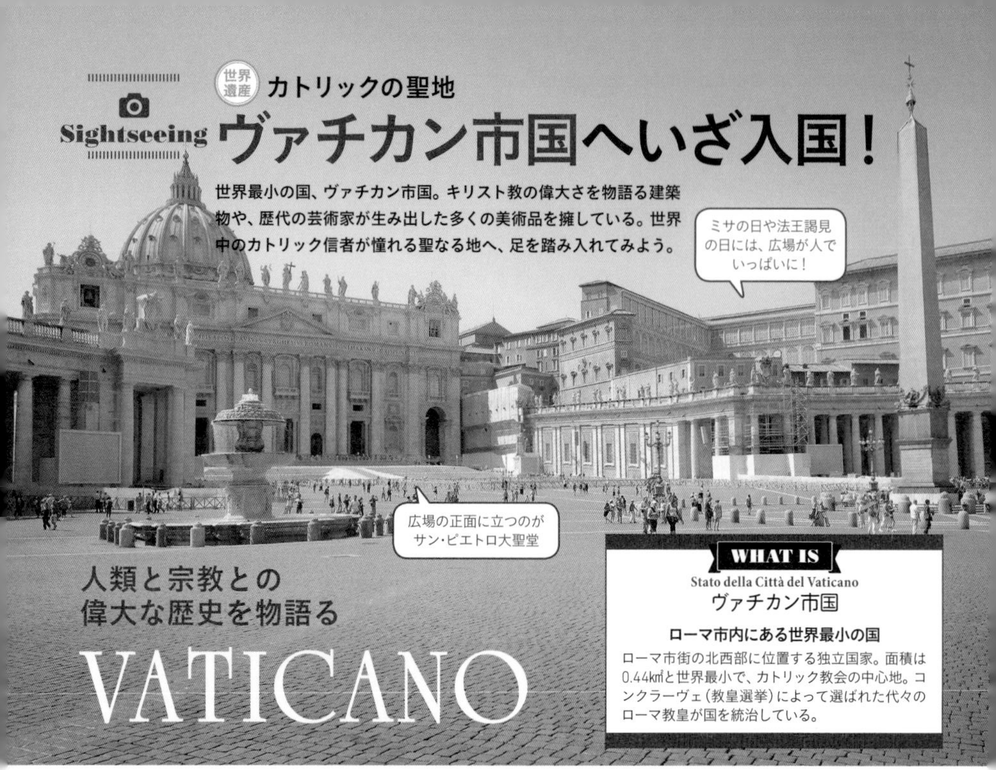

ミサの日や法王謁見の日には、広場が人でいっぱいに！
広場の正面に立つのがサン・ピエトロ大聖堂

人類と宗教との偉大な歴史を物語る VATICANO

WHAT IS

Stato della Città del Vaticano
ヴァチカン市国

ローマ市内にある世界最小の国

ローマ市街の北西部に位置する独立国家。面積は0.44㎢と世界最小で、カトリック教会の中心地。コンクラーヴェ（教皇選挙）によって選ばれた代々のローマ教皇が国を統治している。

1984年に国全体が世界遺産に登録された。一つの国の国土全体が世界遺産に登録されているのは現在、ヴァチカン市国のみとなっている。

🏠 Piazza di San Pietro　㊋ A線オッタヴィアーノ駅から徒歩約10分

ヴァチカン市国 ▶MAP 別P.6 B-2

ヴァチカン市国 早分かり

Q どうしてヴァチカン市国ができたの？

A サン・ピエトロ大聖堂の前身となる聖堂が建設されたのは326年。その後ローマ司教が教皇としてこの地に住むようになり、カトリック教会の本拠地として徐々に発展。一時はイタリア領となったが、1929年にラテラノ条約が結ばれ、独立国家として成立した。

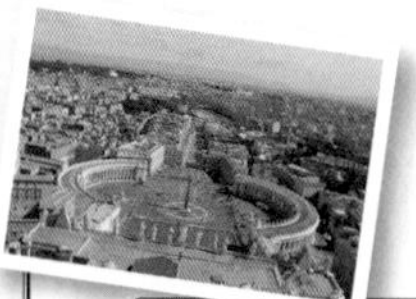

Q 住んでいる人はいるの？

A 人口は約800人で、そのほとんどが司祭や枢機卿といった聖職者。聖職者であればヴァチカン市国の国籍を取得することが可能。公用語はラテン語だが、通常業務にはイタリア語が使われている。

HOW TO めぐり方

見どころが多いため見学には時間がかかる。あらかじめ回るルートを決めておくのがベター。

出入国は自由

イタリアとの国境は城壁によって囲まれているが、自由に出入りすることができる。パスポートは不要。

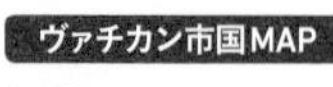

観光客が自由に歩けるのはサン・ピエトロ広場、サン・ピエトロ大聖堂、ヴァチカン美術館のみ

ヴァチカン市国MAP

【ヴァチカン美術館】
【庭園】
【サン・ピエトロ大聖堂】
【サン・ピエトロ広場】

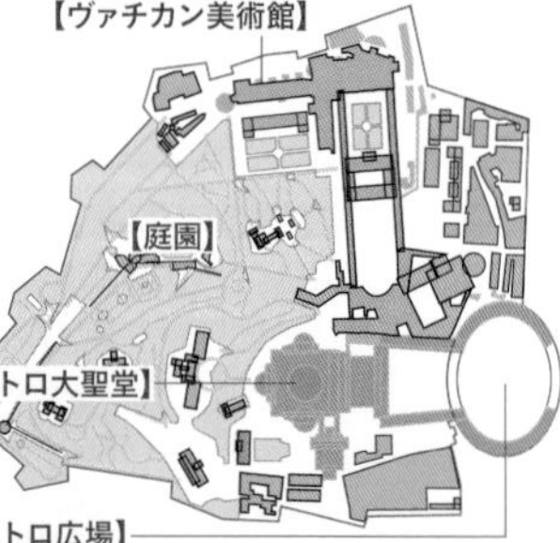

おすすめ見学ルート

1 ヴァチカン美術館 （→P.74）

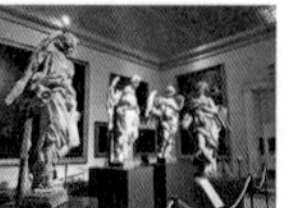

歴代の教皇が集めたイタリア芸術の傑作を展示。20以上の美術館、博物館に分かれる

2 サン・ピエトロ大聖堂 （→P.70）

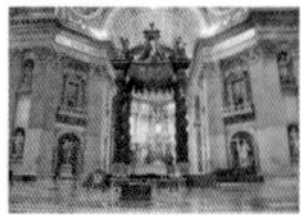

キリストの弟子ペテロの墓の上に建てられた聖堂が前身。世界最大のカトリック聖堂

3 サン・ピエトロ広場 （→P.69）

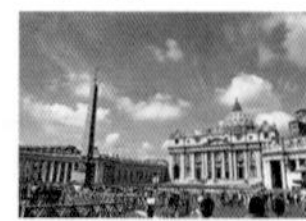

ヴァチカン市国の玄関となる広場。イタリア人建築家のベルニーニが主体となって設計

ヴァチカンの玄関口

サン・ピエトロ広場

Piazza di San Pietro

ヴァチカン市国の東端、サン・ピエトロ大聖堂の前に広がるバロック様式の広場。柱廊に囲まれた楕円形の部分と、聖堂へと繋がる台形部分の2つの部分から構成される。イタリア人建築家ベルニーニが設計し、1667年に完成させた。

住 Piazza San Pietro　開 見学自由
交 A線オッタヴィアーノ駅から徒歩約10分

ヴァチカン市国 ▶MAP 別P.6 B-C-2～3

ヒエログリフは彫られていません

【オベリスク】

高さ25.5mで、エジプトから略奪したものと言われている。もともとはカリグラ帝の競技場にあったが、1686年にこの場所に移された。

像の高さは3.3mほど

【聖人像】

柱廊の上には歴代教皇と聖人の像が立ち並んでいる。その数140体ほど。ベルニーニの弟子たちによって作られたものだ。

ヴァチカン市国から手紙を出そう！

ヴァチカン市国内には郵便局とポストがあり、手紙を出すことができる。教皇にちなんだ切手やポストカードの種類も豊富。旅の記念にぜひ。

こうやって書こう

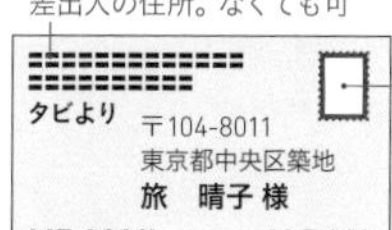

タビより
〒104-8011
東京都中央区築地
旅　晴子 様
AIR MAIL
JAPAN

差出人の住所。なくても可

日本までの切手代は€2.3～（ハガキのサイズによって異なる）

JAPANと書けば宛先の住所、名前は日本語でOK

航空便"AIR MAIL"と記入

ヴァチカンのスタンプを押してもらえる

イタリア国内から出すよりも日本に早く届く

ここでボディチェック

大聖堂入場の際にボディチェックが行われる。刃物や危険物は持ち込み禁止、露出度の高い服装も入場禁止だ。

サン・ピエトロ大聖堂 (→P.70) へ

【スイス人衛兵隊】

教皇の警護、市国内の警備を行うスイス人の衛兵隊。身長174cm以上、19～30歳と、採用基準はかなり厳しい。

Svizzero

コンツィリアツィオーネ通りへ

中心のオベリスクに合わせて左右対称となるように造られました

このポイントの上に立ってみて

【大柱廊】

284本の円柱と88本の角柱が、広場を取り囲むように並んでいる。柱廊の上には聖人像が立つ。

【噴水】

1613年、マデルノによって右側の噴水が先に造られた。左側の噴水はカルロ・フォンターナによって1677年に加えられたもの。

規則正しく4列に並ぶ柱

【ベルニーニポイント】

楕円形の広場は、実は円形の広場を2つ重ねたもの。各円の中心にあるポイントに立つと、4重になっている柱廊の柱が1列に見える。

教皇に会えるかも？

最上階、右から2つ目の部屋の窓を見て！

教皇の滞在時、日曜正午になると広場向かって右手の建物にある教皇の職務室で「アンジェラスの祈り」が行われる。祈りの間、この窓から教皇の姿を見ることができる。

フランシスコ

2013年3月に就任した第266代ローマ教皇。アルゼンチンの出身。

neneo/Shatterstock.com

毎週水曜日にはローマ教皇の謁見式が行われる。現地申し込みもできるが、ツアー会社かヴァチカンのウェブサイトからの予約が望ましい。

予約不要

所要 1時間30分

聖ペテロが眠るカトリック総本山
サン・ピエトロ大聖堂を徹底解剖

淡いブルーのクーポラがシンボルのサン・ピエトロ大聖堂。聖ペテロの遺骸が納められ、カトリックの信仰の中心となっている。壮麗な建築様式から内部まで、じっくりと探索してみて。

WHAT IS

Basilica di San Pietro
サン・ピエトロ大聖堂

使徒の墓の上に建てられた巨大聖堂

キリストの弟子、聖ペテロの墓の上にコンスタンティヌス帝が聖堂を建てたのが始まり。現在見られるのは16世紀にユリウス2世の命によって再建されたもの。

Piazza di San Pietro　☎ 06-6988-3731
開 7:00～19:10（10～3月は～18:30）　休 日曜礼拝および宗教行事にまつわる祝日は入場制限あり　料 無料　交 A線オッタヴィアーノ駅から徒歩約10分

ヴァチカン市国 ▶MAP 別P.6 B-2～3

ヴァチカンにそびえ立つ
カトリックの一大聖地

+Keyword ミサ

大聖堂では通常のミサも行われており、時間帯によっては一部のエリアや礼拝堂への立ち入りが制限される。ミサへ参加したい旨を伝えれば入場することもできるが、観光目的で入るのは失礼にあたるので避けるように。

ミケランジェロをはじめとする数々の優れた芸術家の手によって、この美しい聖堂は造り上げられた

HOW TO めぐり方

世界最大級の大きさを誇るサン・ピエトロ大聖堂。ヴァチカン美術館のシスティーナ礼拝堂から大聖堂入り口へは直通通路があり、公認ガイド同行であれば利用できる。

入場

混雑時は1時間以上並ぶことも！

1 入場は無料

人気の見どころのため入場にも長蛇の列が予想される。比較的スムーズに入れるのは早朝か、閉館1～2時間前くらいのタイミング。予約不可。

2 セキュリティチェック&服装チェック

大聖堂を正面に見て右側の柱廊でチェックが行われる。神聖な場所なのでノースリーブや短パンなど、露出の多い服装はNG。

大判ストールを巻くのもアリ

3 お役立ちグッズを活用

入場後、大きな荷物がある場合はクロークへ預ける。クローク脇で日本語対応のオーディオガイドが借りられる（€5）。

鑑賞

聖堂内には多くの彫刻や絵画が収蔵されているが、その中でも必ず見ておきたい、足を運んでおきたいのが以下の3つ。

これがマスト！

1 ピエタ像

ミケランジェロ作。処刑されたキリストの遺骸を抱く聖母マリアの像 （→P.72）

2 身廊

中央に教皇の祭壇が置かれた聖堂内の縦の長い部分。見事な装飾 （→P.72）

3 クーポラからの眺め

大聖堂のクーポラは内部へ上ることが可能。ローマ市街を一望できる （→P.71）

退場

クロークに荷物を預けた場合はピックアップを忘れずに。一度出てしまうと、入場には再度列に並ばなくてはいけなくなってしまうので注意。

【正面ファサード】

マデルノによる設計。17世紀初頭に造られたもので、屋上には十字架を持ったキリスト像が立っている。

ここから先は階段で！

サン・ピエトロ広場の正面
が撮影の定番スポット

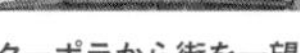

クーポラから街を一望

クーポラの頂上は展望台となっており、サン・ピエトロ広場とその奥に広がるローマ市街を一望できる。入り口は大聖堂右側の中庭。途中まではエレベーターを利用することも可能。

㊎7:30～18:00（10～3月は～17:00） ㊡無休
㊕階段€8、エレベーター€10

【クーポラ】

ミケランジェロが設計した、高さ約136m、直径約42mの巨大クーポラ。彼の存命中に完成が間に合わず、弟子のジャコモが後を継いだ。

聖ペテロ

キリストの第一弟子。ガリラヤの漁師出身で、弟と共にキリストの弟子になった。「天国の鍵」を渡されるなどキリストからの厚い信頼を得ており、受難後は指導者となってキリスト教布教のために各地を回った。64年頃にローマで殉教したと言われる。

鍵を手に持っているのが特徴です

【正面扉】

右側から「聖年の扉」、「秘蹟の扉」、「中央扉」、「善と悪の扉」、「死の扉」となっている。扉の装飾にも注目。

内部壁面のモザイク画は16世紀末のもの

出口

入り口

入り口右手側にクーポラ入場用のチケットカウンターあり。クーポラに上らない場合はそのまま左に進み大聖堂入り口へ

サン・ピエトロ広場 （→P.69）へ

【小クーポラ】

大クーポラに向かって対になるように位置する小クーポラは、イタリアの建築家ヴィニョーラの作。

Cuspita!

【聖ペテロ像】

大聖堂前には2体の彫像が立ち、左に立つ鍵を持った像が聖ペテロ。右には手に剣を持つ聖パウロ像が立っている。聖パウロは首を切られて殉教したため、剣を持っていることが多い。

【聖年の扉】

入り口には5つの扉があり、そのうち一番右の「聖年の扉」は聖年の期間中しか通ることができない。また、通行には事前の予約が必要。

クーポラを望む秘密のスポット

ローマ市内各所からクーポラは見えるものの、ちょっとユニークな見方ができるのがここ。

月2回、予約制で館内見学も可

鍵穴からすっぽりとクーポラが見える

偶然か？ 計算か？ 謎の鍵穴

マルタ騎士団長の館

Casa di Cavalieri di Malta

アヴェンティーノの丘に立つ館。通常、敷地内は入場不可だが、館の扉の鍵穴を覗くと約3km離れた先にある、大聖堂のクーポラを望むことができる。

🏠 Piazza dei Cavalieri di Malta ㊎見学自由 ㊋B線チルコ・マッシモ駅から徒歩約15分

テスタッチョ周辺

▶MAP 別P.10 C-3

クーポラの展望台へは細く急な階段を上らなくてはならないので、身軽な服装で行こう。

美術品の宝庫

聖堂内部の必見スポットめぐり

荘厳かつ絢爛な装飾が施された聖堂内部。
まずは外せない必見スポットをチェックしよう。
内部に順路は設けられていないので、自由に見学できる。

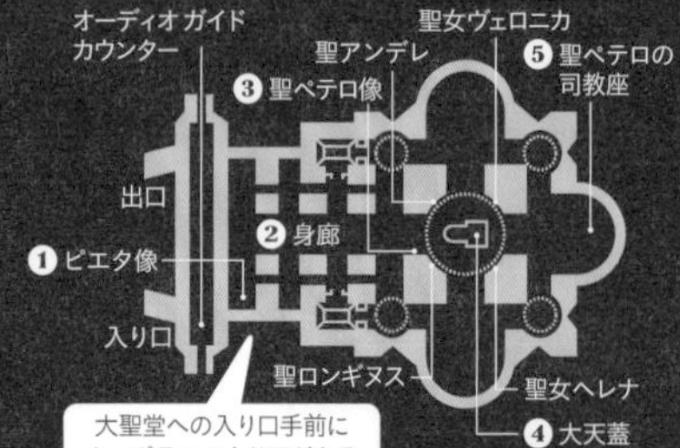

① ピエタ像

Pietà
ミケランジェロ作　1500年頃

ミケランジェロが24歳から25歳にかけての頃に制作した彫像。フランス人枢機卿のジャン・ビレドール・ドラグールの依頼によって造られた。

悲しみに満ちた表情

我が子の亡骸を見つめる憂いを帯びた表情。実年齢よりも若々しく彫られたその顔は、マリアの清らかさと永遠の美しさを表現したと言われている。

死せるキリスト

処刑され十字架から下ろされたキリストは、母マリアの膝の上で眠るように横たわっている。

右側の廊下、一番手前の礼拝堂にあります

飾り帯に刻まれたミケランジェロのサイン

マリアの左肩から右脇へかけられた飾り帯にはミケランジェロの署名が彫られている。現存する作品の中で唯一残された彼のサイン。

長いラテン十字型の廊下

② 身廊

バロック式とロマネスク式を融合させた造り。身廊の装飾は、大聖堂の建設後、1650年の聖年にむけてベルニーニの指揮によって行われた。中心にあるのは教皇の祭壇だ。

4つの聖遺物と4体の彫像

大聖堂内には4つの聖遺物が納められており、各エピソードにちなんだ装飾が施されている。大天蓋を囲む4つの柱の、どこに何が納められているのかをご紹介。

Caspita!

×Keyword

聖遺物とは

カトリック教会では、聖人の遺体やキリストの受難にゆかりのある品を「聖遺物」として保管し、信仰の対象としている。中世やルネサンス期には民衆の熱狂的な支持を集めた。

聖ロンギヌス

ベルニーニ作

キリストが十字架に架けられた際、死んだキリストの体を槍で突いたローマの兵士の名前に由来。その腕と槍の穂が安置されている。1639年に完成。

聖女ヘレナ

ボルジ作

聖女ヘレナがエルサレムで発見した、キリストが架けられた十字架の破片。別の教会に安置されているものの一部がここに保管されている。

像の上にはピウス9世のモザイク像があります

3 聖ペテロ像

St. Peter
作者不明　製作時期不明

初代教皇ペテロの像。特徴である天国の鍵を左手に持つ。制作時期や作者については諸説あり、4世紀にシリアで造られたという説も。

×Keyword 聖年の布告

50年（現在は25年）に一度の「聖年」とされる年に巡礼すると、特別な赦しを受けられると言われている。臨時的な聖年の布告が出されることもあり、2015～16年は教皇フランシスコによる「いつくしみの特別聖年」とされた。

教えを説く右手

キリストの受難後、指導者となって各地を回り、キリスト教の布教に努めたペテロ。人さし指を立て、人々に教えを説いている姿。

すり減った足の先

各国から集まる信者が足に接吻をするため、両足の先はすり減ってしまったという。

4 大天蓋

バルダッキーノと呼ばれる。クーポラの真下にあり、高さは29m、ブロンズ製。1633年にウルバヌス8世の命で造られたもの。

繊細なツタの装飾

ねじれた柱に、細部に施された繊細な彫刻は必見。ベルニーニが助手のボッロミーニとともに完成させた。

ペテロの墓所と教皇の祭壇を守ってます

5 聖ペテロの司教座

神聖な場所とされる聖堂奥の後陣に位置する木製の司教座。教皇だけが座ることが許されており、神学の基礎を築いた4人の博士像によって支えられている。ベルニーニ制作。ステンドグラスにはハトの姿。

聖女ヴェロニカ

モーキ作

キリストが十字架を背負ってゴルゴダの丘に登る途中、ヴェロニカという女性がキリストの顔の汗をぬぐった布にキリストの顔が写ったというもの。

聖アンデレ

デュケノワ作

ペテロの兄弟。ギリシャのパトラスでローマ総督によって処刑され、その頭部は東方教会に保管された後、1460年に教皇へ贈られた。

要予約 ヴァチカン発祥の謎を探る

ネクロポリスツアーへ

1939年に地下で発見された、旧大聖堂が建てられる4世紀まで実際に使用されていたネクロポリス（地下墓地）の見学ができる。ツアーへの参加は要予約で、FAXもしくはウェブサイトから申し込み。人数制限があるため、早めの予約を。

発掘事務所　☎06-6988-5318　FAX 06-6987-3017　開9:00～18:00（土曜～14:00）　休日曜、祝日　料€13　URL www.scavi.va
※15歳未満は入場不可

Fantastico!

Irina Mos/Shutter stock.com

大聖堂内にも売店があり、ガイドブックのほか、ロザリオやメダイといった聖具類や、教皇がデザインされたポストカードやグッズを販売。

予約ベター
所要
2〜4時間

偉大なる芸術作品が勢揃い

ヴァチカン美術館でイタリアアートに感動！

最大の見どころである美術館。歴代の教皇によって集められた膨大なコレクションは、イタリア芸術を代表するもの。巨匠による数々の名作を目に焼き付けよう。

収蔵品だけでなく建造物自体も一見の価値あり

キリスト教にかかわりの深い品が多く展示されている

宗教と芸術の見事な融合を目の当たりに

貴重な美術コレクションがそこかしこに

ヴァチカン美術館
Musei Vaticani

16世紀、当時の教皇ユリウス2世が中庭に古代ギリシャの彫刻を置いたことが起源と言われる。ミケランジェロの壁画が施されたシスティーナ礼拝堂や、ルネサンス期の名作を展示するピナコテカなど、大小24の美術館・博物館を総称してヴァチカン美術館と呼ぶ。

㊟ Viale Vaticano ☎ 06-6988-3145(自動音声)／06-6988-4676 ㊕ 8:00〜19:00(入場は〜17:00)、毎月最終日曜は〜14:00(入場は〜12:30)※開館時間は頻繁に変更されるので事前に要確認 ㊡ 日曜(毎月最終日曜は開館)、宗教的祝日 ㊔ €17 ㊋ A線オッタヴィアーノ駅から徒歩約10分

ヴァチカン市国 MAP 別P.6 B-2

絵画や彫刻のほか、地図やタペストリーなど、収蔵品の内容も多岐にわたる

HOW TO めぐり方

全長約7kmのコースを持つヴァチカン美術館。すべての展示品をじっくり見学しようとすると、とても1日では回り切れない。ポイントを押さえて鑑賞を。

入場

1 チケットを買う

チケットは当日窓口で買うこともできるが、長蛇の列に並ぶことが予想される。手数料はかかるが事前のチケット予約が断然おすすめ。

名画がデザインされたチケット

2 館内へ

入り口でセキュリティチェックを受ける。大きな荷物は持ち込めないので、クロークへ。

3 お役立ちグッズを活用

作品の理解を深めるのであれば日本語オーディオガイドのレンタルを。事前予約(€7)または当日(€8)でもOK。売店では公式ガイドブックも販売。

日本語オーディオガイド利用がおすすめ

鑑賞

館内は地上階と上階に分かれており、見学ルート沿いに進んでいく。数ある展示の中から必ず見ておきたいのはこちら。

これがマスト！

1 システィーナ礼拝堂
ミケランジェロが描いた『最後の審判』と『天井画』
(→P.82)

2 ラファエロの間
ラファエロとその弟子たちによる壁画が描かれた4つの間
(→P.80)

3 ピナコテカ
ルネサンス期の名画を制作年代や流派、作者ごとに分けて展示
(→P.76)

退場

出口は2カ所あり、システィーナ礼拝堂から大聖堂の入り口脇に直接抜ける道と、らせん階段を下りて美術館外へ出る道とに分かれている。

王道

2時間ダイジェストコース

限られたヴァチカン市国滞在時間でも、これだけ見られれば十分！の、ダイジェストコース。途中トイレやカフェもあるので、休憩を挟みながら回ろう。

Point!

団体見学者も多いため、通り過ぎようとするだけでもなかなか進まず、時間をロスしてしまうことも。可能であれば半日ほど時間を割いて、余裕を持って回りたいもの。

❶ピナコテカ【所要30分】
●キリストの変容　●キリストの埋葬　●聖ヒエロニムス

❷ピオ・クレメンティーノ美術館【所要20分】
●ベルヴェデーレのアポロン像　●ベルヴェデーレのトルソ
●ラオコーン像

❸ラファエロの間【所要30分】
●アテネの学堂　●聖体の論議　●ボルゴの火災

❹システィーナ礼拝堂【所要20分】
●最後の審判　●天井画

ヴァチカン美術館MAP 【1F（下階）】

地階を1周してから上階へ。ラファエロの間を通り、地階へ下りてシスティーナ礼拝堂を見るという流れ。ルートは特に定められていないものの、案内板の表示に従って進んでいこう。

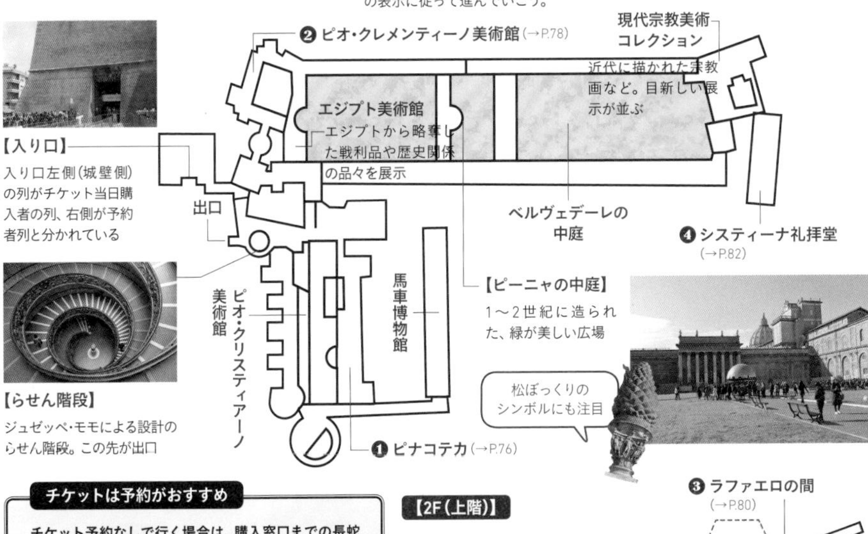

【2F（上階）】

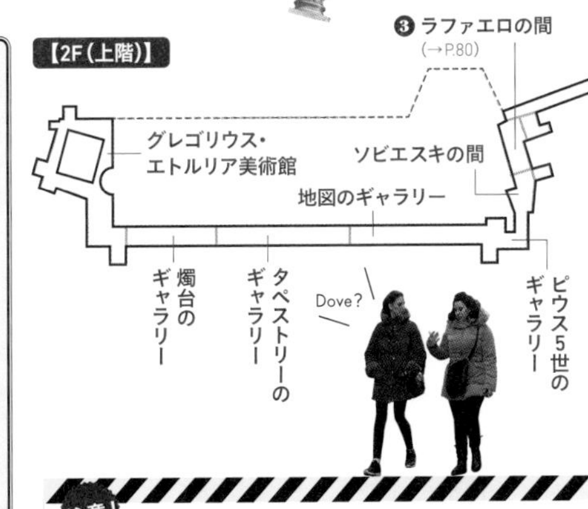

チケットは予約がおすすめ

チケット予約なしで行く場合は、購入窓口までの長蛇の列に並ばなくてはいけないため、時間も体力もロスしてしまう。チケット予約を活用して、賢く見学を。

❶ ウェブサイトへアクセス

予約は見学希望日の60日前から可能。まずは URL tickets.museivaticani.va/homeへアクセス。チケットの種類を選択する画面が出てくるので、システィーナ礼拝堂を含む一般ルートを見るのであれば「ADMISSION TICKETS」を選択。

❷ 購入手続き

必要事項を入力後、クレジットカードで支払い。予約手数料€5が人数分必要となる。

❸ 予約表を印刷

予約が完了すると予約確認書（バウチャー）がメールで送られてくるので、プリントアウトして当日持参する。

❹ 専用口へ

入場時は、一般列でなく予約者専用列へ。予約確認書を窓口で見せ、チケットに交換。並んでいる間「そのチケットでは入場できない」と言って異なるチケットを売りつけてくる人がいるが、これは詐欺なので無視して。

注意！

見学の注意

とにかく見学者が多く、ミケランジェロの間やシスティーナ礼拝堂は常に芋洗い状態。スリや置き引きも発生しやすいため、持ち物に気を配るのを忘れずに。館内はシスティーナ礼拝堂以外撮影可能。撮影禁止エリアはスマホの取り出しも不可。

館内撮影はフラッシュ禁止

Sei grande
Bene
L'uscita dai Musei inizia mezz'ora prima dell'orario di chiusura

通常の入場チケットほか、館内カフェでの食事やガイドツアーがセットになったチケットもある。

ルネサンス期の名作が並ぶ

1

ピナコテカ(絵画館)

Pinacoteca

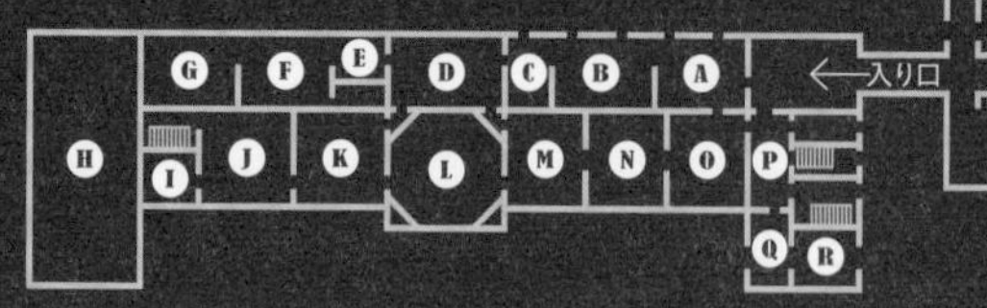

18の小部屋が連なる美術館。11～19世紀にかけての作品が年代や流派、作者によって分けられており、変遷を追って見学することができる。

H

キリストの変容

Trasfigurazione
ラファエロ作　1520年頃

405cm×278cm。当時のローマ教皇・クレメンス7世より制作を依頼された、ラファエロ晩年の作品。本来キリストが変容を遂げる場面と、悪魔に憑かれた少年を治癒する場面は別だが、あえてそれを一つの絵に描いた大胆な構図。

預言者エリヤとモーセ

キリストの両脇に浮いているのは旧約聖書に登場する預言者エリヤとモーセ。預言者とは神が啓示を伝えるために遣わせた人のこと。

自らを神の子と示すキリスト

弟子を率いてガリラヤの山に登ったキリスト。丘の上に立ったところ、体が発光し、天に上昇。天より「神の子」であると告げられた。

悪魔に憑かれた少年

右下の少年は悪魔に取り憑かれており、その少年に対してキリストが奇跡を起こすというもの。

2つの場面がリンク

キリストと預言者らが描かれた上部と、群衆が描かれた下部。異なる場面でありながらも、群衆がキリストを指さしている様子によって、2つの場面が自然に繋げられている。

死ぬ前に描いた
最後の作品です

ラファエロ

→P.132

ウルビーノの出身。当時売れっ子画家だったペルジーノの工房に弟子入りし、早々にその才能を開花させる。後に活躍の場をフィレンツェへ。

+Episode

あまりの忙しさに制作は後回しにされていたものの、同じく大聖堂に飾られる予定であった別の祭壇画の制作に、ミケランジェロが協力したことから制作意欲に火が点き、急ぎで制作に取りかかったという。

- Ⓐ ルネサンス以前
- Ⓑ ジョット派、後期ゴシック
- Ⓒ フラ・アンジェリコ
- Ⓓ メロッツォ・ダ・フォルリ
- Ⓔ 15世紀
- Ⓕ 多翼祭壇画
- Ⓖ ウンブリア派
- Ⓗ ラファエロ
- Ⓘ ダ・ヴィンチなど
- Ⓙ ティツィアーノ、16世紀ヴェネチア派
- Ⓚ バロック
- Ⓛ カラヴァッジョ
- Ⓜ 17世紀
- Ⓝ 17世紀ほか
- Ⓞ クレスピ、肖像画
- Ⓟ ヴェンツェル・ピーター
- Ⓠ ベルニーニ
- Ⓡ イコン

L キリストの埋葬

Deposizione nel sepolcro
カラヴァッジョ作　1604年頃

300cm×203cm。磔にされたキリストが十字架から下ろされ、墓へ埋葬されるまでのシーン。ヴィットリーチェ礼拝堂に掲げる祭壇画として、制作を依頼されたもの。

遺骸の重々しさが伝わってくる

キリストを運ぶ聖女たち
亡骸を運ぶのは聖母マリア、キリストの弟子であるアリマタヤのヨセフ、ニコデモら。浮き彫りを感じさせる表情の描写に注目。

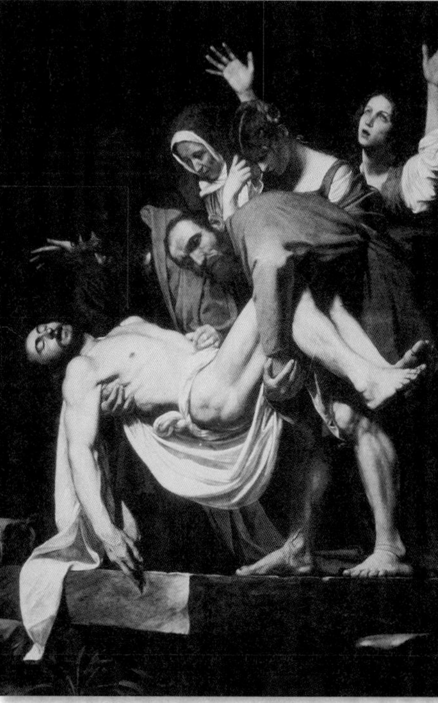

闇に浮かぶキリスト
背景の闇と人物たちの白い肌のコントラストによって画面から浮かび上がってくるように見せている。

埋葬の瞬間
頭部が奥に置かれており、足を支えているニコデモの肘を張っている姿から、彼らがいるのは石棺の蓋の上で、いままさに棺の中に埋葬されようとしているのが分かる。

この絵が最高傑作と言われています

カラヴァッジョ

ミラノで生まれ絵画の勉強をした後ローマへ移住。心理的描写を得意としており、その高い写実性は特に若い画家からの支持を集めた。

I 聖ヒエロニムス

San Gerolamo
レオナルド・ダ・ヴィンチ作　1482年頃

103cm×74cm。実在した聖人と言われる4世紀のギリシャ人学者、ヒエロニムス。修行中、石で自らの胸を打ち付けることで、性的な欲望を追い払ったという伝説を描いた。

頭部と胴体が切り離された跡
切り取られた顔の部分が発見されたのは19世紀になってから。靴屋の椅子に貼り付けられた状態で発見されたのだとか。

腕の付け根の描写
この作品の作者を示す資料は一切残されていないが、顔や首もと、腕まわりの解剖学的な描写の正確さから、ダ・ヴィンチによって描かれたものと断定されている。

苦痛に耐える表情
自らの心に宿る邪念を打ち払うために石で胸を打つという、ヒエロニムスの宗教者としての心構えと意志の強さをまざまざと表現。

実は未完の作品。よく見ると下絵の部分も…

最後の晩餐も描きました

レオナルド・ダ・ヴィンチ

→P.130

ルネサンス期を代表する巨匠。音楽や建築学、解剖学、物理学等、さまざまな分野の学問に秀でていた。

カラヴァッジョは殺人犯として追われていたことも。死因は明らかにされていないが、38歳の若さで亡くなった。

古代の彫刻を展示

2

ピオ・クレメンティーノ美術館

Museo Pio Clementino

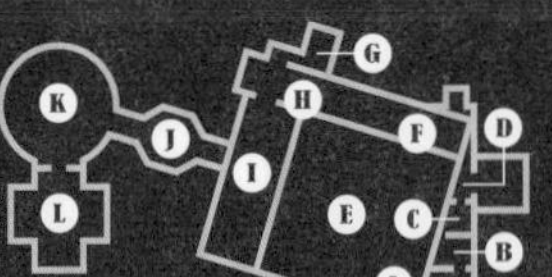

ローマ教皇クレメンス14世が創設した美術館で、彼の名前にちなみクレメンティーノと名付けられた。八角形の中庭を中心に回廊が設けられた造りで、伝説や神話を元にした、古代ギリシャ、ローマ時代の彫刻作品が至る所に展示されている。

E

ベルヴェデーレのアポロン像

Apollo Belvedere
作者不明　2世紀頃

紀元前3世紀以前にアテネで造られたブロンズ像のコピー。ユリウス2世が自らのコレクションとして持っていたこの像を、中庭に設置したのが美術館の前身になった。

手には弓を持っていた？
左手には弓、右手には矢を持っていたのではないかと考えられている。アポロンは弓矢を得意とし「遠矢の神」という肩書もある。

芸能や芸術の神としても知られてます

完成された肉体美
ギリシャ神話に登場する男神。古典ギリシャ時代には理想の青年像と考えられており、若々しい肢体で描かれることが多い。

J

ベルヴェデーレのトルソ

Torso del Belvedere
アポロニオス　紀元前1世紀頃

アテネの彫刻家、アポロニオスが制作したと言われる高さ1.59mの大理石彫刻。15世紀初頭に発掘され、ユリウス2世によってベルヴェデーレの庭に置かれた。

ミケランジェロに修復を断られました

たくましい胴体部
四肢はないものの、ダイナミックな構図と力強い筋肉の動きで見る者を圧倒する。ミケランジェロの作風にも大きな影響を与えた。

モデルは誰？
ギリシャ神話に登場する英雄・アイアスが、神にだまされたことに絶望し、自害を思案している姿だというのが一般的。一説ではヘラクレスとも。

E

ラオコーン像

Gruppo del Laocoonte
作者不明　紀元前1世紀頃

大理石製の古代ギリシャ彫像。ロドス島出身の3人の彫刻家によって造られたものと言われているが、詳細についてはまだ解明されていない。

修復された腕
当時の教皇ユリウス2世は、失われた腕がどのようになっていたのかを彫刻家たちに発案させ、それをもとに像の修復を行った。

発掘当時は腕や手が損傷してました

ラオコーンと2人の息子
ギリシャ神話に登場する神官ラオコーンとその2人の息子。女神アテナによって遣わされた海蛇に襲われ命を落としてしまう。

ヴァチカンの美術鑑賞に役立つ豆知識

ヴァチカン美術館には膨大な量の美術品が展示されており、古代ローマ帝国以前のものから近代のものまで、作品の時代背景もさまざま。美術品にまつわる豆知識を予習して、鑑賞を充実させよう。

テンペラ画とフレスコ画の違い

絵を飾る場所や用途によって使い分け

油彩画や水彩画が主流となる前の時代、15世紀以前ではフレスコ画とテンペラ画が主な画法であった。フレスコ画は壁に漆喰を塗ってから乾かないうちに顔料をのせる画法で、漆喰が乾く前に描かなくてはいけないものの、耐久性がよく、長期にわたって美しい発色を保てるという特徴がある。テンペラ画は卵に油や水を混ぜた乳化物を顔料とする画法で、乾きが早く塗り重ねが可能。フレスコ画に比べると湿度や温度に弱く劣化しやすい面がある。

ダ・ヴィンチが描いた『最後の晩餐』(上)はテンペラ画。ラファエロ作の『アテネの学堂』(左)はフレスコ画

ギリシャ神話

ローマ文明に影響を与えたよ

紀元前10～8世紀にかけて、周辺に住んでいたエトルリア人やギリシャ人らがイタリア半島に移住したことが、ローマ帝国形成の始まりと言われている。徐々に力をつけるようになったローマは紀元前509年に独立、周辺の都市を吸収しながらイタリア半島を統一する。宗教観、文化において古代ギリシャの影響を大きく受けており、ギリシャ神話にちなんだ絵画や彫刻も多く制作された。

海馬ヒッポカムポスもギリシャ神話に登場するモチーフ

ナヴォーナ広場に置かれたネプチューンの噴水

よく使われるシンボルとその意味

- **ユリ** 純潔の象徴。聖母マリアの処女懐妊の絵に登場することが多い
- **ヘビ** キリスト教では悪の化身とされる一方、王権や医療の象徴にも
- **魚** 初期キリスト教で「イエス・キリスト、神の子・救い主」という意味を持つ
- **ハト** 平和または愛を意味。聖三位一体の聖霊の象徴として登場
- **仔羊** 無垢と敬虔を表し、信仰のイメージとして使われることが多い

- **松ぼっくり** 繁栄と豊穣を意味する。イタリアほかヨーロッパ中で見られる

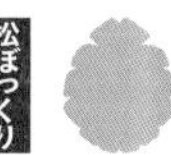

古代エジプト文明

紀元前3000年頃よりナイル川の流域で発達した文明。長きにわたり独自の文化を築くが、紀元前30年のクレオパトラ7世の自殺以後、エジプトはローマの属州となる。ローマ帝国の侵攻によりオベリスクが戦利品として持ち帰られるほか、その文化はローマに吸収されることとなる。

美術館内やローマ市内にもエジプトにちなんだ装飾がちらほら

エジプトから集めた美術品を展示するエジプト美術館

ラファエロ渾身の壁画が集う

3

ラファエロの間

Stanze di Raffaello

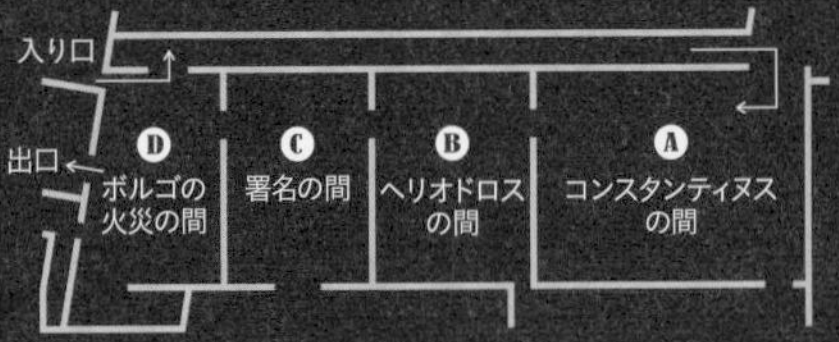

入り口
出口
D ボルゴの火災の間
C 署名の間
B ヘリオドロスの間
A コンスタンティヌスの間

上階、教皇ユリウス2世の自室として使われていたエリア。「コンスタンティヌスの間」「ヘリオドロスの間」「署名の間」「ボルゴの火災の間」の4つの部屋が連なり、各部屋にはラファエロとその弟子による壁画が描かれている。

C

アテネの学堂

Scuola d'Atene
ラファエロ作　1508～11年頃

5m×7.7m。署名の間に描かれたフレスコ画。プラトンやアリストテレスといった古代ギリシャの賢人がアテネに集まり、議論を交わす場面。実在の人物が多数登場しているものの記録が残されていなかったため、詳細は未だ不明。

Bravo

ラファエロの最高傑作とも

7つに分けられるグループ

60人ほどの人物が描かれており、階段上の3つと、階段下の4つの、計7グループに分かれる。自由七学芸（自由人として生きていくために必須とされた教養7科）を表現した。

プラトンのモデルはダ・ヴィンチ？

人物がバランスよく配置された構図はダ・ヴィンチの『最後の晩餐』に合致し、ダ・ヴィンチへのオマージュと言われている。中心に立つプラトンの顔はダ・ヴィンチがモデル。

Keyword

署名の間

4つの部屋のうち、ラファエロが最初に手掛けた間。書庫として使われていた部屋で、使徒座署名院最高裁判所が置かれていたことからこの名前が付けられた。

ミケランジェロはどっち？

当初、ラファエロはプラトンの右隣に立つアリストテレスのモデルをミケランジェロとして、制作を進めていたそう。しかしミケランジェロはそれを快く思わず、ヘラクレイトスとして自らを新たに描き加えたという一説がある。

画面右端に描かれたラファエロ自身

右端の柱の陰にいる黒い帽子を被った人物はラファエロ自身。襟元には「R.V.S.M.」とサインが入れられている。

聖体の論議

Disputa del Sacramento
ラファエロ作　1508〜11年頃

5m×7.7m。上下に分けられた2場面構成で、上部はキリストを中心に神や聖人、預言者らが並ぶ天上の世界。下部は聖体の象徴である聖祭壇を囲む地上の世界を描いている。天上と地上両方に教会が存在するというメッセージ。

中央に配されたキリスト
天上の中心に位置するキリスト。右には洗礼者ヨハネ、左にはマリア。キリストとその背後にいる神、足元に描かれた聖霊の象徴であるハトが三位一体を表現している。

キリストを上から見守る天使と神
神々しく描かれたキリストの背後には、すべての父である神が位置。その両脇をさらに複数の天使が取り囲む。

キリストを囲む預言者たち
新約聖書に登場するキリストの使徒と、旧約聖書に登場する預言者らが整然と並び、瞑想を行っている。地上と比べ、動きの少ない「静」の状態で描かれているのが印象的。

一番最初に描かれました

Bene

地上で議論する人々
祭壇を中心に、法王や神学者たちが聖体についての議論を行っている。祭壇の近くで床に書物を置いているのはユリウス2世。詩人ダンテやフラ・アンジェリコも描かれている。

三位一体

「創造主である父なる神」「神の子イエス」「人間を導いてくれる存在の聖霊」が一体となり、唯一の神であるという考え方。キリスト教における最も重要な教義。

逃げまどう人々
火災に逃げまどう人の中には小さい子どもや乳児の姿も。燃えさかる建物と人々によって緊迫感が生まれている。847年に起きた火災がモチーフ。

教皇レオ4世の位置
画面向かって右奥の建物の窓から見える白い法衣をまとった人物が教皇レオ4世。手を振る人々が効果的に配置され、遠近感を演出。

Che bella pittura

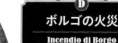

ボルゴの火災

Incendio di Borgo
ラファエロ作　1514〜15年頃

5m×6.7m。ヴァチカン近くのボルゴ地区で大規模な火災が発生した際に、教皇レオ4世が十字を切ったところ、火災が鎮められたという奇跡を描写。

ラファエロには婚約者がいたが、婚礼前に亡くなってしまった。その後も結婚はしなかったが、多くの女性と関係を持っていたとのこと。

壮大なスケールに息をのむ

4 システィーナ礼拝堂

Cappella Sistina

1 最後の審判　3 キリスト伝
2 天井画　4 モーセ伝
※出口は2つあり、正面右側の出口はサン・ピエトロ大聖堂横へ繋がっている

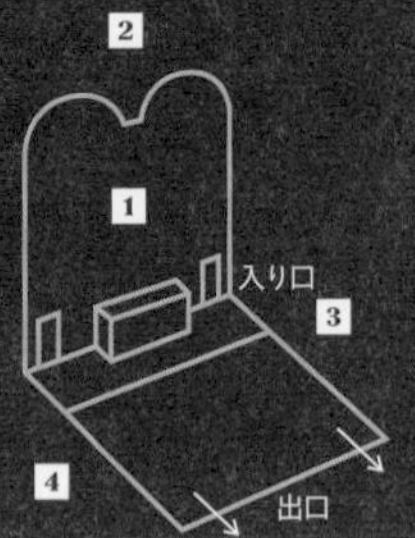

もともとあった古い礼拝堂を、ローマ教皇シクストゥス4世が1480年頃に再建させる。その後ユリウス2世らの命によって、ミケランジェロは天井画と壁画の制作を開始、1541年に完成させた。美術的価値も高いが、教皇選挙（コンクラーヴェ）の会場として、宗教的にも重要な場所。

1 最後の審判

Giudizio Universale
ミケランジェロ作　1541年

13.7m×12m。400人以上の登場人物が描かれた世界最大級の祭壇画。世界の終末においてキリストがすべての人々を選別し、地獄行きか天国行きかを振り分けている。ルネサンス芸術の技法を存分に発揮した作品。

Michelangelo

天井画描くの大変だったのよ

ミケランジェロ

→P.131

フィレンツェ近郊出身の、ルネサンス期を代表する芸術家。代表作は『ダビデ像』。彫刻、絵画、建築とさまざまな分野に才能を発揮し、多くの作品を残した。

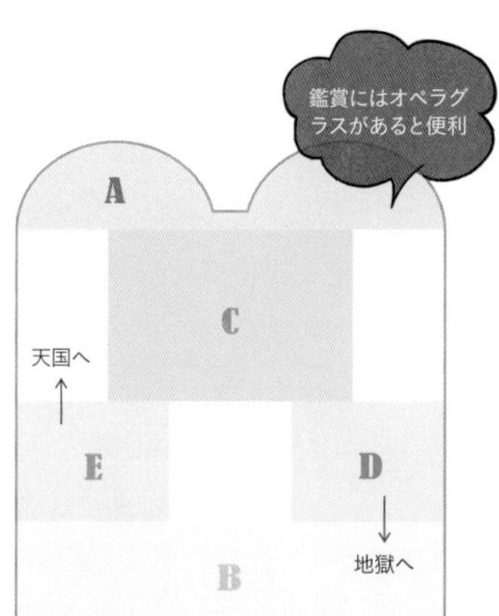

『最後の審判』の画面構成

壁一面に描かれた『最後の審判』は天国と地獄、その狭間に位置する人々を描いた作品。まずはその構成を知ろう。

A 天上を舞う天使たち

B 最下部の地獄で苦しむ人々

C 審判を行うキリストとそれを取り巻く聖人ら

D 罪によって地獄へ堕ちる者たち

E 喜びの表情で天国に昇る者たち

❶ 審判を下すキリスト

右手を振り上げ、最後の審判を行うキリスト。肉体は若々しく描かれているものの、足や手をよく見ると、磔にされた跡が残っているのがわかる。アポロン像がモデルとも。

❷ キリストに寄り添う聖母マリア

どこか悲しげな表情でキリストに寄り添う聖母マリア。ミケランジェロがかつて慕い、恋をした唯一の女性ヴィットリア・コロンナの面影が描かれているという説もある。

❸ 聖バルトロマイ

キリストと最後の晩餐を共にした使徒のうちの一人バルトロマイ。アルメニア滞在時に生皮を剥がされて殉教したことから、ナイフを手に持っている。左手に持つのは自分の皮。

❹ 聖ペテロ

十二使徒のリーダー。初代教皇となり、ヴァチカンに亡骸が納められている聖ペテロ。手にはキリストから渡された天国の鍵を持ち、鋭い眼差しでキリストを見つめている。

❺ キリストを見守る聖人たち

キリストを中心に聖ペテロの対の位置に立つのは洗礼者ヨハネ。ほか聖アンデレや、聖ロレンツォら弟子たちが中央に立つキリストを不安げな表情で見つめている。

❻ 大天使ガブリエルと天使

大天使ガブリエルと、最後の審判の訪れを告げるラッパを吹く天使たち。天使が持つ大きいノートは罪人のリスト。小さいノートは善人のリスト。画面上部の天使たちは受難具を持っている。

❼ 地獄の門番ミノス

制作当時、教皇庁のビアージョ・ダ・チェゼーナが視察に来た際、裸体群像の多さに絵を非難したという。それを聞いて憤慨したミケランジェロは彼の顔を地獄の番人のモデルにした。

❽ ミケランジェロの自画像

ミケランジェロは自分の顔をバルトロマイが持つ生皮に描いた。ひたすら芸術に打ち込んだ孤独な人生への後ろめたさと、自分の芸術を非難された困惑とが入り交じっている。

+Episode

ユリウス2世に天井画の制作を命じられたが最初は拒否。しぶしぶ命令に屈したものの、その制作は難航。一日中上を向きながらの作業で首や腰を痛めつつ、約4年間ほぼ一人で描き続けた。

+Keyword

後世の加筆、そして修復

絵の完成後、宗教会議により裸体像の一部に腰布を付けることが命じられる。その後も度々加筆が行われたが、1980年に開始された13年にも及ぶ大規模な修復作業によって、16の腰布が洗い落とされた。

「神は何を基準にして善人と悪人を分けるのだろうか？」というミケランジェロの疑問がこの絵に込められているという説も。

天井画

Volta della Cappella Sistina
ミケランジェロ作　1512年

約14m×40m、総面積およそ460㎡。ビルの高さにして6階相当、地上約17mの天井に描かれた天井画。依頼者のユリウス2世は当初十二使徒を描かせようとしたが、画面が寂しくなってしまうとミケランジェロは断固拒否。ユリウス2世は折れ、現在のような構図に。旧約聖書をモチーフに300人以上の人物が描かれており、柱を間仕切りや額縁として利用した画面構成はルネサンス最高作品と称賛された。

『天井画』の画面構成

主に見るべきは中央に描かれている、人類の誕生から再生までの「創世記」の9つの物語。ほか、下記の区分けによって4つの異なるテーマが描かれている。

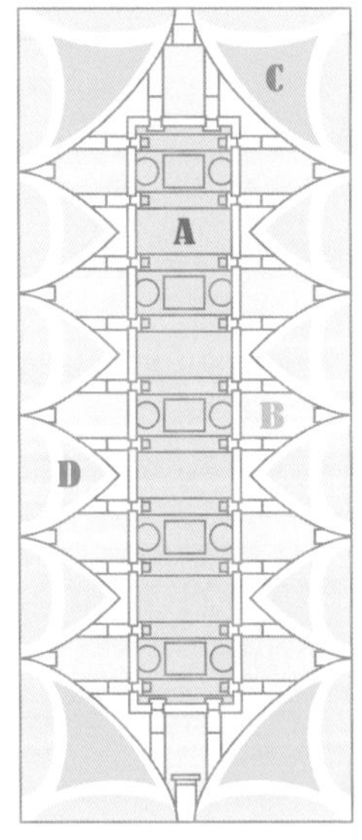

A 天地創造から人類の再生まで「創世記」の物語

B 異教世界とイスラエルの未来を告げる5人の巫女と7人の預言者

C イスラエル救済の奇跡の物語

D キリストの先祖たち

場面で読み解く『創世記』

ミケランジェロが天井に描いた『創世記』では、天地創造から人類誕生までの物語が描かれている。
ほかの美術作品にもよく用いられるテーマなので、ここで知っておけば美術鑑賞時に役立つ。

❶ 光と闇の分離

世界の始まりとなる1日目

神は「光あれ」と言われた、という一節から始まる『創世記』の第一章。その後、神は光と闇に分け、光に昼という名を、闇には夜という名前を付ける。天地創造の冒頭場面だ。

❷ 日と月と草木の創造

まだまだ神による創造は続く

2日目には水を上下に分けて天（空）を、3日目には海と陸地と植物、4日目には太陽と月と星、5日目は水の中の生き物と鳥、6日目に地上の生き物と、天地の元となるものを次々と創造する。

❸ アダムの創造

生き物を支配させる人類の誕生

神は最後に自分をかたどった「人」という生き物を創造。それがアダム。神はアダムをエデン（楽園）に住まわせ、すべての生き物を支配させた。すべての創造が終わった7日目、神は休む。

❹ エヴァの創造

人類最初の男と女

神はアダムの助けとなる者を与えようとアダムのあばら骨から女を作り、命という意味の「エヴァ」と名付ける。アダムは喜び、男と女は協力して生活するようになる。

❺ 楽園追放

禁忌の実と神を裏切った代償

2人は神から食べることを禁じられていた「善悪の知識の実」を蛇にそそのかされて、つい口にしてしまう。神は罰として2人に苦しみを与え、エデンの園から追放する。

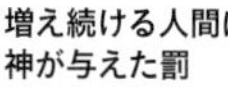

❻ 大洪水

増え続ける人間に神が与えた罰

2人の子孫は増え続けるものの悪い行いをするばかりで、神は人類を創造したことを後悔する。そして大洪水を起こし、ノアとその家族、一部の動物以外を洪水で流してしまう。

❼ ノアの燔祭

大洪水を乗り越えたノアの一家

大洪水のあと、ノアの家族は箱船から地上に降り立ち、祭壇に生け贄を捧げて神に感謝し、祈りを捧げた。ノアの信仰心に喜んだ神はもう二度と世界を滅ぼすことはしないと契約を結ぶ。

❽ ノアの泥酔

ハムとその子孫への呪い

ノアは農夫となりぶどう畑を作り始める。ある日ぶどう酒を飲み裸で寝てしまっていたところを、息子の一人ハムが発見。ハムはノアの怒りを買い、その息子のカナンと共に呪われてしまう。

- ❾ ハマンの懲罰※
- ❿ 青銅の蛇※
- ⓫ ダビデとゴリアテ
- ⓬ ユディットとホロフェルネス
- ⓭ 預言者ヨナ※
- ⓮ 預言者エレミア
- ⓯ リビアの巫女
- ⓰ ペルシアの巫女
- ⓱ 預言者ダニエル
- ⓲ 預言者エゼキエル
- ⓳ クマエの巫女
- ⓴ エリトレアの巫女
- ㉑ 預言者イザヤ
- ㉒ 預言者ヨエル
- ㉓ デルフォイの巫女
- ㉔ 預言者ザカリア
- ㉕ アミナダブ※
- ㉖ ナアソン※
- ㉗ ボアズ　オベデ※
- ㉘ ソロモン
- ㉙ エッサイ
- ㉚ ダビデ　ソロモン※
- ㉛ アビア※
- ㉜ レハベアム
- ㉝ アサ
- ㉞ ヨサパテ　ヨラム※
- ㉟ ヨタム　アハズ※
- ㊱ ウジア
- ㊲ エゼキア
- ㊳ マナセ　アモン※
- ㊴ アビウデ　エリアキム※
- ㊵ ゾロバベル
- ㊶ ヨシュア
- ㊷ エコニア　サラテル※
- ㊸ アキム　エリウデ※
- ㊹ アゾル　ザドク
- ㊺ ヤコブ　ヨセフ※
- ㊻ エレアザレ　マタン※

※印は左図欄外に描かれている人物。各人物が誰であるかは諸説あり、定かではない

礼拝堂の壁際にはベンチが設置されている。立ちっぱなしでの鑑賞は少々つらいが、ベンチに座れれば快適に鑑賞できる。

知っておきたい ざっくり キリスト教

「信じる者は救われる」イエス・キリストの教え

世界中で20億人を超える信者がいるというキリスト教。数ある宗教の中でも最も信者が多く、長い歴史を通して建築や美術、音楽、文学などさまざまな分野に大きな影響を与えた。

私たち人類は、神によって生み出された最初の人類、アダムとエヴァが犯した罪を代々受け継いでいる(原罪)。キリストは人類を救うために遣わされた神の子で、信仰によって原罪から救われることができるというのが、キリスト教の概念。多神教が主である日本人にとっては、なかなか受け入れがたい宗教かもしれないが、クリスマスや、教会で行われる結婚式など、キリスト教の影響を受けている場面は多々見受けられる。

ローマにはカトリックの拠点、ヴァチカン市国があり、キリスト教の成立前後から、キリスト教にちなんだ美術品も多く生み出されてきた。美術品だけでなく、教会や大聖堂といった宗教的建築物も見どころとなっている場所が多く、そういった芸術を鑑賞するための知識のひとつとして、キリスト教がどういうものなのかということを知っておくと、より鑑賞を楽しむことができるだろう。

2種類の聖書の違い

キリスト教には2つの聖典があり、それぞれ『旧約聖書』『新約聖書』と呼ばれる。もともとユダヤ教で聖典とされていたのが『旧約聖書』、新たにキリストの教えを付け加えたものが『新約聖書』だ。「約」とは契約を意味し、神がイスラエルの民のみと結んだ契約を「旧約」、神が遣わしたキリストが結んだ契約を「新約」とする。

旧約聖書

全能である神と、神に選ばれたイスラエルの民との歴史的な出来事が叙事詩として描かれた。「モーセ五書」「歴史書」「諸書・文学」「預言書」の大きく4つに分けられる。

新約聖書

キリストの生涯や弟子たちの活動記録。27の文書をまとめたもので「福音書」「使徒言行録」「書簡集」「黙示録」の4部構成。4人の記者が別の視点でイエス像を描いた「福音書」が根幹。

新約聖書の主な登場人物

ヨセフ [Joseph]

旧約聖書に登場するイスラエルの王、ダヴィデの子孫。大工。マリアの婚約者

マリア [Mary]

ヨセフと婚約していたがある日大天使ガブリエルから受胎告知を受けキリストを出産

キリスト [Christ]

人類を救う救世主(メシア)として生を受ける。「神の子」であるが、それ故に処刑されてしまう

最後の晩餐を共にした十二人の弟子

ヨハネ [John]

大ヤコブの弟。弟子の中でも特別な存在とされた。唯一天寿を全うした

ペテロ [Peter]

キリストの最初の弟子となる。「天国の鍵」を託される等、重要な人物

ユダ [Judas]

イスカリオテのユダ。キリストを敵対するユダヤ教司祭に売り渡す

アンデレ [Andrew]

ペテロの弟。もともと洗礼者ヨハネの弟子であったという説もある

小ヤコブ [James the Less]

ヤコブという名は2人いるが、あとから弟子になったので通称小ヤコブ

バルトロマイ [Bartholomew]

イスラエルで生まれ育つ。宣教先のアルメニアで皮を剥がされて殉教

トマス [Thomas]

キリストの復活を、傷口に指を入れて確認しようとした疑い深い人物

大ヤコブ [James the Greater]

ヨハネの兄。家族と網をつくろっていたときにキリストから召命された

フィリポ [Philip]

元ガリラヤの漁師。現実的な考え方でしばしばキリストをあきれさせた

マタイ [Matthew]

徴税人の出身。キリストに招かれた後、すべてを捨てて弟子入りする

タダイ [Thaddeus]

別名、ヤコブの子ユダ。「カナの婚礼」時の新郎だったという説もある

シモン [Simon]

当初はキリストに政治的活動を期待していたが、後に信仰に目覚める

イエス? キリスト? どっちが名前?

「イエス」が名前。「キリスト」は救世主という意味の、いわゆる肩書だ。「イエス・キリスト」とはギリシャ語を元にした表記で、本来のヘブライ語では「イェホーシューア」にあたり「ヤハウェは救い」を意味。

※本書では一部を除き、キリストという表記で統一

キリストが最も愛した弟子は誰?

『ヨハネによる福音書』のみに登場する人物で、異論はあるもののヨハネだというのが一般的。十二使徒の中でも最も若く、最後の晩餐をモチーフにした絵画では、キリストの胸元によりかかる姿で描かれることも多い。

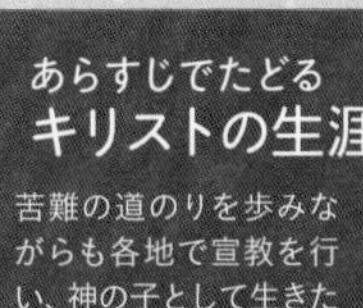

あらすじでたどる キリストの生涯

苦難の道のりを歩みながらも各地で宣教を行い、神の子として生きたキリスト。その波乱に満ちた生涯をたどってみよう。

受胎告知

ある日処女マリアのもとに大天使ガブリエルが現れる。天使は男児の懐妊と、その子をイエスと名付けることを告げる。

エジプトへの逃亡

マリアはベツレヘムで出産。救世主の登場を恐れたユダヤ王が男児の皆殺しを命じるが、その前にエジプトへ逃亡。

ヨハネによる洗礼

少年時代はナザレで過ごし、30歳を過ぎた頃に洗礼者ヨハネから洗礼を受ける。その後伝道活動を開始。

荒野の断食修行

聖霊に導かれ悪魔が棲む荒れ野へ。40日間の断食苦行中、悪魔に誘惑されるも聖書の言葉で追い払う。

次々と集まる使徒

キリストの教えは多くの人の心をとらえ、徐々に弟子を増やしていく。彼らの中から12人の弟子を選んだ。

引き起こされる奇跡

カナの町で婚礼に招かれたキリスト。ワインが足りないことを知り、水をワインに変えるという奇跡を起こす。

ペテロの信仰告白

「私を何者と思うか」というキリストの問いに、「あなたはメシア、生ける神の子です」とペテロが答えた。

エルサレム入城

「エルサレムで殺され、3日後に復活する」という預言を実現させるために、敵対勢力が待つエルサレムへ入城する。

ユダの裏切り

ユダヤ教司祭らから反感を買うキリスト。弟子のユダは金欲しさにキリストを司祭に売り、最後の晩餐を迎える。

処刑、そして復活

キリストは逮捕されゴルゴダの丘で磔刑に。死後3日後、預言どおり復活し、弟子たちの前で天に昇る。

その後…

残された十二使徒は教団を組織。各地へ宣教を行い、ユダヤ教指導者からの迫害を受けながらも、世界宗教へと発展を遂げさせる。

イタリアではキリストの12人の弟子にちなんだ名前がよく見られる。アンドレアやピエトロなど、地名として登場することも多い。

Sightseeing

Andiamo!

知る人ぞ知る!?

ローマのディープスポットに行ってみる

定番の観光スポットだけじゃ満足できない、そんな方のためのローマのディープスポット。なんでローマに…?という疑問はさておき、プランのひとつに練り込んでみてはいかが。

な、なんだこれ!

イタリアンホラー

恐怖度	★☆☆
穴場度	★★☆

ツッコミどころ満載のストーリー展開に、とにかくグロい描写が続くという、独特の世界観を持つイタリアンホラー。きわどい残酷表現は、全世界のホラー映画に影響を与えたはず。

女優そっくりに作られてるの

撮影に使われた一点ものの貴重なセット

薄暗い地下にセットが展示されている

1階部分はホラーグッズのショップ

薄暗い照明の中で見ると…、結構怖い

ホラー映画マニア必訪スポット

プロフォンド・ロッソ・ストア

Profondo Rosso Store

イタリアを代表するホラー映画『サスペリア』の監督、ダリオ・アルジェント氏が開いたショップ兼ミュージアム。映画の撮影に使用されたグロテスクなマネキンや小道具が作品ごとに展示されている。監督作品を見てからの探訪がおすすめ。

🏠 Via dei Gracchi 260 ☎ 06-321-1395 ㊐ 11:00～13:00、16:00～19:30 ㊡ 日曜 ㊋ €5(ショップは無料) ㊈ A線レーパント駅から徒歩約4分

ヴァチカン市国周辺 ▶MAP 別P.7 D-1

テレビゲーム

遊べる度	★★★
懐かしい度	★★☆

世界初のテレビゲームが作られたのは1972年。その後世界各国で開発が進められ、アーケード型や家庭用、携帯用などさまざまなハードも登場。日本でも多くのゲームが生み出された。

ゲームにまつわるありとあらゆる展示

イタリアでは唯一のビデオゲーム博物館

懐かしのゲーム機とローマで再会

時間を忘れて熱中!

館内のゲームは遊び放題。ソフトは頻繁に変わる

VR(ヴァーチャルリアリティー)体験も可能

テレビゲームの歴史を知る

ヴィガムス

VIGAMUS

テレビゲームを専門にした博物館。初代のゲーム機が置かれ、日本のメーカーの製品も多く展示。家庭用テレビゲーム、アーケードゲームなどが設置され自由に遊ぶことができる。イタリア語または英語によるガイドツアーあり(要予約)。

🏠 Via Sabotino 4 ☎ 06-3751-8325 ㊐ 10:00～20:00 ㊡ 月曜 ㊋ €10 ㊈ A線オッタヴィアーノ駅から徒歩約10分

市街北部 ▶MAP 別P.4 B-1

イタリアの警察

警察組織が発足したのは19世紀の初頭。カラビニエリという国防省所属の国家憲兵ほか、内務省所属の国家警察など、省庁ごとに部隊が分かれている。

恐怖度	★☆☆
穴場度	★★☆

古今東西の犯罪の[illegible]

死刑執行人が着用した装束

実際に犯罪に使われた凶器がずらり

15〜16世紀に生き埋めにされたという女性の骸骨

拷問や処刑にまつわる器具のレプリカも展示

ドラマが秘められた品の数々

犯罪博物館

Museo Criminologico

未成年者の監獄として使われていた建物を、警察の資料館として利用。殺人に使用された凶器や犠牲者の遺留品などありとあらゆる品がガラスケースに並べられている。

🏠 Via del Gonfalone 29 ☎ 06-6830-0234 開 9:00〜13:00(火・木曜は14:30〜18:30も開館) 休 日・月曜 料 €2 交 ナヴォーナ広場から徒歩約10分 ※2023年現在休館中

ナヴォーナ広場周辺 ▶MAP 別P.7 D-3

ステンドグラス

ヨーロッパで生まれ、教会を飾る装飾美術として発展。字の読めない人にもキリスト教の教えを伝えるべく、聖書の場面を描いたものが多い。12世紀以降発展し、ゴシック建築にしばしば用いられる。

癒やし度	★★☆
ロマンチック度	★★☆

フクロウモチーフが随所に折衷様式の建物

トルロニア公園内の建物

ステンドグラスのデザイン画も展示

フクロウ作品が多いためこの名が付いた

20世紀の作品がほとんど

ガラスが作り出す美しい空間

フクロウの館

Stanza delle Civette

19世紀に建てられ、その後も王家の末裔の邸宅として使われていた建物。アールヌーヴォーの装飾が施されており、現在はステンドグラスやタイルアートを展示する博物館となっている。

🏠 Via Nomentana 70 ☎ 06-0608 開 9:00〜19:00 休 月曜 料 €11.5(公園内の他施設との共通チケット) 交 B線ポリクリニコ駅から徒歩約8分、トルロニア公園内

市街北部 ▶MAP 別P.9 F-1

コッペデスタイル

1900年代から流行りだしたリバティ様式や、バロック、中世風などさまざまな様式を折衷させた、フィレンツェの建築家ジーノ・コッペデによる独特のスタイル。

フォトジェニック度	★★☆
非現実度	★☆☆

建物内部には入れません

大使館として使われている建物も

まるでテーマパークにいるよう

コッペデ地区

Quartiere Coppedè

イタリア統一後、新たな居住エリアを増やす都市計画によって造られた地区。コッペデ設計の建物が並び、豪快ながらもシュールで繊細な建築様式が楽しめる。

🏠 Piazza Mincio 開 見学自由(建物内は入場不可) 交 B線ポリクリニコ駅から徒歩約20分

市街北部 ▶MAP 別P.5 E-1

カプチン派

フランシスコ修道会から派生した一派。カプチン派では死後、教会の墓地に遺体を埋めるが、埋葬場所確保のため白骨化した古い遺体から順に掘り出され、聖堂で保管する。

地下聖堂内は撮影厳禁

ミュージアムの奥が地下聖堂となっている

IZZARD/Shutterstock.com

荘厳な骸骨アート

カプチン派修道会博物館

Museo e Cripta dei Cappuccini

4000体もの修道僧の遺体が収められた教会併設の博物館。骨やしゃれこうべを装飾の一部とした地下聖堂は不気味ながらも一見の価値あり。

リアル度	★★★
鳥肌度	★★★

🏠 Via Vittorio Veneto 27 ☎ 06-8880-3695 開 10:00〜19:00 休 無休 料 €10 交 A線バルベリーニ駅から徒歩約3分

スペイン広場周辺 ▶MAP 別P.8 B-2

フクロウの館があるトルロニア公園内には美術館や神殿跡などのほか、オベリスクも立っており見どころが満載。

Gourmet

イタリアといえばこれ！

焼きたてローマピッツァを頬張る

薄い生地が特徴のローマピッツァ。パリパリの食感ととろけたチーズの組み合わせは格別！　ローマに来たならば必ず味わうべき一品。

トマト×バジル×チーズ 王道の組み合わせ

Buono!（おいしい）

Buona Petito!

人気 No.1

マルゲリータ €6.5
Margherita

どのピッツェリアにも絶対ある定番ピッツァ。トマトソースの酸味とバジルの爽やかさに、濃厚なモッツァレラチーズがマッチする。

WHAT IS
Roma Pizza
ローマピッツァ

イタリアのピッツァは大きくローマ風とナポリ風の2つに分けられ、ローマピッツァは生地がとても薄く、焼きたてはパリパリの食感。お腹にたまりにくくスナック感覚でも食べられる。

おいしさの秘密

生地の薄さ
小分けにされた生地の塊を麺棒で丁寧かつスピーディーにのばす。その薄さはなんと2～3㎜！

シンプルイズベスト
具材の種類が多いと味が混ざり、せっかくの素材のよさが埋もれてしまう。余計な具はのせない。

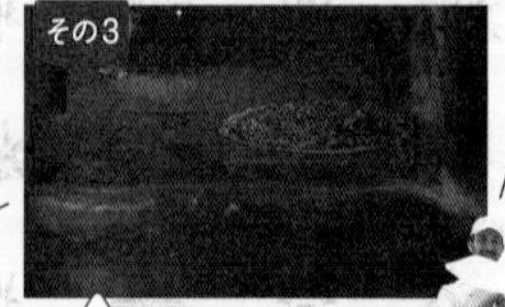

絶妙な焼き加減
焼き時間は1～2分。生地が薄く焦げやすいため、途中回して向きを変えながらサッと焼き上げる。

聖母マリアの名前が付けられた華やかなピッツァ

サンタ・マリア
Santa Maria
€10

人気 No.2

スライスしたトマトにズッキーニの花、モッツァレラチーズをトッピング。アンチョビの塩気が全体のアクセントに。

人気 No.3

イタリアならではの食材を手軽に味わえる一枚

ピッツァ・デル・ジョルノ
Pizza del Giorno
€10

旬の食材を用いて作る「本日のピッツァ」。写真はアーティチョークとペコリーノチーズ。

Ciao!
ほかにも！

スップリ
Suppli

トマト入りのライスコロッケ

€1.3／1個

クアトロ・フォルマッジ
Quattro Formaggi
€8

4種類のチーズをたっぷりトッピング

€2.5／1個

フィオーレ・ディ・ズッカ
Fiore di Zucca

ズッキーニの花にモッツァレラチーズとアンチョビを詰めて揚げた一品

深夜までにぎわうピッツェリア

ピッツェリア・イル・グロッティーノ
Pizzeria Il Grottino

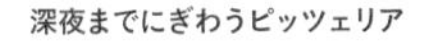

テスタッチョの繁華街にあるピッツェリア。ピーク時は1時間に100枚近くのピッツァを焼くこともあるという人気ぶり。ピッツァは厚めのナポリタイプの生地で作ってもらうことも可能。揚げものやパスタ、自家製ドルチェなども扱う。

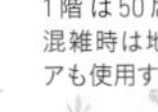

1階は50席ほど。混雑時は地下フロアも使用する

Via Marmorata 165　☎06-574-6232
㊥18:30～翌0:30　㊡無休
㊎ディナー€20～
㊋B線ピラミデ駅から徒歩約11分
英語OK
テスタッチョ周辺 ▶MAP 別P.10 C-3

HOW TO イタリア風ピッツァの食べ方

最初に切り分けず、フォークとナイフで少しずつ切りながら食べるのがイタリア風。冷めないうちに食べるにはこの食べ方がベスト！

1 ピッツァの中心から外側に向かってナイフを入れ、まずはひと切れ分をカット。大きさはお好みでOK。

2 中心のほうから外側に向かって生地を巻く。これは生地と具材を均一に食べるための知恵なのだそう。

3 巻き上げた生地にそのままかぶりつくか、もしくはさらにひと口サイズにカットして食べる。

注文は1人1枚が基本！

トマトソースを使わないピッツァをピッツァ・ビアンカ（白いピッツァという意味）と呼ぶ。初期のピッツァはビアンカタイプが主流だった。

Gourmet

まだまだ食べたい!

人気店のこだわりピッツァ

ローマピッツァ以外にも、味わうべきピッツァはいろいろ！　生地の厚さやソース、具の種類も選択肢が豊富。さまざまなバリエーションのピッツァをお試しあれ。

ブッオノ Buono!（おいしい）

南イタリアの食材で作る本場のもちもち食感

マルゲリータ
Margherita
€9
サンマルツァーノ種のトマト、フィオールディラッテのモッツァレラなど、厳選素材を用いた王道の味

€18 フリット・ミスト
Fritto Misto
エビとイカのフリット。セコンド（メイン）の一品だが、前菜として注文してもOK

WHAT IS
Pizza Napoletana
ナポリピッツァ
ピッツァ発祥の地であるナポリの製法で作られるピッツァ。生地に使用できるのは小麦粉、酵母、塩、水のみ。薪窯で焼き上げており、縁に厚みのあるふっくらとした生地が特徴。

ピッツァ職人たちの賑やかな仕事ぶりを見るのも楽しい

ナポリっ子が作る本場のピッツァ

チロ

Ciro

スペイン広場近くにあるナポリピッツァの有名店。定番からオリジナルまで約30種のピッツァメニューをそろえるほか、シーフードを中心とした本格的なナポリ料理も味わうことができる。ナポリ出身の職人たちが醸し出す陽気な雰囲気も魅力。

🏠Via della Mercede 43-45
☎06-678-6015
㊡12:00～24:00　㊡無休
㊕ランチ・ディナー各€20～
㊇スペイン広場から徒歩約8分
英語OK
スペイン広場周辺 ▶MAP 別P.8 A-2

行列のできるカジュアルなピッツェリア

ダル・ポエタ

Dar Poeta

ナポリ風とローマ風の中間の厚さのオリジナル生地が名物の店。価格も手頃で、メニューは40種類以上。マルゲリータ€8など、王道のトッピングがおすすめ。

🏠Vicolo del Bologna 45
☎06-588-0516
㊡11:30～24:00　㊡無休
㊕ランチ・ディナー各€25～
㊇ナヴォーナ広場から徒歩約14分
英語OK
トラステヴェレ周辺
▶MAP 別P.10 B-1

店内はこぢんまり。隣のテーブルとの間隔も近め

店の奥の焼き窯で次々にピッツァが焼かれていく

サンピエトリーノ
Sanpietrino
€10
モルタデッラ（ボローニャ地方のソーセージ）、モッツァレラチーズをトッピング

生地の旨さを味わうシンプルな一枚

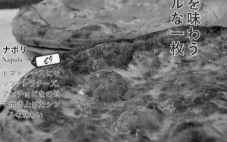

ナポリ
Napoli
€9
トマトソースにモッツァレラチーズ、アンチョビをのせて焼き上げたシンプルな味わい

旬の野菜を使用した彩り豊かなピッツァが並ぶ

切り売りピッツァの専門店

ボンチ

Bonci

肉や野菜を豪快にトッピングした切り売りピッツァが売りの店。レシピはなんと2000種類にものぼり、その中から旬の食材を使用したピッツァが日替わりで登場する。店内に椅子はなく、立ち食いのみ可能。

Via della Meloria 43 ☎06-3974-5416
㊫11:00～22:00（日曜は11:00～15:00、17:00～22:00） ㊡無休
㊕ランチ・ディナー各€15～
㊋A線チプロ駅から徒歩約2分
英語OK

ヴァチカン市国周辺

▶MAP 別P.6 A-2

奥のキッチンから随時焼きたてのピッツァが運ばれてくる

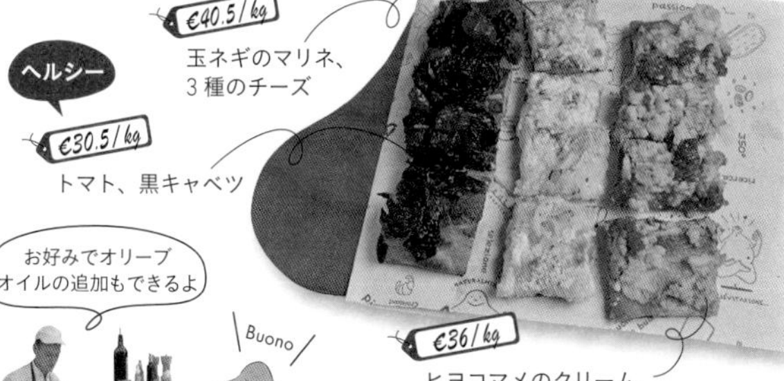

HOW TO 切り売りピッツァの買い方

街なかやスーパー、市場などいろんなところで見かける切り売りピッツァのお店。買い方をマスターして、食べたいピッツァを食べたい分だけ買ってみよう。

1 種類を選ぶ

まずはピッツァの種類選び。ピッツァの上や脇に具材名と値段が書かれたプライスカードが置かれている。

ひと言会話

Che cosa è questo ?（ケ コーサ エ クエスト）
これは何ですか？

Vorrei un pezzo di questa pizza, per favore.（ヴォッレイ ウン ペッツォ ディ クエスタ ピッツァ ペル ファヴォーレ）
このピッツァをひと切れください。

2 ピッツァを切ってもらう

欲しいピッツァが決まったら好みのサイズにカットしてもらおう。下記のフレーズを活用してみて。

ひと言会話

Vorrei una fetta un po' piu' grande(piccola).（ヴォッレイ ウナ フェッタ ウン ポ ピュ グランデ（ピッコラ））
もう少し大きく（小さく）してください。

Me lo riscalda per favore.（メ ロ リスカルダ ペル ファヴォーレ）
温めてください。

Mangio subito.（マンジョ スービト）
すぐに食べます。

Lo porto via.（ロ ポルト ヴィーア）
持ち帰ります。

3 お会計

切ったピッツァを包んでもらい、レジでお会計。すぐ食べる場合は温めてもらうのを忘れずに。

スーパーや小規模な店ではカット済みの切り売りピッツァを販売しているところも。

Gourmet

地域に伝わる伝統の味

ローマの4大パスタを食す

イタリア人の国民食パスタ。地域ごとに地元の特産品を使用した伝統のパスタレシピがあり、ローマ発祥のパスタはこちらの4種類。食べ比べを楽しんでみよう。

カルボナーラ

カルボナーラの本場ローマでは、生クリームを使用せず卵とチーズのみでソースを作る。パンチェッタ（塩漬けにした豚のバラ肉）の塩味と、仕上げに振りかける黒コショウが味のアクセント。

ボォン アペティート
Buonappetit
（召し上がれ）

€17

ラ・カルボナーラ
La Carbonara

パオロ・パリージの卵、伝統製法のグアンチャーレ、ペコリーノ・ロマーノDOP、3種のコショウなど素材を重視。麺は太めのスパゲットーネ

チーズと卵の濃厚な味わい

Carbonara

アマトリチャーナ

グアンチャーレ（豚頬肉の塩漬け）に、羊の乳を原料にしたローマ特産のペコリーノチーズ、トマトで風味を加えたパスタ。ローマ方言では「マトリチャーナ」と呼ばれることもある。

パンチェッタの塩味と辛味が絶妙

Amatriciana

€16

スパゲッティ・アッラ・マトリチャーナ
Spaghetti alla Matriciana

トスカーナのメーカー、マルテッリ社のパスタを使用。グアンチャーレから出た良質な脂と辛みの効いたトマトペーストが味の決め手

ローマのNo.1カルボナーラ

ロショーリ

Roscioli

食材店に併設されたトラットリア。店で扱う厳選食材を用いた料理を提供しており、グルメガイド『ガンベロロッソ』が選ぶ「ローマのカルボナーラ10」で1位を獲得したことでも有名。

🏠Via dei Giubbonari 21/22 ☎06-6875-287
㊫12:30～15:30、19:00～23:30 ㊡無休
㊮ランチ€25～、ディナー€30～
㊋ナヴォーナ広場から徒歩約10分
英語OK ナヴォーナ広場周辺 ▶MAP 別P.10 C-1

一家で受け継ぐ伝統のローマ料理

アルマンド・アル・パンテオン

Armando al Pantheon

クラウディオ一家が代々シェフを務める、パンテオン近くのトラットリア。ローマ料理は味が濃いのが一般的だが、この店はほどよい塩加減で日本人の口にも合うと評判。人気店なので早めの予約を。

🏠Salita de' Crescenzi 31 ☎06-6880-3034
㊫12:30～15:00、19:00～23:00 ㊡日曜
㊮ランチ・ディナー各€25～（要予約）
㊋ナヴォーナ広場から徒歩約4分
英語OK ナヴォーナ広場周辺 ▶MAP 別P.7 F-3

Benissimo

予約マストの老舗トラットリア

フェリーチェ・ア・テスタッチョ

Felice A Testaccio

グルメの激戦区テスタッチョに店を構える、老舗のトラットリア。名物カーチョ・エ・ペペは世界中から食べに来る人がいるほどの人気メニュー。パスタは特注品を使っており、噛みしめるごとに小麦の旨みが広がる。

♠Via Mastro Giorgio 29
☎06-574-6800　㊎12:30～15:00、19:00～23:30　㊡無休
㊕ランチ・ディナー各€25～(要予約)
㊋B線ピラミデ駅から徒歩約8分
英語OK
テスタッチョ周辺 ▶MAP 別P.10 C-3

気軽に味わえるローマ料理の店

トラットリア"ダ・オイオ"ア・カーサ・ミーア

Trattoria "Da Oio" a Casa Mia

下町感あふれるカジュアルなトラットリア。パスタのほか、トリッパ€16や牛テール煮込み€18など、ローマ名物でもあるモツ系の料理が充実。メニューに載っていないパスタも作ってくれることがあるので、注文時に相談してみて。

♠Via Galvani 43/45
☎06-578-2680
㊎12:00～15:00、19:00～23:00
㊡無休　㊕ランチ・ディナー€30～
㊋B線ピラミデ駅から徒歩約8分
英語OK
テスタッチョ周辺 ▶MAP 別P.10 C-3

チーズとコショウが味の決め手

Cacio e Pepe

カーチョ・エ・ペペ

ペコリーノチーズと黒コショウのみを使用した、極めてシンプルなパスタ。パスタの茹で汁で和えており、ペコリーノチーズそのものの味わいを楽しめる一品。

トンナレッリ・カーチョ・エ・ペペ €16

Tonnarelli Cacio e Pepe

断面が四角い、トンナレッリというパスタを使用。店員さんが目の前でパスタを和えてくれるというサービスもうれしい

豚肉の旨みあふれる昔ながらのパスタ

Gricia

ブゥオノ Buono! (おいしい)

グリーチャ

アマトリチャーナの原型で、かつて羊飼いの村で考案されたものと言われている。トマトソースを使わず、グアンチャーレとペコリーノチーズを使用したパスタ。仕上げに黒コショウをかけるのがポイント。

リガトーニ・アッラ・グリーチャ €14

Rigatoni alla Gricia

筒状のパスタ、リガトーニに、グアンチャーレの脂とチーズが溶け合ったソースがほどよく絡む

HOW TO パスタの食べ方

知っているようで知らない、本場イタリアでのパスタの食べ方。レストランで恥をかかないためにも、事前にチェックしておこう。

フォークだけだとうまく巻けない！

スプーンを使わず、フォークだけでパスタを巻いて食べるのがイタリア式。きれいに巻くコツは、欲張らずに少量ずつ巻き取ること。パスタを皿の片側に寄せ、空いたスペースのくぼみをスプーン代わりにするのもひとつの手だ。

ソースをパンにつけるのはアリ？

パスタを食べ終わったあと、お皿に残ったソースをパンにつけて食べるのは、マナー的にはあまり美しくはないものの、カジュアルなお店であれば特に問題はない。ドレスコードがあるような高級レストランでは避けて。

イタリア料理は素材が少なくシンプルであればあるほど、おいしく作るのが難しいとされている。

イタリアに来たなら まず食べずには帰れない！

イタリア国民一人あたりのパスタ消費量は日本人の10倍以上！ダイエットを意識する人が増え、近年は消費量が若干低下傾向にあるというものの、それでも1日1食以上はパスタを食べているという人が多い。

パスタの起源には諸説あり、古代ローマ時代から食べられていたとか、中国から輸入した麺文化が元になっているとか、明らかにはなっていない。判明しているのは、15世紀前後には庶民の食べ物としてパスタが食べられていたこと、17世紀に新大陸からトマトが入ってきたことによってパスタの消費量が伸び、世界中にパスタ料理が広がっていったということだ。

パスタの種類は現在あるものだけでも、その数500種類以上と言われている。大きく分類すると、長さ25cmほどにカットされた棒状のロングパスタと、短くカットされたショートパスタの2種類。太さや断面、形状の違いによって細かく分類され、それぞれに異なる食感や特性を持っている。そこにさらにソースや具材、調理法をかけ合わせるのだから、組み合わせは無限大だ。

ロングパスタ

その名のとおり長細い形状のパスタ。太さや断面の形状などで種類が細かく分けられる。同じパスタでも地方によって呼び名が変わることもしばしば。

細

Capellini カペッリーニ

「髪の毛」を意味する。太さ1.0mm～1.1mm前後の極細タイプ。冷製パスタやスープに使われることが多い。

Fedelini フェデリーニ

「糸」が語源になった太さ1.2mm～1.4mmほどのパスタ。冷製パスタか、軽めのソースに合わせるのが定番。

Spaghettini スパゲッティーニ

スパゲッティよりも細め。太さは1.2mm～1.6mm前後だが、スパゲッティと混同されることもある。シンプルなトマトソースと相性がいい。仕上げにオリーブオイルをたらしても美味。

Spaghetti スパゲッティ

古くから食べられているパスタ。イタリアでは断面が円形で、太さ1.6mm～1.9mm前後のものを指す。どんなソースでも大体合う。

Linguine リングイネ

断面が楕円形のパスタで、短径が1mmほど、長径が3mmほど。弾力があり、もちもちとした食感。濃いめの味付けのソースと合う。

Bucatini ブカティーニ

直径2mm～3mm前後のパスタで、中心が空洞となった筒状のパスタ。もう少し太めのツィーテZiteもある。濃厚なソースとの相性がいい。

Tagliatelle タリアテッレ

5mm～10mmほどの平麺タイプで、小麦粉を卵で練ったものが一般的。地域によってはフェットチーネFettucineと呼ばれることも。

Pappardelle パッパルデッレ

幅2mmほどある平麺タイプのパスタ。ぐるぐると塊の状態にして売られていることが多い。クリーム系ソースのほか、ミートソースがよく合う。

太

Lasagna ラザニア

長方形の形をした板状のパスタ。一度茹でてからトマトソースや肉、チーズなどの具材を挟んで何層かに重ねたあと、オーブンで焼き上げるのが一般的。

ショートパスタ

ソースの絡み具合や食べやすさを意識したもの、独特な製法によって作られたもの、キャラクターを模したものなど多種多様。

パスタは
なんと言っても
茹で加減が命！

Farfalle ファルファッレ

「蝶」という意味で、蝶ネクタイのような見た目。中心の部分は歯ごたえがあり、薄い部分は柔らかいという独特の食感。どんなソースとも相性がいい。

Rigatoni リガトーニ

直径8mm～15mmほどの筒状のパスタで、ソースが絡みやすいように表面に筋が入っている。クリームソースや肉を使った重ためのソースと合う。

Maccheroni マッケローニ

日本では通称「マカロニ」。直径3mm～5mmほどの中心が空洞になった円筒状のパスタ。グラタンやサラダにも使われるほか、大体のソースとも相性がよくオールマイティー。

Orecchiette オレッキエッテ

中心をへこませた円形状のパスタ。その形から「耳たぶ」という意味の名前が付けられた。プーリア州の伝統的なパスタで、ブロッコリーのソースでよく食べられる。

Penne ペンネ

斜めにカットされた筒状のパスタ。表面に筋が入ったペンネ・リガーテPenne rigate、小型のペンネッテPennetteなどもある。アラビアータソースが定番。

Fusilli フジッリ

らせん形のパスタ。溝の部分にソースが絡みやすく、独特の噛みごたえが特徴的。ドレッシングやマヨネーズで和えたサラダとして調理されることも。

Conchiglie コンキリエ

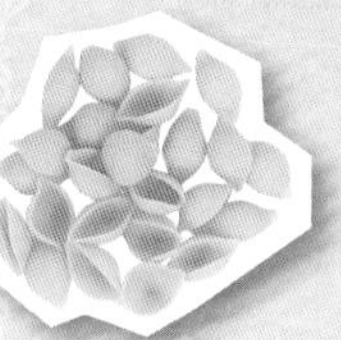

貝殻形のパスタ。大型のコンキリオーニConchiglioniや小型のコンキリエッテConchigletteなどサイズもさまざま。サラダに使用したりと用途も幅広い。

Risoni リソーニ

イタリア語の「米」にちなんでおり、米粒状の小さなパスタ。スープの具にすることがほとんど。長細い形状のセミーニSeminiもある。

Ravioli ラヴィオリ

中に肉やチーズなどの詰め物を入れた生パスタ。中の具は地域特産のものを使う場合が多い。ソースで和えたり、オーブンで焼いたりと調理法も多様。

Gnocchi ニョッキ

ジャガイモと小麦を練り合わせ団子状にしたパスタ。セモリナ粉やカボチャを使ったもの、表面に筋が入ったものやコイン形のものなど、バリエーションも豊か。

まだある パスタ豆知識

知れば知るほど奥が深いパスタの世界。知っておくとちょっと得する、そんな豆知識。

色付きのパスタがある？

小麦粉に水を加えて練り上げたパスタがベーシックだが、中には卵を加えた少し黄味がかったものや、バジルペーストを加えた緑色のパスタ、キノコペーストを加えた茶色いパスタなども売られている。そのほかトマトやホウレンソウ、イカスミなど、風味付けを兼ねたものが多い。

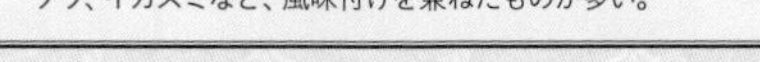

生パスタと乾麺の違い

古くは手打ちで作る生パスタが主流だったが、近代化につれて工場で生産された長期保存のきく乾燥パスタが主流となった。一流のリストランテでも乾燥パスタを使用する店はそこそこあり、どちらが優れているというよりかは、用途や好みによって使い分けるというのがイタリア人の傾向。

ローマでは木曜日にニョッキを出すレストランが多い。キリスト教の習慣にちなんだもので、金曜日は魚料理、土曜日はトリッパと続く。

3つの異なるテイストで
ローマ料理を堪能する

現在、ローマ料理として受け継がれているものは、主に18〜19世紀にかけて庶民の味として親しまれてきた料理。ローマ料理店は数あれど、せっかくならば少し違ったテイストで味わってみてはいかが？

01 ワインとのマリアージュを楽しむ

ミスト・ディ・サルーミ・エ・フォルマッジ（4種）
ローマ南部バッシアーノ産の生ハムや、オーガニックのペコリーノチーズなど、日によって内容が変わる
€15

ミスト・ディ・パテ（3種）
イノシシのパテやコニャック入りの豚のレバーパテなどバラエティ豊富。単品は€7.5〜
€13.9

€15.9
コーダ・アッラ・ヴァッチナーラ
牛テールをトマトとワイン、香味野菜を加えて煮込んだローマの名物料理

ワインの種類は1500以上！料理に合うおすすめのワインを聞いてみよう

「出口のない道」という店名のように、細長い造りの店内。頭上の棚にはワインボトルが並ぶ

グラスワインは€3.9〜。赤白各10種類近くから選べるのがうれしい

パスクイーノ広場に面した立地

ワインと味わうローマの伝統料理
クル・デ・サック
Cul de Sac

ローマ市内にも数多くエノテカはあるものの、ここまでメニューが充実している店は貴重。チーズやハムといったおつまみ系に、肉や魚のセコンド€9.6〜、手打ちパスタは€10.5〜。モツ系の料理も豊富。

Piazza di Pasquino 73 ☎06-6880-1094
営 12:00〜翌0:30 休 無休
料 ランチ・ディナー各€20〜
交 ナヴォーナ広場から徒歩約2分 英語OK
ナヴォーナ広場周辺
▶MAP 別P.7 E-3

ハチノス（牛の第二胃）を
トマトで煮込んだ
ローマ風トリッパ€13.4
Vino

02 ＋ユダヤ風アレンジ

カルチョーフィ・アッラ・ジュディーア
アーティチョーク（カルチョーフィ）の素揚げ。シンプルに塩味で食べる

カルチョーフィのパスタ
アーティチョークを使った各種パスタ

アーティチョークは秋から春が旬！

ユダヤ人地区の名店
ノンナ・ベッタ
Nonna Betta

テヴェレ川沿いに立つシナゴーグの周辺一帯は旧ユダヤ人地区となっており、ユダヤ料理の名店が多い。ここではオーナーのおばあさんが昔から家で食べていたレシピをローマ風にアレンジして提供。コーシェル料理も扱う。

壁には近隣一帯の昔の風景が描かれた絵が飾られている

🏠Via del Portico d'Ottavia 16
☎06-6880-6263 営12:00〜15:00、18:30〜23:00 休火曜 料ランチ€25〜、ディナー€30〜
交フォロ・ロマーノから徒歩約12分
英語OK
ナヴォーナ広場周辺
▶MAP 別P.10 C-1

03 カジュアルなお店で

名物ポルケッタは必食
エル・ブケット
Er Buchetto

1890年創業の老舗店。看板メニューのポルケッタは、古代ローマ時代から食べられていた、ニンニクやローズマリーを詰めて焼き上げた仔豚の丸焼き。カリカリの皮と肉の旨みを堪能しよう。

🏠Via del Viminale 2/f
☎329-965-2175
営10:00〜15:00、17:00〜21:00
休日曜、夏期休業あり
料ランチ・ディナー€7〜
交テルミニ駅から徒歩約3分
英語OK
テルミニ駅周辺
▶MAP 別P.9 D-3

ピクルスの盛り合わせ €4.5
オリーブ、ドライトマト、カルチョーフィなど。量によって金額は異なる

サラミとチーズの盛り合わせ €6
豚のお尻の部分の肉で作った生ハム、クラテッロとサラミ

ポルケッタ €4.5
パンが付く。別々で食べても、パンに挟んでパニーノにしても美味

半年〜8カ月くらいまで育てた仔豚を使用。できあがりに2日間かかる

店内は狭く、混雑時の相席は当たり前

手づかみでがぶっと食べるのがローマ流！

HOW TO
レストラン利用法

気持ちよくレストランを利用するために、知っておきたい知識がこちら。

1 お店に行く前に
人気店は予約がマスト。電話（営業時間外は出ない店も多い）やお店のウェブサイトから予約できるが、ホテルのコンシェルジュに頼むのが最も スムーズ。高級店はドレスコードが必須。

2 入店したら
まずはお店の人にあいさつを。予約している場合は名前を伝えよう。人数を聞かれたあと、テーブルが空いていれば案内してくれる。

ひと言会話
Benvenuti

In quanti siete?（イン クアンティ スィエーテ）
何名様ですか？

Siamo in ○○.（スィアーモ イン）
○○人です。

3 飲み物の注文
席に着くとまず飲み物の注文を聞かれる。食前酒か、食前酒を頼まないときはミネラルウォーターを頼もう。ワインはメニューに合わせて選ぶのがおすすめ。

4 いざオーダー
1人1品以上頼むのがマスト。カジュアルな店ではパスタ1品のみといった注文でも問題ないが、格式の高いレストランでは前菜とプリモなど、2品以上注文するのがスマート。ドルチェやコーヒーは食後に注文しよう。

ひと言会話

Che cosa mi consiglia?（ケ コーサ ミ コンスィッリャ）
おすすめは何ですか？

Prendo questo.（プレンド クエスト）
これをください。

5 お会計
料金にはサービス料が含まれるのでチップは基本不要。サービスが気に入った場合は5〜10%くらいのチップをテーブルに置いていくといいだろう。

カード払いの際にチップを支払いたいときは、伝票の空欄にチップ額と合計金額を記入して渡す。チップだけ現金で支払うことも可能。

Gourmet

パスティッチェリアで
イタリアンドルチェを食べる

美食大国イタリアではスイーツも日々進化中！ 見た目も華やかなケーキから素朴な伝統菓子までジャンルもいろいろ。とっておきスイーツをパスティッチェリア（お菓子屋さん）で味わってみて。

素材を重視した王道ドルチェ

Cannolo カンノーロ €8
シチリアの伝統菓子。筒状のサクサク生地の中にリコッタチーズのクリームがたっぷり

クリームやチョコレートなど各種クロワッサンも自慢

ローマ発祥の菓子 マリトッツォも ぜひ味わってみて！

Con un Cafè!

Pannacotta パンナコッタ €10
ゼラチンで固めたなめらかなクリームの食感とフレッシュベリーの甘酸っぱさが絶品

伝統のイタリアンドルチェが揃う

ヴィッティ
Vitti

1898年創業のジェラートの有名店が経営するカフェ＆パスティッチェリア。イタリアの伝統菓子を中心に美しく仕上げられたドルチェの数々は、甘さ控えめの上品な味わい。立ち飲みのバールで手軽に味わえるほか、広場のテーブル席でゆっくり過ごすこともできる。

まずはショーケースを見てから決めよう

料金はバールより高くなるが、優雅にくつろぐならテラス席へ

Piazza San Lorenzo in Lucina 33 ☎06-6876-304
営6:00～24:00 休無休 交スペイン広場から徒歩約5分
スペイン広場周辺 ▶MAP 別P.8 A-2

見た目は大きいけど
ふんわり軽いから
ペロリといけますよ！
Tiramisù
ティラミス
各€5
一度は食べたい
絶品ティラミス

チョコレート味のクラシコのほか、イチゴ、ピスタチオもおすすめ。たっぷりサイズで食べ応え十分

店はテイクアウト専門なので食べ歩きで楽しもう

ティラミスといえばココ！

ポンピ

Pompi

1960年にローマ郊外で開業し、いまではローマ中心部やフィレンツェにも店舗を構える人気のパスティッチェリア。名物のティラミスは定番からイチゴやピスタチオのせなど全6種類をラインナップ。ジェラート€3〜もおいしいと評判だ。

Via della Croce 88
☎06-2430-4431
営 10:00 〜 22:00
休無休
交スペイン広場から徒歩約3分
スペイン広場周辺
▶MAP 別P.8 A-2

昔ながらのお菓子が揃う

イル・フォルナイオ

Il Fornaio

イタリアの郷土菓子をメインに扱う店。量り売りのビスコッティやアーモンドを使った焼き菓子ほか、行事にちなんだお菓子も登場。

Via dei Baullari 5-7
☎06-6880-3947
営7:00〜22:00 休無休 交ナヴォーナ広場から徒歩約5分
ナヴォーナ広場周辺
▶MAP 別P.7 F-3

カゴに山盛りのお菓子が並べられ見ているだけでも楽しめる

Crostatine
クロスタティネ
1個€2.5
手軽に味わえるサイズ感がうれしい

タルト生地にジャムを詰めて焼き上げた素朴なお菓子。旬の果物のジャムを使用

サンドイッチなどもあり軽食利用にも。イートインスペースあり

イタリア国内でも地域によってお菓子の種類も違うのよ

WHAT IS

Dolce Italiano

イタリアの伝統菓子

クリスマスや復活祭といった、祝祭日に食べるものとしての意味合いが強かったが、今では日常的に食べられることのほうが多い。地域ごとに特徴も異なり、その土地ならではの伝統菓子を探してみるのも楽しい。

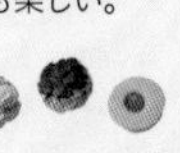

ここで買える！

- イル・フォルナイオ
- カストローニ →P.110

チャンベッリーネ
Ciambelline
輪っか状のビスケット。ローマの郷土菓子

カンノーリ
Cannoli
揚げた筒状の生地にクリームが入っている

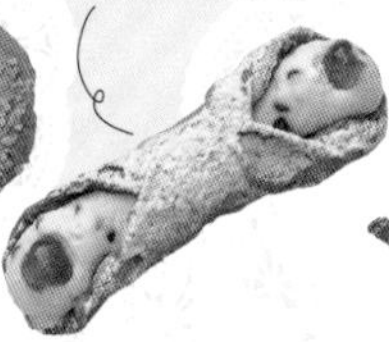

スフォツリアテッレ
Sfocliatelle
貝に似せたパイ菓子の中身はリコッタクリーム

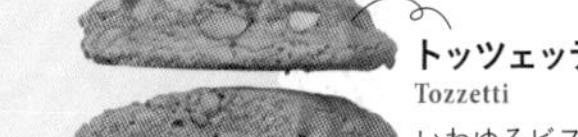

トッツェッティ
Tozzetti
いわゆるビスコッティ。地域によって呼び名が変わる。甘口ワインに浸して食べると美味

ビスコット
Biscotto
焼き菓子の総称。種類もいろいろ

イタリア各地でアーモンドが栽培されており、アーモンドや、アーモンド風味のリキュール「アマレット」を使用したお菓子が多い。

Shopping

普段使いできるアイテムが欲しい！

雑貨＆インテリアショップめぐり

インテリア雑貨にキッチン用品、ステーショナリー。日本では見かけないセンスのいいアイテムがそこかしこに！　使いながらイタリアの思い出に浸れる、お気に入りアイテムを探しに行こう。

for INTERIOR
おしゃれな部屋づくりに欠かせないインテリア雑貨

デザイナーのこだわりアイテム

ミア

MiA

イタリア国内のメーカーに加え、世界中のデザイナーやショップから買い付けたセンスのいいアイテムが揃う。月1回以上は新商品を入荷しており、常時150点以上の商品を扱っている。20～30％オフになる、1・2・7月のセールシーズンが狙い目。

Via di Ripetta 224　☎06-9784-1892　㊫11:00～14:00、15:00～19:00　㊡日・月曜　㊋スペイン広場から徒歩10分　英語OK

スペイン広場周辺

▶MAP 別P.7 F-2

世界中から集めた
デザイン家具が一堂に
Benvenuto
THE DAWN OF CIVILIZATION

サイズの大きい商品は日本への発送も可能。ネット通販も行っている

幾何学的な形状のトレイ。組み合わせて使いたい

手触りのいいクッションは部屋のアクセントにもなる

食卓をおしゃれにコーディネートしてくれるお皿たち

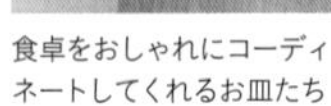

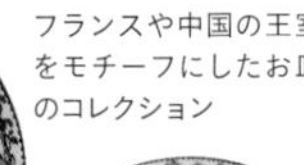
フランスや中国の王室をモチーフにしたお皿のコレクション

店内はいくつかの小部屋によって構成されており、それぞれ異なるカテゴリでまとめられている

for KITCHEN
キッチンで使いたいシンプルながらもセンスのある品

オリーブオイル入れ €10

よく使うオリーブオイルをおしゃれに収納できる

実用的な
キッチン雑貨はここで

クチーナ

c.u.c.i.n.a.

調理器や食器類など、キッチンを彩るアイテムが充実しているキッチン雑貨の専門店。自分の暮らしに合った高品質でデザイン性のあるアイテムが揃う。宝探し気分で買い物が楽しめる。

Via Mario dé Fiori 65 ☎06-8879-7774 営10:30〜19:30（日・月曜は11:30〜） 休無休 交スペイン広場から徒歩約2分 英語OK

スペイン広場周辺 ▶MAP 別P.8 A-2

思わず笑顔になるアイテム

テイク・イット・イージー

Tech It Easy

カラフルでユニークなアイテムを探すならここ。キッチン用品にインテリア雑貨、ファブリックなど、扱う商品のジャンルもさまざま。ローマ市内に全部で2店舗ある。

Via del Gambero 1
☎06-6938-0924
営10:00〜19:30 休無休
交スペイン広場から徒歩約6分

スペイン広場周辺
▶MAP 別P.8 A-2

for KITCHEN & INTERIOR
キッチンもインテリアも、家の中をトータルで華やかに

パスタ風鍋つかみ €22

ファルファッレという蝶型パスタの鍋つかみ。シリコン製で使いやすい

ポップな色合いのアイテムが所狭しと並ぶ

for ART & STUDY
おしゃれ＆機能的文具で仕事も勉強も効率アップ！

随時新しい柄のラインナップが登場する。ローマやフィレンツェの街の地図をデザインしたシリーズも人気

色鉛筆セット €50

芯がやわらかくて描きやすい色鉛筆セット

ノート 各€12.9〜

使っているだけで気分が上がる鮮やかなカラーが素敵なノート

革製小銭入れ 各€38

仔牛の革を使用。同シリーズで、チケットケースやカード入れもある

高品質のステーショナリー

ファブリアーノ・ブティック

Fabriano Boutique

1264年、イタリア中部の町ファブリアーノで生まれた製紙工房の伝統を受け継いだブランドとして、イタリア内外に店舗展開中。紙製品のほか、文房具も豊富に揃える。

Via del Babuino 173 ☎06-3260-0361 営10:00〜19:30 休無休 交スペイン広場から徒歩約6分

英語OK スペイン広場周辺 ▶MAP 別P.8 A-1

イタリアで購入した電化製品は変圧器を通せば日本でも使えないことはないが、火災や故障のリスクもあるため、買わない＆使わないのがベター。

本場で買いたい イタリア発ブランド

宝石の製造
販売を始めた
のは息子です

名だたるハイブランドが誕生した国イタリア

ローマのコンドッティ通りや、ミラノのモンテナポレオーネ通りなど、きらびやかなウィンドウが並ぶショッピングストリートが、大きな都市には必ずひとつはある。それらのショッピングストリートを構成するのは、セレブ御用達のハイブランドから、流行りのファストファッションブランドまで、規模も内容もさまざまだ。

イタリア発祥ブランドは、国内の主要都市をはじめ、日本を含む海外にも多数店舗を出しているものの、せっかく訪れたのであれば一度は本店に足を運んでみたいもの。一歩店に足を踏み入れれば、ラグジュアリーな空間が出迎えてくれるだろう。また、訪れる際は身ぎれいな服装で。そこは高級ブランド店、Tシャツやジーンズといったラフな服装では明らかな冷やかしとみなされ、店員から相手にされないという羽目に。店内を撮影したり、勝手に商品を触ることも御法度だ。

ここでは一般知識として知っておくだけでも損はない、イタリアを代表する名ブランドを紹介しよう。

BVLGARI

ブルガリ

創業者
ソティリオ・ブルガリ –Sotirio Bvlgari–
1857〜1934年

ローマ創業の高級宝飾品ブランド

ギリシャの銀細工一家に生まれたソティリオ・ブルガリ。自身も銀細工職人になり、1881年にローマへ移住。彼の作った製品は評判がよく、1884年に店をオープン。その後移転や店舗の増設を経て徐々に成長。ソティリオの死後は2人の息子が後を継いだ。1977年には時計ライン「ブルガリ・ブルガリ」を発表し、ブルガリを代表するアイテムに。

SHOP LIST

コンドッティ通り(ローマ)
▶MAP 別P.8 A-2
トルナブオーニ通り(フィレンツェ)
▶MAP 別P.14 B-1
モンテナポレオーネ通り(ミラノ)
▶MAP 別P.23 E-3

GUCCI

グッチ

世界中のセレブから愛されるトップブランド

グッチオ・グッチが1921年にレザーグッズ専門のファクトリーとショップをフィレンツェに創設。60年代半ばに考案されたGGのロゴは不朽のアイコンとして世界中で愛されている。2023年、クリエイティブ・ディレクターにサバト・デ・サルノが就任。

SHOP LIST

コンドッティ通り(ローマ)
▶MAP 別P.8 A-2
トルナブオーニ通り(フィレンツェ)
▶MAP 別P.14 B-1
グッチ・ガーデン(フィレンツェ)
▶MAP 別P.15 D-2
3月22日通り(ヴェネチア)
▶MAP 別P.19 D-3
モンテナポレオーネ通り(ミラノ)
▶MAP 別P.23 D-3

創業者
グッチオ・グッチ
–Guccio Gucci–
1881〜1953年

ほかにも！ イタリア発祥のブランド

アレッシィ(オメーニャ) –Alessi–
イタリアを代表するハウスウェアメーカー。食卓を彩るアイテムが多数

イル・ビゾンテ(フィレンツェ) –Il bisonte–
使うごとに味が出る革製品アイテムのブランド。バッグほか雑貨を扱う

カッパ(トリノ) –Kappa–
スポーツアイテムを中心に展開。アダムとイブをモチーフにしたロゴマーク

ドルチェ&ガッバーナ(ミラノ) –Dolce&Gabbana–
ドルチェとガッバーナの2人が設立。軽やかでシンプルなデザイン

プラダ(ミラノ) –Prada–
イタリアを代表する高級ファッションブランド。ミュウミュウも展開

「ラ・リナシェンテ」のバイヤー出身です

ARMANI アルマーニ

イタリアモード界の帝王

医師を目指しミラノ大学医学部に進学するも、兵役によって大学を離れ、退学。兵役後はミラノのデパート「ラ・リナシェンテ」に勤めバイヤーとなる。人気デザイナーからスカウトを受けメンズウェア「ヒットマン」のデザインを担当。その後独立しブランドを設立。

SHOP LIST

コンドッティ通り（ローマ）
▶MAP 別P.8 A-2
トルナブオーニ通り（フィレンツェ）
▶MAP 別P.14 B-2
サンタンドレア通り（ミラノ）
▶MAP 別P.23 D-3
※上記はジョルジオ・アルマーニの店舗

創業者
ジョルジオ・アルマーニ —Giorgio Armani—
1934年～

11歳から靴作りを始めました

Salvatore Ferragamo サルヴァトーレ フェラガモ

天才靴職人が立ち上げたブランド

11歳で靴屋を開業後、15歳でアメリカへ渡る。ハリウッド俳優や有名人らを顧客とし「スターの靴職人」と呼ばれる。その後、足を痛めない靴を作るために大学で解剖学を学び、1927年フィレンツェにて開業。流行を追うだけでなく、履き心地のいい靴を追究した。

SHOP LIST

コンドッティ通り（ローマ）**▶MAP 別P.8 A-2**
トルナブオーニ通り（フィレンツェ）**▶MAP 別P.14 B-2**
サルヴァトーレ フェラガモ美術館
（フィレンツェ／→P.163）**▶MAP 別P.14 B-2**
3月22日通り（ヴェネチア）**▶MAP 別P.19 D-3**
モンテナポレオーネ通り（ミラノ）
▶MAP 別P.23 D-2

創業者
サルヴァトーレ・フェラガモ —Salvatore Ferragamo—
1898～1960年

私のドキュメンタリー映画もあるよ

VALENTINO ヴァレンティノ

ミラノ発祥のラグジュアリーブランド

専門学校でデッサンや服作りの基礎を学んだ後、国際羊毛事務局が開催したデザインコンテストで優勝。「ギ ラロッシュ」のアシスタントを約10年務める。1959年に独立、コンドッティ通りにアトリエを開業。翌年ビジネスパートナー、ジャンカルロ・ジャンメッティとヴァレンティノを創業した。

創業者
ヴァレンティノ・ガラヴァーニ
—Valentino Garavani—
1932年～

SHOP LIST

スペイン広場（ローマ）**▶MAP 別P.8 A・B-2**
シニョリーア広場（フィレンツェ）**▶MAP 別P.15 D-2**
モンテナポレオーネ通り（ミラノ）**▶MAP 別P.23 D-3**

FENDI フェンディ

五姉妹の活躍でブランドは急成長

アデーレ・フェンディとその夫エドアルド・フェンディが、1925年にローマに革製品と毛皮を扱う店として創業。その後アデーレの娘たちが経営を引き継ぎ、プレタポルテへ展開。当時シャネルのデザイナーであったカール・ラガーフェルドを迎え、世界的なブランドとなる。

SHOP LIST

ゴルドーニ広場（ローマ）**▶MAP 別P.8 A-2**
トルナブオーニ通り（フィレンツェ）**▶MAP 別P.14 B-2**
サン・マルコ広場（ヴェネチア）**▶MAP 別P.19 D-3**
モンテナポレオーネ通り（ミラノ）**▶MAP 別P.23 D-3**

娘たちが頑張ってくれたのよ

創業者
アデーレ・フェンディ
—Adele Fendi—
1897～1978年

創業者
エドアルド・フェンディ
—Edoardo Fendi—
～1954年

紹介しているショップは各都市を代表するショップ。他店舗については各ブランドの公式ウェブサイトからチェックを。

Benvenuto!

Shopping

地元の食生活をウォッチ！

ローカルマーケットをぶらり

あらゆる食材が揃うローカルマーケット。ローマならではの食生活に触れたいならばマーケット散策はマスト！　初めて目にするような珍しい食材も見つけられるはず。

食料品 & 生活雑貨

量り売りの生ハムはちょっとしたおつまみにぴったり

生パスタの専門店。ラビオリやニョッキなど種類もいろいろ

色とりどりの野菜が並ぶ活気ある市場

ビルの1階部分が市場になっている。天候を気にせず買い物を楽しめるのがうれしい

野菜 ~Verdura~

日本ではあまり見かけない、イタリアならではの野菜がたくさん

新鮮食材の宝庫

トリオンファーレ市場

Mercato Trionfale

8000㎡ほどの市場面積に250以上の店舗が軒を連ねる。かつては青空市場だったが、大改装を経て屋内市場となった。生鮮食品や加工品のほか雑貨など品揃えも豊富で地元の利用客も多い。

Via Andrea Doria　営 7:00〜14:00頃　休 日曜　交 A線オッタヴィアーノ駅から徒歩約5分

ヴァチカン市国周辺

▶MAP 別P.6 B-1

Carciofi

カルチョーフィ

英名ではアーティチョーク。野アザミを食用に改良したもので、花が開く前に収穫する。主に花のつぼみの花托の部分を食べる。パスタやサラダ、ソースの具材に使うことも。

Broccolo Romanesco

ロマネスコ

カリフラワーの一種。幾何学的に並んだつぼみがユニーク。味はブロッコリーに似ており、下茹でしてから食べる。パスタソースや肉料理の付け合わせとして出てくる。

Finocchio

フィノッキオ

フェンネル、ウイキョウとも呼ばれる。茎と根元の部分を料理に使う。セロリのような強い香りを持ち、スライスして生で食べることがほとんど。

Pomodoro

ポモドーロ

イタリア語で「黄金のりんご」を意味するトマト。品種が多く、生食用と加熱調理用の大きく2種類に分けられる。一年中出回っているがやはり一番おいしいのは夏。

Rucola

ルッコラ

ほろ苦さと独特な香りが特徴的な葉野菜。カルパッチョやサラダに添えられるほか、軽くソテーして食すこともある。

Puntarelle

プンタレッレ

チコリの仲間で、中が空洞になった茎の部分を食べる。繊維に沿って割き、水にさらした状態で売られていることも。アンチョビ風味のソースで和えたサラダが定番。

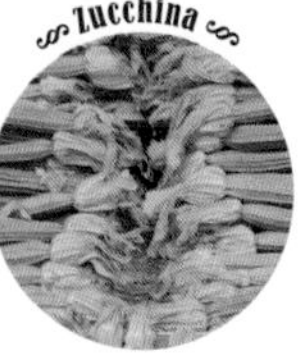

Zucchina

ズッキーナ

夏野菜の定番で、身はナスに似た食感。加熱して食べることがほとんど。黄色い花の部分を食用として使うことも多い。

チーズ ~Formaggio~

イタリア料理を語るうえで欠かせないチーズ。中でも定番の3種をピックアップ

Parmigiano Reggiano

パルミジャーノ・レッジャーノ

長期熟成させた硬質のチーズ。3年、4年と熟成期間が長くなるにつれて高級に。すりおろして料理にかけたり、パスタやリゾットのソースに使ったり。

Mozzarella

モッツァレラ

なめらかな表面をしたフレッシュタイプのチーズ。本来は水牛の乳で作るが、最近は牛乳で作られたものも多く流通している。新鮮なものはぜひ生で。

Taleggio

タレッジョ

イタリア北部のロンバルディア地方で生産される。軽い酸味があり、ウォッシュタイプチーズにしてはまろやかな口当たり。正方形に成型されることが多い。

ほかにも！

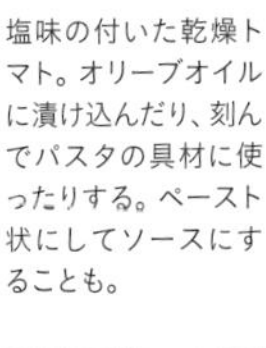

Oliva

オリーブ

塩漬けしたオリーブも量り売りで販売。そのままでシンプルにおつまみとして、刻んでパスタやピッツァの具に使うのもいい。

Pomodori Secchi

ポモドーロ・セッキ

塩味の付いた乾燥トマト。オリーブオイルに漬け込んだり、刻んでパスタの具材に使ったりする。ペースト状にしてソースにすることも。

Funghi Secchi

フンギ・セッキ

乾燥させたキノコ。ポルチーニが広く売られている。お湯で戻してから、その戻し汁と一緒にパスタソースやリゾットなどを作るとおいしい。

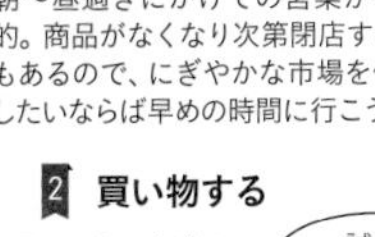

HOW TO 市場の楽しみ方

1 行く時間帯

早朝〜昼過ぎにかけての営業が一般的。商品がなくなり次第閉店する店もあるので、にぎやかな市場を体感したいならば早めの時間に行こう。

2 買い物する

商品を見るときはまずはひと声あいさつを。イタリア語のワンフレーズを覚えておくと便利。チーズや加工肉類、調味料などは試食できることもあるので、どれにしようか迷った時はぜひ聞いてみて。

ひと言会話

ポッソ トッカーレ？
Posso toccare?
手に取ってもいいですか？

ポッソ アッサッジャーレ？
Posso assaggiare?
試食できますか？

モルト ブオーノ！
Molto buono!
とってもおいしい！

3 お会計

まとめ買いで割引してくれることも。少しの買い物で値切ろうとするのは店の人にも失礼なので避けて。市場でもカード払いできるお店が増えているが、念のため買う前に確認をしよう。

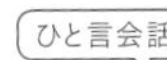

ひと言会話

ポッソ パガーレ コン ラ カルタ ディ クレディート？
Posso pagare con la carta di credito?
クレジットカードで払えますか？

まだある ローマ市内のマーケット

青空市場や週末限定の蚤の市など、市場の種類もいろいろ。見るだけでも楽しいので時間があったら立ち寄ってみて。

食料品&おみやげ

街の中心部にあり観光や買い物途中にも立ち寄りやすい

色とりどりのパスタもまとめ買いでお安く

観光客向けのにぎやかな市場

カンポ・デ・フィオーリ市場

Campo de' Fiori

「花の野原」という名前の青空市場。野菜や生花のほか観光客向けのみやげ物も扱う。ほとんどの店で英語が通じる。

🏠 Piazza Campo de'Fiori 営 8:00〜14:00頃 休 日曜 交 ナヴォーナ広場から徒歩約8分

ナヴォーナ広場周辺

▶MAP 別P.10 B-1

アンティーク&古着

入場料がかかるものの、警備員がいるので安心

使い道が謎なものもちらほら…。それも蚤の市の楽しみ

掘り出し物を探すなら

ボルゲット・フラミニオ

Borghetto Flaminio

衣類や雑貨、ブランド品などを扱うフリーマーケット。雑貨、ヴィンテージ衣料、アクセサリーの3つのゾーンに分かれている。

🏠 Piazza della Marina 32 営 日曜の10:00〜19:00 休 月〜土曜、7月中旬〜8月下旬 料 入場料€1.6 交 A線フラミニオ駅から徒歩約8分

市街北部

▶MAP 別P.4 C-1

チーズを日本に持ち帰りたいときは、ソットヴォート（Sottovuoto）と言えば真空パックにしてもらえる。

Shopping

イタリアが誇る巨大食材デパート

イータリーでおみやげまとめ買い

世界各国に展開する食のデパート、イータリー。スーパーより値は張るものの、質のいい食材が揃う。グルメなおみやげを探すならここがイチオシ！

吹き抜けで開放的な店内。各階をエレベーターとエスカレーターが繋いでいる

Floor Guide

4F Piano 3	料理教室、コンベンションセンターなど
3F Piano 2	ワイン、蒸留酒、鮮魚、精肉、レストラン、バールなど
2F Piano 1	加工肉製品、チーズ、パスタ、オイル、調味料、ビール、ピッツェリアなど
1F Piano 0（地上階）	パン、乳製品、青果、お菓子、キッチン用品、書籍、パティスリーなど

食通も大満足の品ぞろえ

イータリー

Eataly

計1万7000㎡の売り場面積に、食料品やキッチン雑貨、レシピといった食にまつわるものを幅広く取り揃えたデパート。食材はほぼイタリア産で、独自に買い付けされた品質のいい商品が並ぶ。イートインも充実しており、買う・食べるの両方を満喫できるスポット。

🏠Piazzale 12 Ottobre 1492 ☎06-9027-9201 営9:00～24:00（店舗により異なる） 休無休 交B線ピラミデ駅から徒歩約5分 英語OK

▶MAP 別P.5 D-3

1F 見た目も味も高レベル パンとスイーツが充実

1階にはイタリア全土のスイーツのほか、青果や乳製品、キッチン用品などが置かれている。レジがあるのはこのフロアのみ。

Pane

イータリー内で販売・提供しているパンはすべてここの焼き窯で焼かれたもの

切り売りピッツァは€2.4～/100g。ドルチェタイプの甘いピッツァもある

マリトッツォ €2.8

近年日本でもブームになった、ラツィオ州の伝統菓子

Dolce

イタリア産食材をふんだんに使ったケーキが並ぶ

チョコレート €5.7

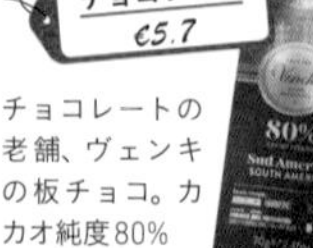

チョコレートの老舗、ヴェンキの板チョコ。カカオ純度80%

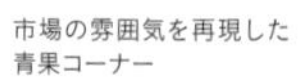

市場の雰囲気を再現した青果コーナー

イートインコーナーを併設。買ったパンやピッツァをすぐ食べられるのがうれしい

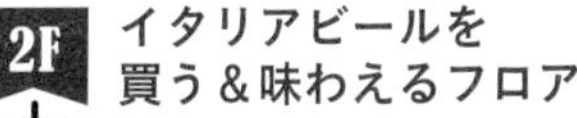

2F イタリアビールを買う＆味わえるフロア

ビールの醸造所を併設しており、イータリーオリジナルのビールの製造販売も。ほか缶詰や瓶詰といった保存食品類も充実。

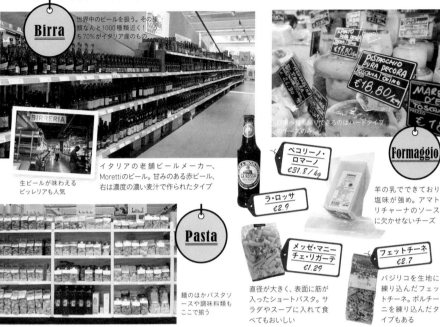

Birra

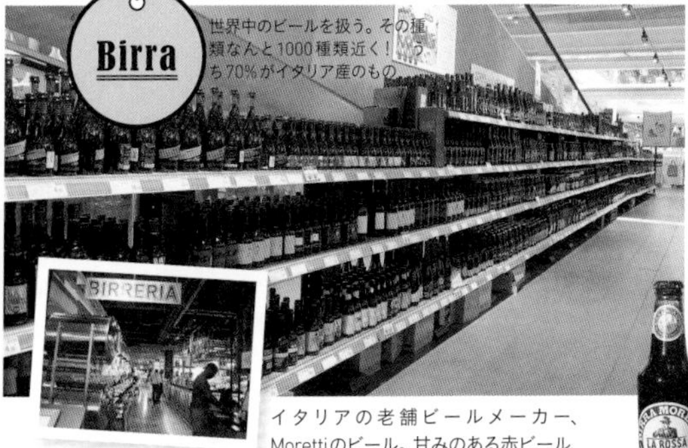

世界中のビールを扱う。その種類なんと1000種類近く！うち70%がイタリア産のもの

生ビールが味わえるビッレリアも人気

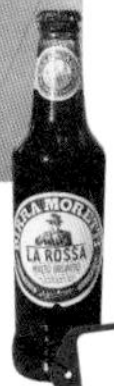

イタリアの老舗ビールメーカー、Morettiのビール。甘みのある赤ビール、右は濃度の濃い麦汁で作られたタイプ

ラ・ロッサ €2.9

Formaggio

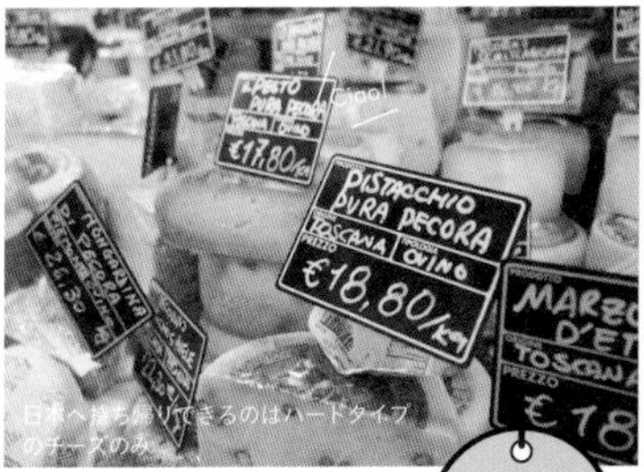

日本へ持ち帰りできるのはハードタイプのチーズのみ

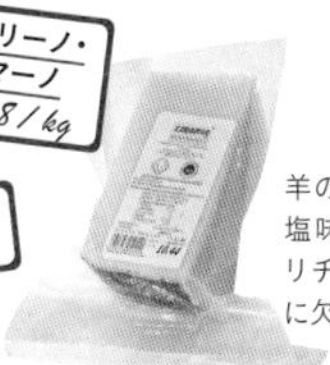

ペコリーノ・ロマーノ €31.8／kg

羊の乳でできており塩味が強め。アマトリチャーナのソースに欠かせないチーズ

Pasta

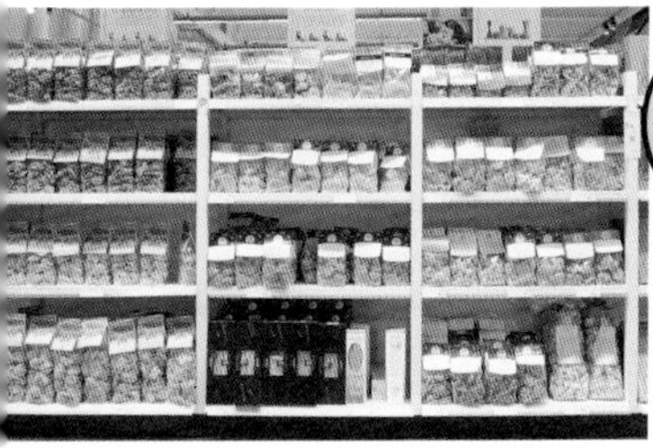

麺のほかパスタソースや調味料類もここで揃う

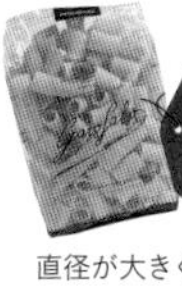

メッゼ・マニーチェ・リガーテ €1.29

直径が大きく、表面に筋が入ったショートパスタ。サラダやスープに入れて食べてもおいしい

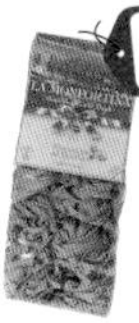

フェットチーネ €2.7

バジリコを生地に練り込んだフェットチーネ。ポルチーニを練り込んだタイプもある

3F イタリアワインが所狭しと！各種レストランも充実

ワインや蒸留酒ほか、イタリア産のリキュールなどアルコール売り場がメイン。ほか鮮魚や精肉のカウンター販売に、レストランも入っている。

Vino

市内でも最大級を誇るワインの品揃え

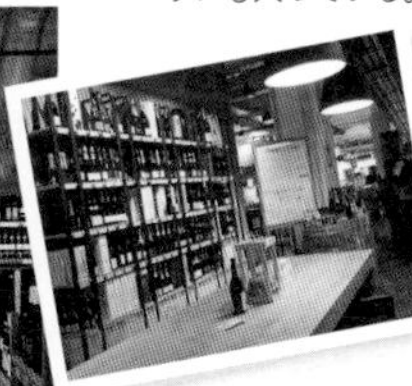

エノテカコーナーもあり、チーズやサラミをつまみながらワインをグラスで味わえる

Buio €13.9

Poco Moro €9.9

サルデーニャ島にあるMesaというワイナリーのもの。750mlのフルボトルと500mlのミニボトルがある

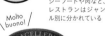

シーフードや肉など、レストランはジャンル別に分かれている

4F 最上階にはキッチンスタジオも

キッチンスタジオのほか、イベントホール、オフィススペースを構える。ゆったり座れるエリアもあるため、休憩に立ち寄るのも。

ローマ市内にもう1店舗

観光帰りにも立ち寄れる

イータリー テルミニ駅店

Eataly Termini

テルミニ駅にオープンしたイータリーの新店舗。100席以上あるイートインでピッツァやパスタが楽しめる。

Staz. Termini ☎06-01908372 営6:00～21:00（レストランは11:00～21:00） 休無休 交テルミニ駅直結

英語OK テルミニ駅周辺 ▶MAP 別P.9 E-3

イータリーへは、ピラミデ駅下車後Air Terminal方面出口へ進み、オスティエンセ駅を抜ける。15番ホーム奥の出口を進んでいけば着く。

Shopping

スーパー＆食材店で
イタリアの味を持ち帰る

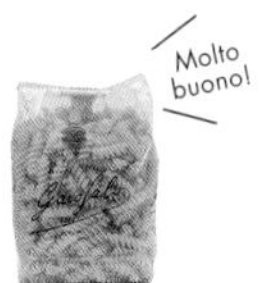

イタリアみやげで喜ばれるのは、やっぱり食品。定番のスイーツからパスタ、調味料まで選択肢も多い。値段も手頃なのでここなら予算オーバーの心配もなし!?

Dolce スイーツ

1 アマレッティ C
アーモンドの粉に砂糖や卵白を合わせて焼き上げたイタリアの郷土菓子。アマレットリキュールを香り付けに使用

2 カントゥッチーニ C
日本ではビスコッティという呼び名が一般的。2度焼きした硬めの焼き菓子。チョコレートとヘーゼルナッツ入り

3 リコリス・キャンディー B C
リコリス（甘草）で作られた黒いキャンディーが入っている。パッケージの缶はかわいいのに、味は強烈…

1 2 3

4 トリュフチョコレート C
細かく砕いたヘーゼルナッツがたっぷり入った、ジャンドゥーヤ風のチョコレート。フレーバーもいろいろ

5 トロンチーニ C
ヌガーとも呼ばれ、卵白や砂糖などを練った生地にナッツを入れて固めたお菓子。カリッとした軽い食感

6 ヌテッラ入りウエハース A
イタリアの国民的チョコ・スプレッド「ヌテッラ」がウエハース生地に入っている。ミルクに浸して食べてもよし

€7.5

4 5 6

A 広々とした店内でゆったり買い物

ペウェックス
Pewex

イタリア全土に展開するスーパー。680㎡という広い売り場面積を持ち、食料品から雑貨まで品揃え豊富。自社ブランド商品もあり。

🏠 Via Fabio Massimo 35/37 ☎ 06-322-4943 営 8:00～21:30（日曜は8:30～） 休 無休 交 A線オッタヴィアーノ駅から徒歩約5分
ヴァチカン市国周辺 ▶MAP 別P.7 D-2

B イタリア内外のこだわり食材が揃う

カストローニ
Castroni

イタリア国内外から仕入れた食品を扱う。キャンディーやチョコの量り売りも充実。バールを併設しており、軽食をとることも可能。

🏠 Via Cola di Rienzo 196 ☎ 06-687-4383 営 8:00～20:00（日曜は9:30～） 休 無休（6月中旬～9月中旬までの日曜） 交 A線オッタヴィアーノ駅から徒歩約8分 英語OK
ヴァチカン市国周辺 ▶MAP 別P.7 D-2

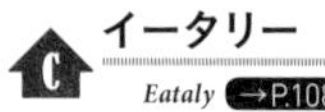

C イータリー
Eataly →P.108

Pasta & Salsa
パスタ&パスタソース

7　8

7 パスタソース C
トマトをベースにアンチョビや黒オリーブを加えた、ケッパー風味のプッタネスカ(左)、ペコリーノチーズが香るグリーチャ(右)のソース

8 オレッキエッテ・マリターテ C
Benedetto Cavalieri社のパスタ。100%プーリア州産の小麦を使用。2種類のショートパスタをミックス

€3.20　€1.49

9　10

9 リングイネ A
ナポリ近郊の町グラニャーノ産で、長時間低温乾燥させるのが特徴。断面が楕円型で、濃厚なソースと相性がいい

10 タリアテッレ C
卵を加えているので濃い黄色。幅が広いリボン状の麺で、トマトソースやミートソースを合わせることが多い

11 リゾットの素 A
お湯を入れて火にかけて15分ほど煮るだけで、簡単にリゾットが作れる。サフラン&ポルチーニ(下)と、カルチョーフィ入り(上)

12 オリーブオイル C
1900年創業のメーカーRoiのエクストラヴァージン。クセが少なく、リゾットやパスタの仕上げ向き

13 バルサミコ酢 B
エミリア=ロマーニャ州のモデナ産バルサミコ酢。熟成期間が長ければ長いほどコクと甘みが増す

Condimento
調味料類

€2.19　€2.19

€24.5

11　12　13

Alcol
アルコール類

14　15　16

14 ビール C
聖人がデザインされたラベル。左のSantoronzoはコーヒー、右のSantireneは蜂蜜風味

15 アマーロ B C
グラッパの老舗メーカーNonino社製のアマーロ。グラッパに薬草を漬けており、ほろ苦く複雑な香り

16 リモンチェッロ B
レモンの皮を使用したリキュール。食後酒としてストレートで飲むほかカクテルにも

HOW TO
スーパーでの買い物

1 入店する

出入り口がそれぞれ専用となっているスーパーが多い。入り口付近にカートかカゴが置いてあり、カートにチェーンが付いている場合は€1コインを入れるとチェーンが外れる。使用後、カート置き場に戻すとお金が返ってくる。

2 商品を選ぶ

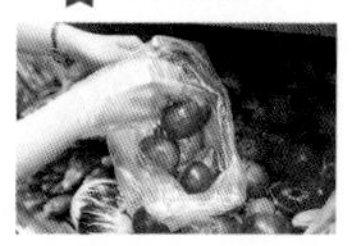

野菜や果物を買うときは、ビニール袋に商品を入れて量り、その商品の番号を入力して、印字されたラベルを袋に貼ってレジへ持っていく。青果類は素手で触らないように。

大きいスーパーではたいてい加工肉やチーズ、惣菜などの量り売りコーナーを併設している。整理券の発券機があるので、券を取って自分の番号が呼ばれたら注文(番号が表示される店もある)を。

ひと言会話

プレンド　クエスト
Prendo questo.
これをください。

ネ　ヴォッレイ　アンコーラ　ウン　ポ
Ne vorrei ancora un po´.
それより多くしてください。

ネ　ヴォッレイ　ウン　ポ　メーノ
Ne vorrei un po´ meno.
それより少なくしてください。

コズィ　ヴァ　ベーネ
Cosi´ va bene.
ちょうどいいです。

3 レジへ
レジはベルトコンベアー式。自分で商品を台の上に並べ、最後に区切りのバーを置く。レジを通したあとの商品はその場で袋に詰めよう。ビニール袋は有料が一般的で、エコバッグ等を持参するか、レジの人に必要な枚数を伝えて袋をもらおう。

ローマのテルミニ駅構内にもスーパーがある。CONAD系列のSapori&Dintorniは5:30～23:30の営業で年中無休。

❶旧約聖書に登場するイスラエル王・ダビデが、石を投げて巨人・ゴリアテを倒そうと狙っている姿がモデル（P.124） ❷お店に入るときは必ずあいさつを。商品を手に取るときも、ひと声かけるのを忘れずに ❸ジェラートはカップのサイズで金額が変わる。味が混ざりすぎない２種盛りがベスト（P.158）

FIRENZE

Firenze
フィレンツェ

ルネサンスの聖地 歩いてめぐれる花の都

イタリアのほぼ中央部に位置するトスカーナ州の首都。ダ・ヴィンチやミケランジェロといった天才芸術家を生み、育てた、ルネサンス美術発祥の地としても有名。世界を代表する名作の数々が美術館や教会に収蔵されている。中央駅から一番離れた見どころのサンタ・クローチェ聖堂まで、徒歩約20分と街はこぢんまり。郷土料理にスイーツ、キャンティワインなどトスカーナの味も食べ歩きたい。

州名 トスカーナ州

人口 約375万人

面積 約23km²

サンタ・マリア・ノヴェッラ駅周辺
Stazione di Santa Maria Novella,SMN

中心部からやや北西寄りにあり、高速鉄道や空港バスなどが発着するターミナル駅。駅近には同名の教会と、その修道院が発祥のボタニカルコスメ店あり。中央市場へもぜひ一度。

サンタ・マリア・ノヴェッラ薬局 →P.166

中央市場 →P.156

フィレンツェ・カードで行列をパス

市内の主要観光施設60施設以上に入場できるフリーパス。最初の使用から72時間有効で€85。各施設に優先入り口が設けられており、入場待ちの行列をスルーできる。

Questo!

使える主な施設

ヴェッキオ宮殿、ピッティ宮殿、メディチ家礼拝堂、リッカルディ宮、サン・マルコ美術館、バルジェッロ国立美術館など

URL www.firenzecard.it

観光案内所ほか一部対象施設で購入可能

ポンテ・ヴェッキオ周辺
Ponte Vecchio

フィレンツェ最古の橋・ポンテ・ヴェッキオを渡ると、繁華街よりも少し落ち着いた雰囲気に。メディチ家のギャラリーを擁するピッティ宮殿もこちら。

ピッティ宮殿 →P.138

Vieni a trovarmi

ポンテ・ヴェッキオ →P.144

タッディ →P.145

サンタ・マリア・ノヴェッラ駅（中央駅）
Stazione S. Maria Novella (Stazione Centrale)

中央市場 Mercato Centrale

メディチ家礼拝堂 Cappelle Medicee

サンタ・マリア・ノヴェッラ教会 Basilica di Santa Maria Novella

サン・ロレンツォ… Basilica di San Lor…

サン・ジョヴァンニ… Battistero di San Gi…

トルナブオーニ通り Via de' Tornabuoni

レプッブリカ広… P.za della Repubbli…

ハイブランドのショップが軒を連ねる華やかな通り

ポンテ・ヴェッキオ Ponte Vecchio

サント・スピリト聖堂 Basilica di Santo Spirito

ピッティ宮殿 Palazzo Pitti

ベルヴェデーレ要… Forte Belvede…

ボボリ庭園 Giardino di Boboli

0 200m

入り口は駅正面、中はルネサンス

サンタ・マリア・ノヴェッラ教会

Basilica di Santa Maria Novella

マザッチョ作『聖三位一体』などの名作多数。礼拝堂や美術館も併設。

🏠Piazza di Santa Maria Novella 18 ☎055-219-257 開9:00～17:30（金曜は11:00～。10～3月は～17:00。土・日曜、祝日は時間短縮あり）休無休 料€7.5 交サンタ・マリア・ノヴェッラ駅から徒歩約3分

サンタ・マリア・ノヴェッラ駅周辺

▶MAP 別P.12 C-2

ドゥオモ広場周辺
Piazza del Duomo

フィレンツェ市民の誇り・ドゥオモ。聖堂内部の見学にクーポラからの展望、正面に立つ洗礼堂や美術館も押さえたい。周辺にはメディチ家やルネサンス関連の名所が多数。

カテドラル・サンタ・マリア・デル・フィオーレ →P.118

メディチ家礼拝堂 →P.136

アカデミア美術館 →P.124

スクディエーリ →P.161

ミゴーネ・コンフェッティ →P.169

サン・マルコ美術館
Museo di San Marco

アカデミア美術館
Galleria dell'Accademia

通称「ドゥオモ」と呼ばれているフィレンツェのアイコン的大聖堂

カテドラル・サンタ・マリア・デル・フィオーレ
Cattedrale di Santa Maria del Fiore

ドゥオモ広場
Piazza del Duomo

ニョリーア広場
azza della Signoria

ヴェッキオ宮殿
Palazzo Vecchio

フィッツィ美術館
lleria degli Uffizi

サンタ・クローチェ聖堂
Basilica di Santa Croce

ノ川
Fiume Arno

広場からは日中、夕暮れ、夜景とそれぞれに異なる眺望が楽しめる

ミケランジェロ広場
Piazzale Michelangelo

個人ガイドならおまかせ

イタリア政府フィレンツェ県公認観光専門ライセンスガイド・コーディネーター。20年以上の観光通訳やメディア取材対応の経験を持つ。芸術関係に強く、滞在の相談にも乗ってくれる。

小泉 真樹さん

歴史を知って歩くとより楽しめます♪

URL www.amoitalia.com/tour/firenze-tour/

サンタ・クローチェ聖堂周辺
Basilica di Santa Croce

中心部から東南に位置するエリア。革工房を併設するサンタ・クローチェ聖堂周辺には、地元民好みの飲食店が点在。

サンタ・クローチェ聖堂 →P.142

シニョリーア広場周辺
Piazza della Signoria

市役所であるヴェッキオ宮殿のお膝元。広場には数々の彫刻が立ち並び、常に多くの人だかりが。隣接するのはウフィッツィ美術館。

シニョリーア広場 →P.140

ポルッチェリーノ →P.140

ウフィッツィ美術館 →P.126

フィレンツェから、世界遺産の「ピサのドゥオモ広場（→P.24）」に日帰りで行くことができる。鉄道で片道約1時間～1時間30分程度。

Sightseeing

ドゥオモとポンテ・ヴェッキオ

フィレンツェ2大名所のベスト絶景を探す

フィレンツェの2大アイコンはドゥオモとポンテ・ヴェッキオ。SNS映え写真が撮れるポイントを攻略！

サンタ・クローチェ聖堂

クーポラ

ヴェッキオ宮殿

間近からド迫力のクーポラを押さえよう！

Scoperta!（発見）

Duomo
ドゥオモ

そびえ立つ聖堂のドームは1434年完成。てっぺんにある高さ約90mの展望台まで上ることができる。

→P.118

＼クーポラからの夕景も最高！／

鐘楼越しの夕景を焼き付けたい

fromクーポラ

BEST TIME 午後～日没

クーポラ頂上の展望台も絶景スポット。鐘楼の方角が西なので、夕景を狙って上る観光客も多い。日没の時間に合わせて予約を入れよう。

fromジョットの鐘楼

定番 BEST TIME 午前中

360度の景色が楽しめる展望台から、間近に迫るクーポラはベストアングル！　午後は鐘楼自体の影が落ち始めるので午前に。

フィレンツェに来たら鐘楼に上らなきゃ！

fromウフィッツィ美術館

穴場 BEST TIME 美術館開館中

ヴァザーリの回廊もフレームイン

3階の廊下のコの字部分の窓越しに、橋が望める。その右手にはヴァザーリの回廊に続く扉あり。美術館の建物と橋が回廊で繋がっていることが見て取れる景色。

河岸の灯りが幻想的

fromサンタ・トリニタ橋

▶MAP 別P.14 B-2

穴場 BEST TIME 日没以降

ポンテ・ヴェッキオの両サイドの橋もビューポイント。西側の橋から見る夜景は特に美しい。派手さはないが川面に映る街灯がムーディー。

fromミケランジェロ広場

穴場 BEST TIME 一日中

アルノ川に架かる姿が象徴的

街を一望できるミケランジェロ広場。広場に設置された望遠鏡を覗き込むと、街なかでひと際目立つポンテ・ヴェッキオを確認できる。

HOW TO 絶景撮影

せっかくなら景色をキレイに撮りたい！　そんなあなたのために、デジカメやスマホカメラですぐ実践できる旅先写真術を伝授。

1 東西南北を把握

アルノ川を挟んでドゥオモ広場がある側が北、対岸側が南、ドゥオモのクーポラから見てジョットの鐘楼の方角が西と覚えておこう。

2 光の向きで設定変更

順光ならオート設定でOK。逆光の場合は露出の設定を少しプラスに。シャッターを押すだけで手ブレするので暗いときは手首を固定して撮ろう。

ひと言会話

Si prega di prendere una foto.（スィ プレガ ディ プレンデレ ウナ フォト）

写真を撮ってください。

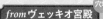

from ヴェッキオ宮殿 穴場

ドゥオモの真横から全景を収める

from ストゥーディオ通り 穴場

▶MAP 別P.15 D-1

BEST TIME 一日中

クーポラの横から南側へ延びる通り。こちらからは、フィレンツェらしい古い建物と建物の間からドゥオモが顔を出す。

BEST TIME 午前中

ヴェッキオ宮殿の塔は、ドゥオモを南側の真横から眺められる隠れた名所。展望台に上る間に、3カ所のビューポイントがお待ちかね。

塔へ上る階段の小窓をフレームに

from ドゥオモ博物館 定番

民家の隣にすぐドゥオモ!!

BEST TIME 博物館開館中

3階のこぢんまりしたテラスへ出ると、民家の屋根越しにクーポラがお出迎え。ドゥオモがフィレンツェっ子の生活の一部であることがわかる。

from ウフィッツィ広場 定番

BEST TIME 午前中

ウフィッツィ広場の、シニョーリア広場と反対側、突き当たり。アルノ川に出て右を見ればこの景色。朝日が橋に当たる時間帯の反射がキレイ。

水面に映る橋がビューティフル！

Ponte Vecchio
ポンテ・ヴェッキオ

600年以上もアルノ川に架かる、市民の生活の中心的存在。美しい3連アーチと凸凹の増築は、岸から撮影するのがベスト！

→P.144

華美なライトアップを行わないフィレンツェだが、光に浮かび上がる大聖堂や教会は厳かな美しさ。

フィレンツェの象徴をくまなく満喫
ドゥオモ広場でしたい7のこと

フィレンツェのアイコン的存在のドゥオモ。実際目の当たりにすると、大聖堂の大きさと威圧感は別格！15世紀半ばの完成以降、なぜこんなにも愛されているのか。じっくり確かめよう。

WHAT IS
Piazza del Duomo
ドゥオモ広場
活気ある商人の街 フィレンツェの誇り

街を代表する教会を一般にドゥオモと呼び、フィレンツェでは、この大聖堂がそれにあたる。ドゥオモ周辺は広場となっており、常に多くの人でにぎわっている。

ドゥオモ早分かり

Ciao!

Q 誰がなぜ建てさせたの？
A 商人が政治を担い、フィレンツェは欧州でもトップ3に入る規模の都市に成長。ほかの街に対抗して大きな大聖堂を建てようと、共和政の同業組合が建設をスタート。

Q 誰がどれ位時間をかけて造ったの？
A 着工から完成まで約140年。初代設計担当のアルノルフォ以降、何人も総監督が交代。最終的にブルネレスキがクーポラで蓋をした。鐘楼はジョットを中心に建設。

Q フィレンツェ市民にとってどんな存在？
A メディチ家支配以前から、街の発展と共に築き上げられてきた。イタリア国内でも飛び抜けて大きな大聖堂を完成させたことは、フィレンツェ市民にとっての誇り。

街を芸術作品に仕上げた"花の大聖堂"
カテドラル・サンタ・マリア・デル・フィオーレ
Cattedrale di Santa Maria del Fiore

Piazza del Duomo ☎055-230-2885 開10:00～17:00（土曜は～16:30、日曜、祝日は13:30～16:45。季節により変動あり） 休日曜・祝日 料無料（クーポラ、洗礼堂、ジョットの鐘楼など共通チケット€30） 交ドゥオモ広場から徒歩約1分 ドゥオモ広場周辺 ▶MAP 別P.15 D-1

ドゥオモのクーポラ 営8:15～18:45（土曜は～16:45、日曜・祝日は12:45～16:30） 休無休 料€30

クーポラへの入場は予約制。公式ウェブサイトから申し込む

Bello!（美しい）

PIAZZA DEL DUOMO

高さ114m

高さ84m

クーポラ直径41.5m

さぁ、140年かけて完成した大聖堂を間近で感じよう

大聖堂内部は無料で見学できるが入場時にかなり並ぶ

ジョット鐘は毎時0分前後に鳴る

ヴェッキオ宮殿の塔からのアングル。大聖堂を囲むドゥオモ広場は広くないので、全体像を確認するならこちらがおすすめ

01 外観の建築美と周辺のトリビアを追う

白と緑、ピンクの大理石による細工がまばゆいファサード。壮大な建築美を眺めながらまずは広場をぐるりと一周。

チケット売り場＆トイレ

サン・ジョヴァンニ洗礼堂 →P.123

クーポラ展望台入り口

ドゥオモ博物館 →P.123

大聖堂入り口

カテドラル・サンタ・マリア・デル・フィオーレ

ジョットの鐘楼 →P.122

【大聖堂の正面ファサード】

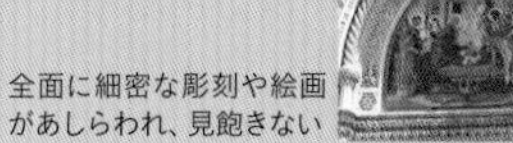

全面に細密な彫刻や絵画があしらわれ、見飽きない

【建築家2人の像】

ドゥオモ広場に面した建物の壁にはクーポラ完成前に逝去したブルネレスキ（右）、初代建築家のアルノルフォの像（左）が

【頂上の玉が落ちた跡】

1600年頃、クーポラ頂上の直径2.2mもある球が落雷によって落下。落ちた場所に印が残っている

02 ドゥオモの歴史を知る

建築責任者が亡くなったり交代したり、遅々として進まなかった大聖堂建設。完成までの間、時代と共に変化した様式を追ってみて。

ドゥオモ歴史年表

年代	出来事
1294年	アルノルフォに依頼
1296年	大聖堂起工式
1302年	アルノルフォ死去
1334年	ジョットに依頼
1337年	ジョット死去
1380年	身廊完成
1418年	クーポラ模型コンクール開催
1420年	ブルネレスキが建築責任者に
1461年	クーポラ完成

外観はゴシック

三角形に尖った装飾が、イタリアンゴシックらしい。大聖堂の側面に多く見られる

クーポラは初期ルネサンス

最後まで建設が終わらなかったクーポラのデザインは、ルネサンス期に突入

ファサードはネオ・ゴシック

19世紀に造られた、古代建築の復興デザイン。尖った装飾は引き続き流行した

HOW TO ドゥオモ観光

フィレンツェ観光のメッカということもあり、各施設への入場は順番待ちが当たり前。並ぶ時間もスケジュールに入れて計画を組もう。

1 チケットを買う

大聖堂は入場無料だが、関連施設の入場には共通チケットが必要。チケット売り場で購入できるが、ウェブサイトからの予約がおすすめ。予約しバウチャーを印刷して持参する。フィレンツェ・カードでも入場可能。URL www.duomo.firenze.it/it/home

2 入場する

大聖堂を含む各施設へは入場の際にボディチェックが行われる。危険物ほか大きな荷物の持ち込みは不可。

チケット名	ギベルティ・パス	ジョット・パス	ブルネレスキ・パス
料金	€15	€20	€30
クーポラ	×	×	○
ジョットの鐘楼	×	○	○
サン・ジョヴァンニ洗礼堂	○	○	○
ドゥオモ博物館	○	○	○
サンタ・レパラータ教会跡	○	○	○

共通券を使いこなそう！

ドゥオモ関連施設の共通券はギベルティ・パス（€15）、ジョット・パス（€20）、ブルネレスキ・パス（€30）の3種類があり、クーポラに上ることができるのはブルネレスキ・パスのみ。使用開始から72時間有効。

チケット売り場は、洗礼堂の向かいにあるチケット窓口、ジョットの鐘楼内、大聖堂内、美術館内の4ヵ所にある。

03 大聖堂内部を探検する

大聖堂内は特に見学ルートは設けられていないため、自由に見て回ることができる。天井画から地下の聖堂跡までお見逃しなく。

下絵を手掛けたのはドナテッロ

【ステンドグラス】

大聖堂内にはギベルティら芸術家が制作したステンドグラスが多数。中でも必見は正面入り口壁の上部に掲げられた『聖母の戴冠』

24時間計で、針の進みは逆回り

【パオロ・ウッチェロの時計】

ミサと日没の時間を読むために作られた、世界最古の時計のひとつ。四隅には預言者の顔が描かれている

【床の大理石細工】

1mmの隙間もなく組まれた大理石の装飾は見事。クーポラへ上る途中から俯瞰すると、身廊全体を使った大きな模様であることが分かる

クーポラへ上る途中、上からも見下ろせる

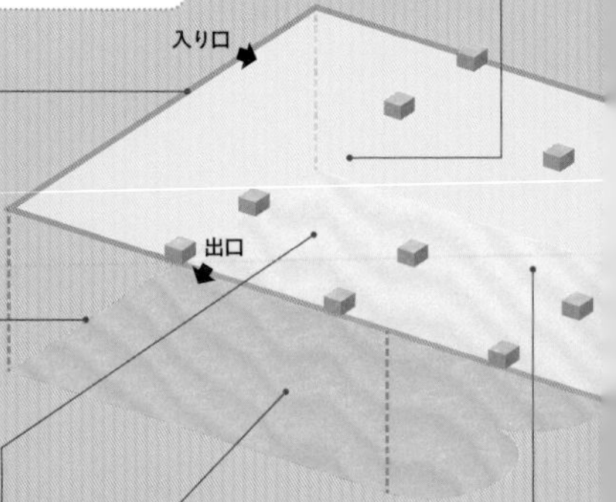

入り口

出口

ブルネレスキって誰？

大聖堂のクーポラを設計した建築家。すでにできていた身廊部分に巨大なドームを造るため、10年以上ローマの遺跡をリサーチ。自ら建築用の機械を発明し、緻密な監督により、支柱なしで完成させた。頂上の金の玉の飾りも本人作だが、設置される前にこの世を去った。 →P.133

ワシが眠っておる！

【ブルネレスキの墓標】

クーポラの完成を見ずに亡くなったブルネレスキの葬儀には多くの人が集った。階段で地下に下りた左手、ショップの手前で静かに眠る

地下の発掘調査時に偶然発見！

地下への階段

ココから地下へ下りるの

【身廊】

1000人超のミサを開けるほどの広さと規模。床の象嵌（ぞうがん）やステンドグラスが引き立つよう、他の聖堂と比べると内装はやや簡素

みやげショップも地下にスタンバイ

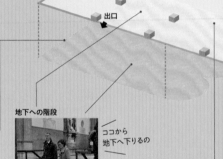

【サンタ・レパラータ遺構】

5～6世紀、この場所にあった聖堂の跡。当時の装飾や床のモザイク模様が見られる。地下探検気分で順路を歩くのも楽しい

内装の尖塔アーチは典型的なゴシック様式

【2点の騎馬像フレスコ画】

右がパオロ・ウッチェロの1436年作。左はアンドレア・デル・カスターニョの1456年作。当時、騎馬の肖像が流行した

作風は似てるけど、作者は別々

【ダンテの神曲絵画】

ドミニコ・ディ・ミケリーノによって1465年に描かれたフレスコ画。中央がダンテの肖像で、左側に地獄、煉獄、アダムとエヴァの世界、右側にはフィレンツェの街が

ダンテの神曲とは？

フィレンツェ出身のダンテ・アリギエーリが書いた長編叙事詩。自身が地獄〜煉獄をさまよい、最終的に恋人・ベアトリーチェの案内で天界へ昇るというストーリー。トスカーナ訛りで書かれ、人気を博した。

私がダンテです

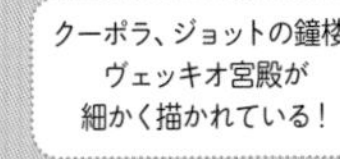

クーポラ、ジョットの鐘楼、ヴェッキオ宮殿が細かく描かれている！

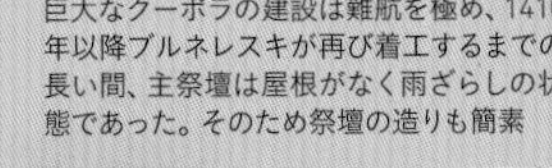

Piuttosto !

【主祭壇】

巨大なクーポラの建設は難航を極め、1410年以降ブルネレスキが再び着工するまでの長い間、主祭壇は屋根がなく雨ざらしの状態であった。そのため祭壇の造りも簡素

主祭壇上には木製の十字架像が

クーポラへ上る行き帰り、間近から見られる

【天蓋のフレスコ画】

クーポラ内側のフレスコ画『最後の審判』はヴァザーリ作。大天使ミカエルによって、人々の魂が天国と地獄とに仕分けされている

多くの観光施設では入場時にセキュリティチェックが行われる。荷物を少なく、身軽な装備で行動すると楽。

04 クーポラ展望台から街を一望

463段の長い階段を上り、クーポラの展望台へ。その道のりは険しいものの、展望台から望む街並みは圧巻！

ジョットの方角が西なので黄昏時も美しい

【階段】
上りと下りは別ルート。段差が大きい終盤は頑張りどころ

こんなモノも！

天井画の根元がぐるりと順路になっている

クーポラ建築の粋を知る

【煉瓦の矢筈積み】
下から積み上げ、支柱なしの尖頭型ドームを実現

【当時の作業道具】
展望台からの下り順路に。作業場には食堂もあった

Bello!

05 ジョットの鐘楼からクーポラに迫る

大聖堂建築の主役をバッチリ押さえよう

クーポラへ上ったあとは、ドゥオモに隣接するジョットの鐘楼へ。展望台からは巨大なクーポラを間近に望むことができる。

【階段】
上りと下りは同じ経路で、らせん階段の部分も。踊り場で譲り合おう

【ジョット】
建築はジョットが手掛け、没後は弟子たちが建設を引き継いだ

途中にも展望台
一番上までの間にも展望スペースあり

【前代の鐘】
以前使われていた鐘を展示。高さ2mはありそう

どっちに上る!? クーポラorジョット

クーポラ			
高さ	段数	予約	行列度
90m	463段	必要	★★★

Point
ウェブサイトからの事前予約が必須で、ブルネレスキ・パスを購入する必要がある。クーポラでの滞在時間は15分までの入れ替え制。

ジョット			
高さ	段数	予約	行列度
84m	414段	必要	★★☆

Point
ジョット・パス購入の場合は日時指定が必要。ブルネレスキ・パスを購入した場合、有効期限内であれば日時指定なしで入場可能。

モザイクの一つ一つが
まばゆい光をたたえる

06 サン・ジョヴァンニ洗礼堂の天井画に釘付け

大聖堂が建てられる200年前からある洗礼堂。建築は当時のロマネスク様式で、床から天井に施された緻密な細工は、職人技術の集大成。

きらびやかなモザイク画のシャワー

サン・ジョヴァンニ洗礼堂

Battistero di San Giovanni

Piazza del Duomo　開8:30～19:30(第1日曜は～13:30)、(時期により変動あり)　休無休　料共通チケット€15～　交ドゥオモ広場から徒歩約1分

ドゥオモ広場周辺 ▶MAP 別P.15 D-1

【精密なモザイク画】

中央にはイエスの姿。聖書や創世記に登場する場面が描かれている

【最後の審判には地獄も】

悪魔もモザイクで描写。目を凝らして探してみて

【アダムとエヴァ発見】

アダムとエヴァも登場。下から4層目に見られる

【天国の扉】

コンクールでギベルティがブルネレスキに勝って手掛けた、東側の扉

【床の象嵌(ぞうがん)】

大聖堂よりさらに細かい模様

Tour dei Bambini

07 ドゥオモ博物館で胸打たれる

大聖堂と洗礼堂にある美術品のオリジナル、もしくは分かりやすいレプリカで展示。ルネサンスの重要作品の収蔵ほか、ドゥオモの建築過程を追ったコーナーも。

傑作が目白押し！
ドゥオモのことも丸分かり

ドゥオモ博物館

Museo dell'Opera del Duomo

Piazza del Duomo　開8:30～19:00(時期により変動あり)　休第1火曜　料共通チケット€15～　交ドゥオモ広場から徒歩約2分

ドゥオモ広場周辺 ▶MAP 別P.15 E-1

【聖歌隊席】

以前は大聖堂聖具室に飾られていたオルガン奏者用の席。大理石製

子どもの聖歌隊がキュート

【大聖堂ファサード(レプリカ)】

至近距離で見られる大聖堂ファサードのレリーフ

ピエタ
ミケランジェロ作

2作目となる晩年のピエタ。立っているのは作者という説も

周囲が映り込まない最新ガラスを使って展示

マグダラのマリア
ドナテッロ作

晩年の木彫。あふれ出る精神性に心を掴まれる

【天国の扉(本物)】

礼拝堂の天国の扉。左上から順に旧約聖書の場面を表している

Ciao!

博物館内の一部の作品には「TOUCHABLE」と書かれたレリーフも展示されており、手で触って楽しむこともできる。

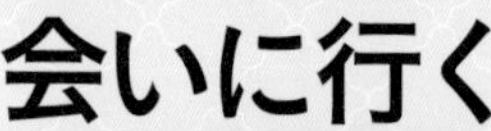

Sightseeing

ルネサンスを代表するイケメン

街に点在するダビデ像に会いに行く

そうなんです、ここにいたんです！　世界中でお目にかかるこの青年・ダビデはフィレンツェ出身。今も故郷で愛されています。

本家・ダビデ像早分かり

Q ダビデって誰？

A 旧約聖書に登場するイスラエル王。この像は、石を投げて巨人・ゴリアテを倒そうと狙っている姿。このとき10代後半〜20歳の説が有力。

Q 誰が作ったの？

A トスカーナ生まれの芸術家・ミケランジェロが29歳のときに完成させた作品。3年間かけて大きな大理石の塊から彫り起こした。

Q 何のために作られたの？

A 政治混乱を逃れてローマへ移ったミケランジェロ。フィレンツェに平和が戻り、帰還した際に依頼された。テーマは共和国の正義。

Check Point! 01

実は頭がデカい？

体形はおよそ6頭身。少々頭が大きいようだが、人々が下から見上げることを計算してこのバランスになっている。

Check Point! 02

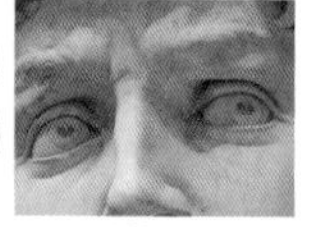

瞳がハート形♡

憎き巨人を睨むその瞳は、ハート形。一見ラブリーだけど、実はこの印は割礼を意味する。ちょっと遠いけどよ〜く見てみて。

Check Point! 03

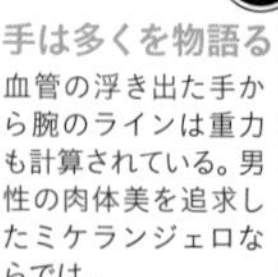

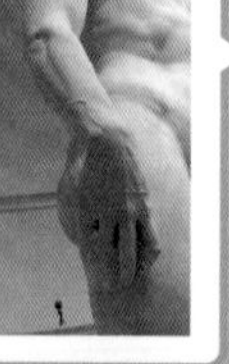

手は多くを物語る

血管の浮き出た手から腕のラインは重力も計算されている。男性の肉体美を追求したミケランジェロならでは。

身長517cm

ミケランジェロ作
1501〜04年

この凛々しい肉体に360度から見惚れて

WHAT IS

David di Michelangelo
ダビデ像

ルネッサンスを代表する大作

完璧なバランスと人間美讃歌は、まさにルネサンス。完成当初はヴェッキオ宮殿入り口前に置かれていた。

ダビデ像に世界中から観光客が集う

アカデミア美術館

Galleria dell'Accademia

コジモ1世が初代総裁を務めたフィレンツェ美術学校に併設する美術館。ダビデ像のオリジナルほか、ダ・ヴィンチの作品やフィレンツェ派の絵画など貴重な作品を収蔵。

Via Ricasoli 58/60
☎055-098-7100（予約は055-294-883）
開 8:15〜18:50（時期により変動あり）
休 月曜　料 €16（予約は＋€4）
交 ドゥオモ広場から徒歩約10分

ドゥオモ広場周辺　▶MAP 別P.13 D-1〜2

Check Point! 04

後ろ姿も要チェック

正面だけでなく、斜めや後ろからもぜひ。右脚に体重をかけた体勢、お尻、背中のバランスもしなやか。

アカデミア美術館にはこんなコーナーも

音楽家たちのパトロンだったメディチ家の古楽器コレクションも大充実。ストラディバリウスも

シニョーリア広場にオリジナルが立つ、『サビニの女達の略奪』像のレプリカなどもある

郵便はがき

おそれいりますが切手をお貼り下さい

104-8011

東京都中央区築地5－3－2

株式会社朝日新聞出版

生活・文化編集部行

ご住所　〒 電話　　（　　）		
ふりがな お名前		
Eメールアドレス		
ご職業	年齢 歳	性別

このたびは本書をご購読いただきありがとうございます。
今後の企画の参考にさせていただきますので、ご記入のうえ、ご返送下さい。
お送りいただいた方の中から抽選で毎月10名様に図書カードを差し上げます。
当選の発表は、発送をもってかえさせていただきます。

愛読者カード

本のタイトル

お買い求めになった動機は何ですか？（複数回答可）

1. タイトルにひかれて　　2. デザインが気に入ったから
3. 内容が良さそうだから　　4. 人にすすめられて
5. 新聞・雑誌の広告で（掲載紙誌名　　　　　　　　）
6. その他（　　　　　　　　　　　　　　　　）

表紙　1. 良い　2. ふつう　3. 良くない
定価　1. 安い　2. ふつう　3. 高い

最近関心を持っていること、お読みになりたい本は？

本書に対するご意見・ご感想をお聞かせください

ご感想を広告等、書籍のPRに使わせていただいてもよろしいですか？

1. 実名で可　2. 匿名で可　3. 不可

ご協力ありがとうございました。
尚、ご提供いただきました情報は、個人情報を含まない統計的な資料の作成等に使用します。その他の利用について詳しくは、当社ホームページ
https://publications.asahi.com/company/privacy/をご覧下さい。

本物が以前立っていた場所に

景色だけじゃなくてボクも見て
レプリカすら大人気だぞ！
Bello!

丘の上の広場から街を見守る

→P.141

観光名所でもある現役市役所

ヴェッキオ宮殿

Palazzo Vecchio

完成後のダビデ像が設置されたのは、ヴェッキオ宮殿入り口脇。数回破損したため1873年に移設。レプリカに置き換えられた。

憩いと見晴らしのスポット

ミケランジェロ広場

Piazzale Michelangelo

ミケランジェロの名を冠した広場にも、その代表作として銅製のレプリカが鎮座。中心部からは離れているものの、広場から見下ろすフィレンツェの街並みは一見の価値あり。

住 Piazzale Michelangelo 開 見学自由 交 サンタ・マリア・ノヴェッラ駅前から13・14番バスで約30分

ミケランジェロ広場周辺

▶MAP 別P.13 E-3

夜のボクもイケてるでしょ？

ドゥオモ広場から徒歩約30分。夜広場へ行くならタクシーがベター。広場周辺にはカフェや売店あり

元警察署の建物に傑作彫刻が満載

バルジェッロ国立美術館

Museo Nazionale del Bargello

イタリア国内で最初に創設された国立美術館。館内は3フロアからなり、本家と異なる3体のダビデ像ほか、ミケランジェロ作品や名作彫刻が多数。

住 Via del Proconsolo 4
☎ 055-0649-440 開 8:15〜18:50（時期により変動あり） 休 火曜、第2・4日曜 料 €10（予約は＋€3） 交 ドゥオモ広場から徒歩約10分

ドゥオモ広場周辺

▶MAP 別P.15 E-2

2階に3人のダビデが
複製だけどボクも忘れないで〜！
ボクは大聖堂のために作られたの
美少年バージョンだよ

1440年作。ブロンズ製、高さ約160cm

1408年に制作。表情はなくポーズも硬い、まだゴシック様式を残した時代の作品

ヴェロッキオ作
1473-75年

ドナテッロ作
1408-09年

メディチ家当主・痛風病みのピエロが1470年頃に制作を命じた。モデルは弟子のダ・ヴィンチだという説がある

ドナテッロ作
1440年

もっと気になるルネサンス美術

修道士たちの息づかいが聞こえる

サン・マルコ美術館

Museo di San Marco

画家のフラ・アンジェリコが住んだ元修道院の美術館。2階の各小部屋にはフレスコ画が描かれている。

住 Piazza San Marco 3 ☎ 055-088-2000 開 8:15〜13:50（土・日曜、祝日は〜16:50） 休 第1・3・5日曜、第2・4月曜 料 €8（予約は＋€3） 交 ドゥオモ広場から徒歩約6分

ドゥオモ広場周辺

▶MAP 別P.13 D-1

リナイウォーリ祭壇画
フラ・アンジェリコ作
1433-35年

リナイウォーリとは麻織物職人組合のこと。組合会館の祭壇用に描かれた

受胎告知
フラ・アンジェリコ作
1420-50年

同時代の画家・マザッチョが完成させた遠近法を取り入れている

アカデミア美術館も行列必至の人気スポット。ウェブサイトからチケット予約するか、フィレンツェカードでの入場がおすすめ。

予約ベター

所要 3時間

あのイタリアンルネサンスが集結！ ウフィッツィ美術館で超有名絵画を拝む

Rinascimento

Ciao!

ルネサンス美術の総本山といえる収蔵作品数。ハズせないポイントはどこ？ 人波をかわしてスムーズに鑑賞。

ヴィーナス誕生

Nascita di Venere
ボッティチェリ作　1490年

172.5cm×278.5cm。海の泡から生まれ、大きな貝に乗って上陸する女神を、時の妖精・ホーラがマントで受け止める。ゼフュロスに抱きついて花を撒くのは花の女神・フローラ。

名画の前は常に人垣。譲り合って鑑賞を

こちらの西の神は健康的

春の訪れを告げる西風を吹きつけ、ヴィーナスを岸へ届けようとするゼフュロス。『春』にも登場するが、そちらは不健康に描かれている。

モデルはシモネッタ

ジュリアーノ・メディチの愛人でミス・フィレンツェと名高い美女。ボッティチェリは彼女の絵を複数残し、ほかの画家にも愛された。

弾圧された神話画

それまでの絵画では肉体や露出は恥ずべきもの。女性らしく、官能的にすら見えるヴィーナスの肉体は、当時の画壇に衝撃を与え、糾弾された。

教科書級の絵画が目白押し！

ウフィッツィ美術館

Galleria degli Uffizi

コジモ1世の統治時代には官庁舎として使われていた建物。メディチ家断絶後、その美術コレクションを展示する場所に使われることに。ハプスブルク・ロートリンゲン家のレオポルド1世が最初に監修らしきことをした。

Piazzale degli Uffizi 6
☎055-294-883
㊎8:15～18:30
㊡月曜　㊋€25（11～2月は€12）
㊇シニョリーア広場から徒歩約1分
シニョリーア広場周辺 ▶MAP 別P.15 D-2

HOW TO めぐり方

名画を多数所蔵するだけあり、世界中から多くの観光客が訪れる美術館。事前に訪問スケジュールを立てて時間のロスを減らそう。

事前予約はマスト

サイトで時間指定予約

事前にウェブサイトから日時を指定してチケットを予約購入。時間は15分刻み。印刷したバウチャーを窓口で交換し、優先レーンから入場。

URL : www.uffizi.it/en/tickets

フィレンツェカードを利用

72時間有効のフリーパス（→P.114）。優先レーンが設けられており、事前に予約した時間にカードを提示すればチケット購入待ちの列をパスして入場できる。

入場

アルノ川
ポンテ・ヴェッキオへ→
ウフィッツィ美術館
ウフィッツィ広場
①
②
③
ヴェッキオ宮殿
シニョリーア広場

1 チケット別入場方法

事前予約、フィレンツェ・カードの有無によって入場方法が異なる。

❶優先入り口

フィレンツェ・カード、予約チケット所持者はこちらの入り口へ。

❷当日チケット売り場

事前予約なしの場合はこちらの入り口に並ぶ。当日もしくは先の予約チケットを販売。

❸予約チケット交換窓口

ネット、または電話予約者用の窓口。予約した時間の20分くらい前に行って、バウチャーをチケットに交換。

春
Primavera
ボッティチェリ作　1482年

203cm×314cm。ロレンツォ豪華王の子、愚か者のピエロの結婚を祝って描かれた。フローラを中心に春の訪れを祝福するが、右端のゼフュロスと左端のメルクリウスは不協和音を奏でる。

目隠しの天使
一途な恋を表すキューピッドは目を覆われている。その矢のほこ先は三美神の貞操に。

西風の神は顔色が悪い!?
『ヴィーナス誕生』では健康的に描かれているゼフュロスだが、真っ青な肌で表情も険しい。理由は諸説あり、謎の多い作品。

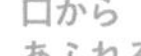

口からあふれる花
妖精・クロリスは右のゼフュロスと結婚。身ごもり、左に描かれた女神・フローラへ変身する。口から出た花は結婚を意味する。

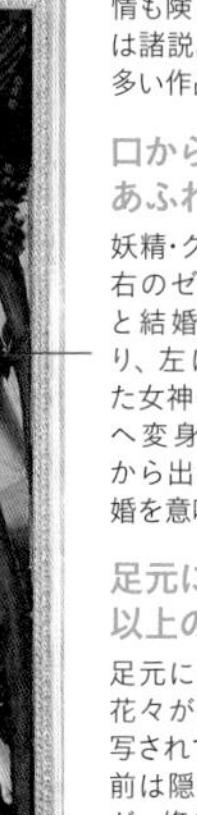

足元に40種以上の花々
足元には沢山の花々が細かく描写されている。以前は隠れていたが、修復により発見。頭上にはオレンジの実が。

鑑賞ガイド

レリーフは盲目者用
目の不自由な人が触って楽しめるよう、一部の名画にはレリーフの設置も。邪魔にならないように触ってみて。

オーディオガイド
€6。日本語対応あり。借りる際にパスポートの提示が必要。ビデオガイド€8もある。

注意!

工事に伴う展示場所の変動
常にどこかしらの修復工事が行われており、名画のレイアウトは頻繁に変更される。館内マップと館内案内所で最新情報の確認を。

2

手荷物検査
入り口を入ると、まずボディチェック。荷物はベルトコンベアーにのせ、自分はゲートをくぐる。

3

荷物をクロークへ
リュック、傘などはクロークに預け、引き換え札を受け取る。クローク近くにオーディオガイド窓口も。

鑑賞

3階の展示室へ
階段を上ってまず3階へ。大型の絵画はほぼ3階にあるので、廊下に沿って進みつつ展示室へ。

退場

3階にあるテラスを覗き、2階へ下りて作品を鑑賞。1階へ下りてショップをチェックしてから退場しよう。

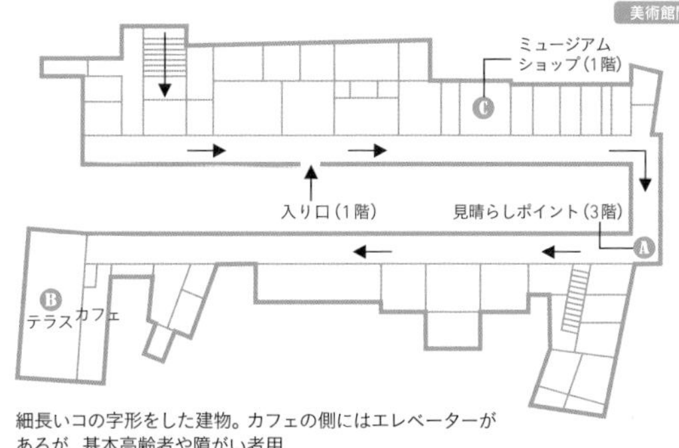

細長いコの字形をした建物。カフェの側にはエレベーターがあるが、基本高齢者や障がい者用

寄り道ポイントはココ

バールでひと休み
3階の展示を順路に沿って見終わったら、テラスのバールも覗いてみて。菓子やパン、コーヒーなどが用意されている。階段脇（2階）にトイレあり。

充実のショップへ
1階に下りると、出口付近にミュージアムグッズを扱うショップがある。大きな店なので20分間くらいは時間を見ておこう。

事前予約をしていても、ある程度並ばないと入場できない。現在のシステムに批判の声も多く、今後変更される可能性も。

受胎告知

Annunciazione
レオナルド・ダ・ヴィンチ作　1472-75年

98cm×217cm。多くの画家が繰り返し描いたテーマ。弱冠20歳の頃の作品とされているが、ダ・ヴィンチが描いた確固たる証拠は見つかっていない。

白百合は純潔の証し
大天使・ガブリエルが、マリアにキリストを身ごもったことを告げるシーン。手に持っている白百合は、純潔を表すシンボルでもある。

あるべき塀がない
受胎告知の場面では、マリアの純潔を表すため、背景に塀を描くのが通例だった。塀の向こうは俗世。この絵ではマリアのいる庭と外が続いている。

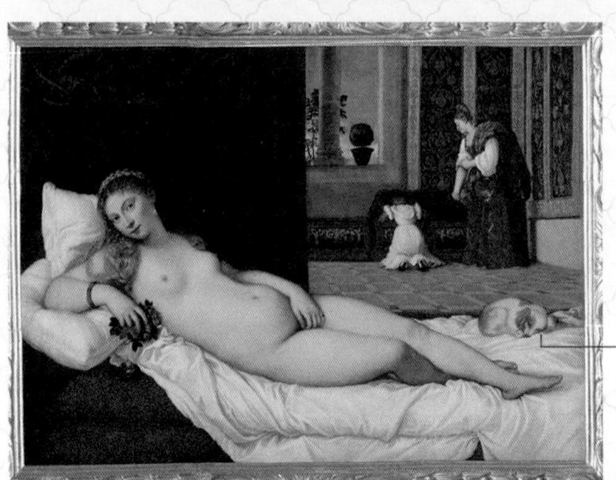

ウルビーノのヴィーナス

Venere di Urbino
ティツィアーノ作　1538年

119cm×165cm。結婚祝いに注文されたこの絵は神話の一場面とされている。宮殿でくつろぐヴィーナスは魅惑的な微笑みを浮かべている。

犬は居眠り中
女神を守る番犬は、役目を忘れて眠りこけている。犬は絵画の中で貞操の象徴として描かれることが多い。

廊下の天井画はフランチェスコ1世の趣味

名画だけじゃない。ウフィッツィ美術館の寄り道ポイント

広い建物だけあり、美術品展示以外のスペースも充実。見落とし注意！

A ヴァザーリの回廊を上からパチリ

ピッティ宮殿からウフィッツィ美術館へ繋がる約1kmの回廊は「ヴァザーリの回廊」と呼ばれ、メディチ家用の隠し通路として使われた。3階展示階のコの字の突き当たりが撮影ポイントとなっている。

橋から右手のヴァザーリの回廊を歩いて、コジモ1世はピッティ宮殿から通勤した

B ヴェッキオ宮殿間近のテラス

3階のテラスへ出ると宮殿がドーンとお出迎え！　テーブル席を並べるバールではドリンクや菓子、パンをご用意。好天ならくつろげる。

時計塔頂上の風見ライオンが川の方を向いていると雨に

2階の展示室は美術館以前の雰囲気を残す

ひわの聖母
La Madonna del Cardellino
ラファエロ作　1506年

107cm×77cm。作者20歳頃の、ローマ滞在期の作品。マリアを挟んで左が洗礼者ヨハネ、右はキリスト。2人が手にしているのが、受難を表すひわ鳥。聖母の慈しみに満ちた眼差しが全体を覆う。

師匠譲りの三角構図
マリアを頂点とした三角形構図の聖母子画を何点も描いている。この構図はダ・ヴィンチから学んだもの。

ひねりポーズが新しい
キリストを抱こうと体をひねるマリア。このポージングが後世のマニエリズムの画家たちに大きな影響を与えた。

聖家族
Tondo Doni
ミケランジェロ作　1507年頃

直径120cm。彫刻家・ミケランジェロが残した唯一のテンペラ画。聖ヨセフとマリアに抱かれる幼いキリストが主役。だが背景になぜか5人の裸体の男が描かれており、その意図は謎。

容姿端麗で才能あふれる22歳
恋多き男だったというのがうなずけるやさ男ぶり。ほかの画家による肖像と比べても、美化して描いた形跡はない。

自画像
Autoritratto
ラファエロ作　1506年

47.5cm×33cm。ウルビーノに生まれ、ローマで画家になったラファエロ。フィレンツェ修業時代の自画像で、憂いを帯びた目線に惹かれる。

C ウフィッツィ美術館最大のブックショップ

館内にはいくつかブックショップがあるが、最も規模が大きいのは出口付近のショップ。名画鑑賞後にグッズショッピングを楽しもう。

本からジュエリーまで幅広いラインナップが揃う。ここでしか手に入らない限定アイテムも多数あるので、おみやげ探しにぴったり

ミニパズル
ミニ封筒付き。裏にメッセージを書いて送れる

ポーチ
横20cm以上の筆箱サイズのポーチ。ヴィーナスの誕生柄

€18.9

トートバッグ
縦30cm程度。マチはないが厚手生地

美術館の出口付近には郵便局があり、ブックショップで購入したポストカードをそのまま出すことができる。

もっと身近に！ ルネサンスの芸術家

フィレンツェ発祥の新しい人生観ムーヴメント

ルネサンスは15〜16世紀のフィレンツェを中心に花開いた芸術のムーヴメントで、この時代にレオナルド・ダ・ヴィンチの『モナリザ』、ボッティチェリの『ヴィーナス誕生』、『春』といった世界的にも有名な作品が次々と生まれた。

その背景には、ありあまる富を手に芸術を愛した商人のパトロンたちの存在があった。特に、ヨーロッパ全土へ銀行の支店を置いたメディチ家は、金に糸目をつけずに芸術を振興。一族の拠点であったフィレンツェは、ルネサンスの"目"となる。メディチ家支配以前は、アルテと呼ばれる同業組合が代議制の代表を務める共和政治。各種織物、革加工、金工などの職人文化が、ルネサンス発祥の土壌となった。共和制の終焉、12世紀の終盤は、ペストや飢饉に見舞われたフィレンツェにとって受難の時代。サン・ジョヴァンニ洗礼堂の門や、街の復興を願って建設する大聖堂の設計案を、コンペ形式で募集し、才能ある建築家たちを競わせた。以降はメディチ家の老コジモを皮切りに、歴代当主が贔屓の芸術家を惜しみなく援助し、数々のマスターピースが残った。

Profile 天才だけど飽き性。流浪の生涯を送る

トスカーナのヴィンチ村出身	フィレンツェでの研鑽時代	最後の晩餐など傑作をミラノで	国王の庇護下フランスで没す
自然の中で育ち観察眼を養う。ヴェロッキオの工房に入り絵画や建築なども学ぶ。	20歳で独立し、フィレンツェで画家として成功。新天地を求め30歳でミラノへ。	政情やパトロンの交代によって、ミラノと故郷を右往左往。多くの傑作を描く。	ローマを経て、晩年はフランス国王のフランソワ1世に招かれ、最期まで絵を描く。

森羅万象をひもといた画家、科学者、解剖学者

レオナルド・ダ・ヴィンチ
1452〜1519年

職業
画家
彫刻家
土木技術者
科学者
解剖学者
兵器開発者
音楽家

＼もっと親近感！／
トリビア

馬と鳥にLOVE♡
大の動物好き。売り物の鳥を全部買って空へ放したという逸話も。馬の素描も多い。

万能なアイデアマン
建築や土木の技術もフル活用し、ヘリコプターなど飛行術や武器の開発も行った。

宿敵 ミケランジェロ
2人の天才は、会えば嫌み合戦。ヴェッキオ宮殿の壁画を競作するも完成せず。

モナリザ
La Gioconda
1503-06年頃

所在 ルーヴル美術館／パリ
モデルは豪商の妻。51歳のときに描き始め、生涯持ち歩きながら加筆を続けた。

生で見たい代表作

最後の晩餐
L'Ultima Cena
1494-98年頃

所在 サンタ・マリア・デッレ・グラツィエ教会／ミラノ

依頼主はミラノ公。修道院長に「構想はいいから早く描け」と催促されるも、「裏切り者のユダの顔にあなたの顔を描くぞ」とやりかえして黙らせたとか。

→P.192

WHAT IS
Rinascimento
イタリアンルネサンス

Q いつの時代のハナシ？
15〜16世紀。疫病や戦争に苦しむフィレンツェで力を付けた豪商や職人。彼ら主催のサン・ジョヴァンニ洗礼堂の門の制作コンクールが"ルネサンスの幕開け"に。

Q 以前の美術とどう違う？
13世紀までのビザンティン美術は、線画で平面的な宗教画。ジョットが初めて聖書上の神々を立体的に描き、以降の芸術家がそれぞれ遠近法や肉体美などを追求。

Q どんな思想なの？
「天国へいくために現世は我慢」する思想から、現世を楽しむ風潮へ。ギリシャ・ローマ時代の美術が復興した。教会が禁じた解剖学も用い、よりリアルな身体表現へ。

フィレンツェで幾多の傑作を生んだ孤高の芸術家

Michelangelo Buonarroti
ミケランジェロ・ブオナローティ
1475〜1564年

ダビデ像
David di Michelangelo
1501-04年頃

所在 アカデミア美術館／フィレンツェ

26歳のとき、ローマからフィレンツェへ一時帰還した際の作品。わずか3年で、巨大な大理石から彫り起こした。

→P.124

Profile
生涯独身を貫いた頑固一徹オヤジ

トスカーナに生まれ石切り場で育つ
由緒ある家に生まれ、お絵描きにご執心。メディチ家のロレンツォ豪華王に才能を発掘され引き取られる。

フィレンツェでメディチ家の庇護下に
豪華王の息子たちと少年期を過ごす。メディチ家の援助で傑作を連発するも豪華王の死後、街を追われた。

ローマ〜フィレンツェ〜ローマで代表作を
21歳でローマへ。教皇になった豪華王の息子・レオ10世やクレメンス7世の依頼で数々の傑作を作る。

死の6日前までピエタを彫った
71歳でサン・ピエトロ大聖堂建築主任に。亡くなる直前まで自身2作目となるピエタも手掛けた。

職業
彫刻家
フレスコ画家
建築主任

＼もっと親近感！／
トリビア

鼻が曲がってた!?
豪華王主宰の美術学校には多くの若手芸術家が。その中の一人、トッリジャーノに嫉妬され、顔面を殴られた。

頭の中は芸術だけ
責任感にあふれ、完璧主義者。社交もせず、身なりも気にせず、制作に没頭すると寝食や着替えも忘れる。

ワイセツ芸術家の汚名
躍動的な肉体やあらわな局部の描写は、宗教検閲の対象に。あとから股間に布が加えられることもあった。

生で見たい代表作

天井画
Volta della Cappella Sistina
1512年

所在 システィーナ礼拝堂／ヴァチカン市国

フィレンツェへ戻るも教皇ユリウス2世に呼び戻され、その墓やシスティーナ礼拝堂の天井画制作に着手。

→P.84

ルネサンスの傑作はヨーロッパ中に散らばっているが、発祥の地だけあって、フィレンツェでは見られる点数が多い！

ラファエロ・サンツィオ
1483-1520年

ダ・ヴィンチとミケランジェロに憧れた早熟な天才

生で見たい代表作

所在 ブレラ美術館／ミラノ
ウルビーノでの親方時代における集大成。構図などは師匠・ペルジーノからの影響が強く見られる。
→P.191

職業
画家
建築家
建築主任

＼もっと親近感！／
トリビア

女好きでモテモテ♡
恋多き美男子。37歳の若さで果てた原因も、女遊びのしすぎという説があるほど。

同性からも愛されキャラ
謙虚で惜しみなく人に手を貸す人間性のよさ。最後まで多くのパトロンや弟子に慕われた。

恋人の肖像画を大事にしていた
フィレンツェのパラティーナ美術館所蔵『ラ・ヴェラータ』。忘れられぬ恋人の肖像を生涯手元に。

Profile
師匠やパトロンに恵まれた人気者の若者

ウルビーノ出身ペルジーノの弟子に
父も画家。11歳で人気画家のペルジーノに弟子入りし、メキメキ腕をあげる。17歳で独立。

フィレンツェで2大巨匠に学ぶ
21歳から4年間、ルネサンス最盛期のフィレンツェで修業。巨匠たちのワザを盗む。

フィレンツェで聖母子画を量産
ペルジーノ風の美人画、ダ・ヴィンチの三角形構図をミックス。加えて独自の優美さが人気に。

ローマで最盛期を迎え37歳で他界
建築家・ブラマンテに呼ばれローマへ。ユリウス2世に気に入られて肖像画や壁画を残す。

小椅子の聖母
Madonna della Seggiola
1513年頃

所在 パラティーナ美術館／フィレンツェ
円熟のローマ時代に描かれた聖母子像。ふっくらしたキリストを抱くマリア。高貴さと母性が同居する。
→P.139

ルネサンスの芸術家早見年表

およそ200年の間に、天才レベルの芸術家が次々に誕生。
新しい表現や技術をバトンに、ルネサンス美術を継承・発展させた。

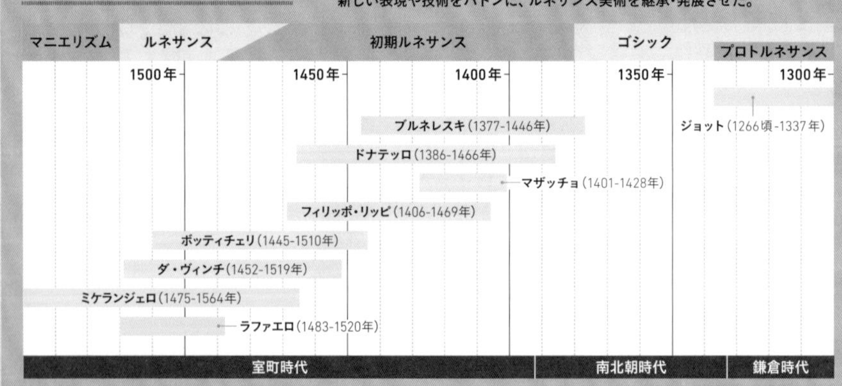

フィレンツェに偉大な建築を造った偏屈者

フィリッポ・ブルネレスキ
1377-1446年

職業
建築家
彫刻家
画家
幾何学者
舞台美術家

代表作
クーポラ
（カテドラル・サンタ・マリア・デル・フィオーレ／フィレンツェ）
磔刑
（サンタ・マリア・ノヴェッラ教会／フィレンツェ）
捨子保育園
（フィレンツェ）

Profile 一途にクーポラ建造を目指した生涯

コンクールで運命のライバルに邂逅した21歳
フィレンツェ育ちの金細工師。洗礼堂の門を造るコンペでギベルティに敗北。

クーポラ建築の理想を求めローマの遺跡を巡礼
10年以上遺跡を調査。フィレンツェの大聖堂クーポラ建築コンペをひた狙う。

クーポラ造りに生涯を捧げた
最終的にブルネレスキ一人が総監督を務めた。頂上のランタンコンペにも勝利。

人間らしさを解放した近代絵画の元祖

Profile フレスコ画を極め名作を残して歩く

フィレンツェ郊外で羊飼いの少年時代
農家の生まれ。岩に描いた写実的な羊の落書きが画家のチマーブエの目に止まる。

チマーブエとフィレンツェへ
フィレンツェで絵を勉強。絵に陰影や奥行きをつけ、ルネサンスの火付け役に。

その腕で全国に引っぱりだこ
その卓越した画力は、すぐ近隣諸国中で話題に。晩年は大聖堂の鐘楼を建築。

ジョット・ディ・ボンドーネ
1266-1337年

職業
画家
建築家

代表作
ジョットの鐘楼
（ドゥオモ／フィレンツェ）
オンニッサンティの聖母
（ウフィッツィ美術館／フィレンツェ）
ステファネスキ祭壇画
（ヴァチカン美術館／ヴァチカン市国）

まだいる！ルネサンスの芸術家

ドナテッロ —Donato—
1386-1466年
超多作！ 彫刻に命を吹き込んだ
若き日にローマの遺跡をめぐり、老コジモの元で数々の作品を制作。建築の一部でなく、彫刻を独立した芸術へ昇華。バルジェッロ国立美術館所蔵のダビデ像はゲイ嗜好の表れという説が。

マザッチョ —Masaccio—
1401-1428年
27歳で遠近法を完成させた素朴青年
フィレンツェで三次元的な肉体描写を修得し、ブルネレスキやドナテッロとも交流。28歳の夭逝前年に描いた『聖三位一体』（サンタ・マリア・ノヴェッラ教会所蔵）で一点透視遠近法を完成。

フィリッポ・リッピ —Filippo Lippi—
1406-1469年
恋に生きた破天荒な修道士画家
フィレンツェにあるカルミネ教会の修道士。礼拝堂のフレスコ画を描いていたマザッチョから遠近法を修得。老コジモも呆れる天性の女好きゆえ、極上の美人画（聖母子）の数々は必見。

"美"にこだわり抜くルネサンスの寵児

職業
画家

代表作
ヴィーナス誕生、春、サンマルコ祭壇画、東方三博士の礼拝
（ウフィッツィ美術館／フィレンツェ）
反逆者達の懲罰（システィーナ礼拝堂／ヴァチカン市国）

サンドロ・ボッティチェリ
1445-1510年

Profile 裸体美とギリシャ神話はおまかせ

フィレンツェでフィリッポ・リッピに師事
優雅な美人画を得意とするフィリッポ・リッピに師事。20歳前後から聖母子を描く。

豪華王の支援で名画を連発
古代ギリシャ文化復興の新プラトン主義の影響で、人間の裸体美を大らかに表現。

清貧思想に思想が一変
豪華王の死後、美術品を焼き払った修道士ジロラモ・サヴォナローラの思想に染まる。

"受胎告知"、"磔刑"、"最後の審判"、ギリシャ神話などはよく描かれるモチーフ。作者や時代別に見比べるのもおもしろい。

フィレンツェ観光のカギ メディチ家の正体

フィレンツェからのしあがりルネサンスを開花させた

街を歩けば水玉模様の紋章が目に入り、訪れる観光地の多くで目にする「メディチ家」の名前。貴族ではなく、政治的実権をも握った豪商だ。いち銀行家に始まった一族は、その長男の家系と次男の家系に分かれ、フィレンツェを根城に外国へも勢力を拡大した。

ミケランジェロやラファエロなど偉大な芸術家を生んだルネサンス美術の立役者としても知られる。そもそも一族による支配以前のフィレンツェは、アルテという織物や革加工などのさまざまな商業組合が活動する街だった。それらは政治にも深く関わっており、商業や物作りが経済の中心になっていた。

銀行業や商社で巨万の富を得た老コジモは、教養のある人物。ここぞとばかりに才能のある者に目をかけ、お金を出して自宅や聖堂などを建築させた。お気に入りの建築家に作らせた内装に、芸術家による絵画や肖像画、彫刻などがちりばめられ、内部は超ゴージャス！　一転、ファサードや外観はごく質素。市民の反感を買わぬよう、身内しか立ち入らない場所で贅を尽くした。

WHAT IS

Medici
メディチ家

Q いつの時代の一族？
14〜18世紀。近隣地域や諸外国と戦争や追放、婚姻を繰り返しながらフィレンツェを統治。

Q 政治に関係あるの？
銀行業で欧州中に進出し、ローマ教皇の財務も担当！　後ろ盾を得てフィレンツェを掌握した。

Q ルネサンスへの影響は？
老コジモがパトロン一族の土台を築く。以降代々、積極的に芸術家たちに建築や作品を作らせた。

メディチ家偉人列伝

フィレンツェの、ルネサンスの発展に欠かせなかった4人の重要人物をご紹介。規格外のやり手ぶりにビックリ！

A 老コジモ／コジモ・ディ・メディチ

Cosimo de' Medici　1389-1464年

フィレンツェを支配下に置いた銀行家

所在 リッカルディ宮殿所蔵

一族の祖・ジョヴァンニの長男。銀行、毛織物、香辛料の商売を成功させ、欧州最大の商社に。政治にも積極的に関与。教皇を後ろ盾にフィレンツェの支配者になるも、表向きは商人を貫く。

ここがすごい！

- ★ フィレンツェを追放されても1年で戻り実権奪回
- ★ 一代でヨーロッパ中に支店を持ち、大富豪に
- ★ 芸術にじゃんじゃんお金を使った
- ★ プラトンの思想に耽溺して、翻訳全集を作らせた

ご贔屓の芸術家

・ブルネレスキ　・ミケロッツォ　・ドナテッロ　・フィリッポ・リッピ　・フラ・アンジェリコ

B 偉大なロレンツォ／ロレンツォ・ディ・メディチ

Lorenzo de' Medici　1449-1492年

老コジモの孫は人気者の〝豪華王〟

所在 ウフィッツィ美術館所蔵

教養ある伊達男で、外交手腕にも長けていた。ライバルのパッツィ家による暗殺計画など幾多のピンチを乗り越え、フィレンツェ支配を強固に。この時代にルネサンスが開花した。

ここがすごい！

- ★ 20歳でフィレンツェの最高権力者に！
- ★ 芸術家を派遣し、イタリア中にルネサンスを広めた
- ★ 芸術学校を設立し、ミケランジェロを発掘
- ★ 教養豊かで、自身も詩人や批評家

ご贔屓の芸術家

・フィリッポ・リッピ　・ボッティチェリ　・ミケランジェロ

C レオ10世／ジョヴァンニ・デ・メディチ

Giovanni de Medici　1475-1521年

所在 ウフィッツィ美術館所蔵

異例の若さでローマ教皇になった、ロレンツォ豪華王の次男。父のもと、ラファエロやミケランジェロと幼少期を過ごし、特にラファエロを寵愛して肖像画などを描かせた。教皇即位後は贅沢三昧で財政を食いつぶす。

ロレンツォの次男はローマで放蕩三昧

ここがすごい！

- ★ 16歳で枢機卿に、37歳でローマ法王になった
- ★ ローマでルネサンス芸術を開花させた
- ★ 金使いが荒すぎて教皇庁の財政が破綻
- ★ ラファエロにがんがん名画を描かせた

ご贔屓の芸術家

- ミケランジェロ
- ラファエロ

D コジモ1世／コジモ・ディ・メディチ

Cosimo I de' Medici　1519-1574年

所在 ウフィッツィ美術館所蔵

17歳で支配者に。スペインの大貴族でナポリ副王の娘・エレオノラと結婚。ヴェッキオ宮殿と現在のウフィッツィ美術館に行政機関を作り、お気に入りの芸術家たちに建築させて街を宮廷都市に造り替えた。

"花の都"を計画した初代トスカーナ大公

ここがすごい！

- ★ 教皇から前例のないトスカーナ「大公」の称号を授かった
- ★ 自宅の宮殿と官庁舎を繋ぐ約1kmの回廊を造らせた
- ★ 美形11人の子だくさん

ご贔屓の芸術家

- ヴァザーリ
- アーニョロ・ブロンズィーノ

家系図でひもとくメディチ家

一族の祖から兄脈と弟脈に分かれるも、長い間一族でフィレンツェの実権を握る。その家系にはユニークなキャラクターがたくさん。

ジョヴァンニ・ディ・メディチ 1360～1429年

兄脈

- A 老コジモ
  - 痛風病みのピエロ／ピエロ・ディ・メディチ 1416-69年 病弱で政治手腕に乏しかった。痛風はロレンツォへ遺伝
    - ジュリアーノ
      - 教皇クレメンス7世／ジュリオ 1478-1534年
        - アレッサンドロ
    - B 偉大なロレンツォ
      - 愚か者ピエロ／ピエロ・ディ・ロレンツォ・ディ・メディチ 1472-1503年
        - ロレンツォ（ウルビーノ公）
          - カテリーナ（フランス王妃） 1519-89年
      - マッダレーナ
      - C レオ10世
      - ジュリアーノ（ヌムール公）
        - イッポーリト枢機卿
      - ルクレツィア
        - マリア
  - ジョヴァンニ
    - コジミーノ
  - カルロ

弟脈

- 老ロレンツォ
  - ピエルフランチェスコ
    - ジョヴァンニ・ディ・ピエルフランチェスコ
      - 黒隊長／ジョヴァンニ 1498-1526年
        - D コジモ1世（初代トスカーナ大公）
          - フランチェスコ1世（2代目トスカーナ大公） 政治より錬金術や薬物の研究、美術品収集に没頭した変わり者
            - マリア（フランス王妃） 1575-1642年
          - イザベッラ
          - ジョヴァンニ枢機卿
          - ドン・ピエロ
          - フェルディナンド1世（3代目トスカーナ大公）
            - コジモ2世（4代目トスカーナ大公）
              - フェルディナンド2世（5代目トスカーナ大公）
                - コジモ3世（6代目トスカーナ大公）
                  - アンナ・マリア・ルイーザ 1667-1743年 最後の末裔。一族の美術品を市へ寄付するよう遺言
                  - ジャン・ガストーネ（7代目トスカーナ大公）
    - ロレンツォ・ディ・ピエルフランチェスコ
      - ピエルフランチェスコ
        - ロレンツィーノ

\フィレンツェを歩んだ/

THE メディチ家歴史年表

3回の追放や度重なる戦争、ライバルの陰謀を経て歴史を繋いだ一族の歩みをざっと見てみよう。

1378年	労働者による「チョンピの乱」でジョヴァンニ・ディ・ビッチが活躍
1397年	銀行の本店をフィレンツェに構える
1410年	ローマ教皇庁の財務管理を担当
1429-64年	老コジモが統治
1469-92年	ロレンツォが統治
1494年	愚か者ピエロの失策でフィレンツェ追放
1512年	ジョヴァンニ（後のレオ10世）が帰還
1513年	ジョヴァンニが教皇に即位
1527年	クレメンス7世が政策を誤り追放
1530年	クレメンス7世が帰還
1569年	コジモ1世が初代トスカーナ大公になり7代目まで継承
1600年	フランチェスコ1世の娘・マリアがフランス王妃に
1737年	ジャン・ガストーネが逝去し一族断絶

アンナ・マリア・ルイーザの偉業を称え、命日である毎年2月18日は一部美術館が無料開放される。

Sightseeing

ココも!?　アソコも!?　街なかにあふれる

メディチ家の息吹を訪ねる

Che sorpresa!

フィレンツェと深すぎる関係にあるメディチ家。当時は一族の身内しか入れなかった、ルネサンスな邸宅や礼拝堂も現在は公開中。かつての名家の栄華を感じに行こう。

Medici SPOT 01

一族のお墓でもある

メディチ家礼拝堂

Cappelle Medicee

サン・ロレンツォ教会に併設する礼拝堂。ミケランジェロによる設計で、新聖具室には彼が手掛けた彫刻を収蔵。

Piazza Madonna degli Aldobrandini 6 ☎055-238-8602 開8:15～18:50 休火曜 料€9 交ドゥオモ広場から徒歩約5分

ドゥオモ広場周辺 ▶MAP 別P.12 C-2

全方位ゴージャスなメディチ家専用の礼拝堂

階段を上った、2階部分が「君主の礼拝堂」。その奥に彫像が置かれた「新聖具室」がある

【ヌムール公の墓】【偉大なロレンツォの墓】

1 左の女性が夜を、右の男性が昼を表す　2 上の3体中真ん中がミケランジェロ作

Medici SPOT 02

一族が描かれたフレスコ画

リッカルディ宮殿

Palazzo Riccardi

老コジモがミケロッツォに建てさせた私邸兼銀行本社。ハイライトは2階にあるマギの礼拝堂のフレスコ画。ルネサンス式アーチが美しい中庭も。

Via Cavour 3 ☎055-276-0552 開9:00～19:00 休水曜 料€10 交ドゥオモ広場から徒歩約3分

ドゥオモ広場周辺 ▶MAP 別P.13 D-2

【マギの礼拝堂】

1 背景に描かれたトスカーナの風景や動植物も注目　2 宮殿の中庭は入場券がなくても通り抜け可能

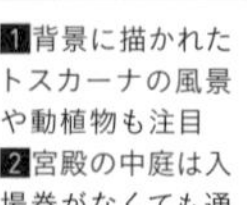
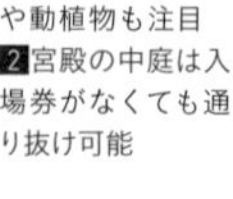

close UP

ベツレヘムへ向かう東方の三賢者

保存状態抜群のフレスコ画にはメディチ家の面々も

Gozzoli

カメラ目線は作者!?

こちらをニラんでいるのは作者のベノッツォ・ゴッツォリ!?

Lorenzo

リアルなロレンツォの顔

ちょっと鼻の曲がった少年が本来の顔立ちだと言われている

Cosimo

茶色いロバに乗った老コジモ

ロレンツォに熱視線!? 従者も実在の人物

Piero

白馬上は痛風病みのピエロ

左に父親、前に子ども。体が弱く夭逝

Lorenzo

美化したロレンツォ

若くから才覚を示した老コジモの孫

こんな場所もゆかりのSPOT

Medici SPOT 03
未完のファサードの
向こうは洗練の空間

フィレンツェを代表する歴史ある教会

サン・ロレンツォ教会

Basilica di San Lorenzo

ファサードはミケランジェロが構想するも実現せず、未完のまま今に至るため外観は簡素だが、内部の装飾は見事。建築の一部はブルネレスキが手掛けた。2階には一族の蔵書を集めた図書館もある。

🏠Piazza di San Lorenzo 9 ☎055-214-042
開10:00～17:30 休日曜 料€9 交ドゥオモ広場から徒歩約3分

ドゥオモ広場周辺 ▶MAP 別P.12 C-2

【説教壇】

【身廊】

ブルネレスキによる洗練されたルネサンス設計。アーチが優美。説教壇はドナテッロ作

Medici SPOT 04

市政の中心も豪華絢爛

ヴェッキオ宮殿

Palazzo Vecchio

コジモ1世時代も現在も市役所として稼働中。ルネサンスの美術品も多いが、広間では式典も催される。

→P.141

巨大な絵画と天井画に
度肝を抜かれる

【フランチェスコ1世の書斎】

フランチェスコ1世の書斎。下段は怪しい道具の収納棚。脱出経路もある

【五百人広間】

ヴァザーリの巨大絵画の下にダ・ヴィンチの『アンギアーリの戦い』下絵が!?

宮殿内の美術館は
名画と天井画の洪水

Medici SPOT 05

スーパーセレブの暮らしぶり

ピッティ宮殿

Palazzo Pitti

コジモ1世らメディチ家はじめ統治者一族が暮らした。当時の配置のまま展示された美術コレクションも。

→P.138

【肖像画の間】

セレブは肖像画がお好き。ご贔屓のティツィアーノに数多く描かせた

見つけられるかな？ メディチの紋章コレクション

かつてメディチ家のものだったり、一族がお金を出していたりした証し。街なかの名所に潜んでいるので探してみて！

WHAT IS

Stemma Medici

メディチ家の紋章

紋章は商売の種類を表す

水玉は硬貨を量るフンドウ説、銀行の前身である薬屋の丸薬説。結婚相手の紋章と組み合わせたものもある。

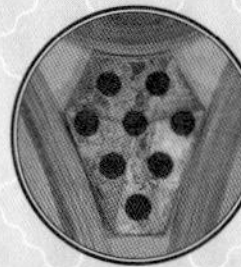

【サン・ロレンツォ教会】

【サン・ロレンツォ教会】

【アカデミア美術館】

【サン・マルコ美術館】

【カテドラル・サンタ・マリア・デル・フィオーレ】

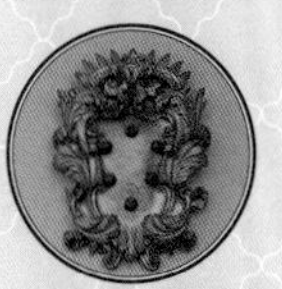

【ウフィッツィ美術館】

【ウフィッツィ美術館】

【ヴェッキオ宮殿】

【ヴェッキオ宮殿】

【メディチ家礼拝堂】

【メディチ家礼拝堂】

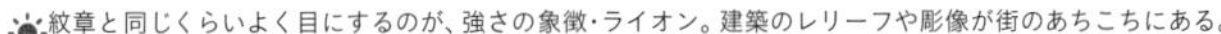

紋章と同じくらいよく目にするのが、強さの象徴・ライオン。建築のレリーフや彫像が街のあちこちにある。

予約不要
所要
2時間

世界遺産 フィレンツェの栄華を物語る

めくるめくピッティ宮殿の世界へ誘われる

最高権力者たちの暮らしぶりを保存し、そのまま美術館として公開。複数の美術館と広大な公園は全部回ると1日仕事。絞ってめぐろう。

時の支配者たちによる美術コレクションがぎっしり

WHAT IS

Palazzo Pitti
ピッティ宮殿

当主は歴代美術品マニア

1550年頃コジモ1世が入手。以降ロートリンゲン家、ナポレオンなどにより増築と美術品収集がなされた。

正面右はじ。ここに多少行列が発生することも

入り口はココ

カスピタ Caspita!(すごい)

チケット売り場はココ

建築はルネサンス様式。前面の大きな広場では思い思いに人々がくつろぐ

玉座の間

支配者の席

絢爛豪華な宮殿内は圧巻

部屋ごとに色やテーマが異なっている

音楽の間

内装や家具は楽器モチーフ

天井のレリーフや柱の大理石はだまし絵

大公は季節ごとに部屋を移動して暮らした。壁紙、調度品などすべてが豪奢。肖像画もあちこちに

500年かけて肥大化した支配者の家

ピッティ宮殿

Palazzo Pitti

宮殿の中心を建築したのはブルネレスキの弟子、ルカ・ファンチェッリ。代々の当主がお気に入りの建築家に増築させた。宮殿内では贅を尽くしたメディチ家の生活ぶりが、当時のままに見られる。

♠Piazza de' Pitti 1 ☎055-212-688
開8:15～18:30(一部施設は時期により変動あり) 休月曜 料€22(予約は＋€3)(ピッティ宮殿、パラティーナ美術館、近代美術館、衣装美術館、大公達の宝物庫共通)、€10(予約は＋€3)(ボボリ庭園、陶磁器博物館共通) 交ポンテ・ヴェッキオから徒歩約3分

ポンテ・ヴェッキオ周辺 ▶MAP 別P.14 B-3

HOW TO ピッティ宮殿めぐり方

見どころが分散しているので、そこまで行列することなく比較的スムーズに見学できる。

1 チケットは2種類

ピッティ宮殿とその付属施設が含まれる共通チケットと、ボボリ庭園への入場チケットは別。庭園も見学する場合は両方のチケットを購入しよう。

▼

2 中庭から見学スタート

広場から入り口を抜けるとまず中庭が。中庭に面したそれぞれの入り口から各展示施設内へ。

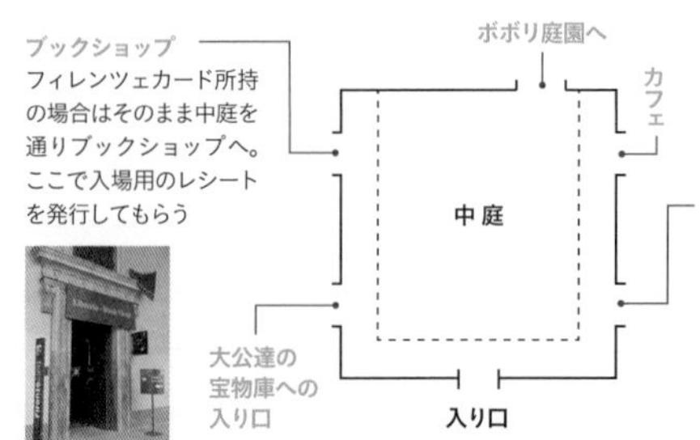

ピッティ宮殿、パラティーナ美術館、衣装美術館、近代美術館の入り口
階段を上がりピッティ宮殿内へ。各入り口でチケットまたは入場用レシートの提示が必要となる

ゼウス、マルスなど神話モチーフの天井画も必見。内装はバロック様式

聖母マリアに抱かれるキリストと洗礼者ヨハネ。ラファエロ30歳頃の作品

- 大公の聖母（ラファエロ）
- 4人の哲学者（ルーベンス）
- 美しきシモネッタ（ボッティチェリ）

宮殿内の29室は美術館

パラティーナ美術館

Galleria Palatina

金を多用したきらびやかな内装、神話を描いた天井のフレスコ画。壁にはルネサンス期や、以降の芸術家に描かせた名画が。配置は18世紀当時のまま。

ヴィーナスがすがる軍神マルスは本を踏みつけている。イタリアで8年間修業したルーベンスの作品も収蔵

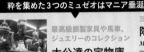

粋を集めた3つのミュゼオはマニア垂涎

最高級銀製家具や馬車、ジュエリーのコレクション

大公達の宝物庫

Tesoro dei Granduchi

特注の銀製品や工芸品の数々。カメオや象牙細工など姫君の収集品も。

ヨーロッパ中から集めた有名窯の作品

陶磁器博物館

Museo delle Porcellane

国産のジノリ、フランスのセーブル、ウィーンの磁器など。前の広場は眺めもいい。

時代装束から現代デザイナーまで

衣装美術館

Galleria del Costume

18世紀から20世紀初頭までのドレスを順に見せる。コジモ1世と妻の服も展示。

糸杉が茂るイタリア式庭園

ボボリ庭園

Giardino di Boboli

宮殿の真ん前には円形劇場。緩やかな斜面に人工池や糸杉の並木道などを配している。設計はトレボロにはじまり、最終的にヴァザーリが担当。

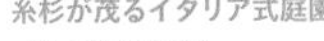

▶MAP 別P.12 B〜C-3

ドゥオモのビュースポット
コーヒーハウス前の丘からはドゥオモを真横から望める。

Ciao!

坂の上に立つ、豊穣の女神像

陶磁器博物館前の庭園
上りつめると視界が開け、糸杉が立つ、いかにもトスカーナらしい景色が広がる。

瀟洒な緑の公園でお散歩タイム♪

人工洞窟
通称グロッタ。フランチェスコ1世がブオンタレンティに造らせた。鍾乳石とセメントで構築。

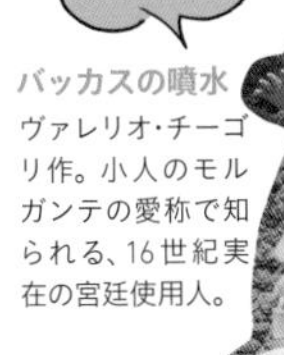

これは実物大。
ワシは人気者だったんじゃ

バッカスの噴水
ヴァレリオ・チーゴリ作。小人のモルガンテの愛称で知られる、16世紀実在の宮廷使用人。

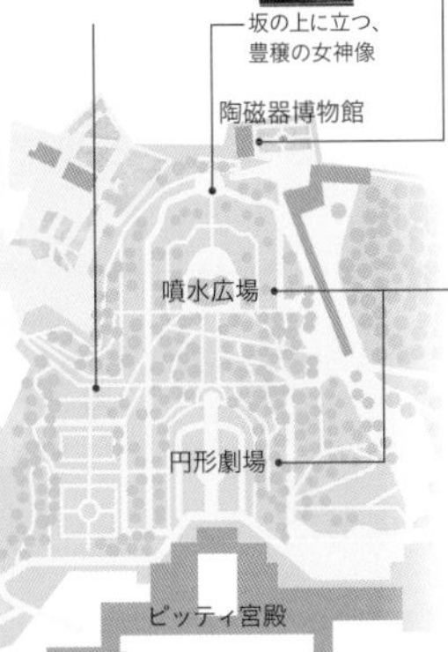

噴水広場から見下ろす古代劇場跡と宮殿

ジャンボローニャ作のネプチューン像が立つ噴水。振り返ると宮殿が見下ろせる。

ピッティ宮殿とウフィッツィ美術館はオフシーズン料金が設けられており、11〜2月は入場料が割引に。両施設の共通チケットあり。

Sightseeing

青空の下でアートを楽しむ！

シニョリーア広場で野外美術三昧

現役市役所前の広場は名彫刻が乱立するカオス

Ciao!

ウフィッツィ美術館はお隣、ポンテ・ヴェッキオまで徒歩約3分とフィレンツェ歩きの起点になる広場。屋外ながらも数々の名作彫刻が出迎えてくれる。フィレンツェのアイコンたちに会いに行こう。

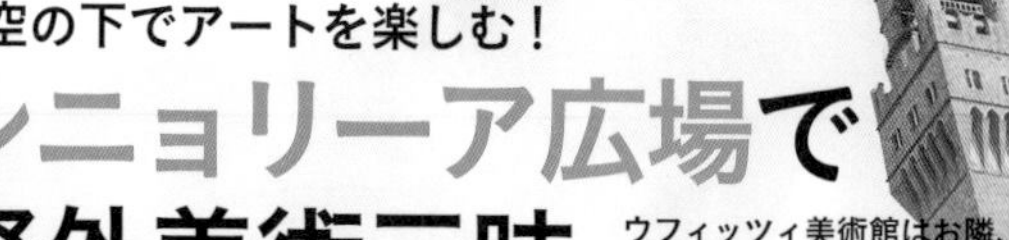

WHAT IS

Piazza della Signoria
シニョリーア広場

フィレンツェ政治の中枢
昔は劇場や浴場があった場所。共和政の庁舎としてヴェッキオ宮殿が建ち、今も現役で活躍している。

Piazza della Signoria
開見学自由
交ドゥオモ広場から徒歩約3分

シニョリーア広場周辺
▶MAP 別P.15 D-2

広場周辺の路上に描くアーティスト。許可を取っている

ツアーの団体客などでごった返す広場。スリやひったくりにはくれぐれも注意を

11体の彫像が立つアーチの回廊

A ロッジア・ディ・ランツィ
Loggia dei Lanzi

3連アーチの下で、昔は式典や集会が行われた。今は古代から19世紀の人気彫像群の野外展示場に。

正面上部の4体の力天使像にも注目

猪だけど"幸せの子豚"像に願いを

B ポルッチェリーノ
Porcellino

ピエトロ・タッカ作。1612年から革製品の新市場脇に佇み、幸せの象徴として観光客に親しまれている。

観光客が次々と鼻をなでに立ち寄るため、ツルツルに

伝説
①鼻をなでると幸運に
②口にコインを入れ、排水溝に落ちたら戻ってこられる

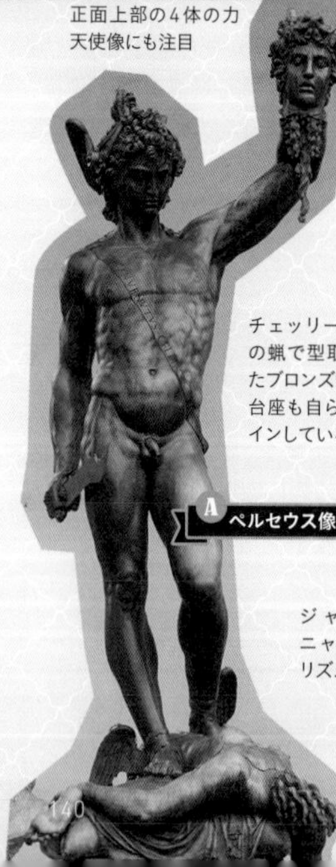

【メドゥーサ】
目が合うと石にされてしまう女の怪物の首！

チェッリーニ作の蝋で型取りしたブロンズ鋳造。台座も自らデザインしている。

A ペルセウス像

Aiuto!

【サビニの女】
アカデミア美術館にあるオリジナルのレプリカ

ジャンボローニャ作。マニエリズム期の群像。

A サビニの女達の略奪

待ち合わせにどうぞ

宮殿入り口に立つ街のマスコット

C ダビデ像

ヴェッキオ宮殿の入り口前でお出迎え！ アカデミア美術館にある本物の縮小版。

→P.125

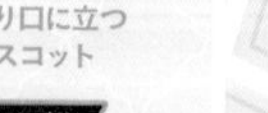

新市場
B
ポルッチェリーノ広場
ヴァケレッチャ通り

Arte in Strada

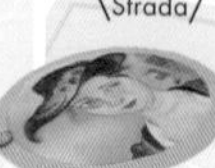

メディチ家の権力に圧倒

G ヴェッキオ宮殿

Palazzo Vecchio

市役所であると同時に美術館として公開。一時はメディチ家のコジモ1世が住んだ内部はゴージャス。

Piazza della Signoria ☎055-276-8325 開9:00～19:00(木曜は～14:00) 休無休 料€12.5 交ドゥオモ広場から徒歩約5分

シニョリーア広場周辺 ▶MAP 別P.15 D-2

所要 40分

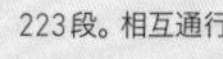

見どころ4 塔からドゥオモを見よう!

宮殿の時計塔に上れる。途中で展望が開けるので階段だが気持ちいい。

見どころ1 五百人広間

右手前の絵の下にダ・ヴィンチの『アンギアーリの戦い』下絵が

見どころ2 フランチェスコ1世の書斎

変人当主の怪しい趣味の部屋。脱出経路への立ち入りはツアー客のみ

地図の中には形が少々変だが日本も。入って右手前をチェック!

223段。相互通行

庁舎からの大聖堂はベストアングル

ドゥオモの完成と同時期にできあがった。途中も眺めがよいので、時間がなければ最上部まで行かない手も

メディチ家発注の神話像

D ヘラクレスとカクス像

バンディネッリ作。当時は粗削りで野暮な彫刻と、評判が悪かった。

男らしいでしょ?

【ヘラクレス】 こん棒でカクスにとどめを刺そうとしている

【カクス】 筋肉描写は「野菜の詰まった袋か」と酷評

勇敢な初代トスカーナ大公

F コジモ1世騎馬像

広場からピッティ宮殿までの街を、現在のように計画・建築させた。

コジモ1世万歳!

\Madonnaro/

\Scoperta/

ウフィッツィ広場には大道芸人の姿も

サヴォナローラが没した場所

E ネプチューンの噴水

脇に修道士のジロラモ・サヴォナローラが処刑された跡地の碑がある。

銘碑は僕の後ろだよ

【白の巨人】 海の神。手には巨大なフォークを持つ

カリマルッツァ通り
シニョリーア広場
F
グッチ・ガーデン →P.163
カフェ・リヴォワール →P.161
E
C
D
G
A
スペツィエリエ・パラッツォ・ヴェッキオ →P.167
ウフィッツィ美術館 →P.126

スリは単独でなく複数人のグループで行われることも多い。見知らぬ人に話しかけられたら無視するのが無難。

世界遺産 ちょっぴりディープな思い出づくり

サンタ・クローチェ聖堂周辺でしたい4のこと

中心部からぶらぶらと10分も東へ歩くと、ちょっぴりローカルムードに。楽しいとおいしいは、聖堂や路地の裏にあり。せっかくだから奥まで足を踏み入れたい。

ほかの教会とひと味違う？聖堂内をいざ探検

WHAT IS
Basilica di Santa Croce
サンタ・クローチェ聖堂
700年以上の歴史を持つ大型聖堂
13世紀からこの場所に立ち、ファサードの前にはサンタ・クローチェ広場がある。中には有名人の墓碑が並び、奥に革細工の学校と工房が。

Piazza di Santa Croce,16 ☎055-246-6105 ㊐9:30～17:30(日曜、祝日は12:30～17:45) ㊡無休 ㊕€8（予約は＋€1）㊋シニョリーア広場から徒歩約6分
サンタ・クローチェ聖堂周辺
▶MAP 別P.15 F-2

SANTA CROCE

広場はフィオレンティーナの憩いの場。周囲に並ぶ店の多くは革製品店。入り口はファサードを正面に左側

01 サンタ・クローチェ聖堂で偉人のお墓をチェック

内部はゴシック様式。身廊の長さは115mと、ドゥオモに次ぐ大きさ

200以上のお墓が納められており、その中には著名人のものも多数。お墓といってもそれぞれ趣向が凝らされておりまるで美術品を見ているよう。

祭壇の右奥には革工房とショップ。作業風景を見られ、キーホルダーから衣類まで販売

中庭からは鐘楼とブルネレスキがデザインした礼拝堂が見える。トイレは庭へ出て右手

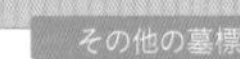
その他の墓標
- ・ダンテ（遺体はラベンナに埋葬）
- ・カルロ・マルスピーニ（人文学者）
- ・レオナルド・ブルーニ（人文学者）
- ・ウーゴ・フォスコロ（小説家）

【ロッシーニの墓】
19世紀のイタリア人音楽家、ロッシーニ。オペラ作曲家としてデビューした地に眠る。

【ガリレオ・ガリレイの墓】
ピサで生まれ、フィレンツェで没した天文学者・哲学者。コジモ2世の家庭教師もした。1642年永眠。

【ミケランジェロの墓】
ヴァザーリ作。中央の胸像の上にはピエタの絵。下には3つの才能を象徴する女性像。 →P.131

02 教会の革学校で3時間のブックカバー作り体験

短期〜長期のコースがあり、世界中から生徒が集まる革学校。日本人の生徒や講師もいる。旅行者も3時間〜の体験コースに参加してみよう！

協会が設立した職業訓練校
スクオラ・デル・クオイオ
Scuola del Cuoio

教会の革学校は、1930年に孤児の職業訓練を目的として設立された。次第に製品を販売するようになり、周辺にも革の店が増えた。

🏠Via San Giuseppe 5R ☎055-244-533 営10:00〜18:30 休11〜3月の日曜 料ブックカバー作り€320／1名（3時間、要予約）交サンタ・クローチェ聖堂敷地内 英語OK

サンタ・クローチェ聖堂周辺 ▶MAP 別P.15 F-2

Start!

どの色がお好み？

❶ 材料選び
カバー本体とフチ取り用の革ひもを選ぶ。カラバリは日により異なる

力を込め一気に！

❷ 裁断
型紙と定規、刃物を使って革をカット。全工程先生の見本とヘルプ付き

❸ 穴開け
ハトメ抜きとハンマーで、ひもを通す穴を等間隔で開ける。その数約90穴

❹ ひも通し
手作業で革ひもを穴に通す。通してはハンマーで叩いてなじませるの繰り返し

職人技で仕上げるよ。大切に使ってね！

❺ 刻印
2階の工房へ移動し、本職に金箔の刻印をオーダー。好きな文様を選べる

Goal!

完成！

HOW TO
革細工体験

1 3日前までに要予約
事前にメールで要予約。英語可。料金には材料費込み。1名〜OK。大人数で申し込むほど割安に。
E-mail info@scuoladelcuoio.com

2 当日は革店で受付を
聖堂の入り口を通過した先の右側に学校の入り口がある。中庭奥から2階へ上がり、ショップで受付を。

ひと言会話
Dimmi di nuovo.（ディンミ ディ ヌォーヴォ）
もう一度説明してください。
Essa si è conclusa.（エッサ スィ エ コンクルーザ）
終わりました。

03 地元民気分でジェラートをペロリ

聖堂を出たら、地元で愛されるジェラートを求めて。歩いてすぐだから、広場で食べてもいいかも。

Buona Petito!

店内にはイートインスペースもあり、くつろげる

€4
3代目のシルヴァーナよ！

クレマ＆チョッコラータ＆フラゴラ
ミルク、チョコ、苺の3大定番盛り

客足が絶えない路地裏の人気店
ヴィヴォリ
Vivoli

革学校と同じ年に創業した老舗。コンセプトはシンプルでクラシック。牛乳不使用のお米風味、生姜を効かせたフェスティナレンティがイチオシ。

🏠Via Isola delle Stinche 7R ☎055-292-334 営8:00〜23:00（土曜は9:00〜20:00）休月曜 交サンタ・クローチェ聖堂から徒歩約3分

サンタ・クローチェ聖堂周辺 ▶MAP 別P.15 E-2

04 フィレンツェ風魚介料理に舌鼓

中心部から少し奥まったエリアにあるため、地元民利用がメインのレストラン多し。味もコスパもよくツウなお店をご案内。

Buona Petito!

前菜からパスタまでオール魚介
ダ・クエ・ガンズィ
Da Que' Ganzi

肉料理優勢のフィレンツェで珍しい、シーフードのトスカーナ料理が味わえる店。自家製の前菜やふわふわに揚げたフリットなどが人気。

🏠Via Ghibellina 70 ☎055-226-0010 営12:00〜14:00、19:00〜22:00（土・日曜は〜22:30）休水曜のランチ 交サンタ・クローチェ聖堂から徒歩約2分

サンタ・クローチェ聖堂周辺 ▶MAP 別P.15 F-2

€12〜
ピチ・アゥル・アスティチェ
ロブスターの身入りソースが濃厚！

アンティパスティ・ディ・マーレ
魚介の前菜盛り合わせ。ムースやパイ包みなど

トスカーナワインも赤、白が揃う。グラス1杯€4〜

€15〜

革学校の体験は、6時間のベルト作りコース（2人〜）もあり。1人€490。厚い革を縫う工程にもチャレンジ。

Sightseeing

フィレンツェ職人文化のメッカ

ポンテ・ヴェッキオ周辺でしたい4のこと

670年余もこの姿で街とアルノ川を見つめてきた橋。美しい3連アーチとカラフルな見た目をパチリ。橋の近隣で栄えた手工芸のワザもお見逃しなく。

外観も橋上もマストチェック。近隣に息づく文化も感じて

PONTE VECCHIO

Antico（古い）

ウフィッツィ広場を川側に抜けるとすぐ、この景色！橋からは徒歩約3分の記念撮影マストポイント

WHAT IS Ponte Vecchio ポンテ・ヴェッキオ

フィレンツェ最古の橋

古い橋の意。1345年以来、第二次世界大戦をもくぐり抜けて架かり続けている。1565年、コジモ1世が2階にヴァザーリの回廊を造らせた。

Ponte Vecchio
開 見学自由
交 シニョリーア広場から徒歩約5分
ポンテ・ヴェッキオ周辺
▶MAP 別P.14 C-2～3

01 橋の上をそぞろ歩き

日中は大変なにぎわい。約85mの橋の中央は両側の視界が開け、彫金の父といわれるチェッリーニの胸像と青いアルノがお出迎え。

シニョーリア広場～ピッティ宮殿間の最短コース

Andiamo!

注意！
どうなる!? ヴァザーリの回廊
橋の2階部分・ヴァザーリの回廊は期間限定で公開されていたが、2024年1月現在閉鎖中。今後の公開予定は未定。

橋上の沿道には小さな宝飾・金銀細工店がずらっと並ぶ

02 サント・スピリト聖堂前広場でまったり

教会前の広場には小さなオーガニックマーケットやバールのテラス。ポンテ・ヴェッキオを渡って少し歩くだけでグッとローカルムード。

Ciao!

大聖堂同様、ブルネレスキ設計
サント・スピリト聖堂
Basilica di Santo Spirito

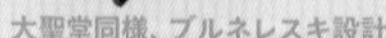

建築したブルネレスキが途中で亡くなり、幾人もの手を経て完成。中は円柱が支えるアーチ、立派な大祭壇、ミケランジェロ作の磔刑像などが見もの。

Piazza di Santo Spirito 30　☎ 055-210-030　開 10:00～12:30、15:00～17:45（日曜、祝日は10:30～12:30、15:00～17:30）休 水曜　料 無料　交 ポンテ・ヴェッキオから徒歩約6分
ポンテ・ヴェッキオ周辺
▶MAP 別P.14 A-3

清楚で愛嬌のある姿も市民に親しまれている

03 職人工房でハンドメイド雑貨探し

ポンテ・ヴェッキオ～ピッティ宮殿～サント・スピリト聖堂周辺には、隠れ家のような職人工房兼ショップが多数！　一点もののおみやげを探して。

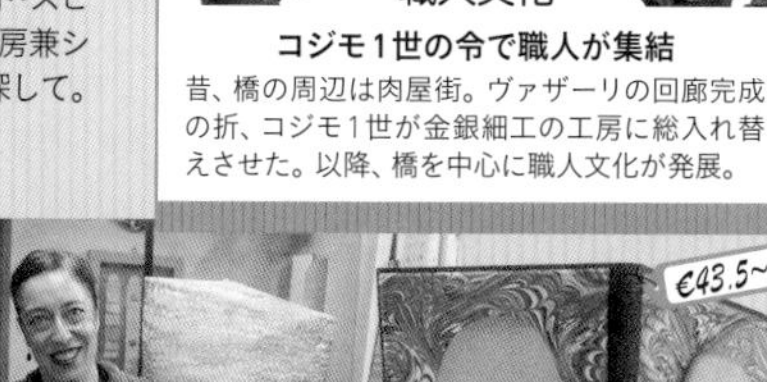
WHAT IS
Artigiano
職人文化

コジモ1世の令で職人が集結

昔、橋の周辺は肉屋街。ヴァザーリの回廊完成の折、コジモ1世が金銀細工の工房に総入れ替えさせた。以降、橋を中心に職人文化が発展。

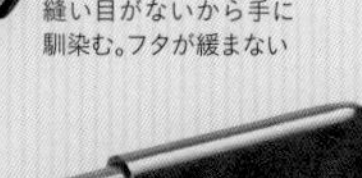

€38.5
コインケース
縫い目がないから手に馴染む。フタが緩まない

直販だから手頃だよ

€38.5
名刺ケース
使うほどツヤが出る。手入れはKIWIクリームで

エレガントなマーブル紙

€43.5～
写真立て
グリーン系、オレンジ系、紫系などカラバリ豊富

6代目のマリアさん。店舗奥の工房にて

€17.5～
カードセット
色も柄も違うカードのセット。迷うのも楽しい

無縫製、30工程以上かけて作る極上革小物

タッディ
Taddei

3代目のシモーネさんが全工程手作業。糸や金具を使わず、木型に革を張り重ねて磨く。馬蹄型小銭入れから、特注の大型箱まで。

Via Santa Margherita 11R　☎055-2398-960
営 8:00～20:00　休 日曜、8月、12月30日～1月6日
交 ドゥオモ広場から徒歩約5分
ドゥオモ広場周辺 ▶MAP 別P.15 D-1

ピッティ宮殿のお膝元で6代続く革と紙の店

ジュリオ・ジャンニーニ・エ・フィーリオ
Giulio Giannini e Figlio

1856年の創業当初は羊皮紙と革の製本職。宮殿近隣に英国人が増え、内表紙用に作ったマーブル紙が人気に。文具の品揃えが豊富！　フィレンツェ柄もある。

Via dei Velluti 1 R　☎055-212-621
営 10:00～19:30（日曜は11:00～19:00）
休 無休
交 ポンテ・ヴェッキオから徒歩約5分
ポンテ・ヴェッキオ周辺 ▶MAP 別P.14 B-3

04 特等席のエノテカで乾杯！

ポンテ・ヴェッキオが見えるテラス席で、トスカーナ料理をつまみにワインを味わう優雅なひととき。料理にも自信ありのエノテカがこちら。

Cin Cin ♪
特等席の予約OK
試飲やセールなどイベントもあるよ
Che Bella!
橋に手が届きそう！川の風も心地いい
SIGNORVINO
WINE STORE & RESTAURANT

電話で席の予約可。テラスは20席前後でルーフあり

ワインは100%イタリア産。トスカーナの棚もあり。日本へ発送も可

グラスワイン €4.5～

サルーミ・エ・イ・フォルマッジ €29～

全国11店舗展開する話題のエノテカ

シニョールヴィーノ
Signorvino

大手の手腕で国産ワインを約1500種そろえる。各地の郷土色と季節感を活かした料理も美味。グラスワインは毎日赤・白・泡をそれぞれ5、6種提供。メニュー内容は時期によって変動する。

Via de' Bardi 46R　☎055-286-258
営 10:00～24:00　休 無休　交 ポンテ・ヴェッキオから徒歩約3分　英語OK
ポンテ・ヴェッキオ周辺 ▶MAP 別P.14 C-3

フィレンツェには銀や革細工以外に、刺繍や帽子、衣類の仕立て、紙などさまざまな職人文化が残されている。

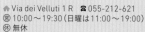

Gourmet

ド迫力の炭火焼きステーキ
本物のビステッカでパワーチャージ

トスカーナといえば、食材の持ち味をダイレクトに味わう郷土料理。
その醍醐味を堪能するなら、シンプルかつ豪快なビステッカ!! 今夜は肉食でいこう。

WHAT IS
Bistecca
ビステッカ
イタリア語でステーキという意味。ビステッカ・アッラ・フィオレンティーナとはフィレンツェ風ステーキのことで、牛のTボーン肉の炭火焼きを指す。伝統的なハレの一品。

わざわざ行く価値ありの肉屋リストランテ
リストランテ・ペルセウス
Ristorante Perseus

精肉店が母体なので肉の鮮度のよさはお墨付き。入り口前のショーケースには肉がぎっしりと並べられており、ビステッカは目の前で切り分けてくれるなどアミューズメント要素も満載。

Viale Don Giovanni Minzoni 10/R ☎055-588-226 営12:00～14:30、19:00～23:00 休日曜 料ランチ・ディナー各€25～ 交サンタ・マリア・ノヴェッラ駅から徒歩約25分 英語OK
市街北部 ▶MAP 別P.13 E-1

ビステッカ・アッラ・フィオレンティーナ
2人前約1.2kg。3人前だとフィレ付きで約1.7kg
€48 / kg

ビステッカはレアに限るよ！

華やかな店内。肉以外のトスカーナ料理も揃う

そびえるTボーンタワーまで食べ尽くせ

付け合わせはこれ！

€3
ピンツィモーニオ
席料（コペルト）に含まれる前菜は巨大なスティックサラダ

パタテ・アロースト・オ・フリッテ
香ばしく焼いて塩コショウしたポテト
€5

おいしさの秘密

肉の鮮度が命！
うっすら脂が乗ったバラ色の赤身肉が理想。いかに新鮮な状態で仕入れ、管理するかが腕の見せ所。

本物は炭火でじっくり
肉が分厚いため、提供まで30分以上かかることも。厨房に炭火焼きの設備を持つ店は貴重。

HOW TO
ビステッカの食べ方

ビステッカは通常、枚数で注文。1枚あたり1kg～で、複数人でシェアするのが一般的。表面に焦げ目がつき、中はしたたるレアがベスト。塊で提供する店もあるが、お願いすれば食べやすいように切り分けてくれる。

ひと言会話
エ ポッシービレ プレンデレ ポルツィオーネ ダ ウナ ペルソーナ?
E' possibile prendere porzione da una persona?
1人分にできますか？
シ プォ タリアーレ ラ カルネ ペル ファヴォーレ?
Si puo' tagliare la carne, per favore?
肉を切り分けてください。

炭火で焼いて
15年のピエトロ
です
付け合わせはこれ!
ワインと相性抜群の
上質な赤身肉

ファジョーリ・カンネッリーニ・アルオーリオ・ディ・オリーヴァ
定番中の定番、白インゲン豆のオリーブオイル煮
€5

インサラータ・ラディッキョ・フレスコ・ディ・カンポ
季節のご当地葉物野菜サラダ。紫の葉はラディッキョ
€5

ビステッカ・アッラ・フィオレンティーナ
こちらは4人前サイズで約2.5kg
€40/kg

1800年代後期から続くクラシカルな味

バルディーニ

Baldini

前菜からデザートまで伝統的な郷土料理が揃い、地元民支持の厚い一軒。こちらも入り口付近に肉のショーケースがあり、品質への自信がうかがえる。メニューには仔牛のステーキやポークチョップ、チキン、イノシシなども。

Via Il Prato 96/R ☎055-287-663 営12:00～14:30、19:30～22:00 休土・日曜の夜、6～8月の土・日曜、12月の10日間 料ランチ・ディナー各€25～ 交サンタ・マリア・ノヴェッラ駅から徒歩約15分 英語OK
サンタ・マリア・ノヴェッラ駅周辺
▶MAP 別P.12 B-1

卓上のハウスワインはグラス€3.5。半分飲んでも€10

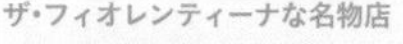

ザ・フィオレンティーナな名物店

イル・ラティーニ

Il Latini

100年以上の歴史を誇る、郷土料理の名店。メインの食材・素材には特にこだわる。オリーブオイルの銘柄はカステリーナ・キャンティ、ワインはブルネッロ・ディ・モンタルチーノ。

Via dei Palchetti 6/R ☎055-210-916 営19:30～22:30（土・日曜は12:30～14:30、19:30～22:30） 休月曜 料ランチ・ディナー各€30～ 交サンタ・マリア・ノヴェッラ駅から徒歩約6分 英語OK
サンタ・マリア・ノヴェッラ駅周辺
▶MAP 別P.14 B-1

4代目のエミリアよ。私以外は男だらけ!

プロシュートは1年間天井から下げて熟成

ビステッカ・アッラ・フィオレンティーナ
2人前約1.2kg。ミニマム1kg～オーダー可能
€50/kg

素材の風味を引き立てるシンプルな味付け

スピナーチ・サルターティ
ほうれん草の炒め物。味付けはオリーブオイルと塩でシンプルに
€7

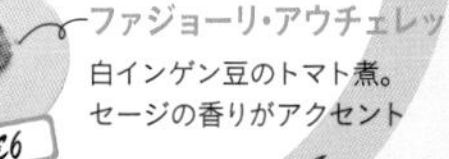

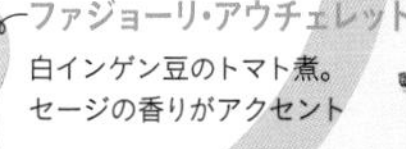

ファジョーリ・アウチェレット
白インゲン豆のトマト煮。セージの香りがアクセント
€6

付け合わせはこれ!

ビステッカはシェアして食べるのが前提。1人前で注文したいときはタリアータ（カットステーキ）をオーダーするといい。

Gourmet

シンプルで滋味深い

トスカーナ料理の愛されレストランへ

新鮮な肉に野菜、ハイグレードなオリーブオイルがマスト食材。質素な家庭の味こそがベースにある。ほっこり優しい豆料理と豪快な肉料理、そしてトスカーナワインをお試しあれ。

素材の持ち味を活かす伝統的な調理法

食材にこだわる家族経営の一軒

トラットリア・カミッロ

Trattoria Cammillo

食材の品質がモノを言うだけに、オリーブオイルやジャムは自社製のものを使用。春はグリーンピース、夏はトマトにアスパラガス、秋はポルチーニ、冬はアーティチョークと季節食材もお楽しみ。

住Borgo San Jacopo 57/R ☎055-212-427 営12:00～14:30、19:30～22:30 休火・水曜、8月、クリスマスから新年の3週間 料ランチ・ディナー各€20～ 交ポンテ・ヴェッキオから徒歩約3分 英語OK

ポンテ・ヴェッキオ周辺

▶MAP 別P.14 B-2

1400年代の建物を利用。写真や絵が飾られ、雰囲気も満点

リボッリータ・アッラ・コンタディーナ・コン・オリオ・ディ・ノス・プロドッツィオーネ
ほろほろに煮崩れた具やパンに、野菜の旨みが染み染み
€13

グルテンフリーメニューもあるよ

ゾルフィーニという白インゲン豆、野菜、パンをコトコト煮込む。あっさり味だけど深い味わい

特選食材

Pane Raffermo

パーネ・ラッフェールモ

乾いたパンと余り物野菜でできる、昔ながらのエコレシピ。

Other Menu

- **チェルヴェッロ・フリット** €20
（仔牛の脳みそのフリット）
- **チェチャータ・ディ・スウィーノ** €10
（豚肉とヒヨコ豆の炒め物）

カントゥッチ・エ・ヴィンサント
ヴィンサントという甘いワインに浸して食べる。ヴィンサント3杯だと€15
€8～

プロシュート・エ・クロスティーニ
レバーペーストを塗ったバゲットは前菜の定番
€15

タリアータ・ディ・フィレット・ディ・マンゾ、ルーコラ・エ・ポモドーリ
ステーキした牛肉。タリアータは薄く切るという意味
€30

刻んだ第4の胃袋入りコロッケ。食感が楽しい

お好みでパルメザンチーズを♪

牛の第2胃袋をトマトと香味野菜と一緒にじっくり煮込む

いくらでも食べられそうなサッパリ系内臓料理

牛の胃袋や第4の胃袋・ランプレドット(センマイ)などが一般的。下処理されて売られている

特選食材
Trippa
トリッパ
牛の第2胃袋(ハチノス)。細かな繊維に味が絡む。

珍しいモツ系料理の専門店

イル・マガッツィーノ

Il Magazzino

前身はランプレドットのパニーノ屋台とあり、内臓系食材の品質には自信あり。しっかり下処理されたトリッパは臭みがなく、ふわふわのプリプリ。肉が主流だがベジタリアンメニューもあり。

🏠Piazza della Passera 2/3 ☎055-215-969 ㊖12:00～15:00、19:30～23:00 ㊡無休 ㊊ランチ・ディナー各€20～ ㊯ポンテ・ヴェッキオから徒歩約3分

英語OK

ポンテ・ヴェッキオ周辺

▶MAP 別 P.14 B-3

Other Menu

- **コッコリ・ア・サラミ・セレッツィオナーティ・エ・フェガティーノ** €10
(揚げパンとサラミや鶏レバーの前菜)
- **ランプレドット・ボリート** €10
(牛の第4の胃袋の煮込み)

素朴で上品な家庭郷土料理

トラットリア・アルマンド

Trattoria Armando

フィレンツェで生まれ育った女性シェフが切り盛りする老舗トラットリア。素朴で優しい味わいが魅力。日本人スタッフもいるのでサービスも満足度が高い。

🏠Borgo Ognissanti 140/R ☎055-217-263 ㊖18:30～22:30 ㊡日曜 ㊊ディナー各€24～ ㊯サンタ・マリア・ノヴェッラ駅から徒歩約6分

英語OK 日本語OK

サンタ・マリア・ノヴェッラ駅周辺

▶MAP 別 P.12 B-2

Other Menu

- **ペポーゾ・ディ・マンゾ・アッラ・インプルネティーナ** €26
(黒胡椒ソースのビーフシチュー)
- **パッパルデッレ・チンギアーレ** €21
(平打ちパスタの猪肉ソース)

特選食材
fagioli
ファジョーリ
白に黒い模様入りのうずら豆。淡白で柔らかい。

イタリアで豆料理といえばトスカーナ地方。付け合わせや惣菜によく登場する。食物繊維豊富

マンマが作る優しいトスカーナの味

トリッパ・アッラ・フィオレンティーナ・コン・ファジョーリ・ピアッテリーニ
臭みをとった牛の胃袋をトマトソースで煮込む。付け合わせのファジョーリと一緒に
€25
ビステッカやトリッパも♪

WHAT IS

Cucina Toscana

トスカーナ料理

イタリア中部の農産物や畜産物を、ワイルドかつ素朴に調理。特に肉料理はバリエーション豊富で、イノシシやウサギといったジビエもよく食べられている。質素な食材をおいしく食べる知恵にも富む。

イタリアを代表する郷土料理のひとつ、トスカーナ料理。キャンティをはじめとする、トスカーナワインと一緒に味わってみて。

チェンチャ
Chenza
ホホ、スジ、テールなどの煮込み。付け合わせは具入りマッシュポテト。昔は革職人の材料から出た肉を使用

パッパルデッレ
Pappardelle
タリアテッレよりさらに幅広な平麺。野ウサギ肉やイノシシ肉、クリーム系ソースと相性抜群

代表的なトスカーナ食材

オリーブオイル	サルシッチャ	ジビエ	チーズ
名産地。キャンティ・クラシコら銘品が多数	肉の本場だけに、生ソーセージ作りにも歴史あり	野生の鳥獣肉を指す。伊語でセルヴァッジーナ	羊乳で作るハードタイプのペコリーノが有名

メニュー数品と飲み物がセットになったツーリストメニューを扱う店も多い。料金も手頃で1人前€10～20程度。

Gourmet

Enoteca

ワインがもっと好きになる♪

エノテカでサク飲み&お買い上げ

「がっつりテーブルディナーほどじゃない」ときに使えるのは飲めるワインショップ・エノテカ。自慢の品揃えと粋なおつまみ。運命の一本に出合ったら買い取りもOK。

地元民も太鼓判。イタリアワインが約40種

高いだけのワインには興味ないよ〜!

WHAT IS

Enoteca

エノテカ

ショップ併設のワインバーで、店によりセレクションの特徴が異なる。店内で商品を飲んだり、食べたりでき、もちろん買い物だけするのもアリ。多くの店で日本へ発送もしてくれる。

週末は昼間から人が集まる。イタリア人は本当にサク飲み上手!

€8

ピアット・ディ・プロシュート・サラーメ・エ・フォルマッジ
生ハムとチーズを「半分半分」と言えば盛り合わせにして出してくれる

€7.5

クロスティーニ・コン・サルシッチャ・アル・タルトゥーフォ
パンにチーズと潰したサルシッチャをのせ、熱々に焼く

お買い上げの価格帯は1本€8〜40。グラスワイン€4〜8

ポンテ・ヴェッキオたもとの良心的隠れ家

レ・ヴォルピ・エ・ルーヴァ

Le Volpi e L'Uva

1992年のオープン以来、地元客をはじめ欧米人、日本人からも支持を集める人気店。棚に並ぶのは約160銘柄。うち約80%がイタリア産で、こだわりは小規模生産の作り手。常によい生産者を探し、おいしいワインを提供。

Piazza dei Rossi 1
☎ 055-239-8132
営 12:00〜21:00
休 無休
料 ランチ・ディナー各€12〜
交 ポンテ・ヴェッキオから徒歩約2分
英語OK 日本語OK
ポンテ・ヴェッキオ周辺 ▶MAP 別P.14 C-3

Vino

HOW TO エノテカ活用

昨晩飲んだグラスワインがおいしかったから、今日は買いにだけ寄ってみよう。観光の途中でフラリと1杯。いろんな使い方ができる。

ちょっとだけ味見

迷ったら試飲を頼んでみよう。1、2杯なら少し注いでくれる。ただし繁忙時は遠慮を。

ひと言会話

ポッソ アッサジャーレ
Posso assaggiare?
試飲させてもらえますか?

ウン ビッキーレ ディ ヴィノ
Un bicchiere di vino
グラスワイン

お買い上げのほうが安い

店で飲むより1本あたり€10前後お得。伝票を書けば宅配便で日本へ送れる。

ひと言会話

コンプロ クエスト ヴィノ
Compro questo vino.
このワインを買います。

ヴォーリオ マンダーレ イル ヴィノ アル ジャッポーネ
Voglio mandare il vino al Giappone.
日本へワインを送りたいです。

アソーテッド・チーズ
ペコリーノを2種。ソースも2種を添えて

アソートメント・オブ・フォカッチャ
店自体は元パン屋。窯焼きフォカッチャも絶品

ヴェラッツァーノ・クロスティーニ・クラッシック・セレクション
バゲットにレバーパテやハム類をトッピング

トスカン・トラディッショナル・ワイルド・ボゥ・コールド・カッツ
プロシュートと2種のサラミ。地方色満点

中心地で極上のキャンティにありつく

カンティネッタ・デイ・ヴェラッツァーノ

Cantinetta dei Verrazzano

フィレンツェ出身冒険家の名前を冠した城で1161年頃からワインを製造。現在はカッペリーニ一族が醸造を引き継ぎ、フィレンツェにこのエノテカを直営。ワイナリーのキャンティ・クラシコが全種飲める。

Via dei Tavolini 18R ☎055-268-590 営8:30〜15:00 休7〜8月の日曜 料ランチ各€20〜 交シニョーリア広場から徒歩約3分
英語OK
シニョーリア広場周辺
▶MAP 別P.15 D-1

田舎のお城をイメージした内装にも注目

95%サンジョヴェーゼ産ブドウを使用。購入はハーフボトル€7.5〜

グラスは23種類。どんなのがお好み？

ワイン好きメンズ3人の共同経営

ブロッコ・ディ・テリーナ・ディ・フェガティーニ, パーネ・トスタート・エ・リドゥッツィオーネ・ディ・ヴィンサント
少しデザートワインが香る鶏レバーのテリーヌ

棚と地下にもワインがずらり！

ピッティ宮殿目の前の開放的な一軒

ピッティ・ゴーラ・エ・カンティーナ

Pitti Gola e Cantina

トスカーナのサンジョヴェーゼ種かピエモンテのネッビオーロ種のブドウを使ったワインのみを扱う。オイルやモッツァレラもトスカーナ産。料理は地下の厨房で作る。メニュー内容は変動あり。

Piazza de' Pitti 16
☎055-212-704
営12:00〜23:00
休無休 料ランチ・ディナー各€24〜
交ポンテ・ヴェッキオから徒歩約7分 英語OK
ポンテ・ヴェッキオ周辺 ▶MAP 別P.14 B-3

グラス1杯€5〜で提供

アペリティーヴォでお得に飲む！

アペリティーヴォとは、バールで提供される惣菜のビュッフェとワンドリンクのセットのこと。

ワインと本を愛するエノテカ

オラティオ

Oratio

食べ物やワインに関する本に囲まれてワインを楽しめる。ワインの産地はピエモンテからシチリアまで揃う。バローロやブルネッロなど本格的なワインもグラスで提供。

Via Palmieri 25r ☎055-274-1025
営11:00〜22:00 休無休 料ランチ・ディナー各€12〜 交ドゥオモ広場から徒歩10分
英語OK
ドゥオモ広場周辺
▶MAP 別P.15 F-1

3種のハムとチーズ盛り合わせ
鹿肉などトスカーナ州産の3種のハムとチーズの盛り合わせ。ハムの種類は季節によって変わる

カンタ・グリッロ
トレッビアーノというブドウから造ったトスカーナ州産ワイン。収穫前に房を切って乾燥させることで甘みが増す

「アペリティーヴォ」はもともと食前酒という意味の単語だが、現在はこの飲食スタイルの呼称にもなっている。

2015年にはワインの国別生産量1位を獲得したイタリア。ワイナリーや銘柄の種類も多く迷いがちなワイン選びに使える知識がこちら。

料理のおいしさを引き立てる名脇役

美食大国イタリアでは、アルコールももちろん充実。料理はワインと一緒に味わうものと考えられており、各レストランこだわりのワインリストを備えている。ワインのほかにも、イタリア発祥のリキュールやビールの種類も豊富だ。好みによるものの、ピッツァにはビール、肉料理には赤ワイン、魚料理には白ワインというのが定番の組み合わせ。ディナーの前の軽い1杯(アペリティーヴォ)には、イタリア産リキュールを使ったカクテルがおすすめ。

物価は総じて高めに感じられることが多いが、アルコール類は比較的安く購入することができる。スーパーに行けばそこそこのレベルのワインもフルボトル€6程度～で売られており、生ハムやチーズなどを一緒に買って、ホテルの部屋でゆったり飲むというのもまた一興だ。

イタリア人は平均的にお酒に強いというのもあるが、外で酔っぱらうのは男女問わずみっともないという印象を与えてしまう。度数の高いお酒も多いので、くれぐれも飲みすぎには気を付けること。

ラベルの読み方

ワインを購入する時の指標となるワインラベル。ラベルの表記内容は国によってルールが定められており、イタリアでは下記の構成で記載されることが多い。

1 生産者名
2 ブドウの収穫年
3 ワイン名
4 格付け
5 格付けの特記事項
・Riserva…規定の熟成期間よりも長く熟成
・Superiore…規定のアルコール度数を超えたワイン
・Classico…古くからそのワインを生産している特定の地域
6 固有名称、または畑名
7 内容量
8 アルコール度数
9 瓶詰め元
10 CONTIENE SOLFITI …亜硫酸塩を含む

DOC法によるワインの格付け

特定の条件を満たしていなければ、その産地や名称を使用することができないという法律。イタリアのワインは4つのカテゴリに分けられる。

ランク		
高	**DOCG** Denominazione Origine Controllata Garantita	DOCワインよりもさらに評価の高いワイン。ボトルには政府によるDOCGの認可ラベル(赤ワインは紫、白ワインは黄緑)が貼られている。
	DOC Denominazione Origine Controllata	生産地やブドウの品種、栽培方法や生産過程などが規定の条件を満たしており、商工会議所の厳しい審査を通過したワイン。
	IGT Indicazione Geografica Tipica	生産地の名前が用いられ、その地域のブドウを最低85%以上使用することが義務づけられている。使用品種と年がラベルに記載されていることが多い。
低	**VDT** Vino da Tavola	ブドウの生産地や品種の表記義務はなく、DOCG、DOCの申請がなされていないワイン。規定にしばられず作られるため、中には質の高いワインも。

主なワインの生産地

固有のブドウ品種も多く、各地方個性豊かなワインが作られているイタリア。ここでは特に代表的な5つの州のワインをご紹介。

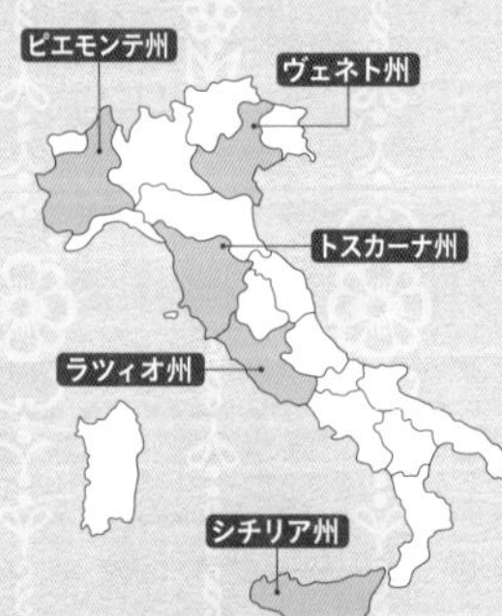

ラツィオ州
なだらかな地形と温暖な気候でブドウ栽培に適した土地。甘口のフラスカーティをはじめ、白ワインが主流。

ヴェネト州
地形によって変化に富んだ気候。発泡ワインのプロセッコや陰干ししたブドウで作るアマローネなど。

ピエモンテ州
アルプス山脈の麓に広がる州。ネッビオーロ種から作られる赤ワイン、バローロ、バルバレスコが有名。

トスカーナ州
山岳と丘陵地帯からなり、5つのDOCGワインを有する州。辛口の赤ワイン、キャンティはトスカーナの特産。

シチリア州
イオニア海に位置する地中海最大の島。火山性土壌が生み出す土着品種のブドウ、ネロ・ダヴォラを多く栽培。

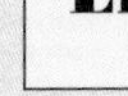

Liquore
リキュール

食前酒や食後酒としても飲まれることが多いリキュール。ストレートで飲んでもよし、カクテルにして飲んでもよし、アイスクリームにソースとしてかけてもよし。好みによっていろいろな味わい方ができるのはリキュールならではの楽しみ。

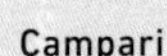

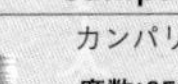

Campari
カンパリ

度数:25%
味:ほろ苦い

鮮やかな赤色が特徴的。オレンジのほかキャラウェイなど数十種類のエキスを配合。柑橘系のフルーツジュースや炭酸水、白ワインで割って飲むと美味。

Aperol
アペロール

度数:11%
味:ほんのり甘い

パドヴァ発祥。赤に近いオレンジ色で、オレンジやハーブを使用した柑橘系リキュール。炭酸で割ったり、白ワインで割った「スプリッツ」として飲んだりする。

Amaretto
アマレット

度数:25〜28%
味:甘い

アンズの核(杏仁)の芳香成分にアーモンドやプラムなどのエッセンスを加えたリキュール。アーモンドエッセンスの代わりとして菓子に使用されることも多い。

Amaro
アマーロ

度数:銘柄により異なる
味:甘苦い

薬草や香辛料などのエキスを配合したビター系リキュール。薬草酒として飲まれることも。独特の風味があり、使用する原材料によって銘柄もいろいろ。

Birra
ビール

イタリア料理にはワインがつきものだが、ピッツァのお供として好んで飲まれるのはビール。国内のビール醸造所も増えており、専門店に行けば豊富な種類のイタリアンビールを味わえる。ここではスーパーでもよく見かける代表的な4種を紹介。

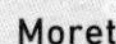

Peroni
ペローニ

度数:4.7%
タイプ:ペールラガー

イタリアの国民的ビール会社、ビッラ・ペローニ社の看板商品。1846年の創業当時の味を守るビールで、ほんのりとした苦みで後味は爽やか。

Moretti
モレッティ

度数:4.6%
タイプ:ピルスナー

髭が生えた老紳士がデザインされたラベルが特徴的なモレッティ社のビール。ホップが効いており、しっかりとした風味が感じられる。

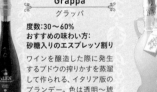

Poretti
ポレッティ

度数:5.5%
タイプ:プレミアムラガー

ロンバルディア州の醸造所、ポレッティ社のビール。ラベルに書かれた数字はホップの量で、数が少なくなるほどライトな味わいに。

Nastro Azzurro
ナストロ・アズーロ

度数:5.1%
タイプ:プレミアムラガー

ビッラ・ペローニ社のビール。苦みと甘みのバランスがよく、飲み口軽め。クセがないながらも飲んだあとの満足感も十分。

Digestivo
食後酒

食事のあと、デザートの代わりとして飲むことも多い食後酒。消化を助けてくれる役割があるという噂だが、真偽の程は定かではない。度数の強いお酒をそのままストレートで飲むのがイタリア風。

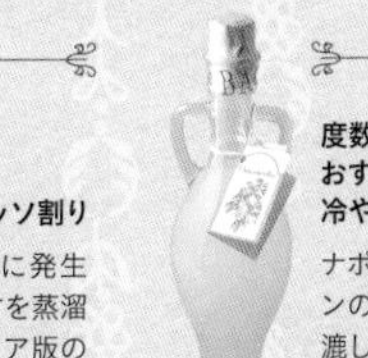

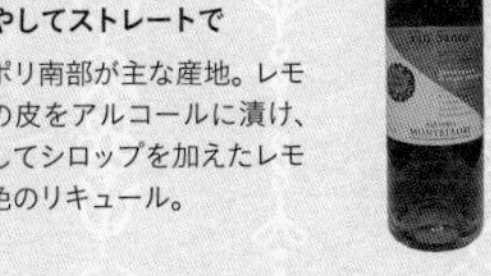

Grappa
グラッパ

度数:30〜60%
おすすめの味わい方:
砂糖入りのエスプレッソ割り

ワインを醸造した際に発生するブドウの搾りかすを蒸溜して作られる、イタリア版のブランデー。色は透明〜琥珀色。

Limoncello
リモンチェッロ

度数:30%前後
おすすめの味わい方:
冷やしてストレートで

ナポリ南部が主な産地。レモンの皮をアルコールに漬け、漉してシロップを加えたレモン色のリキュール。

Vin Santo
ヴィンサント

度数:15%前後
おすすめの味わい方:
ビスコッティを浸して食べる

「聖なるワイン」という意味。マスカット種のブドウを房ごと乾燥、発酵させ、3年以上熟成させた甘口ワイン。トスカーナが名産。

イタリア生まれのカクテル

Cocktail

スプリッツ
アペロールにプロセッコ(もしくは白ワイン)、炭酸を混ぜたオレンジ色のカクテル。食前酒の定番。

カルーソー
ドライ・ジン、ドライ・ベルモットにミントのリキュールを入れた、見た目も爽やかなカクテル。

ゴッド・ファーザー
氷を入れたグラスにウイスキー3/4にアマレット1/4を注いでステア。甘みと辛みが見事に調和。

ベリーニ
ヴェネチアの名店、ハリーズバー発祥のカクテル。スプマンテにピーチピューレを加えている。

DOCG認定されているから絶対おいしいというわけでもなく、認定されていないワインにもおいしいものはたくさんある。

ありきたりじゃ物足りない！

ワンランク上の絶品パニーノに舌鼓

パニーノはイタリアのファストフード。街なかに店が溢れているからこそ、特別な一軒で絶品パニーノを味わいたい。他店とは一線を画す優秀店へご案内！

イル・ソーリト IL Solito €12
昔ながらのトスカーナ産食材をふんだんに使用

定番 No.1

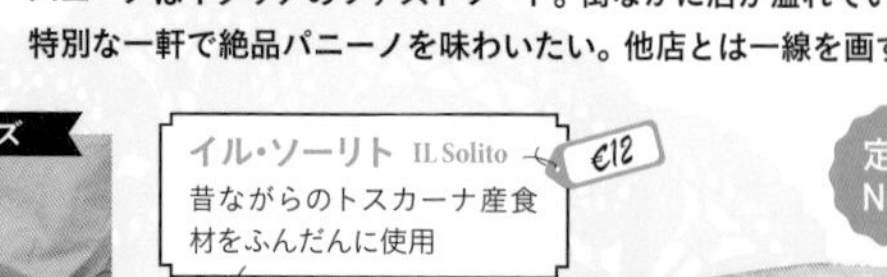

厳選した特産品をザクッモチッのパンに

ペコリーノチーズ

トスカーナ地方名産の羊チーズはマスト。ハーブやワイン粕でコーティングしたタイプもあり

チャバッタ

スリッパを意味する四角い北イタリアのパン。外はパリパリ、中はもっちり

プロシュート

パルマと並ぶ生ハムの名産地。トスカーナのプロシュートは、塩味が効いているのが特徴

パプリカの甘辛ソースが決め手！

オーナーのアレッサンドロさんはファッション関係出身。出版したレシピ本もおしゃれ

WHAT IS
Panino
パニーノ

パニーニはパニーノの複数形。イタリア風サンドイッチの総称で、パンに具を挟んだものを指す。全土で食べられ、具材に郷土色がある。

素材のバリエーションをご紹介。具を注文後に切る店は信頼度高し！

パン

パーネ・トスカーノ 料理と食べることを前提とした塩味なしのパン。あっさり

ロゼッタ

外はカリカリ、中は空洞の型抜きパン。ローマ式

スキアッチャータ フォカッチャのこと。トッピングや味付きも多数

チーズ

ペコリーノ トスカーナらしい羊乳製。フレッシュ〜熟成まで

パルミジャーノ パルマを中心に作られる、牛乳の超ハードチーズ

ゴルゴンゾーラ 北イタリアのブルーチーズ。なめらかで芳香と刺激あり

スカモルツァ 燻製モッツァレラは独特の食感。ひょうたん型が特徴

リコッタ 南イタリア原産。ホエーを煮て作るフレッシュチーズ

加工肉

プロシュート・クルード 燻製せずにじっくり乾燥、熟成させた生ハム

モルタデッラ

ボローニャソーセージ。魚肉ソーセージの食感に近い

サラーメ

サラミ。豚挽き肉にスパイスやハーブを調合

ランプレドット

牛の第4の胃を煮てロゼッタに挟むのがトスカーナ風

隠し味

アリーチ

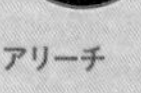

イワシのオイル漬け。煮たものはオイルサーディン

タペナーデ・ポモドーロ

オリーブのペースト。こちらはトマト風味のもの

モスタルダ・ディ・フィーキ

イチジクをマスタード風味のシロップに漬けたもの

美術館の路地裏に佇む
グルメなパニーノ屋

イーノ
'Ino

食材や調味料の組み合わせに無限の可能性を見いだしたオーナー。上質なチーズやハム、ハーブなどをトスカーナ中から集め、およそ70種類ものメニューを展開。奥はイートイン。水€1.5、ワインは€6～。

Via dei Georgofili 3R/7R
☎055-214-154 営12:00～16:30 休1～2月の4週間 料€11～ 交シニョリーア広場から徒歩約2分 英語OK 日本語OK
シニョリーア広場周辺
▶MAP 別P.15 D-2

木製のテーブルと椅子が配された カジュアルながらも洗練された空間。注文時に名前を伝え、できあがると呼んでくれるので、カウンターまで受け取りに行こう

ハーブの香りと
肉の旨味が凝縮
人気
ひとつひとつ
丁寧に
パプリカジャムをたっぷり使用した大人な味
スパイシーな
味わい！
エール Ale
€12
トスカーナ地方のサラミ、フィノッキオーナやペコリーノチーズを挟んで
コスティエラ Costiera
€11
ストラッチャテッラチーズとアンチョビにレモンオイルをかける
ワインに
ぴったりの一品
爽やかな
レモンの風味
さっぱり系

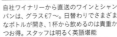

自社ワイナリーから直送のワインとシャンパンは、グラス€7～。日替わりでさまざまなボトルが開き、1杯から飲めるのは貴重かつお得。スタッフは明るく英語堪能

自家製トリュフペーストが絶品
パニーノ自慢のワインバー

プロカッチ
Procacci

1885年創業の老舗店で、現在はワイナリーの「アンティノーリ家」が経営。ラグジュアリーな空間ながらも、ワインやシャンパンを片手にサクッと軽食が楽しめる。おみやげにも喜ばれるトリュフ製品が大充実。

Via de Tornabuoni 64R
☎055-211-656 営10:00～21:00(日曜は11:00～20:00) 休7～8月の日曜、8月の2週間 料€10～ 交ドゥオモ広場から徒歩約4分
英語OK
ドゥオモ広場周辺
▶MAP 別P.14 B-1

タルトゥーフォ
Tartufo
1個€3
ふわふわ生地のパンにレシピ社外秘のトリュフペースト
人気
No.1
小腹に贅沢な
トリュフの芳香

高級食材のトリュフを手頃価格で味わえる。ほかハムやフォアグラを挟んだパニーノも

パニーノやジェラートは火器の設備がなくても開業できる。そのため、イタリア国内どの街でも小さな店がたくさんあるんだとか。

Shopping & Gourmet

ローカルフードの宝庫

中央市場でおみやげ&グルメハント

地元民も観光客も集まる、フィレンツェが誇る一大市場。2階には手軽にトスカーナ名物が味わえるフードコートも。1階と2階をうまく使い分けて、トスカーナのグルメを網羅！

トスカーナ食材が何でも手に入る

HOW TO

中央市場めぐり

中央市場は2フロアからなり、1階は肉、魚、チーズほかトスカーナ食材を扱う店が並び、一部イートインできる店もある。2階は軽食を楽しめるフードコート。規模は大きいが、迷うほどの広さではない。

イタリア食材の定番アーティチョークも！

新鮮な精肉や野菜は量り売りで

イタリア人の食生活を体感

中央市場

Il Mercato Centrale

1870年代以来、近郊にある市場の中で最大規模を誇る。観光地化されつつあるものの、みやげ探しや軽食の使い勝手は抜群！　果物やチーズ、ハムを量り売りで購入し、ホテルでつまむのもいい。

Piazza del Mercato Centrale 4　☎055-239-9798　㊚1階は7:00～14:00頃(店舗により異なる)。2階は9:00～24:00　㊡1階は日曜、祝日。2階は無休　㊋サンタ・マリア・ノヴェッラ駅から徒歩約5分　サンタ・マリア・ノヴェッラ駅周辺　▶MAP 別P.12 C-2

日本人スタッフにあれこれ相談

エノテカ・サルメリア・ロンバルディ

Enoteca Salumeria Lombardi

トスカーナ食材のセレクトショップ。ポルチーニ茸やドライトマトは量り売りで真空パックに。1階中央に位置し日本人スタッフもいるので安心。斜め前には小さなエノテカもオープン。

☎338-351-9317
㊚7:00～15:00

€16～(85ml)

ステファニア・カルギ

クレーマエンネ・エッレ・エッレアルタルトゥーフォ

マッシュルームとポルチーニ、トリュフのペースト。香り高さがクセに。

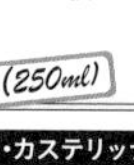

€19～(250ml)

ラ・カステリッナ・サス

オーリオ・エクストラヴァージン・ディ・オリヴァ

ワイナリー産の無添加オイル。単品でソースとしても使える存在感！

€16～(50ml)

アンティカ・エノテカ・ロンバルディ

ヴェンティリセルヴァ

保存料不使用で12年熟成させたバルサミコ酢。芳醇さは段違い。

オイルもお酢も味見OKだよ～

ご当地チーズに強い老舗のチーズマスター

マルコ

Marco

トスカーナのペコリーノチーズが40種類前後。トリュフ入り、オレガノやワイン粕で包んだものがイチオシ。パルミジャーノも産地違いで豊富に揃う。

☎335-627-2863
㊚7:00～15:00
(土曜は～17:00)

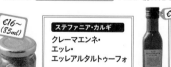

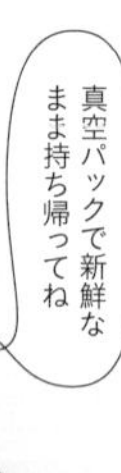

真空パックで新鮮なまま持ち帰ってね

ペコリーノ €1.65～(100g)

100g～注文可。水気のないハードチーズは日本まで持ち帰りOK。

カチョッタ €8(1kg)

牛と羊の乳を混ぜた特産の白カビチーズ。パック済みの商品も。

ショーケースの奥にいるスタッフが見えないほどチーズがぎっしり

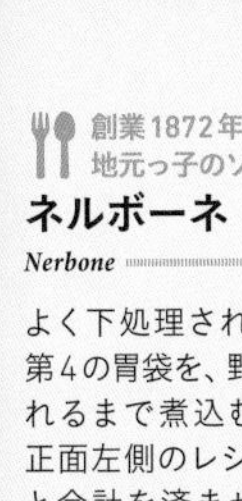
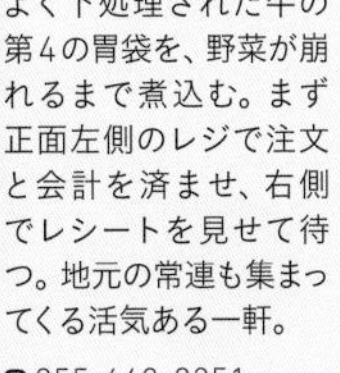

ふるっふるなモツサンドは市場の名物

\ ホロホロ! /

€5

パニーノ・ディ・ランプレドット
ロゼッタという中が空洞のパンでランプレドットをサンド。煮込みだけの注文も可。

創業1872年
地元っ子のソウルフード

ネルボーネ

Nerbone

よく下処理された牛の第4の胃袋を、野菜が崩れるまで煮込む。まず正面左側のレジで注文と会計を済ませ、右側でレシートを見せて待つ。地元の常連も集まってくる活気ある一軒。

☎055-648-0251
㊖8:00～15:00

やわらかくてクセがないのが売りだよ!

ランチタイムには行列することも

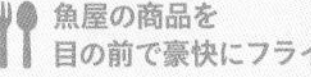

魚屋の商品を
目の前で豪快にフライ

ペッシェリア・シュガレッロ

Pescheria Sugarello

市場の中でしかお目にかかれない鮮魚店。朝入荷したばかりの魚介を10:00頃には揚げて提供する。当然調理は注文後、テイクアウトもOK。ビールは€4～。

☎353455-7193
㊖9:00～14:30
(土曜は～16:00)

フィッシャーマンスタイルだよ

揚げたて熱々のフリットをサクッ

\ アツアツ! /

€15

グラン・ピアット
エビ、タラ、イカの魚介3種盛り。薄い衣にちょっぴり塩を。

魚屋の前に椅子を並べた簡素さ

2階は9:00～24:00の営業。採光がよく明るい空間

365日夜まで!
2階フードコートでグルメをハシゴ

20を超える飲食店が軒を連ねるフードコート。食べたい料理をあれこれ買って、テーブル席でいただこう。

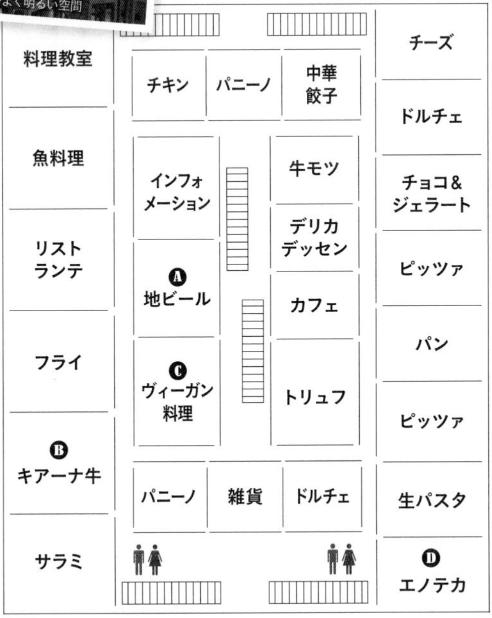

Ⓐドリンクはコチラでオーダー
地ビールを生で提供。ドリンクは席に注文を取りに来なければセルフで。

Ⓑキアーナ牛のハンバーガーが目玉
トスカーナのシエナで生まれた銘柄牛。ジューシーなパテにかぶりついて。

料理教室
魚料理
リストランテ
フライ
Ⓑ キアーナ牛
サラミ
チキン
パニーノ
中華餃子
インフォメーション
Ⓐ 地ビール
Ⓒ ヴィーガン料理
牛モツ
デリカデッセン
カフェ
トリュフ
パニーノ
雑貨
ドルチェ
チーズ
ドルチェ
チョコ&ジェラート
ピッツァ
パン
ピッツァ
生パスタ
Ⓓ エノテカ

Ⓒヴィーガン御用達。肉に疲れた胃袋に
動物性食材を使わないスープやサンドイッチなど。スイーツもご用意。

Ⓓトスカーナワインが揃うエノテカで一杯
グラスワインの種類も豊富。気に入ったワインはおみやげ用に購入してみても。

ランプレドット(牛の第4胃の煮込み)はフィレンツェ名物。街なかにもパニーノなどで食べられる店が多数。

Gourmet

素材の風味がイキイキ

運命のジェラートと出合う

素材や製法にこだわった、路地裏の特別なジェラートたち。
いろんな味をちょこっとずつ試したい！　定番からオンリーワンまで完全網羅。

ノッチオーラ

ヘーゼルナッツがこっくりと濃厚に押し寄せるベストセラー

クレマ・アンティカ

カルーベという豆の種をつなぎにする伝統製法。ミルク＆卵が濃い！

フラゴラ

春のフレーバー、苺。夏はバジリコ、秋は栗など限定の味もいろいろ

カトラーメ

タールの意味。カカオ75%のディープな濃さに、口溶けもベスト

下町の広場に面した人気店

ラ・ソルベッティエラ

La Sorbettiera

地元民の客足が絶えず、男性ファンも多い。親戚から譲り受けた古い機械でゆっくり撹拌することにより、ムースのような口溶けのジェラートに。モッツァレラや水牛チーズ味もイチオシ。

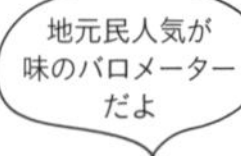

地元民人気が味のバロメーターだよ

Piazza Torquato Tasso 11R ☎055-512-0336 営12:30～24:00（日曜は11:00～） 休12月中旬～2月 料€3～ 交サンタ・マリア・ノヴェッラ駅から徒歩約18分 英語OK

市街西部

▶MAP 別P.12 B-3

リモーネ・サルヴィア

レモン果汁にセージの香りがサッパリ。刻んだ葉を入れているのが珍しい

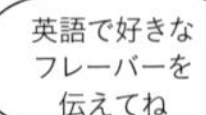

ジェラートのオーダー

多くの店では、価格は注文するサイズによって異なる。カップの見た目以上にボリュームがあるので、一人で食べるなら一番小さいサイズでの注文がおすすめ。

英語で好きなフレーバーを伝えてね

入れ物とサイズ選び

カップ(コッパ)かコーン(コーノ)か。また小(ピッコロ)、中(メディア)、大(グランデ)と大きさも選ぶ。

1、2種なら味見OK

少しなら味見をさせてくれる店が多い。「味見できますか?(ポッソ・アッサジャーレ?)」と、尋ねてみよう。

多種盛りは2種がベスト

ひとつの入れ物に盛るのは1〜3種。それ以上は味が混ざっておいしくない、というのがイタリア流。

カフェ・ディッリ・アルティジャーニ

バールの姉妹店だけに、コーヒー豆のフレッシュな香ばしさが際立つ

クレマ・アイ・セッテ・プロフーミ

ごくなめらか。アニスやバニラ、クローブなど7つの風味が畳みかける

チッコラータ・アッルアランチャ

ビターチョコ。大きめに刻んだオレンジピールの味と食感がアクセントに

ポンペルモ・ローサ

ピンクグレープフルーツの果肉もイン。生搾りジュースを飲んでいるよう

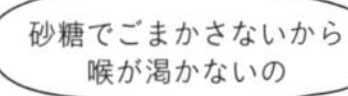

砂糖でごまかさないから喉が渇かないの

女性シェフが贈る繊細な風味

ジェラテリア・デッラ・パッセラ

Gelateria della Passera

目の前の人気バール(→P.161)から派生した小さな一軒。産みたての卵をはじめ、素材の新鮮さを活かした味。爽やかなスパイスや柑橘使いも自慢。常時約20種、通年では約120種の味が登場。

Via Toscanella 15/R ☎055-614-2071 営12:00〜24:00 休月曜 料€2.5〜
交ポンテ・ヴェッキオから徒歩約3分 英語OK ポンテ・ヴェッキオ周辺 ▶MAP 別P.14 B-3

チョコが好きなら、P.169の「ヴェストリ」も狙い目。夏はショコラティエならではのスペシャルなジェラートがある。

Gourmet

イタリアならではのカフェ文化

老舗バールで優雅なひとときを

自国のコーヒー文化に並々ならぬ誇りを持ち、バールへ立ち寄るのが大好きなイタリア人。その伝統をサラリと真似してみよう。いざ街なかのバールへ！

1733年創業の正統派イタリアンバール

ジェラティーナ
果汁を使用し、果物を象ったゼリー菓子。職人の手作り

1個約€1

レプッブリカ広場に面したフィレンツェが誇る老舗店

カフェ・ジッリ

Caffè Gilli

広場の発祥と共に、パンとお菓子の店として始まった歴史を持つ。立地抜群の現在のロケーションへは1900年代初頭に移転した。内装は当時のリバティスタイルを保っており、夜はヴェネチアンガラスのシャンデリアが美しい。

🏠Via Roma 1R
☎055-213-896 ㊒7:30～翌1:00（冬期は～24:00） ㊡無休 ㊕エスプレッソ€1.8～ ㊋ドゥオモ広場から徒歩約3分 英語OK
ドゥオモ広場周辺
▶MAP 別P.14 C-1

ワイドなテラス席も自慢。内装はシックで大人

コーヒーは信頼性の高いillyをご提供

ティラミス €4（テーブル€10）
スポンジに染みたコーヒーまで美味

HOW TO バール利用

Andiamo

フラリと立ち寄り、立ち飲みでキュッと引っかける。テーブル席でゆったりお茶や食事を楽しむ。2種の利用法と価格帯を使い分け。

立ち飲みは着席の半額以下だよ♪

テーブルで食事もできるのよ！

レジで注文する

まず店の入り口近くにあるレジカウンターで、注文と支払いを済ませる。レシートをもらおう。

カウンターへレシートを

カウンター内のバリスタにレシートを見せる。注文を確認した証しに少しちぎってくれる。

レシートを見せ受け取る

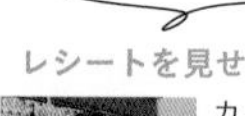

カウンターで待っていると、淹れたてコーヒーが登場。レシートを見せたら、立ち飲み開始。

着席はテーブルで注文

座ってお茶や食事を楽しむなら、直接テーブル席へ。注文も会計も席で。老舗は料理も美味。

イタリアンカフェの種類

エスプレッソを中心に、バリエーション豊富。常連客はそれぞれに"自分流アレン

Espresso

エスプレッソ
細挽きの豆をマシンで瞬間抽出。カフェインは少なめ

Macchiato

マッキアート
エスプレッソにほんの少し、泡立てた牛乳を垂らす

Cappuccino

カプチーノ
エスプレッソをたっぷりの泡立てた牛乳で割る

Caffè Latte

カフェ・ラッテ
浅煎りエスプレッソに泡立てた牛乳を加える

Latte Macchiato

ラッテ・マッキアート
たっぷりの泡立てた牛乳へ、エスプレッソを注いだもの

Caffè Marocchino

カフェ・マロッキーノ
エスプレッソ＋チョコ＋泡立てた牛乳＋粉末ココア

景観と共に味わう 1939年創業の老舗の味

カプチーノ
(カウンター€1.6)
こちらのクレマは味わう価値あり! ふわりきめ細やか

€5

エスプレッソ
(カウンター€1.3)
中南米の豆を使用したMokalàのコーヒーを提供

€4

プチ・フール
(カウンター€1～/1個)
ふた口サイズのケーキがショーケースにずらり

€2～/1個

テラスと屋内のテーブル席もくつろげます

ドゥオモ広場のお膝元で安定の実力派

スクディエーリ

Scudieri

フィレンツェの中心部に路面店を構えるだけあり、コーヒーのクオリティにもプライドが。第一線に立つ熟練バリスタのコーヒーは絶品。眉目麗しいスイーツの数々は地下のラボで職人が手掛けた作りたて。

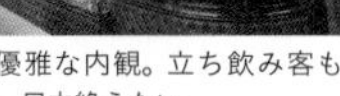

優雅な内観。立ち飲み客も一日中絶えない

Piazza di San Giovanni 19/R ☎055-210-733 ㊖7:00～23:00 ㊡無休 ㊮エスプレッソ€1.3～ ㊯ドゥオモ広場から徒歩約1分 英語OK
ドゥオモ広場周辺 ▶MAP 別P.14 C-1

シニョーリア広場前のショコラティエ

カフェ・リヴォワール

Caffè Rivoire

チョコレート店として始まったが、市役所の目の前とあり、カフェ営業を拡充。看板商品は昔ながらのレシピで作るチョコレートドリンク。ピュアなカカオ豆の香りが歩き疲れた体にきく。

Piazza della Signoria 5R ☎055-214-412 ㊖7:30～23:00(冬期は～21:00) ㊡1月の2週間 ㊮エスプレッソ€4.5～ ㊯シニョリーア広場から徒歩約1分 英語OK 日本語OK
シニョリーア広場周辺 ▶MAP 別P.15 D-2

1872年創業。名物のチョコラータはマストドリンク

トルタ・デッラ・ノンナ
トスカーナ風カスタードパイ。創業当初のレシピで

€9

チョコラータ
ベネズエラ産トップグレードのカカオを使用

€8.5

ラ・チョコラータ・カルダ・コン・パンナ
ホットチョコレートに生クリームをのせた名物ドリンク

€9.5

Prego

女性バリスタも活躍中。昼前～閉店まで混む

ジ"を持っており、バリスタは柔軟に対応してくれる。

Caffè d'orzo

カフェ・ドルツォ
麦を使った香ばしい疑似エスプレッソ。カフェインレス

Caffè Americano

カフェ・アメリカーノ
エスプレッソ＋お湯。米国コーヒー文化への皮肉!?

Caffè con Panna

カフェ・コンパンナ
エスプレッソの上にホイップを。店により粉末ココアも

Caffè Shakerato

カフェ・シェケラート
唯一の冷たいコーヒー。一緒に砕いた氷をシェイク

路地裏の人間交差点的バール

カフェ・デッリ・アルティジャーニ

Caffè degli Artigiani

サント・スピリト聖堂とピッティ宮殿に近い、庶民派バール。店構えは小さいが奥は広い。前にジェラート店(→P.159)も。

Via dello Sprone 16/R ☎055-291-882 ㊖8:00～翌1:00 ㊡無休 ㊮エスプレッソ€1～ ㊯ポンテ・ヴェッキオから徒歩約3分 英語OK
ポンテ・ヴェッキオ周辺 ▶MAP 別P.14 B-3

バール＝コーヒーのイメージだが、生搾りフルーツジュースなども老舗なら必ずある。

Shopping

物づくりの歴史から生まれた

フィレンツェ発ブランドをお買い物

歴史の街・フィレンツェもショッピング天国。ハイブランドもいいけど、知る人ぞ知るオンリーワンブランドをお見逃しなく。

色とりどりの手袋がお出迎え

フィッティングを繰り返し、自分にぴったりの手袋を見つけよう

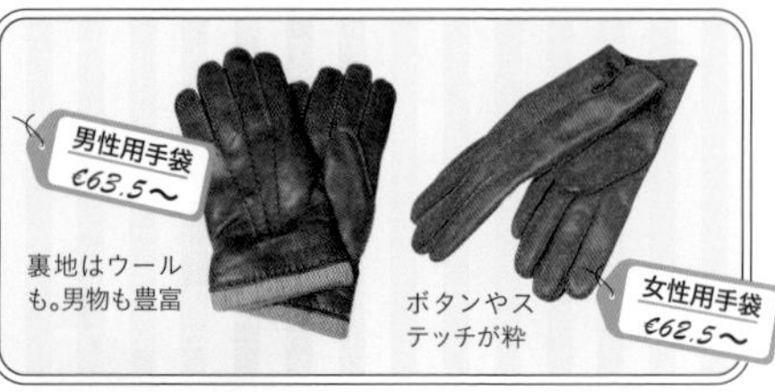

男性用手袋 €63.5～

裏地はウールも。男物も豊富

女性用手袋 €62.5～

ボタンやステッチが粋

マダムは手を見ただけで手袋のサイズがわかるプロ

ジャストフィットな手袋に出合う

マドヴァ・グローヴス

Madova Gloves

ヴェッキオ橋のたもとで1919年創業。ポイントは裏地のシルク、カシミア。近くの工房で職人が縫う手袋は立体的で動かしやすい。

Via Guicciardini 1/R ☎055-239-6526 営10:30～19:00 休日曜、祝日、8月の土曜 交ポンテ・ヴェッキオから徒歩約2分 英語OK

ポンテ・ヴェッキオ周辺 ▶MAP 別P.14 C-3

ヘアピン €20

製品のパーツを利用したアクセも豊富

名刺ケース €45

型押しと七宝の組み合わせも優雅

ハンドメイドの銀製品や七宝を手頃価格で

奥が工房となっており、入り口部分がショップとなっている

看板はない。ベルを押し、奥の中庭へ進む

世界のハイブランドからも受注を受けるほどの技術の高さ

職人の直販だからリーズナブル

カルロ・チェッキ

Carlo Cecchi

17世紀からサント・スピリト広場にあった、フィレンツェに残る数少ない手仕事の銀細工工房のひとつ。現在も某有名薬局のポプリ用箱などを手掛け、こちらで求めることも可。

Piazza Santo Spirito 12 ☎055-214-942 営9:00～12:30、15:00～19:00 休土・日曜、8月の3週間 交ポンテ・ヴェッキオから徒歩約10分 英語OK

ポンテ・ヴェッキオ周辺 ▶MAP 別P.14 A-3

WHAT IS
Firenze del Marchio

フィレンツェブランド

熟練の手仕事が生む クオリティ高い一品

12世紀頃には金属、毛織物、絹織物、革などたくさんの職人組合があったフィレンツェ。その文化は現在まで脈々と受け継がれ、時代と共に進化している。

フィレンツェ発祥2大ブランドの美術館も!

壁一面の時代シューズにうっとり

サルヴァトーレフェラガモ美術館

Museo Salvatore Ferragamo

サンタ・トリニタ橋の近くで、入り口は別だが本店に併設。有名人顧客の木型やフェラガモ生前の仕事を公開。

Palazzo Spini Feroni Piazza Santa Trinita 5R ☎055-356-2846 開10:00〜19:30 休無休 料€8 交ポンテ・ヴェッキオから徒歩約5分

ポンテ・ヴェッキオ周辺 ▶MAP 別P.14 B-2

グッチの世界観満載のコレクション

グッチ・ガーデン

Gucci Garden

シニョリーア広場に面するメルカンツァ宮殿内にある。限定グッズ販売のほか、アーカイブコレクションを間近で見学できる。

Piazza della Signoria 10 ☎055-7592-7010 開10:00〜19:00 休無休 料ギャラリー入場€8 交シニョリーア広場から徒歩約1分

シニョリーア広場周辺 ▶MAP 別P.15 D-2

フィレンツェ発 ブランドリスト

チェッレリーニ(Cellerini)
一流の革を職人の手仕事で仕上げ、バッグや財布は手によくなじむ。→P.165

レオナルド(Leonardo)
トレンド感あふれるレザーシューズ、紳士靴からサンダルまで手頃に揃う。

パトリツィア・ペペ(Patrizia Pepe)
ミニマルながら細部にこだわった人気ブランドの本店はフィレンツェに。

ラ・ガッレ・ヴェンティクワットロ(La Gare 24)
着心地とシルエットの美しさが抜群。大人可愛いレディースウェア。

リヴェラーノ・リヴェラーノ(Liverano & Liverano)
フィレンツェでも一目置かれている紳士服のサルトリア(仕立屋)。

オティソプセ(Otisopse)
カラースエードのスリッポンやブーツなどを扱い、アウトレット品も。

手にとってお気に入りを見つけよう

フィレンツェの紋章が素敵

知る人ぞ知る革小物の名店

ジュゼッペ・ファナーラGF89

Giuseppe Fanara GF89

職人のジュゼッペ氏による逸品が手に入る革製品の工房。丸い形のコインケースが人気のほか、ペンケースや名刺入れなど幅広いシーンで活躍する小物が購入できる。

Via Palazzuolo136r ☎055-290-697 営9:00〜12:30、15:30〜19:00 休土・日曜、8月の2週間 交サンタ・マリア・ノヴェッラ駅から徒歩5分

英語OK

サンタ・マリア・ノヴェッラ駅周辺
▶MAP 別P.12 B-2

丸みをおびたフォルムが素敵

アクセサリーなどを入れたい小物入れ

ゆったりしたレイアウト

上品なデザインの財布も人気の商品

量産より品質重視
よくなめした国産レザーを使用

オッティーノ

Ottino

1830年創業。当初は華やかな夜会バッグや杖の装飾を手掛けた。バッグはカジュアル、クラシカル、メンズとラインが分かれており選びやすい。

Via Porta Rossa 69/R ☎055-212-139 営10:00〜19:00(日曜は14:00〜、月曜は15:00〜) 休無休 交ポンテ・ヴェッキオから徒歩約5分

英語OK ポンテ・ヴェッキオ周辺
▶MAP 別P.14 C-2

調整可能なストラップ付き

手触りなめらかなレザーを使用

P.145のタッディもそうだが、職人の工房が店を兼ねているブランドは非常にお買い得。

Shopping

職人の街でオーダーメイド
世界にひとつのアイテムをゲット

手仕事の街フィレンツェ。細部までキッチリ仕上げてくれる、オーダー店もあちこちに。長く使えるー品をあつらえてみては？

手作りの質感にこだわる マーブル紙

マーブル紙を加工した鉛筆など、文房具が人気

店奥にある工房で制作されたノート

ドキュメントホルダー €85

マーブルレザー製のエレガントなデザイン

伝統技を守りながらも、新商品開発に力を入れている

一つ一つ丁寧に作っています

革とマーブル紙で作る豪華な文具

リッカルド・ルーチ
Riccardo Luci

フィレンツェの名産品である手漉きのマーブル紙と本の装丁を行う名店。マーブル紙を使用したレターセットやノートはおみやげにもぴったり。オーダーすれば、購入したアルバムに金箔で名前を入れてくれる。

Via del Parione 35A/R
☎347-5920-581 営10:00～13:00 休日曜、8月の2週間 交ポンテ・ヴェッキオから徒歩6分 英語OK

ポンテ・ヴェッキオ周辺

▶MAP 別P.14 B-2

女性職人が心を込めて作る 一生モノの靴

紳士靴のデザインでレディース靴を作る職人は少ない

完成前に一度郵送で試着ができる。時間はかかるが長く愛せる一足に

好みや足の悩みをじっくりカウンセリング

顧客は99%外国人

サスキア
Saskia

サスキアさんはドイツで英国紳士靴の勉強をし、イタリアでも職人に師事。見た目はイタリア風、履き心地は質実剛健なドイツ風。技術を駆使し、足の悩みをカバーする一足に。

Via di Santa Lucia 24/R ☎055-293-291 営9:00～13:00、15:30～19:00 休日曜、土曜の午後、8月（訪問時は要問い合せ） 交サンタ・マリア・ノヴェッラ駅から徒歩約6分

英語OK サンタ・マリア・ノヴェッラ駅周辺

▶MAP 別P.12 B-2

モダンな展示にイメージが膨らむ

使えば使うほどに味が出る上質なバッグ

長年受け継がれてきた伝統技が今でも息づく工房

幅広いシーンで活躍する革製品はここで

チェッレリーニ

Cellerini

最高級の上質な牛革やイノシシ革を使用したバッグや財布、ベルトなどを販売する、ショップ兼工房。裏地や形など、自分好みの色やパーツをセレクトしてオーダーメイドのアイテムを注文することができる。職人たちが丁寧に縫い上げた逸品を手に入れよう。

Via del Sole 37r　☎055-282-533　営11:00～19:00（土曜は10:00～13:00）　休日曜、8月の10日間　交サンタ・マリア・ノヴェッラ駅から徒歩8分　英語OK

サンタ・マリア・ノヴェッラ駅周辺 ▶MAP 別P.14 B-1

質の高さはイタリア国内でも名高い

発色のよい豊富なカラーバリエーションも魅力

ハンドバッグ €330～

オーダーメイドのバッグ。縫い目や裏地、金具や色をセレクトできる

ポーチ €40

コスメなどを入れたい手触りのよいポーチ。色違いも豊富

ハンドメイドの革製品が勢揃い

オーダーすれば紐の長さなどを調節してくれる

バッグは使い込むほどに経年変化していく

丈夫で飽きのこないグッズが豊富

ボヨラ

Bojola

1906年創業。柔らかくて丈夫な牛革を使用したバッグや財布などの小物を販売。普段使いに最適なおしゃれなバッグが充実していて、一生ものとして使える逸品が手に入る。イタリアらしいカラフルなバッグは持っているだけで楽しい気分に。

Via dei Rondinelli 25r　☎055-215-361　営10:00～19:30　休日曜　交ドゥオモ広場から徒歩5分　英語OK

ドゥオモ広場周辺 ▶MAP 別P.14 C-1

トートバッグ €145

旅行用サイズのブルーのバッグ。収納力も抜群

遊び心のあるオブジェもキュート

財布 €65

コンパクトサイズでポケットにも入る

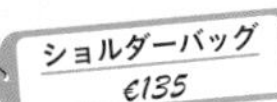

ショルダーバッグ €135

キャンバス地に牛革を組み合わせたバッグ。ナチュラルな風合いと手触りが心地よい

迷い出したらキリがないので、ある程度色や用途のイメージを作ってオーダーしよう。

Shopping

歴史と植物のパワーを感じる
ボタニカルコスメの聖地で大人買い！

昔から薬草店の多いフィレンツェ。商人組合（アルテ）の中にも薬剤師のアルテがあった。個性が光る訪れるべき3軒はここ！

歴史×美術

日本でも人気の修道院コスメ美術館級の本店は必見！

日本からも多くのお客様がいらっしゃいます！

店の奥にある旧薬草店は、その昔、実際に修道女が薬草を売っていた場所。現在は古い商品や資料を展示

€125　€12　€8

世界最古の薬局はじっくり鑑賞したい
サンタ・マリア・ノヴェッラ薬局
Officina Profumo Farmaceutica di Santa Maria Novella

サンタ・マリア・ノヴェッラ修道院の庭で薬草を育て、医務室で使う薬を作ったのが始まり。1612年から一般販売を開始。原料の自社栽培をはじめ、修道士の製法を伝えるその植物の香りと商品バリエーションは随一。

Via della Scala 16　☎055-216-276　㊎9:30～20:00　㊡無休　㊋サンタ・マリア・ノヴェッラ駅から徒歩約5分　英語OK　日本語OK　日本語パンフレット有
サンタ・マリア・ノヴェッラ駅周辺
▶MAP 別P.14 A-1

オーデコロン
アックア・デッラ・レジーナ／王妃の水

ミルクソープ
お手頃価格の石けんはおみやげの大定番

ミントキャンディ
400年もののレシピで製造。レトロな缶がかわいい

❸【緑の間】
かつて応接室として使われ、今はポプリを売る部屋。上部に飾ってあるのは歴代薬局トップの肖像画

❹【フレスコ画の部屋】
14～15世紀に描かれたマリオット・ディ・ナルドド作のフレスコ画

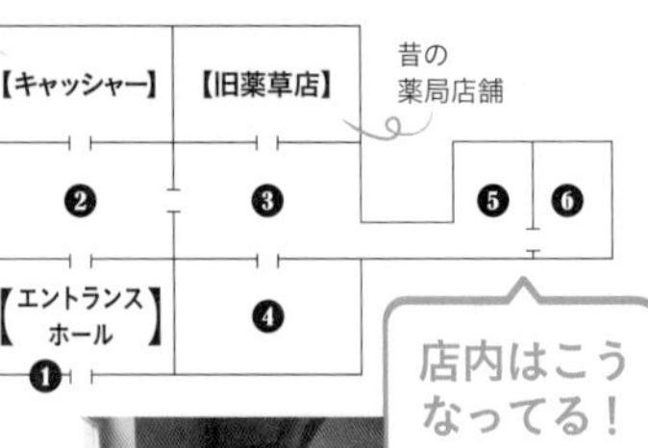

お会計と商品受け取りはココ

昔の薬局店舗

店内はこうなってる！

❶【入り口】
スカーラ通りに面し、茶色い小さなテントが目印

❷【メインホール】
香水やコスメ、石けんの部屋。買う際はスタッフに購入商品を伝え、店内専用のカードに記録してもらう。最後にそのカードで会計を行う

Prego

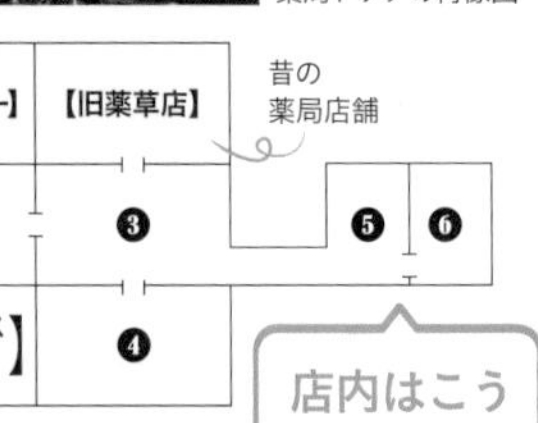

❺【カフェ】
古くから人気のハーブティーやチョコなどを味わえるクラシカルなカフェ

❻【ミュージアム】
修道士が使っていた道具や機材が展示されていて興味深い

HOW TO

ボタニカルコスメショッピング

ボタニカルコスメの店にも色々ある。香水やルームフレグランスに強いブランド、薬局寄りでサプリに力を入れる店、コスメが好評のメーカーなど。お目当てを定めてショッピングしよう。

1 日本語リストを活用して

大きな店なら、英語や日本語の商品リストを用意している。「カタローゴ・ジャッポネーゼ」と店員に声をかけてみて。

2 試し塗りをしよう

やはり香りや感触は試したい。イタリア語で「試す」は「プロヴァーレ」。勝手に開けず、店員に聞いてみよう。

3 消費期限をチェック

パッケージに記された容器のマーク。「00M」の記載は、開封から何ヵ月間持つかを表している。まとめ買いの参考に。

コスメ用語一覧

顔	ヴィーゾ Viso	唇	ラッブラ Labbra
しわ	ルージャ Ruga	シミ	マッキア Macchia
乾燥	エッスィカッチオーネ Essiccazione	保湿	イドラタンテ Idratante
敏感	デリカート Delicato	石けん	サポーネ Sapone
クレンジング	プリツィア Pulizia	洗顔フォーム	スキウマ デテルジェンテ Schiuma Detergente
化粧水（ローション）	ロズィオーネ Lozione	クリーム	クレマ Crema
日焼け止め	プロテズィオーネ ソラーレ Protezione solare	ヘアケア	ペル イ カペッリ Per i Capelli
子ども用	バンビーニ Bambini	男性用	ペール リ ウォミニ Per gli uomini

サプリも揃う医学寄りの薬局

スペツィエリエ・パラッツォ・ヴェッキオ

Spezierie Palazzo Vecchio

薬剤師のマッシモ氏が商品の研究と開発を、娘のフランチェスカさんがハーブ学と経営を担当。体の症状に合わせたサプリや、ヘルペスに塗るスティック薬なども人気。

Via Vacchereccia 9/R ☎055-239-6055 営10:00～19:30 休日曜 交シニョリーア広場から徒歩約1分 英語OK

シニョリーア広場周辺

▶MAP 別P.15 D-2

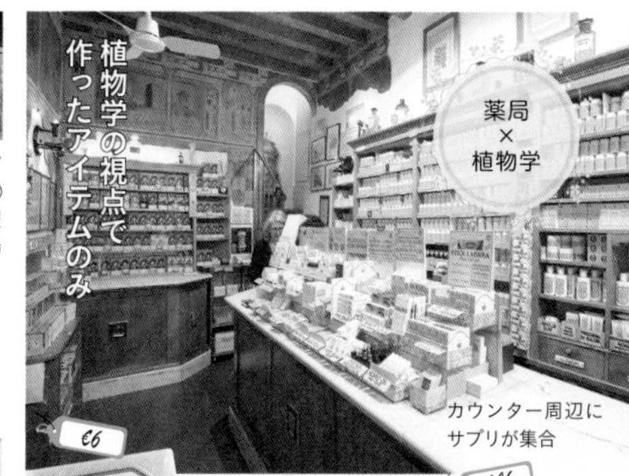

植物学の視点で作ったアイテムのみ
薬局×植物学

カウンター周辺にサプリが集合

石けんは効能別

店内はナチュラル系

€6 ナチュラルソープ

ココナッツオイルを配合した天然石けん

€46 オードパルファム

風の神ゼフィロスが描かれたシトラスとアロマの香水

400年以上の歴史を自然派コスメに昇華
薬局×日本未上陸

修道院の雰囲気をかもすレトロな棚の装飾

修道院から機能重視のブランドへ

ファルマチア・サンティッシマ・アンヌンツィアータ

Farmacia SS. Annunziata

サンティッシマ・アンヌンツィアータ教会の修道院から生まれた薬局。当時のノウハウに最新技術を加え、敏感肌用やアンチエイジング用のコスメを展開している。

Via dei Servi 80R ☎055-210-738 営9:00～19:00（土曜は10:30～） 休日曜 交ドゥオモ広場から徒歩約5分 英語OK 日本語パンフレット有

ドゥオモ広場周辺

▶MAP 別P.13 D-2

€30 トニック

アルコールフリーがうれしい化粧水。ローズの香り

€25.5 ハンドクリーム

香りのよさでおみやげに人気

€58 ルームフレグランス

250㎖。香りは全部で7種類

石けんは15種類以上。女性用スキンケアだけでなく、日焼け止めや男性用コスメも扱う

クリームも液体物とみなされるため、機内持ち込みはNG。荷造り時に注意！

Shopping

パッケージも味もお墨付きの

フィレンツェスイーツを持ち帰り

大切な人へも、バラまき用も、せっかくのおみやげだから
味も見た目もとびきりを。もちろん自分用にもどうぞ。

Cioccolato

Vestri

Ⓐ 店のテーマカラーは水色だがオリジナル柄パッケージのチョコも豊富。中身の味も異なる

世界が認めるチョコはルックスもフレーバーも華やか

Coccole

€4.5

Amore

アモーレ
バラのアロマが溶けたチョコ

€4.5

コッコレ
ココナッツ入りのホワイトチョコ

Biscotti

Il Cantuccio

Ⓑ 砕けやすい粉ものは箱が安心。フィレンツェの街並みを描いた、素朴な外装はいかが？

できたてビスコッティをイラスト入り箱に閉じ込めて

Cantucci

カントゥッチ €7~
ビスコッティのトスカーナ呼び

Pasta di Mandorle

Vino Santo

パスタ・ディ・マンドルラ €7~
直径3～5cmほどのクッキーやビスケット

ヴィンサント €3.5(100ml)
ビスコッティを浸けて食べる用のデザートワイン

※箱のラインナップは一部変更あり

口溶け上品なチョコレートをシックなBOXに詰めて

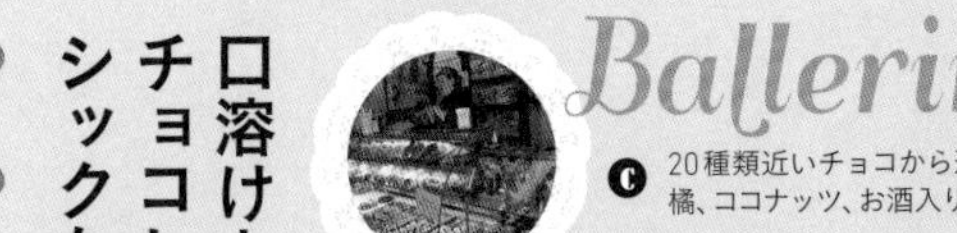

Ciaccolato

Ballerini

Ⓒ 20種類近いチョコから選んで箱へ。ナッツ、柑橘、ココナッツ、お酒入りとバリエーション豊富！

Cioccolato Boxed 20

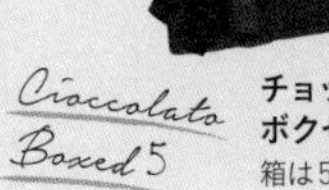

Cioccolato Boxed 5

チョッコラート・ボクセド・シンコ €8（5個）
箱は5個入り〜。中のチョコは選べる

チョッコラート・ボクセド・ヴェンティ €24（20個）
インパクト大！　異なる味を楽しめる20個入りの箱

旅の楽しさが伝わる飾っておきたくなる逸品

Gelatina

Migone Confetti

Ⓓ ほかにもサン・ジョヴァンニ洗礼堂の箱あり。フィレンツェの代表的な柄を使った包装なども揃う

Rose d'Amore

ローズ・ダモーレ €23/kg
バラの花そのものを使った濃厚なジェリー

Cupola con gelatine

クーポラ・コン・ジェラティーニ €22
果汁感たっぷりのジェリー。半年はもつ

板チョコはなんと40種以上！
Ⓐ ヴェストリ
Vestri

世界チョコレートアワード2015で金賞獲得。ドミニカの自社農園産カカオを使用する。季節ごとに限定の味や包装が登場し、夏はジェラートも。

住 Borgo degli Albizi 11R
☎ 055-234-0374
営 10:30〜19:30
休 日曜
交 ドゥオモ広場から徒歩約5分 英語OK
ドゥオモ広場周辺
▶MAP 別P.15 F-1

毎朝店で作るパスティッチェリア
Ⓑ イル・カントゥッチョ
Il Cantuccio

ガラス越しの工房で朝から作った、ナッツやオレンジピール入りビスコッティやクッキーが並ぶ。しっとりした食感がご自慢。量り売り。

住 Via Sant'Antonino 23 ☎ 055-290-034 営 9:00〜19:30（日曜は10:30〜18:30）
休 7・8月の日曜
交 サンタ・マリア・ノヴェッラ駅から徒歩約5分 英語OK
サンタ・マリア・ノヴェッラ駅周辺
▶MAP 別P.12 C-2

少量生産の愛されチョコに目移り
Ⓒ バッレリーニ
Ballerini

もともとはパン屋だったが、現在はお菓子がメイン。薄いコーティングのチョコは口当たりなめらか。シチリア産ピスタチオ味が定番の人気。

住 Borgo Ognissanti 132R
☎ 055-215-094
営 7:30 〜 20:00
休 日曜
交 サンタ・マリア・ノヴェッラ駅から徒歩約6分
英語OK
サンタ・マリア・ノヴェッラ駅周辺
▶MAP 別P.12 B-2

情熱のラッピングはアートの域
Ⓓ ミゴーネ・コンフェッティ
Migone Confetti

シエナ発祥の菓子店で、トスカーナ菓子なら何でも揃う。ラッピングへのこだわりが熱く、繊細なリボン飾りは店のスタッフによる力作。

住 Via Santa Elisabetta 7R
☎ 055-214-004
営 9:00 〜 19:30（日曜は10:30〜）
休 無休
交 ドゥオモ広場から徒歩約2分
英語OK
ドゥオモ広場周辺
▶MAP 別P.15 D-1

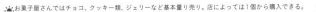

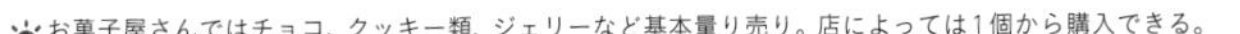
お菓子屋さんではチョコ、クッキー類、ジェリーなど基本量り売り。店によっては1個から購入できる。

❶アクア・アルタは10～4月に発生しやすい。高潮の影響によるものなので、時間が経てば水は引く　❷イタリアの男性はアプローチが強め。意中の女性には花をプレゼントしたり、肩を抱き寄せたり、腰に手を回したり…　❸サン・マルコ広場近くにある、ため息橋。日没時に橋の下でキスすれば、2人の愛は永遠に？

VENEZIA

Venezia
ヴェネチア

かつての地中海の支配国
運河に囲まれた美しい水の都

イタリア北部、アドリア海に面するヴェネト州の州都。13～16世紀にかけては海洋国家として繁栄した。ナポレオンの侵攻以降オーストリアの支配下に置かれるが、後にイタリア王国へ編入される。無数の運河に囲まれた独特の街並みで、大小さまざまな舟が運河を行き交う景色はヴェネチアならでは。毎年1月下旬～3月上旬の間で、約2週間にわたってカーニバルが行われ、期間中は仮面を付け、中世の衣装で着飾った人々でにぎわう。

州名 ヴェネト州

人口 約25万人

面積 約412㎢

サンタ・ルチア駅周辺
Stazione Santa Lucia

各都市を繋ぐ高速鉄道が発着するヴェネチアの拠点となる駅。正面には大運河が通っており、ヴァポレットに乗って各エリアへ移動することが可能。空港からバスやタクシーで移動する場合はローマ広場での降車となる。

サンタ・ルチア駅

道案内の板があるので街歩きも楽々♪

注意！ アクア・アルタに注意！

javarman/Shutterstock.com

観光客用に臨時の通路が設けられることも

アクア・アルタとは「満潮」を意味し、高潮と季節風の影響によって海面が上がり、サン・マルコ広場や一部の路地が浸水状態になってしまう自然現象。10～4月にかけて発生する確率が高い。

屋台で靴用のビニールカバーも売られている

ドルソドゥーロ周辺
Dorsoduro

中心街の南側に広がる一帯で、アカデミア美術館をはじめ、ギャラリーや工房がそこかしこにあるアーティスティックなエリア。閑静な街並みで、穴場的なお店もちらほら。

サンタ・ルチア駅 Stazione Santa Lucia

大運河

スカルツィ橋 Ponte degli Scalzi

ローマ広場 Piazzale Roma

サン・ポーロ広場周辺は地元住民も多く、下町のような雰囲気

アカデミア橋 Ponte dell'Accademia

アカデミア美術館 Gallerie dell'Accademia

ジュデッカ運河 Canal della Giudecca

市場に行くならここへ

近海で捕れた鮮度のいい魚介が並ぶ

早朝からにぎわう海鮮市場

魚市場
Mercato del Pesce

アドリア海をはじめ、世界中から仕入れられた新鮮な魚介類が並ぶヴェネチアの名物市場。活気があり、眺めているだけでも楽しめる。

アーケード内は主に魚介の店、屋外には青果やスパイスを扱う店も

🏠Rialto Area ☎なし 営7:30～14:00頃 休日・月曜 交1番リアルト・メルカート駅から徒歩約1分

リアルト橋周辺

▶MAP 別P.19 D-1

リアルト橋周辺
Ponte di Rialto

大運河に架かる4つの橋のうち最も古いのがリアルト橋。橋上にはアクセサリーや小物といったみやげ店が並び、常に観光客でにぎわっている。

アンティーケ・カランパーネ →P.181

リアルト橋

アットンブリ →P.182

サン・マルコ広場周辺
Piazza San Marco

中世時代、ヴェネチア共和国の中心となったサン・マルコ広場。聖マルコの遺骸が眠るサン・マルコ寺院や大鐘楼、ドゥカーレ宮殿と、主要な見どころが集まっている。

大鐘楼 →P.177

サン・マルコ広場 →P.176

0 200m

大運河に面するカ・ドーロは、ヴェネチアのゴシック様式を代表する館

Canal Grande
カ・ドーロ Ca'd'Oro
-サロ saro
魚市場 Mercato del Pesce
サンティ・ジョヴァンニ・エ・パオロ教会 Basilica dei Santi Giovanni e Paolo
リアルト橋 Ponte di Rialto
-ポーロ広場 po di San Polo
サン・サルヴァドール教会 Chiesa di S. Salvador
サン・ルカ広場 Campo San Luca
サン・マルコ寺院 Basilica di San Marco
サン・ザッカリーア教会 Chiesa di San Zaccaria
サン・マルコ広場 Piazza San Marco
ドゥカーレ宮殿 Palazzo Ducale
サンタ・マリア・デッラ・サルーテ教会 Basilica di Santa Maria della Salute

サン・マルコ広場の対岸に見えるバロック様式の教会

水上交通を利用して移動時間を短縮！

運河の街ヴェネチアでは、水上交通の利用がマスト。この2つをうまく使いこなせば、目的地へスムーズに移動することができる。

詳しくは →P.215

ヴァポレット(水上バス)

乗り合いの水上バスで、路線ごとに停まる停留所が異なる。€9.5で75分間有効、同方向であれば再乗車可能。1日券€25もある。

トラゲット(渡し舟)

大運河を挟んだ向こう岸に渡る際に利用。片道€2～で、運航スケジュール等はなく、人の集まり具合によって随時出発。

カーニバル期間はホテルの相場も高くなり、予約も早々に埋まってしまう。サンタ・ルチア駅の隣駅のメストレ駅周辺で宿をとるのも手。

予約不要
所要 40分

水上から楽しむヴェネチアの景観
憧れのゴンドラクルージング

ヴェネチアの交通を支えてきた長い歴史を持つゴンドラ。運河から街並みを眺めれば、まるで気分は中世の共和国時代にタイムスリップしたよう。ヴェネチアならではの景観を目に焼き付けて。

ファンタスティコ
Fantastico!
(すばらしい)
波に揺られながらヴェネチア観光
Ciao!

30分ほどのクルーズでも、乗船後の感動はひとしお!

HOW TO 乗り方

観光客用のゴンドラは乗り場やルートがあらかじめ決められており、料金と乗船時間も一律。事前に乗り方をチェックして、ゴンドラをスムーズに乗りこなそう!

1 乗り場を見つける

街なかにはゴンドラ乗り場が点在。観光名所や広場の脇にあることが多い。緑色の「Servizio Gondole」と書かれた看板が目印。

2 料金の確認

6人乗りのゴンドラ、約30分間のコースで一律€90が基本。1人あたりの乗船料金は割り勘制で、乗船人数が多いほど安い。ときには他の観光客と声をかけ合って、同乗者を募るということも。

3 乗船

その場で料金を支払い、ゴンドラの準備ができたらいざ乗船。バランスが安定するよう体格によって座る場所は指定される。

4 下船

通常は乗り場の対岸が降り場となっている。降り場にはチップを入れるカゴがあり、マストではないが€1〜2程度入れるといい。

ゴンドラ豆知識

ゴンドラに乗る前に、構造の特徴や各部品の役割をチェック。知っておけばクルーズもより楽しく♪

【ゴンドリエーレ】
免許試験で合格した者のみがなることができる。屈強な肉体を持ち、赤か紺のボーダーのトップスが目印。

夏はTシャツに衣替え

【座席】
座席の素材や装飾は自由。ビロード素材のものや革張りのものなどゴンドラによっていろいろ。

【フェッロ】
船の先端に付けられた飾り。上部は共和国時代の総督の帽子がモチーフ。

【船体】
ゴンドラは片方だけのオールで進むため、それに合わせて船体は左右非対称になっている。

【ペッティ】
船体の両脇にある飾り。ゴンドリエーレおのおのの好きなデザイン。

WHAT IS Gondola ゴンドラ

かつての交通の要が観光用に発達

その歴史は11世紀頃にさかのぼり、市民の移動手段として活躍。共和国時代には貴族の専有物となり、華美に飾られたものも登場。現在は観光用の乗り物として使われている。

王道コースに出発！

ヴェネチアの中心、サン・マルコ広場横の乗り場から、王道コースへ出発！　約30分のクルージングで運河の代表的な景色が楽しめる。

ツアー紹介

事前にツアーで申し込めば、乗船時の料金支払いのわずらわしさもなし！

ゴンドラ・ライド

Gondola Ride

出発の15分前までに予約バウチャーを持って集合場所へ。乗下船を含め約35分のツアー。

営 11:30～、15:00～、17:15～(冬期は11:00～、15:00～のみ)　料 1名€30　催行:Venice Italy Travel
URL www.veniceitaly-travel.com

途中、橋の下をくぐることも。橋や建物の壁も間近に見える

※下記はルートの一例です

Start!

サン・マルコ広場の南側にある乗り場からスタート！

迷路のような細い運河をゆっくり静かに進んで行く

小運河と大運河の合流地点へ。景色が一気に変わる

注意！

天気が悪いときは

大雨でない限りゴンドラは運航。乗船中にわか雨に降られてもいいように、フード付きの上着かタオルがあるといい。乗船中、傘をさすのは禁止。

クルーズのハイライト、大運河へ。建物の外観も華やか

Goal!

細い運河へ入っていき、乗り場のある対岸から下船

時間があったら

予約不要　所要 5時間

ラグーナの小さな島へ

ヴェネチア本島だけでなく周辺にも特色のある島々が。歴史や見どころを押さえて、時間があればこちらも観光してみて！

トルチェッロ島 Torcello
ブラーノ島 Burano
ムラーノ島 Murano
ヴェネチア Venezia

Burano ブラーノ島

カラフルに彩られた家の壁は、霧が深くても船上から自分の家を見つけやすくするために塗られたもの。手編みのレース工芸品が名産。

Murano ムラーノ島

ガラス工房が多く集まる島としても有名。ガラス製品のショップや工房もあり、工房では制作過程を見学することが可能。ガラスの博物館もある。

Torcello トルチェッロ島

ヴェネチアで最も古くから人が住んでいたとされる島で、その歴史はなんと5世紀頃にまでさかのぼる。サンタ・マリア・アッスンタ聖堂が必見。

フォトジェニックな景観の漁師の島

ムラーノガラスと呼ばれる由来

現在も人は住んでいるものの静か

ツアー紹介

自力でヴァポレットに乗っていくこともできるが、ツアーで行けばよりスムーズに回れる。

ムラーノ・ブラーノ島めぐり

Murano, Burano

ブラーノ島、ムラーノ島の2島をめぐるツアー。所要約5時間、日本語アシスタントが付く。

営 9:00～　料 1名€75
催行:Venice Italy Travel

現地発着ツアーでは、ガイドによる観光名所の案内に加え、アクセスの悪い観光地への交通手配も行ってくれるなど、旅の幅を広げられる。

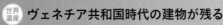

Sightseeing

世界遺産 ヴェネチア共和国時代の建物が残る

サン・マルコ広場でしたい4のこと

世界中から観光客が訪れる、ヴェネチアの中心地となる広場。堂々とそびえる大鐘楼に、モザイク画がまぶしいサン・マルコ寺院。広場に佇んで共和国時代の栄華を体感してみよう。

Bello!
(美しい!)
PIAZZA
SAN MARCO
世界中から観光客が訪れる
美しい広場

守護聖人の日など祝祭日の際には、翼の生えたライオン像の旗を持った人々で広場が埋め尽くされる

ナポレオンがヨーロッパで最も美しい広場と称賛

サン・マルコ広場

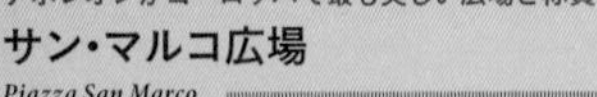

Piazza San Marco

世界遺産にも登録されている、ヴェネチアを象徴する美しい広場。回廊に取り囲まれた広場内には寺院や宮殿、博物館といった見どころが集まり、観光地として多くの人が集まる。

Piazza San Marco 開見学自由 交1・2番サン・マルコ・ヴァッラレッソ駅から徒歩約2分

サン・マルコ広場周辺 ▶MAP 別P.19 E-3

01 サン・マルコ広場をひと回り

サン・マルコ寺院に、ドゥカーレ宮殿、見るべき施設はたくさんあるが、まずは広場をぐるっと一周。栄華を極めたヴェネチア共和国時代の、建築様式や広場の造りを見てみよう。

文字盤は5分刻みで変わる

【大広場】
奥行き157m、幅82mの広場。回廊に取り囲まれており、周囲には老舗カフェや博物館、行政施設などが並ぶ。

【時計塔】
鐘を鳴らす2体の像がムーア人に似ていることから、ムーア人の時計塔とも呼ばれる。文字盤には12星座が配されている。

ヴェネチアのシンボル 翼の生えたライオン

有翼のライオンは、ヴェネチアの守護聖人である聖マルコのシンボル。手元にある開いた聖書には神からの言葉が書かれている。

【旧行政館】
広場から見て右手側に位置。回廊が一面にめぐらされた3階建ての建物。

共和国時代の暮らしを学ぶ

コッレール美術館

Museo Correr

かつて行政長官の執務室として使われていた建物。ヴェネチア貴族の衣類や家財道具をはじめ、14～18世紀に使用された調度品を展示。

☎041-2405-211 開10:00～17:00 休無休 料€30(ドゥカーレ宮殿などと共通)

サン・マルコ広場周辺 ▶MAP 別P.19 E-3

【サン・マルコ寺院】 →P.177

【大鐘楼】 →P.177

【ドゥカーレ宮殿】 →P.178

【小広場】
大運河に面し、海からの玄関口として活躍。2本の円柱は12世紀に造られたもの。

【新行政館】
広場から見て左手側にある建物。かつて旧行政館が使用されていたが、業務拡張のために17世紀に建造された。

建物の2階と3階部分を博物館として公開している

Ciao!

羽の生えた獅子と旧守護聖人テオドールの像がのった2本の柱が目印

02 サン・マルコ寺院のモザイク画に注目

広場の正面でひと際存在感を放っているのは、聖マルコの遺骸が納められたサン・マルコ寺院。内部装飾はもちろん、色大理石と彫刻で装飾された入り口ファサードにも注目して。

再建を重ねた混合様式の寺院

サン・マルコ寺院

Basilica di San Marco

\ Gatto! /

新約聖書の一編、『マルコ福音書』の著者である聖マルコの遺骸を祀るために9世紀に建てられた。5つの美しいクーポラを擁し、ロマネスク、ビザンティン建築の傑作と言われている。

☎041-2708-311 ㊐9:30～17:15（日曜、祝日は14:00～16:30。6～11月は9:45～、日曜、祝日は14:00～17:15） ㊡祭礼時は入場不可 ㊎€3

サン・マルコ広場周辺 ▶MAP 別P.19 E～F-3

外観

【入り口にある5つのモザイク画】

正面ファサードのモザイク画には、聖マルコの遺骸がヴェネチアに運ばれてくるまでのエピソードが描かれている。

\ ヴェネチアの守護聖人 /

【頂上に立つ聖マルコ像】

寺院の頂上部分には守護聖人の聖マルコの像が立つ。右手は教えを説き、左手には聖書を持っている。

\ オリジナルは博物館に /

【4頭のブロンズの馬】

中央ファサードの上にある馬の彫像は、十字軍の戦利品としてコンスタンティノープルから運ばれてきたもの。

内観 黄金に輝く内部装飾

ビザンティン文化の特徴である金地のモザイク画。主祭壇の背後には宝石で装飾された「パラ・ドーロ」が掲げられている。寺院内は撮影不可。

\ Benvenuto /

03 大鐘楼からヴェネチアのパノラマを望む

サン・マルコ広場の中心にそびえる大鐘楼は中から上れるようになっており、エレベーターに乗れば一瞬で展望台。展望台からはヴェネチアの美しい景色を一望できる。

\ 広場で最も高い場所 /

【ガブリエル大天使像】

鐘楼の頂上には大天使ガブリエルを模した黄金の天使像が立つ。風向きによってくるくる回転。

【見晴台】

ヴェネチアの街並みや干潟の様子、近郊の海に浮かぶ島々の美しい風景が目の前に広がる。

\ 水平線が見える！ /

上空からの広場の眺め

360度の絶景が広がる

大鐘楼

Campanile di San Marco

高さ99mの赤レンガ造りの大鐘楼。9～16世紀に建てられたものの、1902年に突然崩壊してしまい、その後1912年に再建された。かつては灯台や見晴らし台の役割をしたという。

㊐9:30～21:15（時期により変動あり） ㊡無休（1月中旬にメンテナンス休あり） ㊎€10

サン・マルコ広場周辺 ▶MAP 別P.19 E-3

04 広場のロマンチックな夜景に浸る

日が暮れるにつれて、徐々に広場沿いの建物や街灯に明かりが灯り始める。運河の水面に光が映る様子も幻想的。

運河沿いを散歩してみよう

広場のカフェではバンドの演奏も

サン・マルコ広場はヴェネチアで一番低い広場で、水位が上がると浸水してしまう。浸水のおそれがある日は市内全域にサイレンが流れる。

予約ベター

所要 2時間

世界遺産 ヴェネチア共和国時代の面影残る

ドゥカーレ宮殿でしたい4のこと

8世紀頃から18世紀にかけてヴェネチアを中心に存在した国家、ヴェネチア共和国。海運交易によって得た富で、時の権力者たちは豪華絢爛な建物を建築した。その中のひとつドゥカーレ宮殿で、当時の栄華に触れてみよう。

共和国時代の要所となった華麗なる宮殿

PALAZZO DUCALE

イスラム建築の影響も見受けられる外観。壁面にはゴシック風のアーチが施されている

当時の行政と暮らしをうかがい知る

ドゥカーレ宮殿

Palazzo Ducale

ヴェネチア共和国時代の総督の住居として、また最高司法府として利用された宮殿。9世紀に建てられた後、14～16世紀にかけて改修され、現在の姿となった。ティントレット作の世界最大の油絵『天国』ほか美術品の展示も充実。

♠Piazza San Marco 1 ☎041-2715-911 ㊐9:00～18:00 ㊡無休 ㊎€30（コッレール美術館などと共通）

サン・マルコ広場周辺

▶MAP 別P.19 F-3

WHAT IS

Doge

ヴェネチア総督

強い権力を持つヴェネチアの統治者

共和国として成立する前は東ローマ帝国の支配下におかれていたが、実質的には自治権を持っており、697年には初代総督（ドージェ）を選出し、独自の共和政統治を開始。総督は選挙によって選ばれた。

ドゥカーレ宮殿早分かり

Q いつ頃まで使われていたの？

A 1797年、ナポレオンによる侵略にヴェネチア大評議会は降伏を表明。そのときにドゥカーレ宮殿も明け渡された。

Q どんな施設があるの？

A 総督の住居として使われたほか、共和国の政庁、裁判所といった役割を果たした。ほか、外国からの要人を迎えるホールや牢獄なども備える。現在はヴェネチア国際映画祭のセレモニー会場にも使用。

01 黄金の階段を上って要人気分に浸る

中庭から建物内部へと進むと、まずは絢爛な装飾がされた「黄金の階段」が出迎えてくれる。この階段は身分の高い人のみが通行を許された。

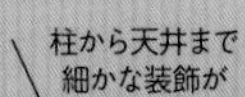

柱から天井まで細かな装飾が

02 ホールの華麗な内装にうっとり

上階には広間が連なっており、謁見用控室、元老院の間、上院用のホールと、奥に進むほど各部屋の政治的な役割は強くなった。

火災による再建時に描かれました

パオロ・ヴェロネーゼが描いた天井画

下から見上げる構図で描かれている

漆喰を固めた上から金色の塗料を塗っている

03 世界最大の油絵の迫力に驚く

縦25m、横54m、高さ14.5mの巨大な「大評議の間」の壁に描かれているのが、ヴェネチア派の画家ティントレットの超大作『天国』だ。生でしか体感できないその迫力を全身で感じてみて。

この絵に描かれれば天国に行けるとして、権力者は大金を払って絵のモデルを志願したとのこと
7m×22m。
総勢500人ほどの人物が描かれている

『天国』だけでなく、他の面の壁や天井の絵画も見事

集会や儀式、宴会にも使用された大広間

Tintoretto

ティントレット 1518-1594年

生涯のほとんどをヴェネチアにて過ごした生粋のヴェネチア人画家。ティツィアーノを師とし、早描きとしても有名。斬新で大胆な構図が得意で、壁画を手掛けることが多かった。

04 ため息橋を渡り牢獄へ

独房に入る囚人が運河を通る際に橋を眺め、ため息を漏らしたという逸話から「ため息橋」と呼ばれるようになった。この橋の内部を渡った先は石造りの牢獄だ。

橋の下はゴンドラのルートでもある

1900年代まで使われていたそう

天井に書かれた文字は二度と会えない恋人の名か

まだある 見どころポイント

ここも見逃せない!

【広間の隠し扉】

「10人委員会の間」は主に裁判に使われ、有罪判決を受けた被告は隠し扉から牢獄へ連れていかれた。

右から4番目、枠組みが違うのがうっすら見える

【密告用のポスト】

市民が抗議や密告の投書などを入れたという小さなポスト。ヴェネチアの共和国体制を物語る。

宮殿内の何カ所かにある

裏側

内側の扉は厳重な鍵付き

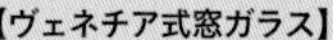

【ヴェネチア式窓ガラス】

ガラスの塊を熱し、膨らませたあと、潰して平らにしたものが窓ガラスに使用されている。

Bello!

ステンドグラスのように何枚も組み合わせる

【本来使われていた入り口】

現在、順路の出口にあたる門が本来の入り口として使われていた。門の奥には「巨人の階段」がある。

門の上には翼の生えたライオン像が

ティントレットはJacopo Cominという本名があったが、「染物屋の息子」という意味を持つティントレットの名で呼ばれていた。

Gourmet

魚介の宝庫ヴェネチアで

4つのマストグルメを食す

Prego

アドリア海に面するヴェネチアの名物は、やはり魚介。生で、焼いて、揚げて、ソースにして…と、調理法もさまざま。ヴェネチア発祥のバーカロにも挑戦してみて。

01 フリット・ミスト Fritto Misto

エビやイカ、貝類といった魚介をカラッと揚げたフリットはどこのレストランにも置いてある定番料理。前菜としても、メインとしても。

フリットの盛り合わせ €20

ヴェネチア名物の魚介フライを、豪快に盛り合わせで。味付けは魚介の旨みが引き立つようシンプルな塩味。お好みでレモンを搾って食べよう。

シーフード

近海で水揚げされたエビ、イカ、ホタテを使用。市場から仕入れる新鮮な魚介の味をダイレクトに楽しめる

ポレンタ

通常ポレンタには黄色いトウモロコシの粉を使うが、ヴェネチアでは魚介と相性のいい、淡白な白いポレンタが添えられることが多い

Other Menu

- ポルペッテ(肉団子揚げ) €2.5/1個
- ヴェネチア風レバー €18
- 手長エビのスパゲッティ €17

エビのダシとトマトソースの相性が絶妙！

02 イカスミの料理 Cucina Nero di Seppia

普段なかなか食べる機会の少ないイカスミ料理も、ヴェネチアでなら絶品と出合えるはず。パスタや煮込みなどメニューもいろいろ。

ソース

トマトソースがベース。イカと一緒に煮込んだあと、仕上げにフレッシュなイカスミを加える

イカ

2cmほどの太さの短冊状に切られており、ほどよい歯ごたえ

イカスミのバヴェット(細めの平打ちパスタ) €16

ジェノヴァで食べられていたバヴェットと呼ばれる平打ちパスタを使用。麺にソースがよく絡む。ソースは生臭くなく日本人の口にも合う。

ここで食べられます

世界中から常連客が集まる人気店

アッラ・ヴェドヴァ

Alla Vedova

細い路地の突き当たりにある人気店。もともとはバーカロとして営業していたが、現在はトラットリアを兼ねている。魚介のメニューがメインだが、季節の食材を使用したチケッティ(おつまみ)も好評。

Cannaregio 3912(fermata Ca' d'Oro) ☎041-5285-324 ㊖12:00～14:30、18:30～22:30 ㊡木曜、日曜のランチ、7月下旬～8月にかけて4週間の夏期休業あり ㊕バーカロ€6～、ランチ・ディナー各€40～(要予約) ㊋1番カ・ドーロ駅から徒歩約2分 英語OK

カ・ドーロ周辺

▶MAP 別P.17 D-1

ヴェネチアの伝統菓子

ティラミスを食べよう

エスプレッソが染みたビスキュイ生地に、マスカルポーネチーズのクリームを重ねたデザート、ティラミス。ピエモンテ起源説もあるが、ヴェネチアの伝統菓子として、デザートのメニューに載っていることが多い。

食前酒で迷ったらプロセッコ！

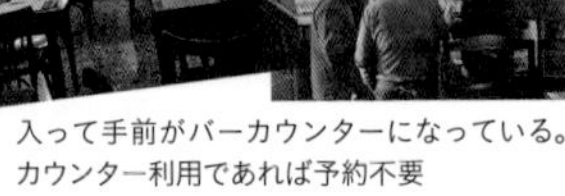

入って手前がバーカウンターになっている。カウンター利用であれば予約不要

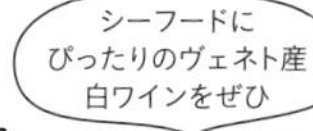

03 ヴェネチア風アンティパスト *Antipasto alla Veneziana*

前菜にはその土地の名物や特産品を使用することが多い。
もちろんここヴェネチアでは、魚介をふんだんに使ったアンティパスト。

ヴェネチア風アンティパストの盛り合わせ €29
その時期旬の魚介を使った前菜料理が10種前後。調理も盛り付けも手が込んでいる。

ツナ入りポルペッテ
ツナの身が入った肉団子のフリット

イワシの酢漬け
玉ネギと一緒に甘酢に漬けた一品

クモガニのサラダ
2、3cmほどの小型のカニの身を使用

ツナのトマト煮、ポレンタ添え
素朴な味のポレンタとトマトの相性が抜群

エビのボイル
大ぶりのエビにマヨネーズ風ソース

バッカラ(タラ)のペースト
干しダラの身をペースト状にした郷土料理

イカのマリネ
肉厚のイカをオリーブオイルで風味付け

タコのマリネ
トマトやニンジン、ハーブと一緒に和えている

Other Menu
- カルパッチョ €29
- クモガニのタリアテッレ €23
- カランパーネ風フリットの盛り合わせ €29

04 カニ料理 *Cucina Granchio*

脱皮したてで殻ごと食べられるモエケガニや、
ほぐし身のおいしさに定評があるクモガニなど、
ヴェネチアではカニ料理も鉄板！

揚げたての熱々が一番！

モエケガニのフライ €27
旬の時期にしか食べることのできないモエケガニをたっぷりの油で揚げた一品。2〜3人でシェアして食べるのがおすすめ。

モエケガニ
脱皮したての殻の柔らかいカニをモエケと呼ぶ。1〜5月、9〜11月が旬。中の身はふっくら

付け合わせ
ニンジン、ジャガイモ、サツマイモといった野菜類と、四角くカットしたポレンタのフライ

ここで食べられます

予約必須の名リストランテ
アンティーケ・カランパーネ
Antiche Carampane

開店と同時に予約客で店が一杯になる、ヴェネチアでも指折りのリストランテ。食材の旬によってメニューを切り替え。使用する魚介の9割以上が近海のもので、常に新鮮な魚介料理を提供している。

白とブラウンでまとめられた内装

S. Polo 1911 ☎041-5240-165 ㊖12:45〜14:30、19:30〜22:30 ㊡日・月曜 ㊊ランチ・ディナー各€50〜(要予約) ㊛1番サン・シルヴェストロ駅から徒歩約6分

英語OK

リアルト橋周辺 ▶MAP 別P.18 C-1

ヴェネチア式の立ち飲み居酒屋

バーカロではしご酒に挑戦
もともとは漁を終えた漁師が、朝、仕事終わりに飲めるようにと発達した文化。チケッティと呼ばれるおつまみと、グラスワインを提供する。

基本は立ち飲みスタイル。椅子があるお店も

2、3軒はハシゴしたいよね

クロスティーニ 各€2〜
ワイン €3〜

運河に面した気のいいバーカロ
オステリア・アル・スクエーロ
Osteria al Squero

スクエーロと呼ばれるゴンドラの整備場近くにあることからこの名が付いた。チケッティにはバゲットにさまざまな具材をのせたクロスティーニを提供している。

Dorsoduro 943/944 (Fondamenta Nani) ☎335-600-7513 ㊖10:00〜21:30 (水曜は16:00〜) ㊡無休 ㊊€5〜 ㊛アカデミア橋から徒歩約6分 英語OK
ドルソドゥーロ周辺 ▶MAP 別P.16 B-3

リアルトの魚市場は日・月曜が休みなので、魚介自慢のレストランはそれに合わせて休みをとるところが多い。

Shopping

買うならやっぱり質のいいもの！

ヴェネチアの手工芸品を愛でる

海洋貿易で栄えたヴェネチアでは、他の地域の異文化を取り入れたことによって独自に手工業が発達。今も工房が残り、質の高い製品が生産されている。品質自慢のアイテムをおみやげにいかが？

透明度の高さが質のよさの証し

購入した商品は日本への発送も可能

楕円形のグラス。緑と白のストライプが涼しげ

アーティスティックなデザインの花瓶

一輪挿しをイメージしたデザイン

万能サイズのボウル。小物入れにも食卓にも

美しい存在感を放つガラスビーズのジュエリー

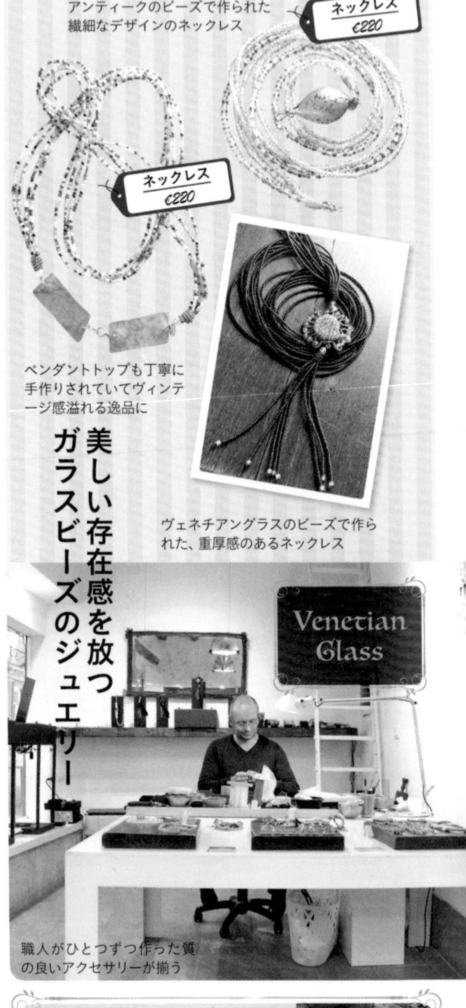

アンティークのビーズで作られた繊細なデザインのネックレス

ペンダントトップも丁寧に手作りされていてヴィンテージ感溢れる逸品に

ヴェネチアングラスのビーズで作られた、重厚感のあるネックレス

職人がひとつずつ作った質の良いアクセサリーが揃う

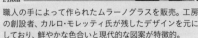

高品質のムラーノグラス リゾラ

L'Isola

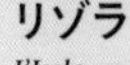
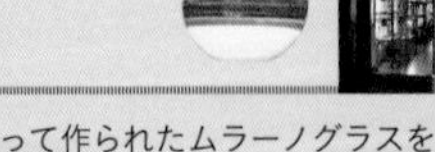

職人の手によって作られたムラーノグラスを販売。工房の創設者、カルロ・モレッティ氏が残したデザインを元にしており、鮮やかな色合いと現代的な図案が特徴的。

San Marco 2970 (Calle de le Botteghe) ☎041-5231-973 営10:00～19:00 休日曜 交アカデミア橋から徒歩約5分 英語OK サン・マルコ広場周辺 ▶MAP 別P.18 B-3

リアルト橋近くの人気アクセサリー店 アットンブリ

Attombri

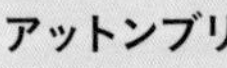
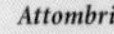
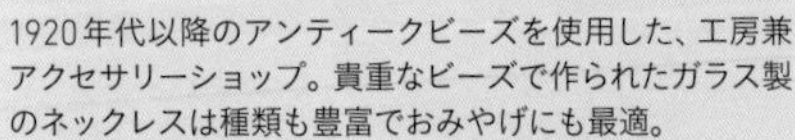

1920年代以降のアンティークビーズを使用した、工房兼アクセサリーショップ。貴重なビーズで作られたガラス製のネックレスは種類も豊富でおみやげにも最適。

Sottoportico degli Orefici 65 San Polo ☎041-5212-524 営10:00～12:30、14:30～18:30 休日曜 交リアルト橋から徒歩1分 英語OK リアルト橋周辺 ▶MAP 別P.19 D-1

WHAT IS

Artigianato Venezia

ヴェネチアの手工芸品

異文化の影響が今なお残る

中世、ヴェネチアが海運国家として栄えた時代、近隣諸国との交易を通じて異文化を吸収。手工芸品文化も発達し、数ある中でもとりわけ有名なのが右記の3つだ。

【ヴェネチアンガラス】

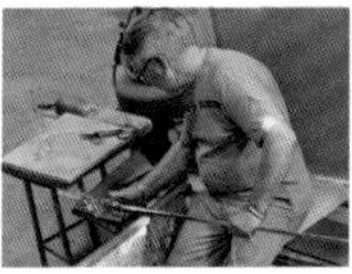

13世紀頃、当時高級品とされていた中東産のガラスを自国で生産するために、シリアから技術を取り入れた。別名ムラーノガラス。

【レース編み】

貴族の衣装を飾るものとして、中世頃から発達。豊かさの象徴として用いられた。立体的な仕上がりの「空中編み」という製法が有名。

【カーニバルマスク】

舞踏会やカーニバルで自らの素性を隠すために着けられたマスク。型取りにして作られたはりこの仮面に絵の具や漆喰で加工を加える。

Venetian Lace

まるで芸術品 繊細なレース細工

手入れ方法なども親切に説明してくれる

アルファベットの文字が隅に刺繍されたシリーズ

刺繍モチーフのピアス。上品なデザイン

麻素材を使用。青、白のほか黄色、ピンクなど全6色

Venetian Maschera

カーニバルを彩る 個性的な仮面の数々

小花や植物があしらわれ華やかなイメージに

ペストの感染予防に医者がかけていた仮面のデザイン

手のひらサイズの仮面。ディスプレイ用に使える

カーニバル用の仮面を探しに来る人も

創業50年以上の老舗レース店

ケレル

Kerer

市場に出ているレース製品は工業製品化されているものが多いが、この店では昔ながらの手編み製法で作られたものを販売。コースターなどテーブルウェアが多め。

Calle Canonica 4328A ☎041-5235-485 営10:00〜17:00
休日曜 交サン・マルコ広場から徒歩約5分 英語OK

サン・マルコ広場周辺 ▶MAP 別P.19 F-2

職人が手掛ける仮面雑貨

カルタルーガ

Kartaruga

市内の工房で作った仮面を販売。伝統的なスタイルから、ヴェネチアらしい道化師や喜劇の登場人物をモチーフにしたもの、動物や楽器を模したものなどいろいろ。

Castello 5369/70 ☎041-5210-393 営10:00〜18:00
休無休 交サン・マルコ広場から徒歩約6分 英語OK

サン・マルコ広場周辺 ▶MAP 別P.19 E-2

ガラス工房はヴェネチア本島にもあったが、工房からの出火による火災を防ぐため、ムラーノ島にすべてのガラス工房が集められた。

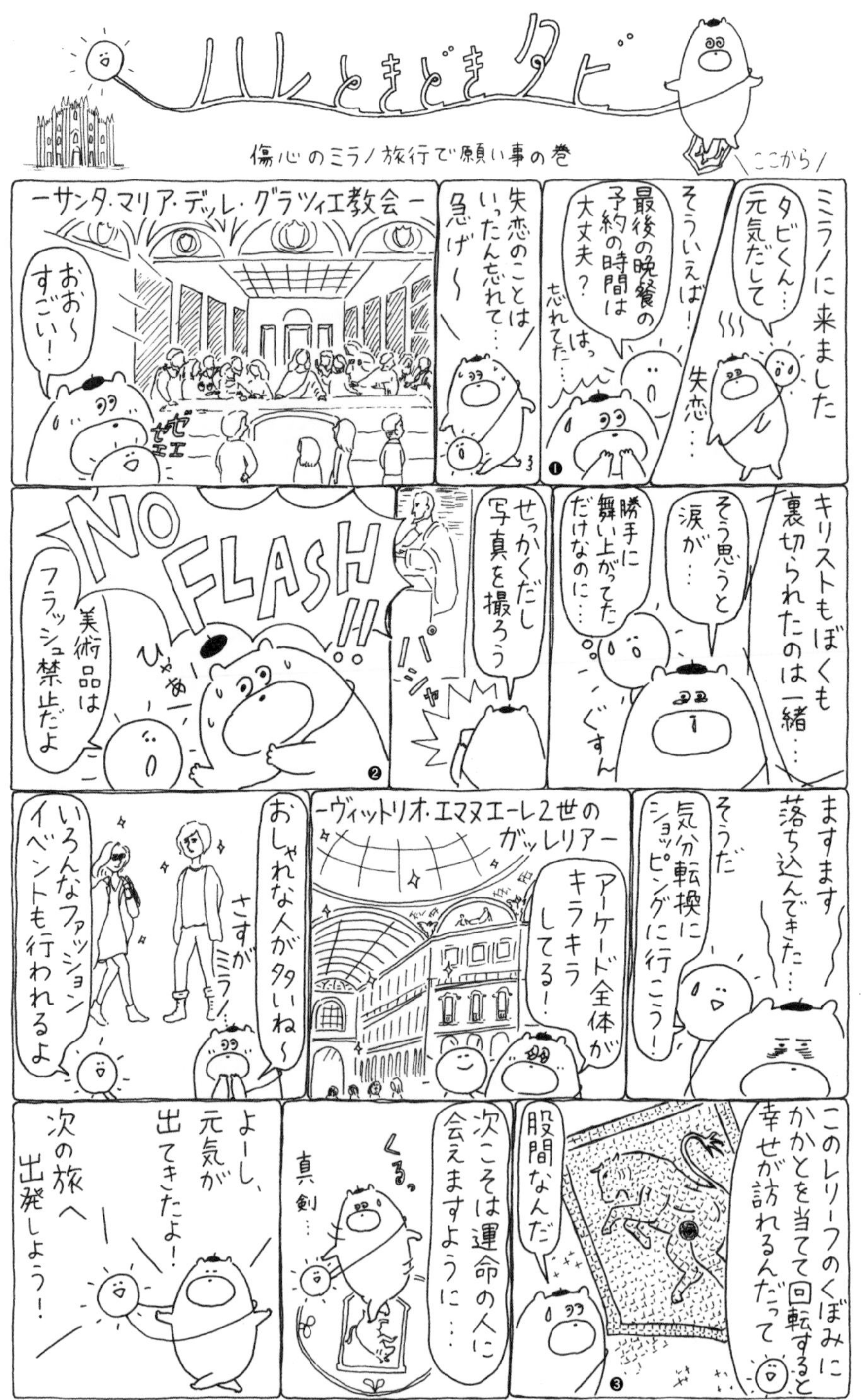

ハレときどきタビ
傷心のミラノ旅行で願い事の巻
ここから
ミラノに来ました
タビくん…元気だして
失恋…
そういえば！
最後の晩餐の予約の時間は大丈夫？
はっ
忘れてた…
失恋のことはいったん忘れて…
急げ～
ーサンタ・マリア・デッレ・グラツィエ教会ー
おお～すごい！
ゼエ ゼエ
キリストもぼくも裏切られたのは一緒…
そう思うと涙が…
勝手に舞い上がってただけなのに…
ぐすん
せっかくだし写真を撮ろう
パシャ
NO FLASH!!
美術品はフラッシュ禁止だよ
ひゃあー
ますます落ち込んできた…
そうだ
気分転換にショッピングに行こう！
ーヴィットリオ・エマヌエーレ2世のガッレリアー
アーケード全体がキラキラしてる！
おしゃれな人が多いね～
さすがミラノ…
いろんなファッションイベントも行われるよ
このレリーフのくぼみにかかとを当てて回転すると幸せが訪れるんだって
股間なんだ
次こそは運命の人に会えますように…
くるっ
真剣…
よーし、元気が出てきたよ！
次の旅へ出発しよう！

❶『最後の晩餐』鑑賞は要予約。その予約も早々に売り切れてしまうため、現地のツアー会社で手配してもらうと確実（P.192）　❷フラッシュ、動画撮影、三脚の使用は禁止されているよ　❸雄牛はトリノの紋章。実はこのジンクスには「ライバルの急所をぶっ潰せ！」という意味合いが込められているのだとか

MILANO

SIGHTSEEING

GOURMET

SHOPPING

Milano
ミラノ

新旧の文化が融合する北イタリア最大の都市

イタリア北部に位置するロンバルディア州の州都。16世紀以降、諸外国からの支配を受けるも産業都市として発展し、18世紀にはナポレオンの統治下へ。第二次世界大戦時には爆撃を受けたが著しい早さで復興を遂げ、今ではイタリアを代表する文化と経済の中心地となった。見どころは中心部に固まっているのでほぼ徒歩で回ることが可能。ドゥオモを拠点にグルメやショッピングを楽しむのがおすすめ。

州名
ロンバルディア州

人口
約136万人

面積
約182㎢

ガリバルディ地区
Garibaldi

ディエチ・コルソ・コモ →P.198

ガリバルディ駅からモスコーヴァ駅にかけてのエリア。コルソ・コモの通り沿いに最先端のショップやカフェが軒を連ね、トレンドの中心地として注目されている。

Andiamo!

サンタ・マリア・デッレ・グラツィエ教会周辺
Chiesa di Santa Maria delle Grazie

世界遺産でもあるレオナルド・ダ・ヴィンチの名作、『最後の晩餐』を収蔵する教会。絵画鑑賞は完全予約制で枠も限られており、多少高くつくものの現地旅行会社経由で手配するか、絵画鑑賞がセットになったツアーに参加するのが確実。

サンタ・マリア・デッレ・グラツィエ教会 →P.192

市場に行くならここへ

日本人利用者も多い屋内市場

コムナーレ・ワグネル市場
Mercato Comunale Wagner

ワグネル駅を出てすぐの屋内市場。青果、精肉、鮮魚といった生鮮食品ほかパンやチーズなど食材が充実。ミラノで数少ない常設の市場だ。

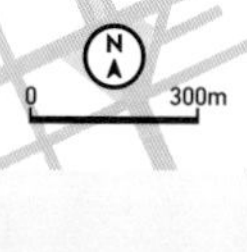

スーパーで買うより値段も手頃。チーズは真空パックも可能

Piazza Riccardo Wagner 15/A ☎なし 営8:00〜19:30(月曜は〜13:30)店舗により異なる 休日曜 交1号線ワグネル駅から徒歩約1分

市街西部
▶MAP 別P.20 B-2

新鮮な食材が手に入ると、地元の利用客が多い

ミラノ中央駅周辺
Stazione Centrale F.S.

他都市とを繋ぐ高速鉄道や空港からの鉄道が発着。周辺にはオフィスビルほか大型ホテルが多い。駅周辺はあまり治安がよくないので、暗い時間帯の一人歩きは避けて。

ミラノ中央駅

ブレラ周辺
Brera

イタリアを代表するオペラ劇場のひとつ、スカラ座から北に向かって広がるエリア。ブレラ美術館をはじめ、美術館や博物館が多い。個性的なショップも密集。

カヴァッリ・エ・ナストリ →P.199

ブレラ美術館 →P.190

ドゥオモ周辺
Duomo

ミラノで一番の観光名所、ドゥオモ。ゴシック装飾が施された壮麗な外観は見る者を圧倒する。広場には飲食店が面し、周辺はショッピングスポットとなっている。

ドゥオモ →P.188

歴史ある巨大アーケード

ヴィットリオ・エマヌエーレ2世のガッレリア

Galleria Vittorio Emanuele II

ドゥオモ正面向かって左側にある十字形のアーケード。中央部のドームを飾るフレスコ画は必見。ブランドショップやカフェがある。

🏠Galleria Vittorio
㊐見学自由 ㊇1・3号線ドゥオモ駅から徒歩約1分 ドゥオモ周辺
▶MAP 別P.23 D-3

中心部にあるガラスドームのフレスコ画も見事

床にある雄牛のモザイク画。局部にかかとをのせて回転すると幸せになれるというジンクスがある

市街南部にあるポルタ・ジェノヴァ駅周辺はナヴィリオ地区と呼ばれ、グランデ運河や教会群など見どころもいろいろ。

予約不要
所要
2時間

イタリアが誇る世界最大級のゴシック建築

ドゥオモでしたい5のこと

ミラノの象徴であり、街の中心部にどっしりとそびえるドゥオモ。細部まで繊細な彫刻が施された建物は、ずっと眺めていたくなるほど。ミラノに来たならば必ず訪れたいスポット。

マンマミーア
Mamma mia!
（なんてことだ）

DUOMO

繊細な装飾が施された巨大な聖堂

Piazza del Duomo ☎02-7202-3375
開9:00〜19:00 休無休 料共通チケット€16（屋上テラス階段利用時の価格。エレベーター利用は€22） 交1・3号線ドゥオモ駅から徒歩約1分

ドゥオモ周辺 ▶MAP 別P.23 D-3

2000年代に修復が行われ、白亜のファサードが甦った

WHAT IS
Duomo
ドゥオモ
約500年かけて建てられた教会堂

1386年の着工以降、度重なる戦争によって何度も工事が中断されるものの、19世紀に入り、やっと最後の尖塔が完成。外観もさることながら、内部のステンドグラスも見事。屋上のテラスからはミラノ市街が一望できる。

ドゥオモ早分かり

Q 誰が何のために建てたの？

A 当時ミラノを治めていたジャン・ガレアッツォ・ヴィスコンティが建設を命じ、1386年に着工開始。跡取りの息子となる健康な男児になかなか恵まれず、聖母マリアに捧げるために、大聖堂の建設を思い立ったという説がある。

01 ドゥオモを外側からぐるり

内部面積1万1700㎡を誇るという巨大な大聖堂。まずはその規模をはかるためにも外観をぐるっと一周。繊細な装飾にも注目だ。

【黄金のマリア像】

市内で一番の高さです

地上108.5mの最も高い尖塔の上に立つのは「マドンニーナ」と呼ばれる黄金のマリア像。1774年に設置された。

【尖塔】

高くそびえる尖塔はゴシック様式の特徴そのもの。視線が自然に上にいくように、尖塔一面に彫刻が施されている。

その数135本！

【チケット売り場】

ドゥオモの正面向かって右側がチケット売り場。入場時はセキュリティチェックと服装検査が行われる。

【大扉】

正面に並ぶ5枚の大扉はそれぞれ異なるテーマが描かれている。1908年に木製からブロンズ製のものに替えられた。

【ファサード】

さまざまな芸術家の案を取り入れつつ、途中何度もデザイン変更が行われたファサード。19世紀、ナポレオンの命によって完成した。

02 ドゥオモ内部の必見スポットをめぐる

荘厳な空気が漂うドゥオモ内部は、5つの身廊と翼廊、後陣によって構成されている。時間帯によっては一部入場できないエリアが設けられるほか、一度出ると再入場できないので注意。

富と権力の象徴の太陽がモチーフ

奥行きは157m、幅は93mほど

❶【主祭壇】
前身のサンタ・マリア・マッジョーレ教会時代からある主祭壇。上部にはキリストが磔にされた際の釘の一部が納められているというランプが下がっている。

円蓋は装飾された柱によって支えられている

Ciao!

説教壇右側には司教の権威の象徴である椅子が

❷【ステンドグラス】
新・旧約聖書をモチーフにした計55枚のステンドグラス。14〜19世紀にかけて造られ、バラ窓の中央には太陽のモチーフがあしらわれている。

フィリポの導きで弟子入りしました

❸【聖バルトロマイ像】
キリスト12人の弟子の一人、バルトロマイの像。シリアで皮剥ぎの刑にあって殉教したと言われており、自らの皮を体に巻き付けている。

❹【パイプオルガン】
ドゥオモ内には4台のパイプオルガンが設置されており、手前の2台は16世紀に、奥にある2台は20世紀に造られたもの。

❺【地下聖堂】
主祭壇脇の階段を下りた地下には、16世紀に殉教した大司教カルロ・ボロメオを祀った礼拝堂と宝物庫がある。見学可能。

03 ブックショップでドゥオモグッズをチェック

入り口を入った右手側にはブックショップがあり、日本語の公式ガイドブックのほか、ドゥオモにちなんだ書籍やロザリオといった聖具、ポストカードなどを販売。

ガラス張りのきらびやかなコーナー

04 屋上テラスからミラノ市街を見下ろす

ドゥオモの外側、正面から見て左側に入り口があり、階段もしくはエレベーターで屋上テラスに上ることができる。尖塔越しに眺めるミラノの街並みは一見の価値あり。

屋上テラスではのんびりくつろぐ人の姿も

天気のいい日はアルプスの山脈が見える

尖塔の彫刻も間近で見える

05 時間があればドゥオモ博物館へ

ドゥオモの正面右手側にある建物はネオクラシック様式の王宮。内部にはドゥオモの歴史や建築にまつわる資料が展示されている。

ステンドグラスや模型も収蔵

ドゥオモをもっと深く知るなら

ドゥオモ博物館

Museo del Duomo

住 Piazza del Duomo 12 ☎ 02-7202-3375 開 10:00〜19:00 休 無休 料 €8（ドゥオモとの共通チケット） 交 1・3号線ドゥオモ駅から徒歩約2分

ドゥオモ周辺

▶MAP 別P.23 D-3

2018年3月よりFast Track Passという屋上テラスへの優先チケットが登場。通常チケットより割高だが行列を回避して入場できる。

予約不要
所要 2時間

北イタリア屈指の名画の宝庫

ミラノ随一のアートスポット

ブレラ美術館で傑作名画に囲まれる

ナポレオンの支配下時代に集められた絵画がそのままに残る美術館。北イタリアの代表的な絵画を心ゆくまで堪能しよう。

スコペルタ
Scoperta!
(発見)

中庭にあるのはナポレオン1世の銅像

美術学校の2階部分が美術館となっており、見学に訪れる学生も多い

館内MAP

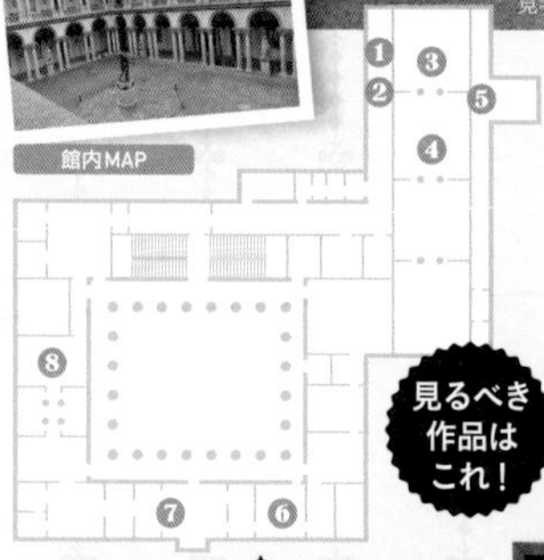

見るべき作品はこれ!

北イタリアのルネサンス絵画を展示

ブレラ美術館

Pinacoteca di Brera

ルネサンス期以降、ヴェネチア派やロンバルディア派といった、北イタリア地方で発達した流派の絵画を600点以上収蔵している。年代と流派に分かれて展示されており、15〜19世紀にかけての絵画技術の変遷を見ることができる。

Via Brera 28 ☎02-7226-3264
㊐8:30〜19:15 ㊡月曜 ㊥€16
㊦3号線モンテナポレオーネ駅から徒歩約5分
ブレラ周辺

▶MAP 別P.23 D-2

1 死せるキリスト

Cristo Morto
マンテーニャ作 1480年頃

66cm×81cm。パドヴァ近郊出身の画家、マンテーニャが描いたテンペラ画の作品。遠近法を効果的に用いており、見る者に独特の印象を与える。

+Episode

淡い光の中に浮かび上がる、写実的なキリストの肉体は、マンテーニャ自身が自らの死期を感じながら描いたものと言われている。彼の作品の中でも極めて斬新な構図がとられており、最も著名な絵画となった。

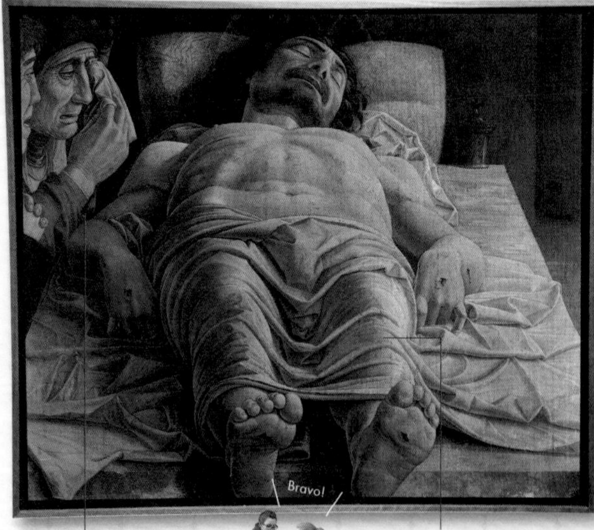

Bravo!

亡骸に寄り添う2人

キリストに寄り添うのは母マリアと彼の弟子であった聖ヨハネ。画面の隅に描かれながらも、深く悲しむ表情によって大きな存在感が。

空間表現の工夫

横たわっている人体を足元から見ることにより、極端に短縮された構図で描く「短縮法」を用いたもの。遠近法の一種だ。

その他の主な作品

- ❸ベッリーニ作　聖マルコの説教
- ❹ティントレット作　聖マルコの奇跡
- ❺モディリアーニ作　肥った子供
- ❼カラヴァッジョ作　エマオの晩餐

❷ ピエタ

Pieta
ベッリーニ作　1460年頃

86cm×107cm。ヴェネチア派黄金時代の基礎を築いた画家、ベッリーニの作品。多くの美術作品で用いられるテーマ「ピエタ」を、マリアとヨハネが両側からキリストを支える構図で描いた。

母マリアの悲しみ

イタリア語で「憐れみ」を意味するピエタ。磔から下ろされたキリストの体を抱きかかえながら、頬を寄せ、その手を握り、深い悲しみにうちひしがれている様子を表現。

生々しく描かれた傷痕

キリストの脇腹に描かれた傷痕は、彼が死んでいるかどうかを確認するために、ローマ兵士が槍で突いたものと言われる。

❻ 聖母の結婚

Sposalizio della Vergine
ラファエロ作　1504年頃

170cm×118cm。当時の権力者アルビッツィーノ家の依頼で、礼拝堂用の祭壇画として制作された。14歳の聖母マリアが天使の聖告を受けて婚約者を選び、結婚の儀式を行うという場面。

2人の結婚を祝福する様子

効果的に描かれた聖堂

背後に描かれているのはエルサレムの神殿。師ペルジーノから受け継いだ遠近法で、完璧な空間表現を自然な描写で仕上げた。

3人を囲む群衆

左にはマリアと5人の処女たちが、右には夫となるヨセフと多くの独身者たち。2人の結婚を祝福する様子が描かれている。

杖を折る若者の正体

天使の聖告とは「独身者に杖を持たせ、その先に花が咲いた者を夫にせよ」というもの。若者は、花が咲かず選ばれなかったことに対して怒っている。

+Episode

建物と人物との完璧な空間描写は、師ペルジーノから受け継いだもの。制作当時、21歳という若さながらも、その頃にはすでにペルジーノを超える実力を身につけていたことが見て取れる。

情熱的な接吻を交わす男女

肩にしがみつくようにかけられた娘の手は、男への情熱を表現。アイエツ自身も情熱的な性格で恋愛に溺れる傾向が強かったとのこと。

階段にかけられた足の意味

すぐにこの場から離れられるようにと、階段にかけられた男の片足。質素な服装の男と、身なりのいい娘との、身分不相応の恋。

❽ 接　吻

Il bacio
アイエツ作　1859年

112cm×88cm。情熱的な接吻を交わす男女だが、随所に描かれた仕草からは、この2人の関係性は禁断的な関係であることが読み取れる。当時のイタリアの世相を表したものとも。

ブックショップに寄ろう！

館内はぐるっと一周できるようになっており、出口部分にはブックショップがある。イタリアを代表する画家の画集ほか、名画グッズが豊富。

ステーショナリーグッズも扱う

『接吻』をプリントしたトートバッグ

ミラノ市内にはアンブロジアーナ絵画館、ポルディ・ペッツォーリ美術館などドゥオモ周辺にも絵画館が集まる。

予約必須
所要
1時間

世界遺産 サンタ・マリア・デッレ・グラツィエ教会で

名画『最後の晩餐』を見る

美術、彫刻、建築とさまざまな分野で才能を発揮したダ・ヴィンチが15世紀末に描いた傑作。人類の至宝ともいえるこの作品をその目に焼き付けて。

ダ・ヴィンチの名画を収める教会

サンタ・マリア・デッレ・グラツィエ教会

Chiesa di Santa Maria delle Grazie

ドメニコ派の修道院を15世紀に改築。ゴシックとルネサンスを織り交ぜた様式となった教会で、赤褐色の外観とクーポラが特徴的。敷地内の食堂として使われていた建物内の壁にダ・ヴィンチによる『最後の晩餐』が描かれている。

Piazza Santa Maria delle Grazie 2 ☎02-4676-111 開『最後の晩餐』見学は8:15〜18:45（日曜は14:00〜、完全予約制）、教会は7:00〜13:00、15:00〜19:30（日曜、祝日は15:00〜17:50） 休月曜 料『最後の晩餐』見学は€15（予約手数料込み）、教会は無料 交1・2号線カドルナ駅から徒歩約8分

サンタ・マリア・デッレ・グラツィエ教会周辺

▶MAP 別P.22 A-3

HOW TO 鑑賞

『最後の晩餐』は作品状態の維持のため鑑賞にあたって入場制限が設けられている。鑑賞希望の場合は事前に予約するのを忘れずに！

予約

『最後の晩餐』の鑑賞は完全予約制。約3カ月前から予約可能だが、すぐに売り切れてしまうので、ミラノへの旅の日程が確定したら早めの予約をおすすめする。予約の方法は下記の3種。

・インターネット予約

「viva ticket」のウェブサイトから予約可能。予約の希望日時を選択後、アカウント登録画面で必要事項を入力。クレジットカードで決済が行われる。登録したメールアドレスに予約確認書が送付されるので、忘れず印刷して持参するように。

URL:cenacolovinciano.vivaticket.it

・電話予約

下記受付時間内に電話をかける。英語かイタリア語での案内となっており、希望日時と人数を告げ予約に空きがあれば、氏名、電話番号、メールアドレス、決済用のカード番号を伝えて購入手続き。ネット予約時同様、メールで予約確認書が送付される。

営 8:15〜19:00 休 月曜 ☎ 02-9280-0360

・旅行会社で手配

手数料は上乗せされるが、予約代行業者に依頼するのが最も確実。完売している日時のチケットも手配できる確率が高い。『最後の晩餐』鑑賞が組み込まれたツアーに参加するのも手だ。

予約のキャンセルや変更は不可

入場

1 チケット引き換え

教会の正面から見て左側にクリーム色の外壁の建物があり、そこが『最後の晩餐』の受付窓口となっている。持参した予約確認書を窓口に出し、チケットと引き換え。

指定時間の20分前までには窓口へ

2 時間に合わせて入場

チケット引き換え後は待合室で待機。窓口ではオーディオガイドの貸し出しも行っている。予約の時間が近づくと招集され、1人ずつチケットのバーコードを読み取り、奥の通路へ進んでいく。1回の見学で入れるのは30人まで。

Grazzie!

集合時間に遅れた場合は入場できないので時間厳守

鑑賞

厳重に管理された通路を進むと、『最後の晩餐』が描かれた部屋に入ることができる。見学時間は15分間。内部は写真撮影可能だが、フラッシュや動画撮影は禁止されている。

退場

順路は一方通行となっており、見学時間が終了したら絵画の後方にある出口へ。出口付近にはブックショップを併設している。

幾多の災難を乗り越えて現代に残る奇跡の絵画

4.6m×8.8mの巨大な壁画は1495～1498年にかけて描き上げられたもので、ダ・ヴィンチの残した数少ない完成作品のひとつである

『最後の晩餐』見るべきポイント

❶ 作画に使われた消失点

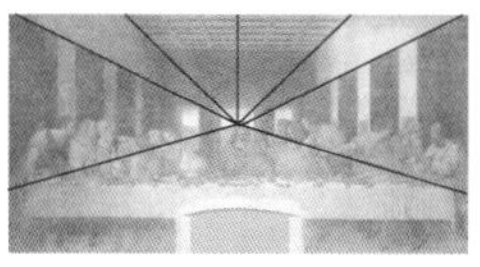

画面に描かれた人物がそれぞれドラマティックな動きをしていながらも全体がすっきりまとまって見えるのは、厳密な構成と、「一点消失法」による遠近感の効果によるもの。キリストのこめかみ部分には釘の跡が残っており、そこから放射線状に基準線が引かれ、その線上に人物たちが描かれた。

❷ 4グループに分けられた12人の使徒

12人の弟子たちは3人ずつのグループに分かれており、キリストから離れていくにつれてグループごとの幅が広くなっている。これはキリストの言葉が波紋のように広がった様子を表現。

❸ 最後の晩餐のメニュー

キリストの血を表す赤ワインが入った器とグラス、パン、フィンガーボウルのほか、魚の切り身に柑橘類（オレンジやレモン）のスライスがのせられたものがテーブルに置かれている。近年の研究により、この魚はウナギなのではないかという説が濃厚。

❹ 消えたキリストの足元

17世紀には食堂と台所部分を出入りするための扉が作られ、キリストの足元部分は完全に失われてしまった。

WHAT IS

L'Ultima Cena

最後の晩餐

キリスト捕縛前夜の様子

キリストが捕縛される前日、12人の弟子を集めた晩餐の席で「この中の一人が私を裏切ろうとしている」と告げた聖書の中の一場面。絵画のモチーフに使用されることが多い。

レオナルド・ダ・ヴィンチ

→P.130

世紀の天才と称されるルネサンスを代表する芸術家。彫刻家や建築家などさまざまな肩書を持つ。依頼主の意向より自分の創作意欲を優先する独自のスタイルを貫いた。

なぜ奇跡の絵画と呼ばれるの？

湿気に弱いテンペラ画法によって描かれたこと、粗悪な描き直しが行われたこと、戦争による爆撃の影響等で絵は相当に劣化していたが、20世紀以降の修復作業によりダ・ヴィンチが描いた当時に近い状態がよみがえった。

第二次世界大戦中には爆撃を受けて大半の建物が崩れてしまうものの、『最後の晩餐』が描かれたこの面は、かろうじて崩壊を免れた。

この中に一人裏切り者がいる！

Story

順調に宣教活動を行うキリストであったが、ユダヤ教の司祭長から反感を買い、逮捕・殺害計画を立てられてしまう。弟子の一人ユダはキリストを裏切り、司祭長に協力を申し出る。過越祭の当日、弟子たちとの晩餐の席でキリストは「あなたがたのうちの一人がわたしを裏切ろうとしている」と告げた。

最後の晩餐ってどんなストーリー？

① キリスト

あなたがたのうちの一人がわたしを裏切ろうとしている

救世主として生まれたキリスト。洗礼者ヨハネから洗礼を受け、伝道の旅へ。対立するユダヤ教の司祭長らに自分が殺されるであろうこと、しかしその3日後に復活すると予告し、弟子たちに覚悟を促したあとでの出来事であった。

② ヨハネ

愛するイエスさまを裏切ろうとしている人がいるなんて…

大ヤコブの弟。キリストに最も愛された弟子と言われ、キリストの胸元によりかかる構図で描かれることもしばしば。この絵ではペテロの言葉に耳を傾けている。

③ ペテロ

裏切ろうとしているのは誰ですか!?

キリストから「天国の鍵」を託される等、一番弟子として厚い信頼を得ていたリーダー的存在。感情の高ぶりからナイフを握りしめ、ヨハネに裏切り者が誰なのかを尋ねている。

④ ユダ

（まずい！裏切りがばれた!?）

ユダヤ教の司祭長に銀貨30枚でキリストを引き渡す約束をする。裏切りを予言したキリストの言葉に激しく動揺する姿が描かれている。最後は自らの行いを悔やみ自殺した。

⑤ アンデレ

これは大変なことになってしまった…

兄ペテロの横に立ち、両手を上げて動揺している人物。聖書において活躍する場面は少ない。キリストの昇天後、布教活動を行うも、ギリシャでX型の十字架にかけられあえなく殉教。

⑥ 小ヤコブ

イエスさまがとんでもないことをおっしゃったぞ

ヤコブという名の使徒は2人おり、後から弟子になったヤコブを小ヤコブと呼ぶ。キリストに似た容姿をしていたと言われていて、一時は血縁者ではないかという説も。槌で頭を打たれ殉教。

⑦ バルトロマイ

今、なんとおっしゃったのですか!?

キリストの言葉を聞くために立ち上がっている人物。フィリポの導きによって弟子入りしたとされている。インドやペルシャで布教活動を行ったあと、生皮を剥がされて殉教。

⑧ トマス

裏切り者は一人ですか？

冷静かつ現実的で疑い深い性格。作品中では人さし指を立て、裏切り者が一人なのかをキリストに問うている。キリストの復活時には聖痕に指を入れて復活を確かめたほど。

⑨ 大ヤコブ

裏切り者がいるだと…？私たちはこれからどうなってしまうのだ

ヨハネの兄。ペテロとヨハネと共に、キリストに最も愛された弟子の中の一人。短気で気性が激しく、「雷の子」という呼び名も。十二使徒の中で最初に殉教した人物。

⑩ フィリポ

イエスさま、
私は断じて違います！

ペテロやアンデレ同様ガリラヤの漁師出身。胸に手を当て自らの潔白をアピール。キリストをも呆れさせた現実的な人物として、教えを理解していない描写が多々なされている。

⑪ マタイ

えっ、それは一体
どういう意味なのだ!?

弟子入りする前は徴税人で、人々からは忌み嫌われていた。読み書きができたため、キリストに従いつつその言動を記録。新約聖書を構成する福音書のうちのひとつを手掛けた。

⑫ タダイ

この中に裏切り者がいると
おっしゃったぞ

マタイ、シモンと顔を見合わせ、キリストの発言を確かめ合っている様子。別名ユダ。キリストが初めに奇跡を起こした「カナの婚礼」のときの新郎だったのではないかという説も。

⑬ シモン

イエスさまがおっしゃった
ことは本当なのか…？

武力によってイスラエルからローマを追い出すという、ユダヤ教の武闘派集団に属していた。当初キリストには政治的活動を期待していたものの、やがて真の信仰に目覚める。

最後の晩餐のその後…

ユダが引き連れたユダヤ司祭長らによって逮捕、連行されるキリスト。裁判の末、十字架に磔にされ処刑されるも、予言通り死から3日後に復活。集まった弟子たちに対し、世界中を回って伝道を行うように命じたあと、天に昇っていった。弟子たちは各地へ散り、布教活動を行う。

時間があればこちらも

ブックショップ

ほかイタリアを代表する画家のグッズも

『最後の晩餐』の展示部屋から出口に向かう途中にブックショップがあり、公式ガイドブックほか、ダ・ヴィンチ関連のアートグッズを販売。

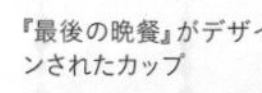

『最後の晩餐』がデザインされたカップ

教会内部へは無料で出入りできる

絵の鑑賞後に
立ち寄ろう

教会内部

ミラノ領主のフランチェスコ・スフォルツァの命で1469年に建築されたあと、霊廟とするために建築家ブラマンテによって改築。ゴシック様式とルネサンス様式を融合した様式。

見比べてみよう！『最後の晩餐』

聖書の一場面として『最後の晩餐』を描いた作品は多く存在する。作者ごとに構図が異なり、見比べてみると新たな発見が生まれるかも…？

チェーザレ・コネリアーノ作
1583年（ヴェネチア）

裏切り者のユダが分かりやすく手前に描かれている。最後の晩餐の席に犬や猫といった動物が登場することも多々ある。

ルーカス・ヴァルデス作
16世紀（セビリア）

宗教画で多く見かける、幼児の顔に直接羽が生えたモチーフが登場。キリストの頭の後ろに後光が描かれている。

オットー・ヴァン・ヴィーン作
1592年（アントワープ）

丸いテーブルを囲む配置。ユダの服を暗い色調で描き強調。

Renta Sadmakova/Shutter Stock.com

ユダが裏切った理由は、単純に金に目がくらんだ、キリストの予言（死後復活する）を実現させようとした等、さまざまな解釈が存在。

Gourmet

トレンドが集まる街ミラノを代表する

4つのマストグルメをチェック

伝統とモダンがうまく融合されたミラノグルメ。新しいものの取り入れ方が上手なのは、最先端ファッションの街ならでは。味も見た目も洗練された一品をご賞味あれ。

01 ミラノ風リゾット Risotto alla Milanese

かつて商業の中心であったミラノでは、黄色が富や権力の象徴とされた。料理にも好んで使用され、黄色く色付けされたリゾットが名物料理に。

ソース
牛のスープに白ワインと香味野菜、干しキノコを入れてじっくりダシをとった濃厚で味わい深いソース

サフラン
仕上げにサフランを加えることで鮮やかな黄色と上品な香りをプラス。ミラノ風リゾットの一番の特徴

ミラノ風リゾット&オッソブーコ €34
別々で提供する店もあるが、リゾットとオッソブーコはワンディッシュプレートとしてあらかじめセットになっているのが一般的。2つの味のマリアージュを楽しもう。

仔牛肉
ピエモンテ産、8カ月未満の仔牛の骨付きすね肉を使用。丁寧に煮込んでいるため身がホロホロに仕上がる

髄液にはゼラチンやコラーゲンがたっぷり!

Other Menu
- テイスティングメニュー €70
(サラダ、プリモ、セコンド、デザートのセット)
※ドリンク別。ワイン込みは€95～
- かぼちゃクリームのニョッキ €24
- ファジョーリとハーブオイルのスープパスタ €24

02 オッソブーコ Ossobuco

「穴の空いた骨」という意味。3～4cmほどの輪切りにした骨付きすね肉の表面を一度焼いてから煮込む。身だけでなく、骨の髄まで味わって。

ここで食べられます

地産食材にこだわるリストランテ

ラターナ
RATANA'

地元の食材やワインメーカーなど、地域の繋がりを大切することがコンセプト。リバティ様式の建物を使っており、料理はモダンながらも家庭的な雰囲気。ミラノ流アレンジを加えたイタリアンを提供。

Via Gaetano de Castillia 28 ☎028-7128-855 営12:30～14:30、19:00～23:00 休無休 料ランチ・ディナー各€80～(要予約) 交2号線ジョイア駅から徒歩約2分 英語OK

ミラノ中央駅周辺 ▶MAP 別P.23 D-1

電車関連の倉庫として使われていた建物を改装している

Buon viaggio!

Luini PANZEROTTI

ミラノで今話題のグルメ

パンツェロッティとは?
小麦粉の生地でトマトソースやチーズといった具を包んで揚げた食べ物。ミラノでは定番のファストフードとして定着している。

店内は常に混雑。オープン直後か昼過ぎが比較的並ばず購入できる

歴史あるパンツェロッティの専門店

パンツェロッティ・ルイーニ
Panzerotti Luini

南イタリア発祥のパンツェロッティの専門店。チーズをふんだんに使った食事系からデザート系まで種類も豊富。小腹が空いたときにちょうどいいサイズ感がうれしい。熱々の揚げたてを頬張って。

Via Santa Radegonda 16 ☎02 8646-1917 営10:00～20:00 休日曜 料€2.5～ 交1・3号線ドゥオモ駅から徒歩約5分 英語OK

ドゥオモ周辺 ▶MAP 別P.23 D-3

ポモドーロ・エ・モッツァレラ €2.8
トマトソースとモッツァレラチーズ入り。一番人気の味

リコッタ・エ・スピナチ €2.8
リコッタチーズとほうれん草入り。生地もほんのり緑色

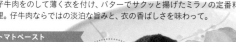

03 ミラノ風カツレツ *Cotoletta alla Milanese*

仔牛肉をのして薄く衣を付け、バターでサクッと揚げたミラノの定番料理。仔牛肉ならではの淡泊な旨みと、衣の香ばしさを味わって。

肉を薄くのしたタイプも多い

トマトペースト

通常はソースなしで塩味のみで食べる。イル・リバティのオリジナル

中はほんのりピンク色

温度調節が重要なんだ

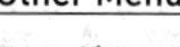

Other Menu

- テイスティングメニュー €70
  (サラダ、プリモ、セコンド、デザートのセット)
  ※ドリンク別。ワイン込は€85〜
- チーズとコショウのリゾット €25
- ティラミス €12

ミラノ風仔牛のカツレツ「rosa」 €33

「ピンク」という意味のrosa。肉の温度を測りながら調理することで、ほどよいレアの状態で提供。ピエモンテ産の仔牛肉を使用している。

厚めタイプのカツレツ

ミラノ風カツレツは肉が薄いタイプと厚いタイプの2派に分かれる。ジューシーな肉感を味わえるのは厚いタイプ

上質な空間で味わう正統派イタリアン

ここで食べられます

イル・リバティ
Il Liberty

ミラノ出身のシェフが手掛ける、ミラノ風アレンジを加えた質の高いイタリアンが味わえる店。繊細な調理方法と味付けで、地元のファンが多い。平日はお得なビジネスランチを提供。

Viale Monte Grappa 6 ☎02-2901-1439 ㊔12:15〜14:30、19:30〜22:30 ㊡日曜、土曜のランチ ㊖ランチ€20〜、ディナー€25〜 ㊋3号線レプッブリカ駅から徒歩約6分

英語OK

ミラノ中央駅周辺

▶MAP 別P.23 D-1

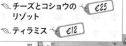

1階と2階に分かれ、全40席ほどのこぢんまりとした店内

04 パネットーネ *Panettone*

ミラノ発祥の菓子パン。ふわっとソフトな生地にオレンジピール や干しブドウが入っている。クリスマスの行事菓子でもある。

十字の切れ目

オーブンに入れる前に表面にナイフで切れ目を入れて焼き上げる。パネットーネの特徴のひとつ

ギフトにもおすすめよ

1カット €1.5

1kg / €19.9

たっぷりのドライフルーツ

シチリア産のオレンジ、干しブドウ、香り付けのバニラやハチミツなど産地にもこだわった原材料を使用

パネットーネ(エクセランス)

「いい素材を使ったもの」という意味のエクセランス。何種かあるパネットーネの中でも高級ライン。未開封であれば半年ほどもつ。

パネットーネほか菓子類も充実

ここで買えます

ヴェルガーニ
Vergani

クリスマスにしか食べられないパネットーネを、1年中食べられるようにしようというコンセプトで始めた店。生地の種類やパッケージもいろいろ。店内には飲食スペースがあり、カフェとして利用することもできる。

Corso di Porta Romana 51 ☎02-3651-8871 ㊔7:00〜19:30(日曜は7:30〜19:00) ㊡無休 ㊖€1.5〜 ㊋3号線クロチェッタ駅から徒歩約2分

英語OK 市街南部

▶MAP 別P.21 D-3

コルネット(クロワッサン)やビスケット類も並ぶ

レトロなパッケージにも注目

ミラノ発祥!

アペリティーヴォでお得に飲む

夕食の前に軽い一杯とおつまみを楽しむという、ミラノ発祥のスタイル。ワンドリンク+食べ放題という形態が多い。

イカのグリーンピースクリーム和え

ラザニアやリゾットほか常時30種類前後

タコのトマト煮込み

深夜までにぎわう雰囲気のいいバール

デセオ
DESEO

17:30〜22:00までのハッピーアワーの間、アペリティーヴォが楽しめる。定番のスプリッツほかカクテルの種類も豊富。

Corso Sempione 2 ☎02-315-164 ㊔17:00〜翌2:00(日曜は12:00〜) ㊡無休 ㊖アペリティーヴォ€10〜 ㊋2号線モスコーヴァ駅から徒歩約12分

英語OK

センピオーネ公園周辺

▶MAP 別P.22 A-2

ゆっくり飲んでいってね

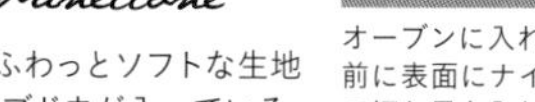

最近では午後〜夕方にかけて、コーヒー+スイーツ食べ放題のアフタヌーンティーを提供する店も増加中。

Shopping

3つの"Want"を叶える

ファッションの街ミラノでショッピングクルーズ

\Bello!!/

ファッションや雑貨のショップがひしめき合うミラノ。限られた時間内でも物欲を満たしてくれるショップがこちら。本気買いアイテムを探しに行ってみて。

最新のファッションアイテムをチェックしたい！

バケツ型バッグ €2240

荷物がたっぷり入るバケツ型。同デザインのトートもある

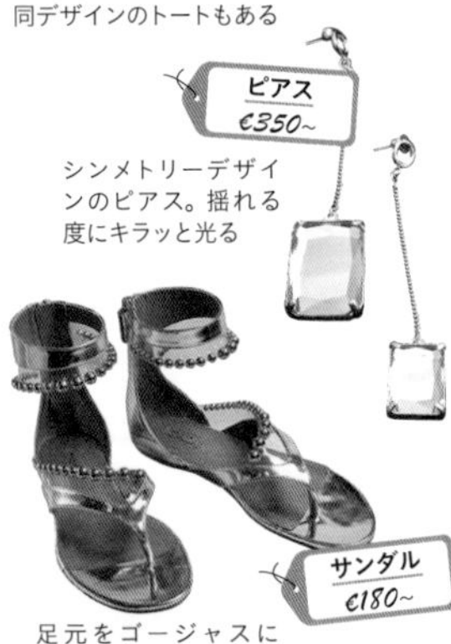

ピアス €350～

シンメトリーデザインのピアス。揺れる度にキラッと光る

サンダル €180～

足元をゴージャスに彩ってくれるサンダル

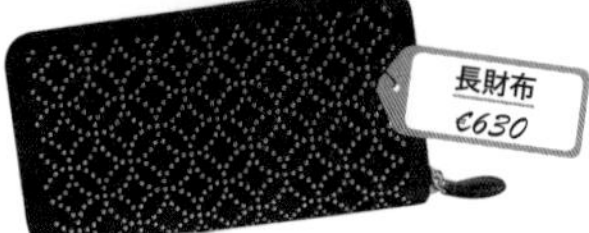

長財布 €630

プライベートブランドAlaïaの財布。長く使えるデザイン

雑貨やコスメ類も最新アイテムが揃う

1Fファッション

イタリア中の最新アイテムが集まる

1階フロアはレディース、メンズ、コスメとコーナーが分かれる

1Fカフェ＆バー

飲食施設のほか宿泊施設も併設する

2Fブックショップ

デザインにまつわる本や絵本が充実

屋上テラス

屋上は個性的なベンチが置かれたテラス。出入り自由

\Molto Elegante!/

セレブ御用達の複合ショップ

ディエチ・コルソ・コモ

10 Corso Como

ファッションだけでなく、食や住、アートなどさまざまなサービスを提供するコンセプトストア。イタリア国内外の有名デザイナーのアイテムを厳選して取り扱っている。中2階にあるギャラリーフロアでは随時企画展も開催。

住 Corso Como 10　☎02-2900-2674　営10:30～19:30　休無休　交2・5号線ガリバルディ駅から徒歩約5分

英語OK

ガリバルディ地区 ▶MAP 別P.22 C-1

お手頃で実用的なアイテムが欲しい！

ウォールデコ €10～

色とりどりの蝶がモチーフ。部屋を華やかに演出

エスプレッソメーカー €28.9

イタリアを代表するキッチンメーカーBIALETTIの製品

1F雑貨
キッチンからインテリアまで
雑貨の宝庫

カテゴリごとに売り場が分かれている

2Fインテリア

家具ほかファブリックも充実

木製リング掛け €29.9～

指輪やネックレス、ブレスレットを飾りながら収納

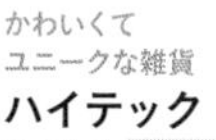

かわいくてユニークな雑貨

ハイテック
High Tech

ミラノに何店舗か展開するCARGOの姉妹ブランドのショップ。迷路のような店内に、キッチン、インテリア、ステーショナリーと、さまざまな雑貨が所狭しと並ぶ。

🏠Piazza XXV Aprile 12　☎02-6241-101
㊫10:30～19:30　㊡月曜　㊯2・5号線ガリバルディ駅から徒歩約6分　英語OK
ガリバルディ地区 ▶MAP 別P.22 C-1

色味で分けられているので好みのアイテムを探しやすい

ヴィンテージの掘り出し物と出合いたい！

花柄ワンピース €165～

ガーリーだけど大人かわいいヴィンテージもの

ハンドバッグ €200～

イタリアらしい派手な色使いのデザインが魅力

黒のワンピース €200～

どんなシーンにも活躍するシックな黒のワンピース

洗練された古着ファッション

カヴァッリ・エ・ナストリ
Cavalli e Nastri

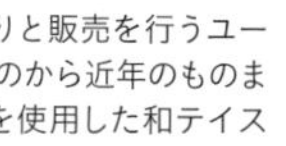

ハイブランドアイテムの買い取りと販売を行うユーズドショップ。50～60年代のものから近年のものまでラインナップも豊富。着物地を使用した和テイストのアイテムも。ミラノ市内に3店舗あるうちの1店。

🏠Via Brea 2　☎02-7200-0449
㊫10:30～13:30、14:30～19:30（日曜は12:00～）㊡無休
㊯3号線モンテナポレオーネ駅から徒歩約5分　英語OK
ガリバルディ地区 ▶MAP 別P.22 C-2

ハイヒール €140～

コーデを華やかにしてくれるおしゃれなハイヒール

おしゃれな店内はインテリアの参考にも

第二次世界大戦後に繊維業、出版業が急成長。ブランドの立ち上げやショーの開催が続き、ファッションの街と呼ばれるまでに発展した。

ホテル選びに悩んだら…
イタリアのホテルコレクション

最高のおもてなしで迎えてくれる高級ホテルから、
リーズナブルなシティホテルに、個性的なB&Bまで、宿泊施設の選択肢はいろいろ。
滞在の目的や予算を定めて、自分の好みにあったホテルを見つけよう。

ローマ

豪華な内装でラグジュアリーな滞在

部屋数:232

ローマを代表するラグジュアリーホテル
パラッツォ・ナイアディ・ローマ
Palazzo Naiadi Roma

大理石の外観は1800年代の建物。極上のレストランとサービスを誇る5つ星ホテル。屋上テラスはプール付き。

🏠 Piazza della Repubblica 47 ☎ 06-489-381 ㊋ A線レプッブリカ駅から徒歩約1分 ㊮ ダブル€500～ Ⓡ www.dahotels.com
テルミニ駅周辺 ▶MAP 別P.9 D-3

館内はシンプルで上質な空間が広がる

部屋数:96

ブランド初の都市型ホテル
シックスセンシズ ローマ
Six Senses Rome

古代ローマの浴場をテーマにしたスパ施設や、洗練されたイタリア料理を供するレストランが話題。

🏠 Piazza di San Marcello ☎ 06-8681-4000 ㊋ A線バルベリーニ駅から徒歩約15分 ㊮ ダブル€856～ Ⓡ www.sixsenses.com
スペイン広場周辺 ▶MAP 別P.8 A-3

屋外プール付きでリゾート気分も楽しめる

部屋数:29

ラグジュアリー感あふれる最高級ホテル
パラッツォ・ダマ・ホテル
Palazzo Dama Hotel

ポポロ広場から徒歩3分ほどの高級ホテル。最新設備が整い快適に過ごせる。バスタブ付きの部屋もあり。

🏠 Lungotevere Arnaldo da Brescia 2 ☎ 06-8956-5272 ㊋ A線フラミニオ駅から徒歩約6分 ㊮ ダブル€300～ Ⓡ www.palazzodama.com
スペイン広場周辺 ▶MAP 別P.7 F-1

アールデコ様式で装飾された館内

部屋数:190

安心の高級ホテルチェーン
ウナ・ホテル・ローマ
UNA Hotel Roma

中心部にあり交通機関との接続が便利。モダンデザインの室内は広々。朝食ブッフェは品揃え豊富。

🏠 Via Giovanni Amendola 57 ☎ 06-649-371 ㊋ テルミニ駅から徒歩約3分 ㊮ ダブル€289～ Ⓡ www.unahotels.it
テルミニ駅周辺 ▶MAP 別P.9 D-3

5階建てのうち1フロアは全室禁煙

部屋数:185

随所に歴史が感じられるビジネスホテル
ベットーヤ・ホテル・マッシモ・ダツェリオ
Bettoja Hotel Massimo d'Azeglio

1875年築の建物をリノベーション。品数豊富な朝食ブッフェが好評。バスタブ付きの部屋もあり、日本人利用も多い。

🏠 Via Cavour 18 ☎ 06-487-0270 ㊋ テルミニ駅から徒歩約3分 ㊮ ダブル€283～ Ⓡ www.romehoteldazeglio.it
テルミニ駅周辺 ▶MAP 別P.9 D-3

滞在中はウェルネスセンターの利用も

部屋数:120

上品にまとめられたインテリアが自慢
ホテル・デ・ルッシー
Hotel de Russie

併設のレストランが好評で、現代風にアレンジしたイタリア料理を庭園で楽しめる。モダンとクラシックが調和した客室。

🏠 Via del Babuino 9 ☎ 06-328-881 ㊋ A線フラミニオ駅から徒歩約6分 ㊮ シングル€1215～ Ⓡ www.roccofortehotels.com
スペイン広場周辺 ▶MAP 別P.7 F-1

屋上のバーではコーヒーやお酒が楽しめる

部屋数:63

ヴァチカン近くのカジュアル宿
ホテル・アトランテ・スター
Hotel Atlante Star

クラシックな内装の客室は落ち着いた雰囲気。サン・ピエトロ大聖堂を望むルーフトップバーが人気。

🏠 Via Giovanni Vitelleschi 34 ☎ 06-686-386 ㊋ A線オッタヴィアーノ駅から徒歩約10分 ㊮ ダブル€150～ Ⓡ www.atlantehotels.com
ヴァチカン市国周辺 ▶MAP 別P.7 D-2

デラックスやクラシックなど客室は6種類

部屋数:26

旧市街の真ん中でエレガントに滞在
マルチス・パレス・ホテル・ローマ
Martis Palace Hotel Rome

ナヴォーナ広場近くにある高級ホテル。広々とした屋上テラスからはローマの景色を楽しむこともできる。

🏠 Via San Giuseppe Calasanzio 1 ☎ 06-6830-1228 ㊋ ナヴォーナ広場から徒歩約3分 ㊮ シングル€436～ Ⓡ www.hotelmartis.com
ナヴォーナ広場周辺 ▶MAP 別P.7 F-3

Wi-Fiについて

都市部ではWi-Fi環境が整っているホテルがほとんど。接続にはパスワードが必要な場合が多いので、チェックイン時にフロントで教えてもらおう。また、公共エリアだけでしかWi-Fiを繋げないホテルもあるので、予約時に要確認。

HOW TO ホテルの予約

ネットでの予約が主流

希望条件に合わせて空いているホテルを検索できる、ホテル予約サイトがおすすめ。いくつかの候補から比較検討できるほか、投稿された口コミを参考にすることもできる。ホテルの公式サイトから予約すると外部サイトから予約するよりも安くなることもあるので、一緒にチェックしてみよう。

駅から遠いがカフェや飲食店が多いエリア

部屋数:6

ローマの伝統を体感できるリノベホテル

レジデンツァ・サン・カリスト

Residenza San Calisto

木製の梁出し天井を活かした建物。キッチン付きのアパートメントもある。

🏠 Via dell'Arco di San Calisto 20 ☎ 06-5833-5103 ㊋ B線チルコ・マッシモ駅から車で約10分 ㊎ ダブル€205～ Ⓡ www.residenzasancalisto.com

トラステヴェレ周辺 ▶MAP 別P.10 B-2

主要観光地も徒歩圏内で立地よし

部屋数:14

駅近でショッピングにも最適

ホテル・コルティナ

Hotel Cortina

ボリュームある朝食付き、価格もお手頃でコスパがいいホテル。アパートメントタイプもありゆったり滞在できる。

🏠 Via Nazionale 18 ☎ 06-481-9794 ㊋ A線レプッブリカ駅から徒歩約4分 ㊎ シングル€256～ Ⓡ www.hotelcortinarome.com

テルミニ駅周辺 ▶MAP 別P.8 C-3

シングルはバストイレが共用の部屋もある

部屋数:13

観光至便なプチホテル

ホテル・パンダ

Hotel Panda

スペイン階段からほど近く、歴史的建造物が立ち並ぶエリア。全室エアコン付きで、落ち着きのあるシックな内装。

🏠 Via della Croce 35 ☎ 06-678-0179 ㊋ A線スパーニャ駅から徒歩約3分 ㊎ シングル€70～ Ⓡ www.hotelpanda.it

スペイン広場周辺 ▶MAP 別P.8 A-2

スタッフはフレンドリーで観光案内も得意

部屋数:22

アクセス至便なカジュアルホテル

ホテル・オルランダ

Hotel Orlanda

フォロ・ロマーノや、コロッセオへも徒歩で移動できる。低価格だが必要なものはしっかり揃っていて快適。

🏠 Via Principe Amedeo 76 ☎ 06-488-0124 ㊋ テルミニ駅から徒歩約4分 ㊎ シングル€100～ Ⓡ www.hotelorlanda.com

テルミニ駅周辺 ▶MAP 別P.9 D・E-3

全室エアコン、ミニバー、ヘアドライヤーを完備

部屋数:4

ローマの中心部にあるB&B

カフェ・クシノ

Caffè E Cuscino

リーズナブルな値段設定で、買い物に便利なナツィオナーレ通りに近いB&B。館内は落ち着いた雰囲気。

🏠 Via Gaeta 70 ☎ 331- 432- 5884 ㊋ テルミニ駅から徒歩約5分 ㊎ 1室€158～ Ⓡ www.bebcaffecuscino.it

テルミニ駅周辺 ▶MAP 別P.9 E-2

市内観光ツアーを申し込むことも可能

部屋数:6

アットホームな空間でのんびり滞在

ラ・ピッコラ・メゾン

La Piccola Maison

スペイン広場などの観光名所へもすぐのアクセス。専用キッチン付きのアパートメントルームもあり。

🏠 Via dei Cappuccini 30 ☎ 06-4201-6331 ㊋ A線バルベリーニ駅から徒歩約2分 ㊎ シングル€130～ Ⓡ www.lapiccolamaison.com

スペイン広場周辺 ▶MAP 別P.8 B-2

フィレンツェ

併設レストランのトスカーナ料理も好評

部屋数:80

ロケーションがすばらしい最高級ホテル

ホテル・サヴォイ

Hotel Savoy

街の中心に位置し、ウフィッツィ美術館やドゥオモ広場へもすぐ。モダンなインテリアは客室ごとに異なる。

🏠 Piazza della Repubblica 7 ☎ 055-27351 ㊋ ドゥオモ広場から徒歩約2分 ㊎ シングル€320～ Ⓡ www.roccofortehotels.com

ドゥオモ広場周辺 ▶MAP 別P.15 D-1

デザイン性の高い客室は防音対策も万全

部屋数:54

展望台からフィレンツェを一望

ホテル・スパダイ

Hotel Spadai

リッカルディ宮殿に隣接する歴史的な建物を利用しており、客室は広めで快適。品数豊富な朝食ブッフェもうれしい。

🏠 Via dei Martelli 10 ☎ 055-627-0800 ㊋ ドゥオモ広場から徒歩約2分 ㊎ シングル€150～ Ⓡ www.hotelspadai.it

ドゥオモ広場周辺 ▶MAP 別P.13 D-2

イタリアの都市は石畳が多く、スーツケースを持っての移動はなかなか大変。各都市の中心部の駅に近い場所だと移動もらくらく。

天蓋付きのベッドを備えた部屋もある

部屋数:8

クラシックな雰囲気のパラッツォ

レジデンツァ・デポカ・パラッツォ・トロメイ

Residenza d'Epoca Palazzo Tolomei

フレスコ画やアンティークの芸術品が館内に配された、ルネサンス風の内装。天井が高く客室面積も広い。

Via dè Ginori 19 ☎393-2770-23861 ㊦ ドゥオモ広場から徒歩約5分 ㊥ ダブル€279～ Ⓡ www.palazzotolomei.it

ドゥオモ広場周辺 ▶MAP 別P.13 D-1

清潔感あふれる客室で快適に滞在

部屋数:26

エレガントな4つ星ホテルで朝食を

ホテル・ラパッロ

Hotel Rapallo

観光に便利なロケーション、部屋も広めでサービス、コスパもよい。

Via Santa Caterina d'Alessandria 7 ☎055-472-412 ㊦サンタ・マリア・ノヴェッラ駅から徒歩約10分 ㊥ ダブル€260～ Ⓡ www.hotelrapallofirenze.it

サンタ・マリア・ノヴェッラ駅周辺 ▶MAP 別P.13 D-1

設備はシンプルながらも快適度は高い

部屋数:8

インテリア自慢のブティックホテル

アルフィエーリ9

Alfieri9

各部屋異なるインテリアで、共用スペースもセンスよくまとめられている。主要観光名所にも楽に移動できる立地。

Via Alfieri 9 ☎055-263-8121 ㊦ アカデミア美術館から徒歩約10分 ㊥ シングル／ダブル€140～ Ⓡ www.alfieri9.it

アカデミア美術館周辺 ▶MAP 別P.13 E-2

16世紀頃の邸宅を改装して利用

部屋数:12

友人の家に招かれたような快適さ

ホテル・デル・コルソ

Hotel del Corso

モダンな内装、清潔で広々とした客室。観光、買い物にも便利な立地で、フレンドリーなスタッフが迎えてくれる。

Via del Corso 1 ☎055-265-4689 ㊦ ドゥオモ広場から徒歩約3分 ㊥ シングル／ダブル€170～ Ⓡ www.hoteldelcorsofirenze.it

ドゥオモ広場周辺 ▶MAP 別P.15 D-1

周辺にはトスカーナ料理のレストランも多い

部屋数:10

主要観光名所が徒歩圏内に

ホテル・サンタ・クローチェ

Hotel Santa Croce

歴史ある建物を活かしたホテル。スモールシングルから4人部屋まで、部屋のタイプも豊富に揃っている。

Via dè Bentaccordi 3 ☎055-217-000 ㊦ シニョリーア広場から徒歩約3分 ㊥ シングル€100～ Ⓡ www.hotelsantacroce.it

シニョリーア広場周辺 ▶MAP 別P.15 E-2

明るく清潔感のある客室。共用キッチンあり

部屋数:4

モダンな隠れ家に滞在する

B&Bデッローリオ

B&B Dell'Olio

わずか4部屋のB＆B。共同ラウンジでは24時間無料でコーヒーが楽しめる。観光地へのアクセス抜群。

Piazza dell'Olio 3 ☎393-166-1973 ㊦ ドゥオモ広場から徒歩約2分 ㊥ ダブル€120～ Ⓡ www.delloliofirenze.com

ドゥオモ広場周辺 ▶MAP 別P.14 C-1

外観は古めかしいが中は改装されている

部屋数:6

親切なオーナーのおもてなし

B&Bサン・レミジオ

B&B San Remigio

観光に便利な立地。白を基調にした温かみのあるインテリアと、清潔なバスルームで快適に過ごせる。

Via dei Rustici 3 ☎055-238-2694 ㊦ シニョリーア広場から徒歩約5分 ㊥ ダブル€143～ Ⓡ www.sanremigiofirenze.it

シニョリーア広場周辺 ▶MAP 別P.15 E-2

客室は天井が高いため開放感がある

部屋数:5

中心地にありながらも静かなロケーション

ラ・シニョリーア・ディ・フィレンツェ

La Signoria Di Firenze

歴史地区中心部、シニョリーア広場近くのモダンなB＆B。スタッフにはツアーの手配や、レストラン予約も頼める。

Via Calimaruzza 1 ☎055-230-2923 ㊦ シニョリーア広場から徒歩約1分 ㊥ シングル€69～ Ⓡ lasignoriadifirenze.it

シニョリーア広場周辺 ▶MAP 別P.15 D-2

HOW TO

ホテル選びのコツ

滞在先ホテルの善しあしが、旅の印象を左右するといっても過言ではない。ホテル選びに役立つ情報をいくつかご紹介。

宿泊施設のカテゴリ

イタリアの宿泊施設で多くの割合を占めるのはホテル。値段や施設内容はピンキリだが、星3つ以上であればまずまずの滞在ができる。ホテル以外にもさまざまな宿泊施設があるので、場合によっては使い分けしてみるのもいい。

【B&B】

宿泊と朝食を提供する小規模な宿泊施設のこと。家族経営の宿が多く、暮らすように滞在できる。

【ホステル】

バックパッカー向けの安価な宿泊施設。ドミトリー（相部屋）なら1泊2000円程度で泊まることも可能。

【アパートメント】

キッチンや洗濯機といった家具・家電設備が部屋に備え付けられており、長期滞在に便利。

【民泊】

ネット上で個人と部屋の貸し借りが行える「民泊」が近年増加傾向。「Airbnb」などが一般的。

ヴェネチア

スリッパやバスローブといったアメニティも

部屋数:65

サン・マルコ広場に近い豪華ホテル

ホテル・メトロポーレ

Hotel Metropole

全室バスタブ付きの客室はアンティーク家具で統一。レストランでは景色を眺めながらの食事を楽しめる。

Riva degli Schiavoni 4149 ☎041-520-5044 ㊫1・2番サン・ザッカリーア駅から徒歩約3分 ㊕ダブル€390～ Ⓡwww.hotelmetropole.com

サン・マルコ広場周辺 ▶MAP 別P.17 E-2

閑静なエリアに位置し、夜中もぐっすり

部屋数:30

ヴェネチア様式の4つ星ホテル

ホテル・アメリカン・ディネセン

Hotel American Dinesen

サン・ヴィオ運河を見渡せるロケーション。17世紀のヴェネチア様式のタウンハウスを利用した静かなホテル。

Dorsoduro 628 ☎041-520-4733 ㊫1・2番アカデミア駅から徒歩約4分 ㊕ダブル€240～ Ⓡwww.hotelamerican.it

ドルソドゥーロ周辺 ▶MAP 別P.16 C-3

16世紀の建物を使用しエレガントな雰囲気

部屋数:29

デザインホテルで非日常な滞在を

カ・ピサニ・ホテル

Ca' Pisani Hotel

オリジナルアールデコのデザインの客室は広々。屋上テラスでは地元ワインを味わいながらのんびり過ごせる。

Dorsoduro 979 ☎041-2401411 ㊫1・2番アカデミア駅から徒歩約2分 ㊕ダブル€180～ Ⓡwww.capisanihotel.it

ドルソドゥーロ周辺 ▶MAP 別P.16 C-3

眺めのいい部屋は予約時にリクエストを

部屋数:22

アットホームで清潔なホテル

ホテル・チヴォリ

Hotel Tivoli

活気に満ちた大学街にあり、部屋は小さめだが清潔で過ごしやすい。中庭で味わう朝食のカプチーノが格別。

Dorsoduro 3838 ☎041-524-2460 ㊫1・2番サン・トマ駅から徒歩約3分 ㊕ツイン€105～ Ⓡwww.hoteltivoli.it

サン・ポーロ広場周辺 ▶MAP 別P.18 A-2

ミラノ

ミラノ中央駅すぐという絶好のロケーション

部屋数:143

緑あふれるリラックス空間

スターホテルズ・エコー

Starhotels Echo

イータリーのレストランを併設し、オーガニックの食事を提供。客室は落ち着いたベージュの色調でリラックス。

Viale Andrea Doria 4 ☎02-67891 ㊫ミラノ中央駅から徒歩約5分 ㊕ダブル€153～ Ⓡwww.starhotels.com

ミラノ中央駅周辺 ▶MAP 別P.23 F-1

ローズのテーマカラーで統一されている

部屋数:346

ドゥオモに隣接する高級ホテル

スターホテルズ・ローザ・グランド

Starhotels Rosa Grand

観光に便利な立地で、買い物の途中で荷物を置きに戻ることも可能。客室は広々、優雅な雰囲気が漂う。

Piazza Fontana 3 ☎02-88311 ㊫1・3号線ドゥオモ駅から徒歩約5分 ㊕ダブル€235～ Ⓡwww.starhotels.com

ドゥオモ周辺 ▶MAP 別P.23 D-3

アメニティ完備の快適なバスルームも備える

部屋数:109

ミラノの景色を一望できるホテル

クラウン・プラザ・ミラノ・シティ

Crowne Plaza Milan City

モダンなインテリアの客室は上質な雰囲気。最寄りの地下鉄駅からはドゥオモやスカラ座まで直通で移動できる。

Via Melchiorre Gioia 73 ☎02-6671-7715 ㊫3号線ソンドリオ駅から徒歩約1分 ㊕シングル€259～ Ⓡcpmilancity.com

ミラノ中央駅周辺 ▶MAP 別P.21 D-1

バスタブ、テラス付きの部屋はリクエストを

部屋数:52

コスパのよい清潔なホテル

ホテル・ミトス

Hotel Mythos

中心部にありながらもリーズナブルな価格設定。分かりやすい立地でミラノ中央駅からのアクセスもいい。

Via Carlo Tenca 21 ☎02-6749-0047 ㊫ミラノ中央駅から徒歩約5分 ㊕シングル€70～ Ⓡwww.hotelmythosmilano.com

ミラノ中央駅周辺 ▶MAP 別P.23 E-1

重視するポイント

値段、アクセス、設備、ロケーションなど、何を重視するかが部屋選びの大きな要となる。滞在先での過ごし方をしっかりイメージして、「思っていたのと違った！」なんてことにならないようにしたい。

【金額】

シーズンによっても料金は大きく変動する。ホテルのランクをあまり落とさず、リーズナブルに滞在したいのであればオフシーズンが狙い目。

【設備】

古い建物はエレベーターが付いていないこともしばしば。ほか、冷蔵庫やセーフティボックス、エアコンといった室内設備、ネット環境、バスタブの有無など、ホテルのウェブサイトに記載されているので滞在の参考に。

【立地】

各都市メイン駅周辺で宿をとり、そこを起点に観光地を回るようにすると移動時間を節約することができる。観光名所付近の宿は眺めや街並みは楽しめるものの、到着からの移動はタクシー利用がマストとなる。

空気が乾燥しやすいので、就寝中は湿ったマスクをするか、濡れた洗濯物を室内に干して湿度の高さを維持しておくと快適に過ごせる。

5ステップで あわてず出国・あわてず帰国

日本からイタリアへの直行便は、東京の羽田空港とローマのフィウミチーノ空港との間で運航されている。余裕を持って快適に入国するためにも、流れを簡単におさらいしておこう。荷物の重量制限や免税範囲が決められているので要チェック！

日本 ⇒ ローマ

STEP1 到着

搭乗機を降りたら「Immigrazione（入国審査）」へ向かい、「Not EU（EU圏外）」の列に並んで順番を待つ。

フィウミチーノ空港のターミナルは2つ

使用されているターミナルは1と3のみ。日本を直行便で結ぶITAエアウェイズ（AZ）の便はターミナル1を発着するが、運航状況によって変動するため現地で確認を。

STEP2 入国審査

カウンターでパスポートを提示。質問をされることはほとんどないが、入国目的や滞在期間を聞かれたら「Vacation（休暇）」、「Five days（5日間）」など英語で答えればよい。

STEP3 荷物受け取り

「Ritiro Bagagli（荷物受取所）」へ行き、搭乗した便名が表示されたターンテーブルで荷物が出てくるのを待つ。

荷物が出てこなかった場合は？

日本で荷物を預けた際にもらったクレーム・タグを見せて、空港係員に荷物が出てこなかった旨を伝える。荷物は見つかり次第、航空会社が責任を持って滞在先に届けてくれるが、念のため担当者の名前や問い合わせ先の電話番号などを控えておこう。

持ち込み禁止の危険物

✖高圧ガス ✖引火性液体 ✖火薬類 ✖刃物類 ✖工具類など

液体の持ち込みについて

100ml（g）以下の容器に入れ、容量1ℓ以下のジッパー付き透明プラスチック袋（縦20cm以下×横20cm以下のサイズが目安）に入れる。それ以外はスーツケースに入れて預け入れ荷物に。なお、出国手続き後に購入した化粧品、酒などの液体は対象外。ただし、液体物の持ち込みが制限されている国で乗り継ぐ場合、空港で没収されることもあるので、利用航空会社に問い合わせを。

STEP4 税関審査

持ち込み品が免税範囲内であれば、緑のランプのカウンターを通って、そのまま出口へ。申告するものがあれば、税関申告書に必要事項を記入して赤のランプのカウンターへ。

STEP5 出口へ

案内板に従って「Uscita（出口）」へ。市内へ向かう交通機関の案内板が出ているので、矢印に従って進む。案内板はイタリア語と英語が併記されているのでわかりやすい。

入国・免税範囲

タバコ	紙巻きタバコ200本、または葉巻50本、または小型葉巻100本、または刻みタバコ250gまで。17歳以上のみ
酒類	ワイン4ℓ、ビール16ℓ、および22度を超えるアルコール飲料1ℓ（22度以下のアルコールは2ℓ）。17歳以上のみ
薬	滞在中使用する分量
通貨	€1万以上のユーロ、もしくはそれに相当する外貨、小切手など、多額になる場合は申告が必要

シェンゲン協定加盟国からの入国

シェンゲン協定加盟国で乗り継いでイタリアに入国する場合は、最初の乗り継ぎの空港で入国手続きをする。
加盟国：アイスランド、イタリア、エストニア、オーストリア、オランダ、ギリシャ、クロアチア、スイス、スウェーデン、スペイン、スロヴァキア、スロヴェニア、チェコ、デンマーク、ドイツ、ノルウェー、ハンガリー、フィンランド、フランス、ベルギー、ポーランド、ポルトガル、マルタ、ラトビア、リトアニア、リヒテンシュタイン、ルクセンブルク　※モナコ、ヴァチカン、サンマリノの3国は協定には非加盟だが隣接国に国境を開放しているため、実質的には加盟国扱い。

出入国の必需品

●パスポート（シェンゲン協定加盟国からの出国予定日から3カ月以上の有効期間が必要）※滞在が90日以内であればビザは不要。ただし、180日以内にシェンゲン協定加盟国を90日を超えて訪れる場合（複数の訪問であっても、合計の滞在日で換算）は各国の大使館に確認を。

ローマ ⇒ 日本

STEP1 免税手続き

「TAX FREE」の表示のある店で€154.94以上の買い物をした場合は、免税手続きカウンターへ。税金分の一定額が返金される。

STEP2 チェックイン

搭乗手続きは、基本的に日本と同じ。搭乗する航空会社のカウンターでパスポートとチケットを提示。機内持ち込み以外の荷物を預け、搭乗券を受け取る。

STEP3 手荷物検査

機内へ持ち込む手荷物のX線検査とボディチェックを受ける。手荷物として機内へ持ち込めないものは日本出国時と同じ。またチーズなどの一部の品目は機内持ち込み禁止。

STEP4 出国審査

出国審査カウンターでパスポートと搭乗券を提示。係員から何か質問されることはほとんどない。

STEP5 搭乗

搭乗券に記載の搭乗ゲートへ向かう。搭乗開始時間までの間、免税店で買い物などを楽しんで。途中でゲート変更になることもあるので、随時案内表示のチェックを忘れずに。

免税手続きの方法

イタリアのショッピングでは最大22%の付加価値税(IVA)が付けられている(日本の消費税のようなもの)。一定の条件が整っていれば還付してもらうことができる。

STEP1 ショッピングの際に書類を作成

「TAX FREE」の表示のある店で1日1軒で総額€154.94以上の買い物をしたら、パスポートを提示して免税申請書をもらい、必要事項を記入する。レシートは必ず受けとること。

STEP2 空港で書類を提出する

税関(免税手続きカウンター)で、パスポート、免税申請書、未使用の購入商品、航空券(eチケット)を見せ、免税書類に税関スタンプをもらう。ただし、この手続きはEU加盟国の最終出国をする空港の税関で行う。

STEP3 還付金を受け取る

方法は主に2つ。

- 現地の空港などでユーロの現金で受け取る
- クレジットカード口座への払い戻し

※ 2024年現在、日本では現金での払い戻しは行っていない。ただし、成田空港第1・第2ターミナル、羽田空港国際線ターミナル、中部国際空港などにはグローバルブルー専用投函箱が設置されている。クレジットカード口座への払い戻しを希望する場合は、ポストへ必要書類を投函すれば通常1〜2カ月後にクレジットカードへの払い戻しが行われる。
※イタリアでは一部店舗により手続き方法が異なるが、どの方法にしても、免税書類は必ずグローバルブルーへ戻すこと。

主な免税手続き代行会社
- グローバルブルー URL www.globalblue.com

イタリア定番みやげは機内持ち込みほぼNG！

✖ワイン ✖チーズ ✖香水 ✖化粧品
✖チョコレート ✖ジャム ✖スイーツ(一部)など

※クリームやジェル、ペースト状のものも液体とみなされる。没収されることのないようにスーツケースの中へ。出国審査後に購入したものは持ち込み可能だが、乗り継ぎ空港によっては没収される場合もあるので注意を。

肉製品・青果類の持ち込みに注意！

✖検査証明書の添付のない肉、ハム、ソーセージなどの肉製品、ビーフジャーキーなどの牛肉加工品
✖植物・果物・野菜

※一部品目については入国時の検査をパスすれば持ち込むことが可能。詳しい品目については植物防疫所のウェブサイトで確認を。URL www.maff.go.jp
※紅茶などの茶葉やポルチーニ、トリュフといったキノコ類は検査なしで持ち込み可能。

帰国・免税範囲

タバコ	紙巻きタバコ200本、または葉巻50本、または刻みタバコ250g
酒類	1本760mℓのもの3本
香水	2オンス(1オンス約28mℓ)。ただし、オーデコロン、オーデトワレは含まない
そのほか	合計額が20万円を超える場合は、20万円以内に収まる物品が免税となり、残りは課税対象となる。1品20万円以上のものは全額課税対象。同じ品物が何品かある場合は、合計額が1万円以下であれば原則として免税

預け入れ荷物の重量制限について

航空会社によって違いはあるが、ITAエアウェイズの場合、エコノミークラスで23kgまでの荷物を2個まで預けられる。制限重量を超えると超過料金が発生。なお、最初から超過が分かっている場合は事前に申し込むと割引が適用される会社もある。

インターネットチェックインについて

オンラインによるチェックインサービスを導入している航空会社が増えている。国際線の場合は通常搭乗2時間前には空港に到着していなくてはならないが、オンラインで済ませておけば1時間前でもよい場合も。カウンターで手続きをするよりもかなりの時間短縮になる。

免税手続きを行う場合は余裕を持って空港に到着を。日本国内でイタリア税関スタンプをもらうことは不可能なので、必ず出国時にもらうように。

イタリアの空の玄関口 5つの空港をマスター！

イタリアの主な空の玄関口となるのは、日本からの直行便があるローマのフィウミチーノ空港と、国際便が多く運航しているミラノのマルペンサ空港。空港施設や市街へのアクセスなどを事前に把握しておき、上手に使って快適な旅のスタートを切ろう。

搭乗待ちエリアには飲食店やみやげ店も充実

ローマ

フィウミチーノ空港

Aeroporto di Fiumicino

ローマの市街地から南西約30㎞に位置する国際空港。別名、レオナルド・ダ・ヴィンチ国際空港。拡張工事に伴い、一部発着ターミナルが変更になる可能性もあるので利用時に要確認。各ターミナル間は無料のシャトルバスが約15分間隔で運行している。

URL : www.adr.it

市内へのアクセス

 鉄道

空港〜テルミニ駅間

初心者にもおすすめ 快適スムーズな移動手段

空港からテルミニ駅までの直通列車、レオナルド・エクスプレスがノンストップで運行している。15〜30分間隔と本数も多く、車内も整備されており乗り心地もいい。

所要時間▶約30分　金額▶€14

バス

空港〜テルミニ駅間

安くて手軽 時間には余裕を持って

テルミニ駅ほか、市内の停留所行きのシャトルバスが運行。チケットはオンライン購入ほか、バス乗り場か、運転手から直接購入。往復券の購入で割安に。交通状況により所要時間は前後。

所要時間▶40分〜1時間20分
金額▶片道€6〜、往復€11〜

タクシー

空港〜市内中心部

同乗者が多いほどお得に

1台あたり4名まで乗車可能で、空港〜市内中心部は一律料金（荷物込み）。空港の到着ロビーで客引きをしているドライバーがいるが、必ず正規のタクシー乗り場から乗ること。

所要時間▶約40分　金額▶€50

交通ストライキに注意

ローマをはじめとするイタリア各都市では頻繁に交通ストライキが発生。ストライキ中も一部の交通機関は運行するがスケジュールの乱れが予想されるので、現地で最新情報の確認を。

国内線への乗り継ぎ

イタリア国内線への乗り継ぎの際はパスポート審査を受けてから乗り継ぎ便のゲートへ向かう。乗り継ぎには時間の余裕を持って。

＼ 日本〜イタリアなら ／

ITAエアウェイズの直行便が便利！

ITAエアウェイズ
ITA Airways

日本からイタリアへ直行便を運航する唯一の航空会社。ローマ経由でイタリア国内、ヨーロッパ主要都市、南米路線も同日乗り継ぎ可能。イタリア国内路線もローマ、ミラノを中心に充実している。

URL : www.ita-airways.com

時刻表

出発地	出発時間	到着地	到着時間	運航日	便数
羽田	12:25	ローマ	20:10	毎日	1便
ローマ	14:55	羽田	10:25	毎日	1便

※上記は2024年2月現在の2024年3月31日からの夏期運航スケジュール。スケジュールは予告なく変更されることがありますので、事前にご確認ください。

ビジネスクラス　　エコノミークラス

イタリア人デザイナー監修の新しい機内インテリア。時間帯に応じて光量や色彩が調整される照明が落ち着いた空間を演出。2024年6月からプレミアムエコノミーも導入予定

●ロイヤリティプログラムも！

ITAエアウェイズの新しいロイヤリティプログラム「VOLARE」は、レジャー、業務渡航の両方の利用客の為につくられたプログラム。利用サービス等でポイントが貯まる。

URL : www.ita-airways.com/ja_jp/volare.html

LCCで行くなら

チャンピーノ空港
Aeroporto di Ciampino

別名、G.B.パスティーネ空港。ローマ郊外にあり、フィウミチーノ空港ができるまではローマの主要空港として活躍していた。現在はヨーロッパ周辺国間との格安航空会社(LCC)の運航がメイン。

市内へのアクセス

タクシー
空港から市内中心部までは料金一律で€31。行き先の地区によって料金が異なる。タクシー乗り場は到着ロビーを出てすぐ正面。

バス
数社のシャトルバスが空港〜テルミニ駅間を運行している。片道€6〜、所要時間40分〜。

空港内の主な施設

Informazione

●インフォメーション

インフォメーションデスクはT1、T3の到着ロビーにある。観光の相談に、地図やパンフレットの配布、ほか交通切符の購入も可能。

Ristorante&Bar

●レストラン&バール

セキュリティチェックの内外にスナックバーやレストランがある。イタリアにちなみ、ピッツァやパニーノを提供する店が多い。

Uffici di Cambio

●両替所

空港内には両替所が点在。レートは高めに設定されているので、両替する場合は最小限に抑えておくのがベター。ATMも空港内にある。

Duty-Free Shop

●免税店

イタリアを代表するファッションブランド各種専門店や、香水やタバコ、酒類を扱う免税店も充実。早めにセキュリティチェックを済ませ、免税店でゆっくりショッピングを楽しむのもおすすめ。

早朝と夕方の通勤ラッシュ時は道路が混雑。シャトルバス利用の場合は記載の所要時間＋30分〜1時間程度の余裕を持って。

フィレンツェ

アメリゴ・ヴェスプッチ空港（ペレトーラ空港）
Aeroporto Amerigo Vespucci(Aeroporto Peretola)

日本〜フィレンツェ間の直行便はないため、アジアやヨーロッパの主要空港での乗り継ぎとなる。空港から市街中心部までは約4km。トラムかタクシーの利用が便利。

市内へのアクセス

トラム

空港〜サンタ・マリア・ノヴェッラ駅

空港と市内を結ぶトラムT2線を利用。空港からサンタ・マリア・ノヴェッラ駅近くのAlamanni停留所まで片道€1.5。およそ5:00〜翌0:30の間に、10〜20分間隔で運行。

所要時間▸約30分 料金▸片道€1.5

タクシー

空港〜市内中心部

バスの運行時間外や荷物が多い場合はタクシーの利用も。料金は一律だが、日曜、祝日と22:00〜翌6:00は値上がり。荷物の料金も別途発生。

所要時間▸20〜30分
料金▸€22〜

ミラノ

ミラノ・マルペンサ空港
Aeroporto Milano-Malpensa

市街中心部までは約50kmと少し離れているため、中央駅とを結ぶ鉄道の利用が最も楽。シャトルバスも本数が多く使いやすい。

市内へのアクセス

鉄道

空港〜ミラノ中央駅

マルペンサ・エクスプレスが運行。1時間に1〜2便程度。ターミナル2が始発駅で、途中ターミナル1を経由する。遅延も少なく、車内も清潔で快適。

所要時間▸約1時間
料金▸片道€13

バス

空港〜ミラノ中央駅

中央駅との間を各社シャトルバスが運行しており、1時間に4〜7便程度運行。往復で購入すると割安に。

所要時間▸約1時間
料金▸片道€10〜、往復€16〜

タクシー

空港〜市内中心部

タクシー乗り場は空港出口の正面。空港〜市内中心部は一律料金。超過料金の設定はなし。

所要時間▸約50分
金額▸€104

国内線が発着

リナーテ空港
Aeroporto internazionale Milano-Linate

国内やヨーロッパからの便はリナーテ空港に発着。市街中心部の約5km東に位置しており、市内間との主な交通手段はシャトルバス。

ヴェネチア

マルコ・ポーロ空港
Aeroporto Marco Polo

日本への直行便はなく、ローマかミラノで乗り継ぎが必要。ヴェネチア本島から約7km北東に位置しており、陸路ほか船を利用して海路からも移動可能。

市内へのアクセス

バス

空港〜ローマ広場

ATVO社のシャトルバス35番かACTV社の市バス5番が、サンタ・ルチア駅南にあるローマ広場間を運行。本数は多め。

所要時間▸約20分　料金▸片道€8、往復€15

タクシー

空港〜ローマ広場

車の乗り入れができるのはローマ広場まで。そこからホテルへの移動は徒歩か他の交通手段を利用。

所要時間▸約30分　料金▸€40

水上タクシー

空港〜市内中心部

人数が多い場合は水上タクシーの利用が便利。数社が運航しており、料金は割高だが運河を通り、目的地近くまで行ける。

所要時間▸約45分　料金▸€110〜

水上バス

空港〜サン・マルコ広場

サン・マルコ広場まで乗り合いの水上バスが運航している。空港間を結ぶのはオレンジとブルーと赤（春〜秋のみ）の3ライン。

所要時間▸約1時間20分　料金▸片道€15、往復€27

イタリアに行く前に知っておきたいコト

渡航する前に準備しておくべきモノ、身につけておきたい知識は忘れずにチェックを。とりわけパスポートは、残存期間が少ない場合は申請から受け取りまでにかかる日数をしっかり把握して、早めの準備を心がけよう。

イタリアの基本情報

- **正式名** …………… イタリア共和国　Repubblica Italiana
- **首都** ……………… ローマ　Roma
- **面積** ……………… 約30万1230㎢
- **人口** ……………… 約5885万人（※2023年現在）
- **言語** ……………… イタリア語
- **日本との時差** …… マイナス8時間。サマータイム実施期間中（3月の最終日曜〜10月の最終日曜）は7時間の差
- **気候** ……………… 地中海性気候。気温は日本の東京とほぼ同じだが、湿度が低いため夏でも朝晩は涼しめ。梅雨はないものの、秋と春先は雨が多い。
- **年齢制限** ………… 飲酒は16歳以上。喫煙の年齢制限はないが、購入できるのは18歳以上から。

情報収集はここで

イタリア政府観光局
URL italia.it

入国条件

●パスポート

イタリアへの渡航では、帰国予定日から起算して90日以上の残存有効期間が必要。申請は各都道府県の申請窓口で行うが、事前に戸籍謄（抄）本や住民票を揃えるのを忘れずに。詳しい情報は外務省ウェブサイトで確認を。
URL www.mofa.go.jp/mofaj/toko/passport/

●ビザの有無

90日間以内の観光目的の滞在であれば、イタリアではビザの取得は必要ない。90日を超える長期の滞在をする場合は、在日イタリア大使館で取得手続きを行う。ビザの申請はイタリア大使館のウェブサイトで確認を。
URL ambtokyo.esteri.it/ja/servizi-consolari-e-visti/visti/

ショッピング＆基本マナー

●チップについて

レストランやホテルなどの料金には基本サービス料が含まれているのでチップは不要。ただし特別な用事などを頼んだ際は、心づけとしてチップを渡すようにしたい。額は、お釣りが出ないよう端数を切り上げて渡す程度でOK。

●お店に入る時はあいさつを

無言で入り、店内を勝手に見るのが日本では当たり前だが、イタリアではこれは大きなマナー違反にあたる。店内に入る際は近くの店員と目を合わせてあいさつを。商品を触るときにもひと声かけてお店の人の許可を取るように。

サイズ表

婦人服	イタリア	38	40	42	44	46
	日本（号）	7	9	11	13	15
婦人靴	イタリア	35	36	37	38	39
	日本（cm）	22.5	23	23.5	24	24.5
紳士靴	イタリア	40	41	42	43	44
	日本（cm）	25	25.5	26	26.5	27

早朝や深夜など、人通りの少ない時間帯の移動はひったくり等の犯罪の標的になりやすいので、できるだけ避けよう。

ベストな交通手段を見つける

イタリアの国内交通

せっかくイタリアに行くからには複数都市の周遊がおすすめ。鉄道、飛行機、長距離バスが各都市間を繋いでいるので、各交通機関の特徴をしっかり掴んで、自分にあったプランを計画しよう。

利用しやすい交通機関

旧国鉄のトレニタリアTrenitaliaがイタリア全土をほぼカバーしており、予算に応じて列車の種類や座席を選ぶことができる。ほか、私鉄も運行。

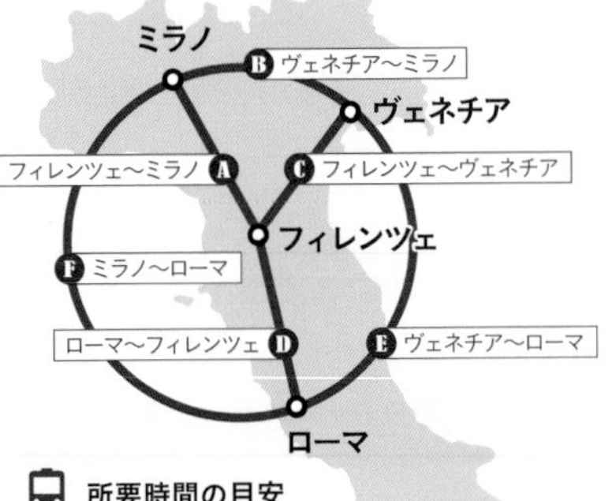

所要時間の目安

- A FRで1時間55分〜
- B FRで2時間25分〜
- C FRで2時間15分
- D FRで1時間40分〜
- E FRで3時間59分〜
- F FRで3時間8分〜

主な列車の種類

▶レ・フレッチェ LE FRECCE

イタリア全土の主要都市間を結ぶ高速鉄道で、フレッチャロッサ(FR)、フレッチャルジェント(FA)、フレッチャビアンカ(FB)と呼ばれる3種類の列車が運行。全席指定、要予約で特急料金がかかるが、早期購入で割引も。座席は1等と2等の2種類。電源コンセントやWi-Fiを備える車両もある。

▶インテルシティ INTERCITY

国内各地を結ぶ長距離特急列車で通称IC。停車駅が多いため所要時間はかかるが、その分金額は安め。全席指定、要予約、座席は1等と2等の2種類。

▶普通列車 Local

普通運賃のみで乗車可能。快速のレジョナーレ・ヴェローチェ(RV)、普通列車のレジョナーレ(R)が運行。

切符の買い方

切符は駅の窓口や自動券売機、旅行代理店の窓口ほかウェブでも購入可能。駅の窓口は英語が通じないこともあるので、あらかじめ行き先、人数、列車の種類、希望の出発時間帯、座種の希望などを書いた紙を持っておくといい。要予約の列車に予約なしで乗ると罰金を請求される場合もあるので注意。

ネット購入が便利！

トレニタリアやレイルヨーロッパのウェブサイトから事前購入が可能。下記サイトは英語にも対応している。予約完了後、登録したメールアドレスに予約確認書のPDFが送られてくるので印刷して持って行こう。

- **トレニタリア** URL : www.trenitalia.com
- **レイルヨーロッパ** URL : www.raileurope.com

① 切符を購入

インターネットで事前購入するか、駅の窓口、自動券売機などで切符を購入する。

② ホームを確認

駅構内の掲示板に電車の出発時間、行き先、ホーム番号(BIN)、遅延情報などが表示される。掲示板には出発(PARTENZA)と到着(ARRIVO)の2種類が表示されるので見間違えないように。

③ 切符を刻印

改札口はないが、駅のホーム入り口付近に刻印機が設置されているため、乗車前に必ず刻印を。ネットで事前購入した場合は刻印不要。

④ 乗車する

座席指定の場合は切符に記載されている車両と席番を見て、自分の席を探そう。座席指定なしの場合は1等か2等かを確認して該当の車両に乗り、空いている席へ座ろう。途中検札官が回ってくるので、切符または予約確認書の提示を。

切符の読み方（オンラインチケット）

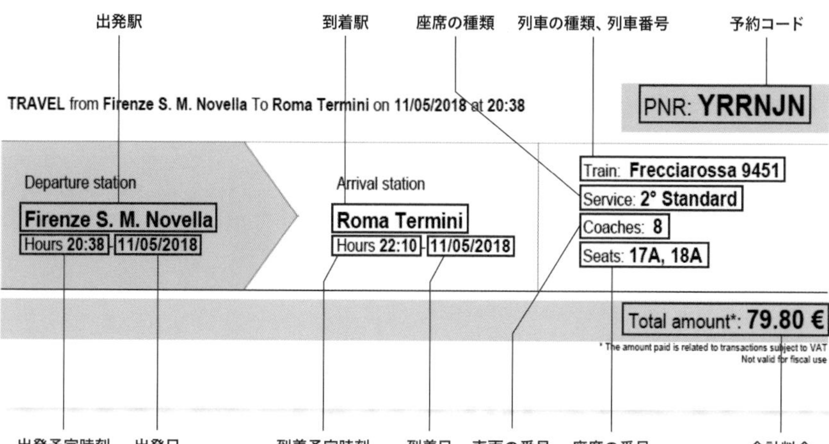

主要都市空港間を結ぶ

ほとんどの主要都市には空港があり、短時間で各都市間を移動できる。ITAエアウェイズの路線がイタリア全土を網羅しているほか、LCC（格安航空会社）も運航している。空港への移動時間を考えると、利用頻度は低め。

▶ITA
エアウェイズ
URL : www.ita-airways.com

そのほかの格安航空会社

▶ライアンエア
URL : www.ryanair.com

▶アエロイタリア
URL : www.aeroitalia.com

▶ヴォロテア
URL : www.volotea.com

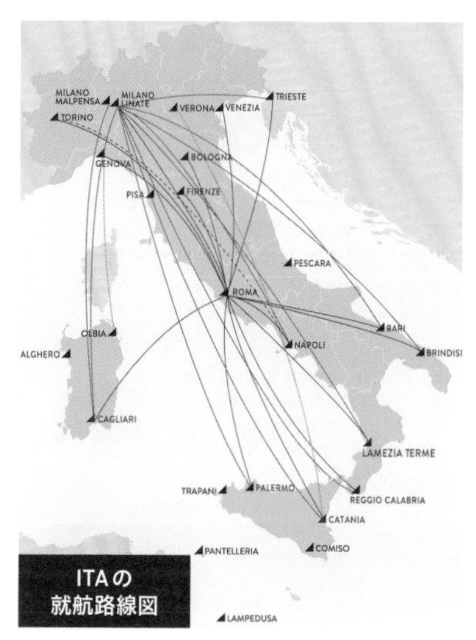

ITAの
就航路線図

中長距離バス
PULLMAN

小回りのきく移動手段

地方の小都市間を結ぶ中長距離バスをプルマンPullmanと呼ぶ。季節によって運行本数や時刻表が変動することが多く、バスターミナルや観光案内所で最新の運行情報を調べるのがおすすめ。便利なのは右記の2社。

▶フリックスバス
URL : www.flixbus.com

▶イタリーバス
URL : www.italybus.it

郊外の観光時に重宝

郊外の見どころや、鉄道やバスなどの公共交通機関が運行していない場所への観光はレンタカーを利用するのも手。市街地にはZTLという一般車両乗り込み禁止区域があるので注意。予約は日本で行う。主なレンタカー会社は右記。

▶エイビスレンタカー
☎0120-31-1911

▶ハーツレンタカー
☎0800-999-1406

ほとんどの長距離列車には荷物置き場がある。ワイヤー式の鍵があると安心。駅構内は人の出入りが多く置き引きも多いので気をつけて。

移動をスムーズに

イタリア4都市交通ガイド

世界中から観光客が集まる国だけあって、公共交通機関も整備されており利用も簡単。
各都市の交通機関の特徴を把握して、移動時間の短縮に！

Roma

ローマ

主な移動の足は地下鉄

見どころが広範囲に点在しているローマでは、公共交通機関の利用がベター。細かに路線が張りめぐらされているバスも便利だが、スリも多く、バス停も分かりづらいので難易度は高め。地下鉄での移動＋徒歩で回るのを基本にするといい。

起点となる駅

→MAP 別P.9 E-3

テルミニ駅

Stazione Centrale di Termini

空港からのレオナルド・エクスプレスや各都市間の鉄道が発着。地下鉄A線、B線の乗換駅となり、バスターミナルも隣接。

切符の種類

地下鉄、バス、トラムの切符はすべて共通。切符を持っていない、または刻印していない状態で乗ると無賃乗車とみなされ、罰金の対象となる。近くに売り場がなかったり、混んでいて購入に時間がかかったりすることもあるため、多めに買っておくか24時間券等の利用を推奨。

▶1回券　BIT (Biglietto Integrato a tempo)

€1.5で、打刻から100分間有効。この時間内であれば何回でも乗り換えできる。地下鉄は一度改札を出てしまうと無効。バスやトラムへの乗り継ぎも可能。

▶24時間券　Biglietto Roma Ventiquattro Ore

€7で、最初の刻印から24時間有効。刻印機を通すと裏面に有効期間が刻印される。駅構内のキオスクなどで購入可能。

▶48時間券　Biglietto Roma Quarantotto Ore

€12.5で、最初の刻印から48時間有効。ほか72時間券€18、1週間券€24がある。

▶ローマ・パス　Roma Pass

72時間有効€52と48時間有効€32の2種類あり、有効期間内であれば市内の公共交通機関が乗り放題。駅構内のキオスクや観光案内所で購入可能。

切符の買い方

自動券売機や駅構内のキオスク、タバッキなどで購入できる。券売機は種類によってカード可、現金のみなどがある。紙幣が利用できないこともあるため、有人のキオスクで買うのがおすすめ。

地下鉄 METRO

東西に走るA線、南北に走るB線、現在も延伸工事が行われているC線の全3路線が通っている。主に観光客が利用するのはA線とB線。本数も多く使い勝手がいい。

料金▶€1.5　**運行時間**▶5:30～23:30頃（金・土曜は～翌1:30頃）

① 地下鉄駅を見つける

赤地に白でMと書かれているのが地下鉄のマーク。入り口は道路を挟んだ数カ所にあることが多い。

② 切符を購入する

自動券売機またはキオスクで切符を購入。運賃は一律なので、券売機は画面案内に沿って操作すればOK。

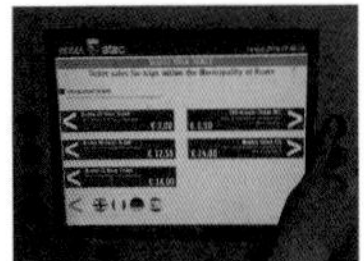

③ 改札を通る

改札機の差し込み口に切符を通し、上の取り出し口から出てきた切符を取る。ローマ・パスは黄色い円の部分にタッチする。

④ 乗車する

進行方向を確認し、ホームへ。車体にボタンが付いているが、自動で開くため押す必要はない。スリも多いので荷物には常に気を配ろう。

⑤ 降車する

降車後は改札出口へ進もう。手動の回転バーが付いているので押して外へ出る。出る際は切符の改札は不要。

ATAC(ローマの公共交通会社)が運営する路線バス。使いこなせれば便利だが、時間通りに来ないことも多々。人が多いバスはスリに遭う危険性も高いので乗るのは避けて。

料金▶€1.5　運行時間▶24時間(深夜バスあり)

① バス停を見つける

切符は地下鉄と共通。バス停付近に券売機が設置されていることは少ないので事前に購入を。乗りたいバスの路線番号が書かれたバス停へ。

② 路線を確認

バス停の表示にルートが書かれているので、行き先と路線番号を確認。バスを待つ。到着までの分数が表示される電光掲示板がある場合も。

③ 乗車する → ④ 下車する

バスが来たら手を挙げて乗車の意思を伝える。ドアは前方、真ん中、後方の3カ所あるがどこから乗ってもOK。乗車後はすぐに切符の刻印を。

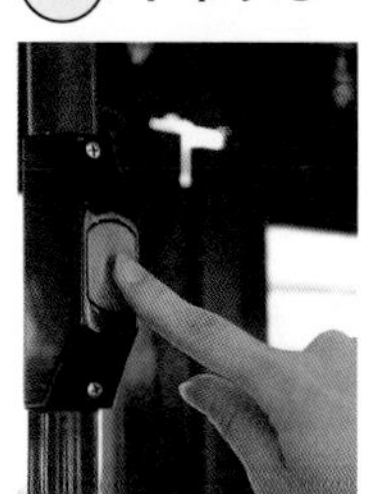

降りたいバス停の手前になったら降車用のボタンを押そう。どこで降りるか分からなかったら、あらかじめ降車地を運転手に伝えておくといい。

便利な路線

下記は、地下鉄利用だけでは行きづらい観光地へ行くのに便利な路線。工事によって路線は頻繁に変わるため、事前にATACのウェブサイトから最新の路線図をダウンロードしておくといい。

URL www.atac.roma.it

- **H番** テルミニ駅 → ヴェネチア広場 → トラステヴェレ通り
- **64番** テルミニ駅 → ヴェネチア広場 → ヴィットリオ・エマヌエーレ通り → サン・ピエトロ駅前広場
- **117番** トリトーネ/トレヴィの泉→コロッセオ→サン・ジョヴァンニ・ラテラーノ広場

ローマの中心部から郊外にかけてトラムが通っている。切符は地下鉄・バスと共通。バス同様、乗車したら車内の刻印機で切符を刻印する。

料金▶€1.5　運行時間▶5:30～24:00頃

料金設定は下記の通り。24時間運行しており、深夜の割増料金ほか、荷物の割増料金などがある。基本的に流しのタクシーはいないので、タクシースタンドから乗るか、飲食店などを利用した際に店の人に手配してもらうといい。乗車後、メーターがちゃんと倒されているか確認を。

月～土曜 初乗り	€3
日曜・祝日 初乗り	€5
深夜料金(22:00～翌6:00)	€7
以後1kmごとに(走行速度によっても変動)	€1.1～

知っておくと便利な情報

▶打刻忘れに注意

地下鉄やバスでは検札官が随時無賃乗車の見回りを行っている。切符を持っていたとしても、乗車時に刻印していないと罰金の対象となってしまうので必ず打刻すること。車内が混んでいて刻印機にたどり着けないという場合には、ペンで乗車した日時を自分で書くという対応策を。

▶乗車時のマナー

お年寄りや妊婦さんには積極的に席を譲るように。また、地下鉄、バスで降りる駅が近付いたら、出入り口付近に移動し降りる準備を。混雑時は「ペルメッソ(すみません)」と声をかけながら進むのがマナー。

ひと言会話

Può portarmi a ○○.(プォ ポルタルミ ア)
○○へ連れていってください。

Va a △△ questo ○○?(ヴァ ア クエスト)
この○○は△△へ行きますか?

Mi sa dire quando siamo a ○○.(ミ サ ディーレ クアンド スィアーモ ア)
○○に着いたら教えてください。

Firenze

フィレンツェ

主要エリアはほぼ徒歩で移動できる

観光の中心となるのはドゥオモ広場。主な観光名所は中心部に集まっているため徒歩だけでも十分観光できるが、体力温存のためにエコロジーバスを使うのも手。タクシーはタクシースタンドを利用するか無線タクシーを呼ぶ。

起点となる駅

サンタ・マリア・ノヴェッラ駅

Stazione S. Maria Novella

通称中央駅。改札を出た正面の広場前にタクシー乗り場とバス停がある。空港行きトラム乗り場は駅を背に右手。

→MAP 別P.12 B・C-1

切符の種類

at(autolinee toscane)が運行する路線バス、街の中心部を走る小型のエコロジーバス、トラムなど、複数の交通機関で共通。購入はatのシールを貼っているバールやタバッキ、券売機で購入できる。

▶90分有効券　Biglietto valido 90 Minuti

€1.7で、最初の打刻から90分間有効。時間内での乗降自由。乗車時に車掌から購入する場合は€3となるが、車掌がチケットを持っていない場合は乗車できない。

▶10回券　Carnet 10 Biglietti

90分有効券が10枚綴りで€15.5。切符は1枚ずつ分けられるので、複数人で利用することも可能。

▶フィレンツェ・カード　Firenze Card

€85、利用開始から72時間以内であれば、市内72の観光施設にフリーで入場できるカード。このカードに€7を追加した「フィレンツェ・カード・プラス」は有効期間中の公共交通機関が乗り放題となる。※2024年1月現在、フィレンツェ・カード・プラスは一時休止中

小型の電動バス。街の中心を南北に走るC1、東西に走るC2、アルノ川沿いに走るC3がメイン。乗車前に運転手へ目的地の場所を告げて。

料金▶€1.7　運行時間▶6:00～24:00頃

中心街に入れないため、あまり旅行者が使う機会は少ない。市街南西部に位置するミケランジェロ広場へは歩くと少々遠いのでバスを使うのが無難。駅前から広場へは約20分。

料金▶€1.7　運行時間▶6:00～24:00頃

Milano

ミラノ

長距離移動は地下鉄を活用

ミラノ中央駅周辺からドゥオモ周辺にかけて繁華街が連なっているため、街歩きを楽しみながら徒歩で移動するのもいい。移動時間を短縮するならば地下鉄の利用を。バスやトラムも運行しているが、主要な見どころへは地下鉄利用で十分。

起点となる駅

ミラノ中央駅

Stazione Centrale F.S.

空港行きのマルペンサ・エクスプレスや、各都市を繋ぐ鉄道路線ほか、地下鉄2・3号線が運行する駅。

→MAP 別P.21 E-1

切符の種類

地下鉄、バス、トラムの共通切符。駅構内の券売機やキオスク、タバッキでも購入可能。交通機関の利用が多いようであれば、1日券の購入がお得。

▶1回券　Biglietto Urbano

€2.2で、打刻から90分間有効。この時間内であれば何回でも乗り換えできる。地下鉄は一度改札を出てしまうと無効。バスやトラムへの乗り継ぎは可能。

▶1日券　Biglietto Giornaliero

€7.6で、最初の刻印から24時間有効。ミラノに1泊して見どころや主要スポットを精力的に回るのであれば1日券の利用が便利。

▶回数券　Carnet 10 viaggi

€19.5で、1回券が10枚綴りになっているので少しだけお得。複数人での観光時に購入を検討してみては。

1、2、3、5の4路線が運行し、それぞれ色分けされている。行き先が枝分かれしている線もあるので乗車時に確認を。

料金▶€2.2　運行時間▶6:00～24:00頃

乗車方法は他の都市と一緒だが、ミラノでは一部駅にて改札を出る際も切符が必要となる。途中で捨てたりなくしたりすることのないよう。

主に地下鉄が走っていないエリアに運行。乗り方はバスと一緒で、乗車したら切符を打刻。降車したい場所の手前でボタンを押す。

料金▶€2.2　運行時間▶6:00～24:00頃

Venezia

ヴェネチア

水上交通の利用が必須

運河の街ヴェネチアでは、水上交通の利用が欠かせない。ヴァポレットと呼ばれる水上路線バスの利用がメインとなるが、乗船1回あたりの運賃が高いため、24時間有効券など乗り放題の切符の購入がおすすめ。

起点となる駅

サンタ・ルチア駅

Stazione Santa Lucia

各都市間の鉄道が発着。目の前にヴァポレットの停留所と切符売り場がある。バスやタクシーは駅の南にあるローマ広場で乗り降り。

→MAP 別P.16 B-1

切符の種類

バスやトラムも運行しているが中心部には入れないため、観光で主に利用する公共交通機関は水上路線バスのヴァポレット。ヴァポレットは専用の切符があり、乗り場付近の切符売り場や自動券売機、一部のバールで購入可能。

▶75分有効券　Biglietto Navigazione 75

€9.5で、使用開始から75分間は同方向であれば乗り換え可能。逆方向での乗り換えは不可なので注意。

▶24時間有効券　Biglietto 24 ore

€25で、使用開始から24時間有効。使用開始時間は刻印されないので、1回目に乗船した時間を控えておくといい。

▶48時間有効券　Biglietto 48 ore

€35で、48時間有効。ほか€45の72時間有効券、€65の1週間有効券がある。長期滞在時に。

トラゲット TRAGHETTO

対岸に渡る際に利用する、ゴンドラのような外観の船。切符はないので、乗船時に€2を直接漕ぎ手に渡すシステム。基本立ち乗り。

料金▶€2　運航時間▶日中〜夕方頃

水上タクシー MOTOSCAFI

特定のルートを走るものと、完全メーター制のものとに分かれる。利用人数が多い場合はお得。通常ホテル経由で予約する。

料金▶€60〜　運航時間▶24時間

ヴァポレット VAPORETTO

大運河を通り、ヴェネチア本島と周辺の島々とを運航する水上路線バス。季節や時間帯によってルートや停留所が変動する場合があるため、乗り場の案内板を要確認。

料金▶€9.5　運航時間▶24時間（深夜便あり）

① 乗り場を見つける

乗り場は大運河沿いに点在。大運河の北側の停留所がサン・マルコ広場方面行き、南側の停留所が駅方面行きだ（一部例外あり）。

② チケットを買う

乗り場に切符売り場が併設されているほか、乗降者の多い停留所では自動券売機も設置されている。

③ 改札を通る

乗り場にチケットリーダーが設置されているので、読み取り部分に切符をかざす。正常に反応するとピッという音がする。

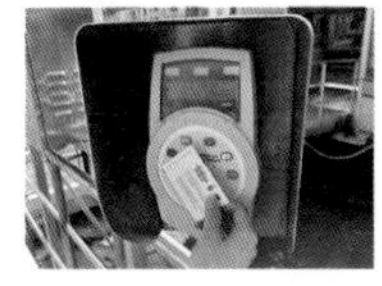

④ 乗船する

待合所で待機し、船が来たら乗船。屋内、屋外に席があり、どこでも自由に座っていいし、テラスで立っていてもOK。

⑤ 下船する

路線に含まれる停留所であれば、乗降者がいなくても必ず停船する。降り場が近づいてきたら降りる準備を。

便利な路線

1番線

フェロヴィア（サンタ・ルチア駅前）から、リド島へ向かう路線。ほぼ各駅で停船。

2番線

1番と同じルートだが、主要な停留所にしか止まらない快速の路線。

ゴンドラは観光用の乗り物。乗り場と降り場が同じ場所で、完全に決められたコースを回るため、交通手段としての利用はできない。

事前に学んでおけば安心！イタリアのお金のルールを確認

扱い慣れていないユーロ通貨に、日本とは少し異なるクレジットカードの使い方。レジでスマートに会計を済ませて支払いの際に焦ることがないように、「お金のルール」をここできちんと確認しておこう。

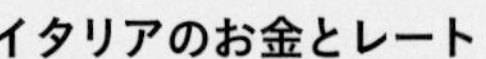

イタリアのお金とレート

通貨単位はユーロ(€、Euro)、補助単位はセント(Cent)。イタリア語でユーロは「エウロ」と発音する。セントは「チェンテーズィミ」と発音する。€1=100c。

€1≒158.22円

(2024年1月現在)

硬貨 表面はユーロ圏共通して同じだが、裏面は各国のデザインが取り入れられている。

€2

€1

50¢

20¢

10¢

5¢

2¢

1¢

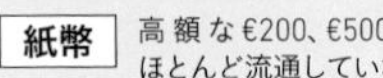

紙幣 高額な€200、€500札はほとんど流通していない。

€5

€10

€20

€50

€100

€200

rule 1

物価をチェック

イタリアの物価は日本とほぼ同じだが、都市部に行くほど物価は高く、郊外に離れていくにつれて物価は安くなる。ローマ、フィレンツェなどの観光地も物価は高め。イタリア産の食品については日本と比較して安く感じられることが多い。また、スーパーで買うか、観光地の売店で買うかなどでも金額は変動する。

ミネラルウォーター
500ml
€1.5〜(売店)／
€0.5〜(スーパー)

バールの
エスプレッソ1杯
€1〜(立ち飲み)

缶ビール
€1.5〜
(スーパー)

ピッツァ1枚
€8〜(ピッツェリア)

パスタ1人前
€10〜(レストラン)

タクシーの初乗り
€3〜(平日)

rule 2

どこで両替するか

日本円からユーロへの両替は日本国内ほか、イタリア到着後の空港や主要鉄道駅、街なかの両替所でも可能。両替レートは場所や日によって変動し、レートがよくても手数料が高額なこともあるので両替時によく確認しよう。

注意

空港の両替所はレートが悪いため、緊急の場合用など最小限にとどめておきたい。

POINT クレジットのほかトラベルプリペイドやデビットカードも便利

カード社会が確立されているイタリアでは、多くの店舗でカードが利用可能。店の入り口やレジ付近に、使用可能なカードブランドのマークが貼ってあるので確認を。あらかじめ口座に入金した分だけ使用できる海外専用プリペイドカードやデビットカードは、お金の使いすぎの予防にも。それぞれのメリット、デメリットを把握し、自分に合ったカードを使おう。

クレジットカードはいろんな所で使えるよ!

rule 3 ATMを使う

利用時は暗証番号を見られないように周囲に注意を!

Visaなどの国際ブランドのカード(クレジット・デビット・トラベルプリペイド)があれば現地のATMでユーロが引き出せる。クレジットカードの場合は海外キャッシングの可否を出発前に確認しよう。

① カードを挿入
自分のカードのブランドが表示されているか確認し、ATMの挿入口にカードを入れる。

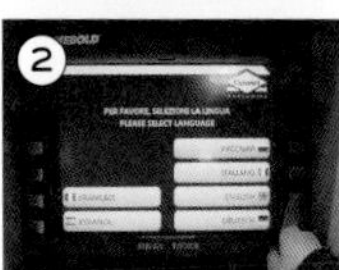

② 言語を選択する
画面にEnglish、Français、Italianoなどの言語の選択ボタンが表示されるので希望の言語を選ぶ。

③ PIN(暗証番号)を入力
日本でカード決済時に入力する4桁の数字を入力。不明な場合は渡航前にカード会社に確認を。

④ 取引を選択
実行キー(ESEGUI、通常緑色のボタン)を押すと画面に取引項目が表示されるので、CASH WITHDRAWAL(引き出し)を選択。

⑤ 引き出し金額を選択
表示された金額から選ぶのが基本。自分で金額を入力する場合はOTHER AMOUNTを押す。最後にレシートの有無を選択すると、お金が出てくる。

※機種によって画面や順番が異なることがあります。

●海外ATM単語帳

口座	ACCOUNT	預金	SAVINGS
金額	AMOUNT	取引	TRANSACTION
訂正	CLEAR	振り込み	TRANSFER
支払い	DISPENSE	引き出す	WITHDRAWAL

rule 4 カードが安全で楽

海外で多額の現金を持ち歩くのは危険。カードを活用して、持ち歩く現金は最小限に抑えよう。万が一カードを紛失、盗難または不正使用されても、カード発行機関の定める条件*1を満たせば不正利用請求分についてはカード所有者は支払い責任を負わずにすむ*2。不正利用の疑いが生じた場合は、速やかにカード発行金融機関に連絡を。レストランで友達と食事をシェアした際も、カードを人数分差し出すと、レシートを分けて会計してくれるので割り勘もとても楽!

rule 5 ユーロは使い切ろう

日本円からユーロへの両替と同じく両替所があればユーロから円に戻すことは簡単。ただし手数料がかかるため結局は損してしまう。余ったユーロは空港のショップなどでカードと合わせて支払い、使い切るのもおすすめ。ユーロは計画的に両替して、うまく使い切るのが賢明だ。

イタリアの税金は22%

日本と同様に買い物や食事の際に上記の消費税がかかる(一部食料品、生活必需品については軽減税率が適用)。ホテル宿泊時にはさらに別途、宿泊税が徴収される。

*1 ATM現金引出取引、Visaコーポレートカード、Visaパーチェシングカードによる商業取引は保護の対象となりません。
*2 詳しい条件および制限等については、カード発行金融機関に確認を。

困った！ どうする？ の ベストアンサー総集編

日常生活から抜け出せる、スペシャルな旅のひとときときでも、慣れない土地では、普段は問題ないことも不便に感じたり、突然のトラブルに対応できない恐れも。そんな旅先での「困った！」や「どうしよう？」というシチュエーションで役立つ情報をまとめてご紹介！

荷物が重くて困った！

小包で送る

買いすぎて重くなってしまったおみやげは、小包や宅配便にして送ろう。郵便局を利用してもよいが、日本に支社がある宅配業者を使うと安心。

欧州ヤマト運輸

国際宅急便（一般品、別送品）、ワインダイレクト（一般品、別送品）を取り扱う。各都市に持ち込み用カウンターがある。

STEP1 荷物を用意

縦＋横＋高さの3辺の合計が160cm以内、重量25kgまで。サイズ、発送元によって料金は異なり€360～。

STEP2 集荷依頼フォームの入力

ウェブサイトから荷物の集荷依頼を出す。ホテルのレセプションを集荷先にすることも可能。
詳しくはURL www.yamatoeurope.com/japanese/

ネットに接続したい

使う頻度で手段を選ぶ

使う頻度が多いのであればWi-Fiルーターのレンタルがおすすめ。SIMフリーのスマートフォンであれば現地または出発前にSIMカードを購入するのも手。頻繁に使わないのであれば無料Wi-Fiスポットを利用しよう。

手段1 ホテルの無線LAN

ほとんどのホテルで宿泊ゲスト専用の無線LANが利用できる。公共エリアで共用のPCが利用できるホテルもある。

手段2 街なかの無料Wi-Fi

駅や公園、公共施設やショッピングセンターも無料Wi-Fiスポットに。接続時にアカウント登録が必要な場合も。

グローバルWi-Fiでレンタル ※2024年1月時点

世界200以上の国と地域で利用できるWi-Fiルーターのレンタルサービスがある。イタリアは1日970円～で借りられる。機器の受け取り・返却は成田空港をはじめ、国内の主要空港でも可能。URL townwifi.com

電話したい！

BEST ANSWER

LINEやSkypeを使おう

PC、スマホにLINEやSkypeなどのアプリをインストール。起動すれば、インターネット回線を使って、無料で国際通話ができる。

☎ イタリア→日本

00（国際電話識別番号）＋ 81（日本の国番号）＋ 相手の番号（0をとった市外局番、携帯番号）

☎ 日本→イタリア

001（国際電話会社の番号）＋ 010（国際電話識別番号）＋ 39（イタリアの国番号）＋ 相手の番号

手段1 プリペイドカードを使う

カード購入時に通話料金を前払いするシステム。会社によりかけ方が異なるため、音声ガイダンスに従ってダイヤル。

手段2 クレジットカードを使う

会社により手順が異なるが、日本語の音声ガイダンスに従って通話が可能。カード番号、PIN（暗証番号）が必要になる。

携帯電話なら

使用している機種で国際電話がかけられるかを確認しよう。イタリアで利用できる携帯電話を貸し出すサービスもあり。通話料が高額になる場合もあるので要注意。

水はどうする？

ミネラルウォーターが無難

水道水も飲めるが、日本と異なる硬水。硬水を飲み慣れない人やお腹が弱い人は、市販の軟水を選んで購入したほうが安心だ。

病気やケガが心配！

海外旅行保険への加入が◎

何もないと高をくくりがちだが、事故や病気は予想していないときに起こるもの。急な出費をサポートしてくれるので、必ず保険加入を。

保険加入済みなら

病院診療や事故など、加入した保険の種類により補償範囲は異なるものの、規定の金額が支払われる。

1. 保険会社に連絡する

加入している海外旅行保険会社のデスク、もしくは保険会社が提携している病院へ連絡をして診療の予約をする。

2. 病院で・・・

病院の窓口で保険契約書を提示し診察を受ける。保険会社へ受診料を請求する旨を伝え、補償内容を確認しよう。

3. 保険会社が治療費を負担

後日、保険会社から、保険金で受診料をまかなったことについて、報告書が自宅に届く。内容に誤りがないか一読を。

保険未加入なら

まずは診察可能な医療機関を探そう。ホテルのスタッフに相談するのもひとつの手だ。

・フロントに相談する

フロントのスタッフは語学が堪能で、周囲の地理も把握している。素直に助けを求めて。

・病院で・・・

保険未加入なことを伝える。可能ならば治療前に、おおよその診療費を尋ねておこう。

知っておきたい緊急時TEL
・救急 ☎118
・消防 ☎115

盗難・紛失に遭った！

速やかに警察へ届出を

盗難・紛失が発覚したらまずは最寄りの警察署へ。盗難・紛失届受理証明書を発行してもらう。

パスポート

警察で盗難・紛失届受理証明書を発行してもらい日本大使館へ持参。旅券の失効手続きをする。パスポートまたは「帰国のための渡航書」の発給に必要な所要日数は、同日～休館日を除く2日程度。手数料は現地にて要確認。念のためパスポート用の証明写真を持参していくといい。

緊急連絡先 ・在イタリア日本大使館 ☎06-487-991

クレジットカード

クレジットカード会社へ連絡しカードの無効処理をし、不正使用されたときの証明のために警察にも届け出をする。その際にはカード番号と有効期限が必要になる。

緊急連絡先 ・Visaカード ☎800-784-253

現金、貴重品など

警察に盗難・紛失届受理証明書、ホテル内であればホテルからの証明書を発行してもらう。一度盗まれたものは警察に通報しても、戻ってくることはまずあり得ない。帰国後、保険会社に連絡し保険金請求の手続きを行う。

緊急連絡先 ・警察 ☎113

電源、電圧どうする？

変圧器は基本不要

イタリアは電圧220V。スマホやデジカメの充電器はほぼ海外の電圧にも対応しており、アダプタに～240Vという記載があれば変圧器なしで使用できる。変換プラグは必要なのでCタイプを持参しよう。

ローマ県警察本部（MAP 別P.8 C-3）、テルミニ駅構内鉄道警察（MAP 別P.9 E-3）では日本語併記の届書を扱っている。

イタリア旅行で入れておきたいお役立ちアプリ一覧

イタリア旅行をより楽しく、便利に楽しむために、ホテル予約アプリから交通アプリまで厳選した現地で役立つアプリをご紹介。自分の目的や好みにあったアプリをチェックしてみよう。

イタリア全土対応アプリ

イタリア全土で利用できる万能アプリはこちら！

☆の数…おすすめ度

宿　泊

- アゴダ ☆☆☆

イタリア国内のホテルの情報量が充実。アプリ限定割引もあるので有効に活用しよう。

- Trip.com ☆☆

宿泊券のほか、航空券の予約も可能。日本語対応のカスタマーサービスが充実している。

言　語

- Google 翻訳 ☆☆☆

カメラで撮影した文字も翻訳可能。オフラインでも利用できるので、もしもの時も安心。

- イタリア語を学ぶ ☆☆

イタリア語の学習アプリ。リスニング機能もあり、日常会話を楽しく学べる。

交　通

- Google マップ ☆☆☆

オフラインでも利用可能。乗り換え案内も充実していて、交通手段を調べるのに役立つ。

- Trenitalia ☆☆

イタリア国鉄の公式アプリ。チケット予約や変更が簡単にできて、丁寧な乗り換え案内も充実。

- Italo Treno ☆☆

イタリアの主要都市を結ぶ高速列車、イタロのアプリ。チケット購入、時刻表の確認ができる。

- FREENOW ☆☆

ヨーロッパでよく利用されているタクシーの配車アプリ。4都市ではミラノ、ローマで使える。

ガイド

- GetYourGuide ☆☆

コロッセオなどの人気観光地のチケット予約が可能。行列スキップなどの嬉しい特典が付く。

- トリップアドバイザー ☆☆☆

ホテル、レストラン、観光スポットなどの口コミをチェックでき、観光アドバイスを入手できる。

そのほか

- WhatsApp ☆☆

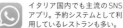

イタリア国内でも主流のSNSアプリ。予約システムとして利用しているレストランも多い。

- 外務省 海外安全アプリ ☆☆☆

海外旅行中でも安全に関する情報を得られ、各国の緊急連絡先も確認できる。

- Currency ☆☆

海外の為替レートをリアルタイムで確認できる。ユーロへの両替時の参考にしよう。

海外アプリを使うときの注意点

①出国前にアプリをインストール
登録時に電話番号認証が必要なアプリもあるので事前登録がベター

②公共Wi-fiの使用はできるだけ控える
セキュリティ上、ハッキングやウイルス感染の危険性がある

③データ通信料に注意
データローミング機能をオフにしないと海外通信料が発生するので注意

4都市別アプリ

何かと大変な移動やチケット取得。イタリア観光がよりスムーズになる、4都市別のアプリをご紹介！

ローマ

- Parco Colosseo ☆☆☆

コロッセオ公式アプリ。チケット購入や、施設内のガイドが充実している。

- ROME Guide Tickets & Hotels ☆☆

ローマ市内の人気観光スポットのガイド情報をチェックできる。観光プランに役立てよう。

フィレンツェ

- Firenzecard app ☆☆☆

購入したチケットを画面表示しておくと入場手続きがスムーズになる。

- at bus ☆☆

バス運営会社の公式アプリ。フィレンツェ市内のバスの時刻表やルートをチェックできる。

ヴェネチア

- AVM Venezia ☆☆☆

ヴァポレット運営会社の公式アプリ。水上バス予約がスムーズに。

ミラノ

- ATM Milano ☆☆☆

ミラノ市内交通局の公式アプリ。地下鉄やバスのチケット購入が可能。

※アプリの名称や内容はApp Storeの情報を元に記載しています。出典:Google

ハレ旅INDEX

ローマ

フィレンツェ

ヴェネチア

ミラノ

\スマホやPCで！/
ハレ旅 イタリア
電子版が無料！
購入者限定
FREE
無料アプリ honto で今すぐダウンロード
詳しくは→P.224

STAFF

編集制作　有限会社グルーポ・ピコ

撮影・取材
有限会社グルーポ・ピコ　石澤真実

現地コーディネート　Alphanet s.r.l.（有限会社アルファネット）
小泉真樹　正願裕美子　Leo Bellieni

協力　TRAVESSIA　イタリア政府観光局　ITAエアウェイズ　サン・ヤコピーノ

関係諸施設

写真協力
Alinari Archives - distributed by AMF / OADIS
Contributor/UIG
Bridgeman Images
イタリア政府観光局　iStock　Adobe Stock　Shutterstock　PIXTA

表紙デザイン　菅谷真理子＋髙橋朱里（マルサンカク）

本文デザイン
今井千恵子　大田幸奈（Róndine）

イラスト・カバーイラスト　近藤圭恵

マンガ　おたぐち

地図制作　s-map

地図イラスト　岡本倫幸

組版・印刷　大日本印刷株式会社

企画・編集　清永愛　安田彩華　白方美樹（朝日新聞出版）

参考資料
船本弘毅「一冊でわかるキリスト教」（成美堂出版）　市口桂子「ローマ・ミステリーガイド」（白水社）　石鍋真澄「サン・ピエトロ大聖堂」（吉川弘文館）　青木昭「システィーナのミケランジェロ」（小学館）　松浦弘明「図説 イタリア・ルネサンス美術史」（河出書房新社）　中嶋浩郎「図説フィレンツェ」（河出書房新社）　杉全美帆子「イラストで読むルネサンスの巨匠たち」（河出書房新社）　宮下孝行晴「イタリア美術鑑賞紀行2　フィレンツェ・ピサ編」（美術出版社）　池田匡克・池田愛美「フィレンツェ美食散歩」（ダイヤモンド社）

ハレ旅（たび）　イタリア

2024年 3月30日　改訂2版第1刷発行

編　著　朝日新聞出版

発行者　片桐圭子

発行所　朝日新聞出版
〒104-8011　東京都中央区築地5-3-2
（お問い合わせ）infojitsuyo@asahi.com

印刷所　大日本印刷株式会社

ISBN 978-4-02-334757-1

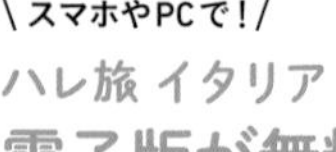

＼スマホやPCで！／
ハレ旅 イタリア
電子版が無料！

① 「honto電子書籍リーダー」アプリをインストール

Android版 Playストア
iPhone/iPad版 AppStoreで
honto を検索

PCでの利用の場合はこちらから
https://honto.jp/ebook/dlinfo

右のQRコードからも
アクセスできます

② 無料会員登録

インストールしたアプリのログイン画面から新規会員登録を行う

③ ブラウザからクーポンコード入力画面にアクセス

ブラウザを立ち上げ、下のURLを入力。電子書籍引き換えコード入力画面からクーポンコードを入力し、My本棚に登録

クーポンコード入力画面URL
https://honto.jp/sky

クーポンコード asa7911637499680
※2026年12月31日まで有効

右のQRコードからも
クーポンコード入力画面にアクセスできます

④ アプリから電子書籍をダウンロード＆閲覧

①でインストールしたアプリの「ライブラリ」画面から目的の本をタップして電子書籍をダウンロードし、閲覧してください

※ダウンロードの際には、各通信会社の通信料がかかります。ファイルサイズが大きいため、Wi-Fi環境でのダウンロードを推奨します。
※一部、電子版に掲載されていないコンテンツがあります。

ご不明な点、お問い合わせ先はこちら
hontoお客様センター
✉shp@honto.jp
☎0120-29-1815
IP電話からは ☎03-6386-1622
※お問い合わせに正確にお答えするため、通話を録音させていただいております。予めご了承ください。